全国中医药高等院校公共管理类专业规划教材

医疗保险学

（供公共事业管理、医疗保险、健康服务与管理、社会保障专业使用）

主 编

周尚成（浙江中医药大学）   欧阳静（陕西中医药大学）

副主编

郑先平（江西中医药大学）   胡正东（湖南中医药大学）

杨敬宇（甘肃中医药大学）   刘 彩（天津中医药大学）

张文龙（广州中医药大学）

编 委（以姓氏笔画为序）

丁俊凌（河南中医药大学）   孙 婷（辽宁中医药大学）

李友卫（山东中医药大学）   张 安（上海中医药大学）

张 柠（首都医科大学）   赵寒冰（成都医学院）

胡 刚（新疆医科大学）   胡一凡（陕西中医药大学）

闻 岚（内蒙古医科大学）   洪丹丹（黑龙江中医药大学）

徐义海（右江民族医学院）   彭美华（成都中医药大学）

秘 书（兼）

张文龙（广州中医药大学）   胡一凡（陕西中医药大学）

中国中医药出版社

· 北 京 ·

图书在版编目（CIP）数据

医疗保险学 / 周尚成，欧阳静主编. --北京：中国
中医药出版社，2025.8. --（全国中医药高等院校公共
管理类专业规划教材）.
ISBN 978-7-5132-9557-4

Ⅰ. F840.613

中国国家版本馆 CIP 数据核字第 2025QZ2138 号

中国中医药出版社出版

北京经济技术开发区科创十三街 31 号院二区 8 号楼
邮政编码　100176
传真　010-64405721
山东华立印务有限公司印刷
各地新华书店经销

开本 850×1168　1/16　印张 15.5　字数 393 千字
2025 年 8 月第 1 版　2025 年 8 月第 1 次印刷
书号　ISBN 978-7-5132-9557-4

定价　69.00 元
网址　www.cptcm.com

服 务 热 线　010-64405510
购 书 热 线　010-89535836
维 权 打 假　010-64405753

微信服务号　zgzyycbs
微商城网址　https://kdt.im/LIdUGr
官 方 微 博　http://e.weibo.com/cptcm
天猫旗舰店网址　https://zgzyycbs.tmall.com

如有印装质量问题请与本社出版部联系（010-64405510）
版权专有　侵权必究

编写说明

党的二十届三中全会颁布的《中共中央关于进一步全面深化改革、推进中国式现代化的决定》强调："促进医疗、医保、医药协同发展和治理。"其中，医疗保障是指医疗保障制度及其保障水平，医保基金是群众看病就医的"保命钱"，也是医疗服务和医药产品的重要筹资来源。提高医保工作人员的专业素养是深化医保改革的重要举措，而医疗保险学正是专门研究医疗保险活动及其发展规律的学科，涉及医疗保险的各个方面。随着医疗保险事业的不断发展和医疗保险领域的不断拓展，医疗保险学已逐渐由单一的研究扩展到综合性研究，并已发展成为一门融自然科学、社会科学为一体的综合性学科。医疗保险学科的建立与发展，对建立与我国社会主义市场经济体制相适应的具有中国特色的社会医疗保险制度和医疗保障体系有重要作用。

作为公共事业管理或社会保障相关从业人员，了解和掌握医疗保险学的相关理论和实践，可以较好地开展相关的工作或服务。2020年3月，教育部增设备案医疗保险本科专业，随后，一批高校相继申请并获批设置医疗保险本科专业。2024年1月教育部制定发布《服务健康事业和健康产业人才培养引导性专业指南》，引导高校加快布局建设一批具有适应性、引领性的新医科专业，健康与医疗保障专业名列其中，可以预期在不久的将来会有更多的院校申请设置该专业。这一切都表明社会对医疗保险理论知识和人才的迫切需求，《医疗保险学》课程建设和教材需求随之逐渐升温。

本教材是全国中医药高等院校公共管理类专业规划教材，由全国18所高等医药院校的教师集体编写而成，适用于公共事业管理、医疗保险、健康服务与管理、社会保障及其他相关专业的学生，也适合从事公共事业管理、医疗保险、社会保障等相关行业人员和对医疗保险学感兴趣的人士阅读。本教材立足专业需求，内容涵盖医疗保险的基本理论、方法和技术，既紧密联系我国医疗保险和社会保障制度变革举措，又适当参考国际社会改革创新经验，从理论到实践，从国内到国外，为读者提供了全面的医疗保险知识和信息。教材编写突出"三基五性"，以培养学生的基本理论、基本知识和基本技能为重点，同时关注思想性、科学性、先进性、启发性和适用性。

本教材编写分工如下：第一章绪论由周尚成、张文龙编写；第二章医疗保险需求与供给由胡正东编写；第三章医疗保险系统由郑先平、丁俊凌编写；第四章医疗保险基金测算由张柠编写；第五章医疗保险基金筹集由张安、孙婷编写；第六章医疗保险基金管理由闻岚编写；第七章医疗服务提供与监管由胡刚编写；第八章医疗保险药品管理由徐义海编写；第九章医疗保险费用支付方式由杨敬宇编写；第十章医疗保险信息管理由赵寒冰编写；第十一章医疗保险评价由李友卫、洪丹丹编写；第十二章国外医疗保险模式由彭美华编写；第十三章中国多层次医疗保障制度建设由欧阳静、胡一凡编写；第十四章医疗保险的改革与发展由刘彩编写。

　　本教材的编写思路凸显顶层设计与中医药院校特色，将中医思维和科学思维的培养贯穿教材编写全过程。同时融入党的二十大精神和课程思政内容，体现教材服务教育教学改革"立德树人"的根本任务。本教材的编写工作得到中国中医药出版社、浙江中医药大学、广州中医药大学、陕西中医药大学各级领导及各位编者所在院校的大力支持，在此表示衷心的感谢！本教材若有不当之处，请各位同行或读者提出宝贵的意见，以便再版时改进完善。

《医疗保险学》编委会

2025 年 5 月

目 录

第一章　绪　论

【学习目标】

通过本章学习，要求掌握医疗保险的内涵和属性，掌握社会医疗保险与商业医疗保险的区别，熟悉保险的定义与分类，了解风险与疾病风险的概念与特征，了解医疗保险学的研究内容和研究方法。

第一节　风险与疾病风险

一、风险

不确定的未来事件中蕴含各种损失与造成损害的可能性以及这种损失或者损害的范围，应该考虑在已经造成损失或损害的情况下尽量将利益的损失降至最低，与风险相对应产生了保险，风险是保险产生的前提，保险与风险的识别与测度息息相关。了解风险、识别风险以及估测风险是学习保险的前提。

（一）风险的定义

人类在生产和生活中面临着诸多的不确定性，在某个特定环境下、某个特定时间段内，人类的生命、健康、财产都可能面临着损失。

目前学术界对"风险"的内涵还没有统一的定义。一般现代所指"风险"的定义最早可追溯至 15～16 世纪，在地中海一带的葡萄牙、西班牙等国家中，从事海上贸易的商人用以指代商船在海上触礁或遇到台风等危险的可能性，继而产生"风险"这个概念。目前，不同学者对风险概念有着不同的解释。从构成上来说，风险由风险因素、风险事故和风险损失等要素构成；从风险造成的后果来说，风险是指在不确定的未来事件中造成损失或损害的可能性，以及这种损失或损害的严重程度；或者风险是在一定条件下和一定时期内，意外事故及损失发生的可能性。通常认为，风险的大小取决于事件所导致概率分布的期望值与标准差的大小。

（二）风险的特征

1. 风险的客观性　风险的客观性是指风险事故发生的可能性和潜在损失的严重程度，是独立于个人意志或偏好的。换句话说，风险的客观性意味着风险的存在和产生以及性质不受个人主观判断的影响。如自然界的地震、洪涝和台风等，社会领域的战争、传染病和意外事故等，通常不以人的意志为转移。虽然可以采取防范措施降低风险发生的频率或减少其损失程度，但是不可能完全消除风险。风险的客观性可以从以下三个方面来理解。

（1）统计数据　风险事故发生的频率和严重程度可以通过统计数据来衡量。例如，可以通过历史数据来估计特定疾病的发病率或特定类型的自然灾害发生的概率。

（2）科学原理　一些风险事故的发生是基于科学原理的。例如，重力定律表明，物体从高处坠落时会加速，这构成坠落风险的客观基础。

（3）专家评估　专家可以根据其知识和经验，对风险事故发生的可能性和潜在损失的严重程度进行评估。例如，工程师可以评估建筑物地震风险，医生可以评估患者患某种疾病的风险。如果风险的客观性被忽视，个人或组织可能会高估或低估风险，从而导致错误的决策和不适当的应对措施。在风险管理中，个人的风险感知也很重要，在制定合理的风险策略中应充分考虑个人风险感知。

2. 风险的普遍性　风险的普遍性是指风险无处不在，每个人、组织和社会都面临着各种各样的风险，如自然灾害、意外事故、疾病和死亡等。风险的普遍性源于以下三个方面。

（1）不确定性的本质　未来是不可预测的，不确定性无法完全被消除。因此，人们总是面临着各种各样的风险，从轻微的风险到毁灭性的后果。

（2）相互依存性　人类生活在一个相互联系的世界，其行为和决策会对他人和环境产生影响。这种相互依存性意味着个人的风险往往与他人的风险相关联。例如，气候变化是一个全球性的变化，会影响世界各地的人。

（3）技术进步　虽然技术进步可以带来许多好处，但也可能带来新的风险。例如，人工智能和自动化可能会导致失业。风险的普遍性意味着每个人都有责任管理自己的风险，并为可能发生的意外事件做好准备。政府、企业和其他组织也有责任采取措施减轻风险，保护公众免受危害。

3. 风险的严重性　风险的严重性是指风险事故发生时潜在损失的程度。风险事故一旦发生，造成的经济损失或健康危害难以估计，个人、家庭或单位往往难以承受。风险的严重性可以用多个指标来衡量，如人员伤亡、财产损失、声誉损失和环境破坏等。风险的严重性通常使用定量或定性的方法来评估。定量评估涉及计算潜在损失的货币价值或其他具体指标。定性评估涉及对风险严重性的主观判断，通常使用"高""中"或"低"之类的术语。需要注意的是，风险的严重性可能因个人、组织和社会而异。例如，对一个组织来说是严重的风险，对另一个组织来说却可能是并不严重的风险。

4. 风险的不确定性　风险的不确定性是指风险事故发生的时间、地点及严重程度都无法确定。风险的不确定性可能源于以下三个因素。

（1）内在的不确定性　未来是不可预测的，这导致所有风险都具有一定的不确定性。

（2）外部因素　风险事故可能受到外部因素的影响，例如自然灾害、政治动荡和经济变化等因素。

（3）有限的信息　人类对风险事故发生率和潜在后果的认知可能有限。时间不确定性、地点不确定性和严重程度的不确定性等都会导致风险的不确定性。

（三）风险的类型

根据不同的分类标准，可以将风险划分为不同的类型。

1. 按风险的来源划分

（1）内部风险　内部风险是源于组织内部的风险，与组织的运营、流程、人员或系统有关，可能源于以下四个方面。①运营风险：由于内部流程、人员或系统故障导致损失的风险，如生产故障、供应链中断或人为错误等。②财务风险：由于财务管理不善或欺诈导致损失的风险，如现金流问题、投资损失和欺诈等。③合规风险：违反法律、法规或道德准则的风险，如违反《中华人民共和国环境保护法》《中华人民共和国数据安全法》及《中华人民共和国劳动法》等。④声誉风险：损害组织声誉的风险，如产品召回、客户投诉或负面媒体报道等。

内部风险可能对组织造成重大影响，组织需要识别和评估内部风险，并制定措施来减轻其带来的不利影响。

（2）外部风险　外部风险是源于组织外部的风险，与组织所在的环境或行业趋势有关，可能源于以下七个方面。①自然灾害风险：由地震、洪水或飓风等自然事件导致损失的风险。②政治风险：由政治动荡、战争或政府政策变化等政治因素导致损失的风险。③经济风险：由经济衰退、通货膨胀或汇率变动等宏观经济因素导致损失的风险。④技术风险：由新技术出现或技术中断导致损失的风险。⑤竞争风险：由竞争对手的新产品、新服务或新策略导致损失的风险。⑥供应链风险：由供应商中断、物流问题或原材料短缺导致损失的风险。⑦监管风险：由政府法规或政策变化导致损失的风险。

外部风险可能对组织造成重大影响，可能导致收入损失、市场份额下降、运营中断和声誉损害。组织需要识别和评估外部风险，并制定措施来减轻其带来的负面影响。

2. 按风险的损害对象划分

（1）财产风险　财产风险指导致一切有形财产的损毁、灭失或贬值的不确定状态。例如，房屋、桥梁、农作物、树木、机器设备及车辆等，遭受火灾、洪水、地震、爆炸等造成的损失均属财产风险。财产风险除了造成财产的直接损失，还可能造成与财产相关的间接损失，如信用、运费、租金等。

（2）人身风险　与人的生老病死或者伤残有关。由于死亡发生的时间是不确定的，伤残、疾病是否发生，对健康、工作以及经济方面的影响程度等也是不确定的，由此种不确定状态所导致的风险就是人身风险。人身风险一方面可能造成劳动能力的损失；另一方面也可能造成额外费用的损失，导致预期收入减少或是额外费用的增加。

（3）责任风险　责任风险指由个人或团体的疏忽与过失行为造成他人财产损失甚至人身伤亡，依照法律、契约或道义应负法律责任或契约责任的风险。比如因企业产品质量本身存在缺陷或者不符合标准而对消费者造成人身伤害或财产损失，也就带来需要承担赔偿责任的风险。

（4）信用风险　信用风险指在经济交往中，权利人与义务人之间由于一方违约致使对方遭受经济损失的风险。例如，借款人因各种原因未能及时、足额偿还债务或银行贷款而违约所造成的风险。

3. 按风险的性质划分

（1）纯粹风险　纯粹风险指只有损失可能而无获利机会的风险，导致的结果只有两种，即损失和无损失。如火灾、洪水、车祸等自然灾害或意外事故，都属于纯粹风险。纯粹风险是一种静态风险，期望损失相对稳定，是保险公司最重要的承保对象。

（2）投机风险　投机风险指既有损失可能又有获利机会的风险，导致的结果有三种，即损失、无损失和盈利。如赌博、股票买卖等所面对的收益不确定性，就属于投机风险。投机风险的发生常与个人投资决策的选择密切相关，同时与社会、经济的变动紧密相连。尽管保险市场也有涉足投机风险领域，但由于投机风险是一种动态风险，期望损失不稳定，相对于纯粹风险来说，并没有成为保险公司的重要承保对象。

二、疾病风险

在人类生命的长河中，威胁健康的因素无时不在、无处不在，罹患疾病不可避免。疾病造成的损失既可能涉及身体层面，例如疼痛、伤残、劳动力丧失甚至死亡等，也可能涉及经济层面，例如治疗费用、预防健康恶化的费用和误工费等。

（一）疾病风险的定义

疾病风险指个体或特定群体在一定时间内罹患疾病的可能性。疾病风险受多种因素的影响，包括遗传、生活方式、环境因素、年龄、性别、种族和其他健康状况。例如遗传性疾病（如血友病、囊性纤维化）或某些类型的癌症（如乳腺癌、结肠癌）可能在家族中有更高的发病率；不健康的生活方式，如吸烟、饮酒、不均衡饮食、缺乏运动等，可能增加患心血管疾病、糖尿病或肥胖症等非传染性疾病的风险；长期暴露于有害化学物质、空气污染、放射性物质等环境因素，可能增加患呼吸系统疾病、癌症或其他健康问题的风险。

（二）疾病风险的特征

本书所讨论的疾病风险是针对人类而言，因此有其特征性表现。

1. 人的特殊性　疾病风险对人类的危害具有多方面的特殊性，这些特殊性不仅体现在生物学层面，还涉及社会、经济和心理等层面。具体来说，疾病风险危害的是人，而不是物质财产。疾病风险所造成的损失是人的健康和生命的损失，健康和生命是宝贵的，经济补偿难以替代的，用货币来计量健康和生命的损失会碰到一定的困难，同时也面临道德和伦理学方面的争议。

2. 疾病风险的复杂性　各种社会的、自然的、物理的、化学的、心理的、行为的不利因素都可能会对健康和生命造成危害。引起健康和生命损失的原因较其他风险更多、更复杂。

3. 疾病风险的客观性　疾病风险在一定程度上可以被认识、管理和控制，但不能被完全排除，总是按其自身的规律发生和存在。

4. 疾病风险的不确定性　从纵向角度来看，人的一生中有很大的可能会罹患疾病；从横向角度来看，人与人之间存在个体差异，生存环境亦不相同，可能会遭受各种不同的疾病风险。因此，难以对个体发生疾病的具体时间、空间、类型和严重程度等进行准确预测。

5. 疾病风险的可测性　可以根据个体或群体特征，预测其发生某些特定疾病的可能性或概率。有些疾病的发生是随机的，符合概率分布特征，可以根据统计学方法对特定时期、特定人群的疾病风险频率和损失等进行预测。

6. 疾病风险的随机性　与其他风险相比较，疾病风险具有较大的随机性和不可避免性。人可能因各种不同的原因罹患疾病，发生的概率较其他风险要大。但就个人而言，罹患什么样的疾病、什么时候生病等都是随机的、不可预知的。

7. 疾病风险的严重性　疾病风险给个人、家庭及社会造成了损失和伤害，包括躯体、精神、经济等多方面的损害。严重的疾病可能导致患者丧失工作能力，给家庭和社会带来经济损失。此外，疾病还可能对旅游、贸易和经济发展等产生负面影响，加剧疾病风险的严重性。

第二节　保险和社会保险

一、保险

在古代，人们经常通过相互帮助来分担风险以应对不确定性。中国古代的商人们会组成商队，共同分担长途贸易的风险，在美索不达米亚平原，当地的农民也会共同承担因洪水或干旱造成的损失。14 世纪，为了应对海运风险，意大利商人开始使用一种"共同海损分摊"的协议。根据协议，如果一艘船只在航行中遭遇风暴或海盗袭击，船上的货物和船只本身的损失将由所有船东共同承担。1865 年，上海华商义和公司保险行在上海成立，这是中国第一家民族保险公司。经过几个世纪的发展，保险产业已成为现代经济不可或缺的一部分，不仅给个人、企业和政府提供各种风险的财务保障，还为社会稳定和经济增长做出重要的贡献。

（一）保险的定义与分类

1. 保险的定义　保险是一种风险管理机制，通过将一群人的风险汇集在一起并由保险机构（又称保险人）承担，为参保单位或参保人（又称被保险人）提供财务保障。当被保险人发生约定的保险事故时，保险人根据合同条款向其支付保险金，以弥补其遭受的经济损失。实质上是通过保险机构与参保单位或参保人双方订立保险合同来实现的。参保单位或参保人按照保险合同的约定，向保险机构缴纳一定数额的保险费，而保险机构则按照保险合同的约定为参保单位或参保人提供保障。

保险的基本原理是分摊风险。当许多人共同承担同一风险时，每个人的风险负担就会减小。保险公司通过收取保险费来建立一个资金池，当被保险人发生保险事故时，保险公司就从这个资金池中支付保险金。

保险由三个基本要素组成：①风险因素的存在。②多数经济单位组成的资金池。③概率论和大数法则原理的运用。这三个要素互为基础，保险有集中和分散风险的功能。保险费率的高低是根据风险的大小，运用概率论和大数法则的原理计算出来的。

保险、储蓄和慈善三者之间有一定的区别。保险是一种风险转移机制，通过定期缴纳保险费，将意外事件（如疾病、事故或死亡）造成的财务损失转移给保险公司；储蓄是一种资金积累方式，通过定期将资金存入储蓄账户，为未来或紧急情况积累资金；慈善是一种自愿捐赠资金或资源，从而帮助有需要的人或组织的公益性行为。保险转移和承担风险，储蓄和慈善不承担风险。保险的受益人是发生保险事故的被保险人，储蓄的受益人是储户本人，慈善的受益人是受助人。例如，购买健康保险可以转移疾病或事故造成的医疗费用风险，定期储蓄可以为退休或子女教育积累资金，向慈善机构捐款可以帮助有需要的人或支持有意义的事业。虽然三者有区别，但可以相互补充，共同为个人和社会提供财务保障和支持。

2. 保险的分类　根据保险经营的性质、目的、对象和保险法规要求等划分为不同的保险类别。国际上对保险业务的分类没有固定的原则和统一的标准，各国通常根据自己的需要采取不同的划分方法。依据的角度不同，对保险的分类也有所不同，下面是一些常见的分类方式。

（1）按实施方式，分为强制保险和自愿保险。

（2）按保险标的，分为财产保险和人身保险。

（3）按风险转移层次，分为原保险和再保险。

（4）按承保方式，分为共同保险和重复保险。

（5）按保险经营性质，分为社会保险和商业保险。

不同的分类标准适用于不同的保险类型，有助于更清晰地理解保险的性质和作用。

（二）保险的功能

1. 风险转移　保险将意外事件（如疾病、事故或死亡）造成的财务损失转移给保险公司，从而为个人和企业提供财务保障。

2. 风险分摊　保险通过将许多人的小额保险费汇集在一起，为发生损失的少数人提供赔偿，从而分摊风险。

3. 资金积累　一些保险产品，如年金保险和终身人寿保险，具有储蓄和投资功能，可以帮助个人积累资金并规划未来财务需求。

4. 损失补偿　保险在发生损失时提供经济赔偿，能帮助个人和企业恢复财务状况。

5. 保障经济活动　保险为个人和企业提供保障，使其能够安心开展经济活动，减少因意外事件造成的财务损失。

6. 社会稳定　保险通过为个人和家庭提供财务保障，有助于社会稳定，减少因经济困难造成的社会问题。

7. 激励预防　部分保险产品，如健康保险和安全保险，通过提供经济激励，鼓励被保险人采取预防措施，从而减少损失的发生。

8. 监管和控制　政府通过强制保险和监管保险业，可以控制某些风险活动，如机动车驾驶和开展某些行业业务等。

9. 信息收集　保险公司收集和分析大量数据，有助于识别和评估风险，并为保险产品设计和保险定价提供依据。

二、社会保险

（一）社会保险的概念

社会保险指一种为丧失劳动能力、暂时失去劳动岗位或因健康原因造成损失的人民提供收入或补偿的一种社会保障制度。在我国，社会保险的主要项目包括养老保险、失业保险、生育保险、医疗保险和工伤保险。

在社会保险发展的历史上有两个重要的里程碑，一个是德国在俾斯麦时期首创社会保险制度；另一个是美国在 1935 年建立的全面社会保险制度并将社会保险制度化，对第二次世界大战后社会保障制度的全球化产生很大的影响。在社会保险制度发展的过程当中，第二次世界大战是个分水岭。第二次世界大战以前的社会保险制度在保险项目、覆盖率和保障水平等方面各国可能不同，但是相同的是社会保险只是保证居民拥有维持生存所必需的生活资料。第二次世界大战以后，社会保险进入另一个阶段，福利国家纷纷出现，最早的是英国。20 世纪 70 年代，工业化国家开始进行社会保险制度的改革。

我国的社会医疗保险制度起源于 1951 年，当时在全民所有制企业中实行劳保医疗制度，1952 年在政府机关、事业单位和大中专院校实行公费医疗制度，1958 年开始在人民公社集体经济的背景下实行合作医疗制度与赤脚医生制度。计划经济时期政府充分发挥组织优势，控制医疗服务价格，医疗费用缺口由政府兜底买单，为全民提供低层次的基本医疗服务，患者只需承担极低的医疗费用。改革开放以后，医疗费用增速远高于同期经济发展增速，年均增长近80%。1978 年党的十一届三中全会确定改革开放的国策，20 世纪 80 年代和 90 年代分别实行农村家庭联产承包责任制和城市国有企业改革，原有的医疗保障制度因经济制度的改变而不再适应社会生产力发展的要求。1994 年，江苏镇江和江西九江开展城镇职工基本医疗保险制度改革试点；1998 年 12 月国务院发文，在全国建立城镇职工基本医疗保险制度。2003 年、2005年我国分别在农村和城市探索建立政府主导的医疗救助制度。2010 年《中华人民共和国社会保险法》通过，首次以法律形式确立全民社保权利，包括城镇职工基本医疗保险、城镇居民基本医疗保险与新型农村合作医疗。2016 年，城镇居民医疗保险与新型农村合作医疗逐步整合为"城乡居民基本医疗保险"。截至 2025 年，我国基本医疗保险参保人数已超过 13 亿人，参保率稳定在 95% 以上，覆盖人数和参保率均居全球首位。

（二）社会保险的特征及功能

1. 社会保险的特征 社会保险不以营利为目的，通过国家和政府立法，强制每一个劳动者参加，保险费由个人、单位（或雇主）、国家缴纳（不同国家有所区别），为参保者提供基本保障。

（1）社会保险属于强制性保险 所有符合条件的公民或居民必须参加社会保险。这与商业保险的自愿参加性质不同。

（2）社会保险属于非营利性保险 社会保险是非营利性的，目的是为社会成员提供保障，而不是营利。任何盈余通常会用于扩大保障范围或提高福利水平。

（3）社会保险属于长期性保险 社会保险旨在为社会成员提供长期的保障。养老保险和医疗保险等险种通常覆盖整个职业生涯和退休后。

（4）社会保险属于互助共济性保险 社会保险通过将所有成员的缴费汇集在一起，为有需要的人提供保障。这种互助共济的原则体现社会团结和共同责任。

此外，社会保险将资源从富裕的成员重新分配给有需要的成员，实现社会公平。高收入者缴纳更多的保险费，而低收入者和有需要者获得更多的保障，体现社会保险的再分配特征；社会保险覆盖范围广泛，涵盖所有符合条件的公民或居民。确保每个人"不论其收入或职业如何"都能获得基本的社会保障，体现社会保险的普遍性特征。

2. 社会保险的功能 社会保险是我国建设中国特色社会主义制度的内在要求和必要保证，社会保险服务于基层和社会，方便群众的生活。通过社会保险可以实现收入的再分配，调节收入分配差距，保障低收入者的基本生活。

（1）保障基本生活 为参保人员提供医疗、养老、失业、工伤、生育等方面的基本保障，保障其基本生活需求。

（2）调节收入分配 通过社会保险制度，将社会财富的一部分再分配给参保人员，调节收入分配差距，促进社会公平。

（3）促进经济发展 社会保险制度为参保人员提供医疗保障，减少因疾病或意外导致的经济损失，有利于提高劳动生产率和促进经济发展。

（4）维护社会稳定 社会保险制度保障参保人员的基本生活，减少社会不稳定因素，维护社会和谐稳定。

（5）减轻家庭负担　社会保险制度分担家庭在医疗、养老等方面的经济负担，减轻家庭压力，保障家庭成员的生活质量。

（6）促进人口发展　生育保险制度为育龄妇女提供生育期间的经济保障，有利于促进人口发展。

（7）促进社会进步　社会保险制度体现社会互助共济的原则，有利于促进社会进步和文明发展。

现实中，越是发达的地区，员工对于社会保险的重视程度越高。

3. 中国的社会保险体系　中国的社会保险体系是一套全面的、多层次的社会保障制度，中国的基本社会保险体系包括养老保险、失业保险、医疗保险（合并生育保险）和工伤保险。

第三节　医疗保险的内涵、种类和属性

一、医疗保险的内涵

医疗保险是指由特定的组织或机构经办的，通过强制性的政策法规或自愿缔结的契约，在一定区域的参保人群中筹集医疗保险基金，在参保人因疾病而导致健康和经济损失时实施经济补偿的一系列政策、制度与办法。

广义的医疗保险通常称为健康保险。健康保险不仅对参保人的医疗费用（如门诊费、药费、住院费、护理费、手术费和各种检查治疗费等）进行补偿，而且还对因伤病不能工作所导致的经济损失（如误工工资）进行补偿。此外，还包括分娩、残疾、死亡等的经济补偿，以及对疾病的预防和健康的维护等。

医疗保险是社会保障制度的一种，旨在为参保人员提供医疗费用保障，并减轻因疾病或意外导致的经济负担，保障参保人员的基本医疗需求。医疗保险是对国民收入进行分配和再分配而形成的专门消费基金，对劳动者因病医治造成的经济损失给予一定补偿的一种保障制度。具体来说，医疗保险是将医疗保险费集中起来建立医疗保险基金，用于支付医疗保险合同规定赔付范围内的医疗费用的一种保障制度。医疗保险也是一种社会互助共济制度，旨在保障参保人员的基本医疗需求，减轻因疾病或意外导致的经济负担，促进社会公平与和谐发展。

二、医疗保险的种类

通常情况下，我国的医疗保险分为两大类：一是社会医疗保险，二是商业医疗保险。社会医疗保险是本书的重点研究对象。

（一）社会医疗保险

社会医疗保险又可以分为两类：一是城镇职工基本医疗保险；二是城乡居民基本医疗保险。

1. 城镇职工基本医疗保险　保障的是城镇居民中的职工（在职人员及退休人员），保险费由职工自己承担一部分，公司或单位承担一部分，城镇中的个体户或灵活就业人员也可以参加城镇职工基本医疗保险，但需要自费加入，这是报销比例最高的一种，相应的保险费也比较高，需要按月缴纳。

2. 城乡居民基本医疗保险 城乡居民基本医疗保险是整合城镇居民基本医疗保险和新型农村合作医疗两项制度，建立的统一的城乡居民基本医疗保险制度。

2003 年与 2007 年，我国针对农村人口、城镇非就业人口分别建立新型农村合作医疗、城镇居民基本医疗保险制度。制度建立以来，覆盖范围不断扩大，保障水平稳步提高，制度运行平稳，对健全全民基本医疗保障体系、满足群众基本医疗保障需求、提高人民群众健康水平发挥了重要作用。

近年来，随着经济社会快速发展，在总结城镇居民基本医疗保险和新型农村合作医疗两项制度运行情况及地方实践经验的基础上，党中央、国务院明确提出整合城镇居民基本医疗保险和新型农村合作医疗两项制度，建立统一的城乡居民基本医疗保险制度。

2016 年 1 月 12 日，国务院发布《国务院关于整合城乡居民基本医疗保险制度的意见》，就整合城乡居民基本医疗保险制度政策提出"六统一"要求：统一覆盖范围，统一筹集政策，统一保障待遇，统一医保目录，统一定点管理，统一基金管理。

（二）商业医疗保险

一般指由商业保险公司开办的，以人的身体为保险标的，保障被保险人在合同约定期限内，因疾病或意外伤害导致医疗费用增加或收入减少所造成的损失，承担保险金给付责任的人身保险。商业医疗保险是医疗保障体系的组成部分，单位和个人自愿参加。国家鼓励用人单位和个人参加商业医疗保险。

（三）社会医疗保险与商业医疗保险的区别

1. 属性不同 商业医疗保险是保险公司运用经济补偿手段经营的一种险种，是社会经济活动的一个方面，通过保险人与投保人双方按照自愿原则签订合同来实现，保险公司可以从中盈利。社会医疗保险是国家根据宪法规定，为保护和增进职工身体健康而设立的一种社会保障制度，是国家或地方通过立法强制执行的，不取决于个人意志，同时作为一种社会福利事业具有非营利性质。

2. 保险对象和作用不同 商业医疗保险的保险对象是自愿投保并符合投保条件的自然人或法人，其作用在于当被保险人因意外伤害或疾病而支出医疗费用时，可获得一定的经济补偿以减轻损失，而不是为了保障被保险人的基本生活，也不具有维护社会公平的作用。社会医疗保险的保险对象是符合法律、政策规定应纳入社会医疗保险的自然人，当被保险人因患病就医而支出医疗费用时，由社会保险部门或其委托单位给予基本补偿，有利于社会安定和维护社会公平，实际上是国民收入再分配的一个方面。

3. 权利与义务对等关系不同 商业医疗保险的权利与义务建立在合同关系上，任何一个有完全行为能力的公民或法人，只要与保险公司自愿签订保险合同并按合同规定缴纳保险费，本人或成员就能获得相应的保险金给付的请求权，保险金额的多少取决于所缴保险费数额的多少，即保险公司与投保人之间的权利与义务关系是一种等价交换的关系，表现为多投多保，少投少保，不投不保。社会医疗保险的权利与义务关系是一种互助共济的关系，只要被保险人履行缴交社会保险费的义务，就可以享受社会医疗保险待遇。为了便于用经济手段进行管理，增强被保险人的费用意识，要求被保险人缴纳少量保险费，但被保险人所领取的保险给付金与所缴纳的保险费数额并不成正比例关系，因此权利与义务关系不对等。

三、社会医疗保险的属性

（一）社会医疗保险的社会作用

社会医疗保险制度的实施，对于保障人们身体健康、安定人们生活、稳定社会秩序等方面发挥着重要作用。

1. 减轻疾病经济负担，改善社会公平　社会医疗保险的直接作用，就是通过对被保险人提供医疗保险基金补偿，分担其医疗费用，从而在一定程度上减轻其疾病经济负担。

2. 保障健康，延长预期寿命　社会医疗保险除了能够直接减轻被保险人因疾病造成的经济负担外，还可通过对被保险人提供健康体检、预防接种、健康教育等多种健康保障活动，从根本上提高身体素质、保障身体健康，从而延长寿命。

3. 规范医疗服务供需双方行为　社会医疗保险以协议的形式要求定点医疗服务机构做到因病施治、合理检查、合理用药和合理治疗；通过费用分担的办法促使医疗服务需方形成节约费用的意识，从而达到控制医疗费用过快增长的目的。

4. 促进生产发展，提高劳动生产率　社会医疗保险是社会进步、生产力提高的必然结果，反过来，社会医疗保险制度的建立和完善又会进一步促进社会进步和生产力提高。一方面，社会医疗保险解除被保险人的后顾之忧，使之安心工作，从而可以提高劳动生产率；另一方面，也保证被保险人的身心健康，保证其正常再生产，劳动力再生产是社会再生产的基础，因此，在发达国家，医疗保险已成为其经济发展不可或缺的配套措施。在我国，随着改革的进一步深化，劳动用工、企业制度等改革的进行，各项配套措施必须跟上，社会保险制度必须与之相适应。医疗保险作为社会保险的重要组成部分，对于确保社会经济体制改革的顺利进行具有重要作用。

5. 实行医疗保障，维护社会稳定　社会医疗保险对患病或意外伤害的被保险人给予经济上的帮助，维持这些人的正常生活，有助于消除因疾病或意外伤害带来的社会不安定因素。

6. 促进社会文明与进步　社会医疗保险具有社会互助共济的基本特征，这种特征体现在不同收入的被保险人之间及不同疾病风险概率的被保险人之间的风险分担和转移，是建立在互助合作的基础上的。在现实生活中，人与人之间应该建立起一种相互关心、相互帮助的关系。医疗保险正是体现了"一方有难、八方支援"的新型人际关系，展示一种社会互助、同舟共济的良好社会风尚，是社会文明与进步的表现。

总的来说，医疗保险制度是社会保障体系的重要组成部分，社会作用是多方面的，对于减轻疾病负担、保障全民健康、促进社会公平、维护社会稳定、促进经济发展具有重要意义。

（二）社会医疗保险的特征

社会医疗保险作为社会保险的一个部分，既具有社会保险的特征，如强制性、保障性、互助共济性及权利与义务不对等，又具有与养老、生育、失业、工伤等其他社会保险项目所不同的特征。从根本上来说，社会医疗保险的特征取决于社会生产力发展水平和社会经济制度、政治制度，但同时又与医学技术的发展、卫生服务状况，以及卫生事业在国民经济中的地位、作用等因素直接相关，因此，不同社会制度的国家其社会医疗保险的特征也不相同。

1. 社会医疗保险对象的普遍性　我国社会医疗保险覆盖所有在职职工、个体工商户、灵活就业人员和城乡居民，基本实现全民医保。大多数地区对参保人员没有年龄、职业、户籍等限制，只要符合参保条件即可参保。每个人都能享受到基本医疗保障，有效减轻疾病带来的经济负担，促进社会公平；原则上医疗保险的覆盖对象应是全体公民。

2. 社会医疗保险的非营利性 社会医疗保险是非营利性的，其目的是保障参保人员的健康权益，而不是追求利润。正如习近平总书记在党的二十大报告中指出："为民造福是立党为公、执政为民的本质要求。"医疗保险始终秉持的理念是社会效益放在第一位，老百姓的健康放在第一位。

3. 社会医疗保险的强制性 符合参保条件的个人和单位必须依法参加社会医疗保险。国家通过法律强制实施社会医疗保险，任何单位及其员工都必须参加社会医疗保险，医疗保险机构必须接受各单位及其员工参保，个人、单位或财政部门都应按规定缴纳医疗保险费。在社会化大生产中，被保险人面临社会化大生产带来的各种风险，其中包括疾病风险，可以通过社会医疗保险来解决。社会医疗保险既有强制性的一面，又有义务的一面，被保险人参加社会医疗保险，也是对社会和其他被保险人应尽的义务。

4. 社会医疗保险的互助共济性 社会医疗保险实行互助共济原则，参保人员共同缴纳保险费，形成医疗保障基金，用于支付参保人员的医疗费用。医疗保险基金由医疗保险机构征集，一般由国家、用人单位和个人三方共同分担。社会医疗保险的互助共济性主要体现在三个方面，分别是企业与企业之间的互助共济、企业与行政事业单位的互助共济及人与人之间的互助共济。

5. 社会医疗保险的储蓄性 社会医疗保险基金以以支定收、量入为出、收支平衡、略有结余为原则。医疗保险基金的部分结余，就是社会医疗保险储蓄性的体现之一。社会医疗保险制度的筹集方式通常会考虑长期的可持续性，例如通过提高缴费率、扩大参保范围、增加政府财政投入等方式，确保基金的长期收支平衡。这种长期筹集的性质也具有储蓄的意义，为未来参保人员的医疗保障提供资金保障。社会医疗保险的储蓄性有助于增强制度的稳定性，以应对医疗费用上涨和人口老龄化等挑战，确保参保人员在未来也能享有基础的医疗保障。

6. 社会医疗保险的福利性 医疗保险作为社会保障体系的重要组成部分，是一项社会公共事业。社会医疗保险与医疗卫生事业同样具有福利性，需要把社会效益放在第一位，以保障人们的身心健康、促进经济发展和维护社会稳定。社会医疗保险不以营利为目的。由于社会医疗保险具有福利性，因此政府财政或企业有义务为职工缴纳大部分的医疗保险费，并且不允许将该类费用转嫁给职工个人，使职工的健康有真正的保障。

总的来说，社会医疗保险为参保人员提供医疗费用保障，减轻疾病带来的经济负担，有助于控制医疗费用，避免医疗资源过度消耗。促进社会公平，让每个人都能获得基本医疗服务。

第四节 医疗保险学的概念、研究内容和研究方法

一、医疗保险学的概念

医疗保险学是专门研究医疗保险活动及其发展规律的学科，涉及医疗保险的各个方面。随着医疗保险领域的不断拓展，医疗保险学也逐渐由单一的研究扩展到综合性研究，成为一门融自然科学、社会科学于一体的综合性学科。医疗保险学科的建立与完善，对建立与我国社会主

义市场经济体制相适应的具有中国特色的社会医疗保险制度和医疗保障体系，具有重要的作用。

二、医疗保险学的研究内容

医疗保险学是交叉学科，借鉴经济学、公共管理学、卫生政策学、统计学、社会学、法律、公共卫生和医疗保健等多个领域的知识，着眼于解决社会医疗保险的理论和实践问题。医疗保险学研究内容十分丰富，根据学科特点，可将医疗保险学的研究内容分为理论研究和应用研究两大部分。

（一）理论研究

1. 医疗保险的基础内容及理论　医疗保险的基础内容包括医疗保险的概念、性质、特征、原则、功能与分类等，通过研究医疗保险的基本特征、发展历史与各种模式，总结医疗保险的发展规律。医疗保险学的理论基础包括风险分担、互助共济等理论。

2. 医疗保险的基本原理和方法　医疗保险的基本原理是由医疗保险的性质与特征决定的。医疗保险的基本方法包括医疗保险规划和决策方法、医疗保险基金的基本测算方法、医疗保险费用和质量控制方法，以及医疗保险的评价方法等。

3. 医疗保险的发展史和模式　通过历史研究，借鉴国外医疗保险发展经验，梳理我国医药卫生体制改革的历程，认识医疗保险发展规律，探索符合我国国情的医疗保险模式。

4. 医疗保险组织体系　医疗保险组织体系包括医疗保险系统的基本构成，医疗保险机构、医疗服务提供者、被保险人与政府间的关系，医疗保险系统与其他系统的关系等。

（二）应用研究

1. 医疗保险基金筹集　医疗保险基金筹集是医疗保险运行的第一步，包括医疗保险基金的筹集原则、渠道、程序等，医疗保险基金的管理原则、财务管理、投资运营与监督等，医疗保险的费用控制，医疗保险费用的偿付分类、偿付原则、偿付方式等。

2. 医疗保险范围　医疗保险不同于一般保险，有其特定的承保人群和保障责任范围，其所承担的风险不仅是对疾病经济损失的补偿，而且还要向被保险人提供医疗服务。医疗保险范围主要包括医疗保险的覆盖人群范围，即覆盖面及医疗保险保障的医疗服务范围，即基本医疗范围。

3. 医疗保险费用支付　医疗保险费用的支付不同于一般商业保险的理赔，它有"第三方付费""复杂性"和"多发性"等特殊性，因而是医疗保险基金运行过程中最复杂的一个环节。如何完善医疗保险支付方式、动态调整支付标准，做到既能保护被保险人获得必需的医疗卫生服务，又能控制医疗服务的合理消费，是医疗保险费用支付研究中的核心问题。

4. 医疗保险政策和法规评估　评估分析不同政策和法规对医疗保险制度的影响，包括明确评估目的和范围、选择评估方法、收集数据和信息、分析数据和信息等内容，评估要注意科学性、独立性、透明性和参与性等。

5. 医疗保险法律制度和监督管理　内容主要包括医疗保险法律法规的制定执行、监督和完善；参保单位和参保人员的参保行为监管；定点医疗服务机构的行医行为监管；被保险人的就医行为监管等。

6. 医疗保险政策研究　我国医疗保险发展很快，已逐步进入全民医保的时代。在医疗保险的实际工作中，许多新的问题逐渐出现，比如城乡居民基本医疗保险的整合、重特大疾病保障机制、医疗保障精准脱贫、商业健康保险在多层次医疗保障中的地位、"互联网＋"在医疗保险中的作用，以及医疗保险经办管理方式转变等，都需要从政策层面进行研究。

7. 医疗保险对医疗服务利用和健康状况的影响研究　分析医疗保险制度对医疗服务利用和人口健康的影响。应用观察性研究、随机对照试验等方法研究医疗保险对医疗服务利用和健康状况的影响，并用统计学的方法以直观的方式进行结果呈现。

总的来说，医疗保险学的理论研究和应用研究是相互联系和相互促进的。理论研究为应用研究提供基础，而应用研究又可以检验和完善理论研究。两者共同为医疗保险制度的完善和发展提供支持。

三、医疗保险学的研究方法

（一）定量研究方法

在医疗保险学的研究中，通过定量分析可以使人们对医疗保险学的认识进一步精确化，以便更科学地揭示规律、把握本质、厘清关系、预测医疗保险学中各种问题的发展趋势。

1. 统计分析　统计分析技术广泛应用于医疗保险学的研究。统计模型大量被用于分析医疗保险数据，确定趋势、模式和关联性。比如在成本效益分析过程中，决策树分析法就被用于比较医疗保险干预措施的成本和收益。

2. 数学建模　构建数学模型以分析医疗保险政策和计划的潜在影响。在医疗保险研究中，可以通过数学模型来评估新药和治疗方法的成本效益、比较不同医疗保健计划和干预措施的成本和效果、预测医疗保险支出的未来趋势、分析医疗保险政策和计划变化的潜在影响、识别降低医疗保险成本的方法、提高医疗保险的价值及其可持续性等。

3. 调查研究　收集被保险人、医疗服务提供者和利益相关者的数据，然后用统计分析工具，如卡方检验、方差分析等将数据进行"可视化"处理。

（二）定性研究方法

定性研究是对医疗保险学的研究对象进行"质"方面的分析。具体地说，是运用归纳和演绎、分析与综合及抽象与概括等方法，对获得的各种材料进行思维加工，从而去粗取精、去伪存真、由此及彼、由表及里，达到认识事物本质和揭示内在规律的目的。

1. 访谈法　可以与被保险人、医疗服务提供者和政策制定者进行深入访谈，收集其观点与经验。选取特定的受访人群，了解被保险人对新政策和计划的看法，探索医疗服务提供者对医疗保险报销模式变化的反应，分析政策制定者在医疗保险决策中使用的数据和证据，评估医疗保险计划实施的有效性和效率，识别医疗保险制度中存在的差异和不公平现象，为医疗保险改革和创新设计提供信息等。

2. 焦点小组讨论法　研究者可以聚集一组相关人员，引导其讨论特定的医疗保险学主题，收集其对问题或政策的见解。

3. 观察研究法　观察研究在医疗保险学中被广泛应用于收集有关疾病、健康状况、风险因素和医疗卫生服务的信息，这些信息对于制定基于证据的医疗保险政策至关重要。

（三）综合性研究方法

结合定量和定性方法来获取更全面的理解。医疗保险学已经发展成为一门集自然科学、社会科学于一身的综合性交叉学科，因此医疗保险学研究必须采用综合性的多学科研究方法，充分应用各种前沿研究方法，促进医疗保险学的发展。例如，使用统计分析法确定医疗保险学中

NOTE

某一问题的趋势，然后进行深度访谈以探索这些趋势的潜在动因等。

【小结】

风险是保险产生的前提，保险与风险的识别与测度息息相关。了解风险、识别风险及估测风险是学习保险的前提。风险是在一定条件下和一定时期内，意外事故及其损失发生的可能性，是一种客观存在的、损失的发生具有不确定性的一种状态。疾病风险指个体或特定群体在一定时间内罹患疾病的可能性。这种风险受多种因素的影响，包括遗传、生活方式、环境因素、年龄、性别、种族和其他健康状况。保险是一种风险管理机制，通过将一群人的风险汇集在一起并由保险人承担，为被保险人提供财务保障。社会保险是指一种为丧失劳动能力、暂时失去劳动岗位或因健康原因造成损失的人们提供收入或补偿的一种社会和经济制度。在我国，社会保险的主要项目包括养老保险、失业保险、生育保险、医疗保险和工伤保险。通常情况下，我国的医疗保险分为两大类：一是社会医疗保险，二是商业医疗保险。医疗保险学是专门研究医疗保险活动及其发展规律的学科，涉及医疗保险的各个方面。医疗保险学涉及面广，研究内容丰富，根据学科特点，可将医疗保险学的研究内容分为理论研究和应用研究两大部分，其研究方法包括定量研究、定性研究和综合性研究等。

【案例】

三重医疗保障

三重医疗保障包括基本医疗保险、大病保险和医疗救助三个层次，旨在为广大人民群众提供全方位、多层次的医疗保障，见图1-1。

图 1-1 三重医疗保障

举个例子：

梅州市王女士，2021年10月，因基底节出血住院治疗，医疗费用高达41万余元，经过基本医保、大病保险、医疗救助的三重保障后，王女士仅需承担3万余元，见表1-1。对于整个家庭来说，无疑是雪中送炭，大大减轻了家庭的经济压力。

表1-1 王女士的三重医疗保障

王女士住院时总费用高达41万余元		
第一重保障	基本医疗保险基金支出	25万余元
第二重保障	大病保险资金支出	8万余元
第三重保障	医疗救助基金支出	5万余元
医保基金支付总额合计		38万余元
王女士仅需承担		3万余元

三重医疗保障中每一层保障的重点是包括：

1. 基本医疗保险 基本医疗保险作为三重医疗保障的基础，通过设立医疗保险基金，参保人员可以在疾病发生时获得必要的医疗费用补偿，包括住院费用、门诊费用、药品费用等多个方面，有效减轻了患者的经济负担。

2. 大病保险 大病保险作为基本医疗保险的补充，主要针对治疗重大疾病的医疗费用。大病保险报销不限定病种，参保人年度内发生的住院、门诊特定病种基本医疗费用，按照规定报销后，累计超过大病保险起付线的部分，自动纳入大病保险报销范围，在实现"一站式"结算的医药机构，就可以实现即时结算，自动享受相关待遇，无须专门申请费用报销。

3. 医疗救助 医疗救助作为三重医疗保障的最后一道防线，主要针对因各种原因导致医疗费用负担过重的特殊困难群体。这些群体可能由于经济困难、年龄偏大、身体残疾等原因无法承担高额的医疗费用。医疗救助有两种方式：一是资助参保。对符合条件的医疗救助对象参加资格认定地城乡居民基本医疗保险给予资助，保障其获得医疗保险服务；二是费用救助。对医疗救助对象经基本医保、大病保险等支付后，个人负担的合规医疗费用按规定予以支付。

资料来源：什么是三重医疗保障？https://www.fengshun.gov.cn/mzfsybj/gkmlpt/content/2/2687/mpost_2687994.html#16184

【思考题】

1. 什么是风险，什么是疾病风险？
2. 什么是保险，什么是社会保险？
3. 请简述社会医疗保险与商业医疗保险的区别。
4. 请简述医疗保险学的研究内容和研究方法。

第二章　医疗保险需求与供给

【学习目标】

通过本章学习，要求理解医疗保险需求与供给的内涵，掌握医疗保险需求与供给的特点、影响因素、医疗保险市场的特点，熟悉医疗保险供需曲线及变动、医疗保险需求与供给的弹性，了解医疗保险市场失灵及治理。

第一节　医疗保险需求

一、医疗保险需求的内涵

（一）医疗保险需求的概念

经济学将在一定时期内、一定价格水平下，消费者愿意而且能够购买某种物品或服务的数量称为需求。因此，需求的形成有两个必要条件：一是消费者的购买愿望；二是消费者的支付能力。如果只有购买愿望而没有支付能力，或者虽然有支付能力而没有购买愿望，都不能构成消费者对某种物品或服务的需求。医疗保险需求是医疗保险需求方在一定时期内，在一定价格水平下，愿意并且能够购买的医疗保险服务量。

医疗保险的需求主要有两种形式：一是有形的经济保障形式，即医疗保险机构按照医疗保险合同中规定的偿付范围，对发生医疗费用的参保人给予部分或全部的补偿，或通过医疗机构直接提供免费、部分免费或低价的医疗服务；二是无形的心理保障形式，即通过参加医疗保险，可以使参保人减少因病致贫给个人或家庭带来经济负担的心理压力，从而获得一种安全感。即在发生医疗费用后，可以从医疗保险机构获得全部或部分的经济补偿；如果没有患病，则健康和经济均未遭受损失，而且还获得了心理上的安全保障。但在实际中，人们往往更注重经济保障，因而一部分参加医疗保险的人，在参保期间若没有得到经济补偿，会认为参加医疗保险是浪费钱，而不考虑医疗保险给其在精神上所带来的安全保障。

（二）医疗保险需求的形成条件

1. 医疗保险消费意愿　人们对医疗保险的需求，源于对自己生命安全和健康保障的需要。当自然疾病和意外事故发生时，会给人们造成身心伤害，并带来经济损失，影响人们的生活。这就会使人们在心理上产生一种对患病的担忧和恐惧，并寻找某种手段来避免、应对或减少疾病发生时所造成的损失。因此，人们一般都具有购买医疗保险以求平安的愿望，这种消费意愿成为购买保险的首要因素。

2. 货币支付能力　在商品经济条件下，保险机构与参保人之间也是一种商品经济关系。人们要想获得保险，必须支付一定量保险费。人们对医疗保险需要的满足，受到其货币支付能力的限制。因此，医疗保险需求就是人们在一定的保险费率（价格）条件下由货币支付能力决定的对医疗保险的需求量。

3. 医疗保险需求者所投保的标的物符合医疗保险机构的经济技术的要求　参保人想投保的医疗保险险种和保险机构设计的险种相吻合，这是构成医疗保险需求的必备条件。如果需求者所投保的标的是保险机构在技术上难以做到的，也不能构成有效的医疗保险需求。

总之，缺少上述三个条件，人们的医疗保障需要就难以转化为真正有效的医疗保险需求。

二、医疗保险需求的特点

从自由市场的角度来看，医疗保险需方（被保险人）的需求和消费行为，如为什么购买、购买什么、购买多少等，对医疗保险机构和医疗服务提供者的行为起着引导作用。但是医疗保险市场往往并不是完全竞争市场，尤其在实行社会医疗保险模式的情况下，某些保险项目的购买是由政府强制的，医疗保险需方对保险的需求和消费特点表现不明显，只有当他们对社会医疗保险以外的项目进行选择的时候，或者在实行商业医疗保险和比较市场化的医疗保险模式下，需方可以自由选择保险项目时，这些保险需求特点才可以表现出来，但从理论上说，这些需求特点还是客观存在的。

（一）需求的不确定性

医疗保险和医疗服务是紧密联系的，医疗保险支付基于医疗服务事件，是在购买医疗服务时才发生的，而且仅支付医疗保险范围内的服务费用。个人对自己的疾病风险难以预测，而且健康损害的价格又难以估算，因此不可能像购买其他商品一样在时间、地点、品种上做仔细的计划和安排，疾病风险发生的不确定性造成了消费者对医疗保险需求的随机性和被动性。

（二）需求的多元性

人群的健康需求有多种类型和层次，因此消费者对医疗保险商品的需求也是多元化的，单一的险种难以满足人们的需求。各个国家和地区在拓展保险市场的同时，也在大力开发人们所需要的医疗保险商品。在我国，除了国家强制性的保障全民基本健康需求的社会医疗保险外，商业保险公司还根据消费者需求推出了其他各种健康保险，涵盖了疾病保险、护理保险和失能收入损失保险等。

（三）需求的差异性

无论收入是多少，健康保障对每个人而言都是需要的。但由于收入的不同，消费者对医疗保险产品的选择也会有所不同。高收入人群的自我保障能力比较强，他们购买健康保险不仅是为了满足医疗保障的需要，更希望得到专业的服务，所以高收入人群大多选择商业健康保险；中等收入人群以购买社会医疗保险为主，只要能够保证基本医疗需求即可；低收入人群的收入仅能满足基本生活，他们往往会选择风险自留或接受医疗救助。

（四）需求的发展性

医疗保险需求的发展性是一个复杂且重要的主题，它涉及个人、家庭和社会等多个层面。随着社会经济和医疗技术的不断进步，医疗保险需求也在不断演变和升级。首先，从个人层面来看，随着生活水平的提高和健康意识的增强，人们对医疗保险的需求也在日益增长。人们越来越重视自身的健康，愿意为健康投入更多的资金，包括购买医疗保险。此外，随着医疗技术的进步，人们对于疾病的治疗效果和恢复能力有了更高的期待，这也驱动了人们对医疗保险的需求。其次，从家庭层面来看，家庭结构的变化和家庭收入的变化也对医疗保险需求产生了影响。随着家庭规模的缩小和收入的提高，家庭对医疗保险的需求也在增加。同时，他们对医疗保险的覆盖范围和质量也有了更高的要求。最后，社会层面也对医疗保险需求产生了影响。社会的经济发展水平、医疗保障制度、医疗费用水平等因素都会影响医疗保险需求，经济发展水平越高，医疗保障制度越完善，医疗费用水平越低，人们对医疗保险的需求就会越强烈。

三、医疗保险需求的影响因素

（一）疾病风险

每个人都可能面临疾病风险，这种不确定性使得人们需要购买医疗保险来应对疾病风险。疾病风险的程度越高，给人们带来的经济损失也就越大，人们对医疗保险的需求也就越大。因此，医疗保险的需求量与疾病风险的发生率及疾病风险的程度密切相关的。随着人口老龄化进程的加速与疾病模式的改变，慢性退行性疾病对人类健康的威胁越来越大，由此带来的医疗费用不断增加，人们对医疗保险的需求也逐渐增大。疾病风险对医疗保险需求的影响，表现为具有高疾病风险的人（如老弱病残者）更愿意购买医疗保险，且愿意购买较高价格的医疗保险。所以，如果根据医疗保险的需求进行医疗保险的筹集，在市场机制的作用下，就会产生"逆向选择"的问题，即医疗保险多是被高疾病风险的人按照平均价格购买。解决"逆向选择"问题的方法之一就是实行社会医疗保险，即从法律上要求每一个人都要参加医疗保险，实际上是用强制的手段对社会收入进行一次再分配。

（二）医疗保险价格

对于一般的商品或服务，价格与需求呈反向变化。这个规律对于医疗保险来说依然适用。医疗保险的价格越高，参保人支付的医疗保险费就越多。而个人或企业希望以较少的医疗保险费用支出，获得较大程度的医疗保障。因此，如果医疗保险的价格较低，可刺激医疗保险需求量的增加，可吸引更多低收入或低风险的人参保；相反，如果医疗保险的价格偏高，则会影响低收入或低风险的人参保。企业若支付较高的医疗保险费，就会增加产品的成本，在市场竞争中处于不利的地位，因而也会降低医疗保险的需求。所以应该有一个合理的医疗保险价格，既能使医疗保险机构达到收支平衡，又能让更多的人加入保险。

（三）参保人收入水平

医疗保险价格的高低是相对医疗保险服务购买者的经济状况而言的。低收入的人群往往无力或不愿意支付较高的医疗保险费用，从而降低了医疗保险的需求；而高收入的人群不仅愿意参加医疗保险，而且希望购买一些价格虽较高但可获得更多医疗服务的医疗保险项目。所以，随着社会经济的发展，人民生活水平的提高，对医疗保险的需求水平也会提高。但由于不同收入水平的人群对医疗保险的需求不同，因此无论社会经济发展到何种程度，只要社会上存在着收入上的差异，就会对医疗保险产生不同层次的需求。所以，对医疗保险的购买者来说，是否可以满足不同收入的多层次的医疗保险服务，是提高医疗保险需求的关键。

（四）医疗保障范围

医疗保险机构提供的医疗保险项目覆盖的保障范围是否能满足人们的需求，也是影响医疗保险需求的因素之一。一般而言，如果医疗保险机构提供的医疗保险服务项目覆盖的保障范围越广，则参保人更愿意购买医疗保险；反之，参保人购买医疗保险的意愿将会降低，从而影响到医疗保险的需求。

（五）医疗费用分担方式

医疗费用分担方式影响人们对医疗保险的需求。需自付的医疗费用比例越高，人们参保的积极性就越低；反之，需自付的医疗费用比例越低，人们参保的积极性就越高。实际上，即使医疗保险的价格不高，但如果参保人患病所产生的医疗费用需自付的比例较高，会给参保人带来较大经济负担，使参保人（尤其是低收入者）产生较大的心理压力，认为医疗保险并不能减轻其患病以后的经济负担问题，反而会抑制人们对医疗保险的需求。

（六）参保人风险态度

风险态度是指人对风险所采取的态度，是基于对目标可能产生的影响的不确定性所选择的一种心智状态，或者说是对重要的不确定性认知所选择的回应方式。风险态度可分为三种类型：风险厌恶、风险中立与风险偏好。风险厌恶型参保人更倾向于购买医疗保险，医疗保险需求较大；风险偏好型参保人很少去购买医疗保险，医疗保险需求较小。但就健康而言，大部分参保人属于风险厌恶型。

（七）其他因素

除上述因素外，还有很多其他因素也会影响医疗保险的需求，如人口、年龄、性别、职业、文化、保险意识、习惯、社会环境等。其中，人口因素包括人口的数量与结构。一个国家的人口总量构成了医疗保险市场的潜在需求，它与医疗保险的需求成正比。在其他因素不变的情况下，人口总量越大，对医疗保险的需求也越大；反之，则需求越小。人口结构也会影响医疗保险的需求。人口结构老龄化会增加医疗保险的需求；反之，则会减少医疗保险需求。医疗保险的需求还受医疗服务供给价格、种类、质量及医疗费用水平的影响。随着医疗服务价格与医疗费用水平的提高，尤其是相对人们的收入而言，医疗支出在收入中所占的比重不断增大，人们对医疗保险的需求就会更加迫切。如果所得的医疗服务种类及质量不能满足人们对医疗服务的需要，就会影响人们对医疗保险的需求。

四、医疗保险需求曲线及其变动

在市场经济条件下，人们购买一种商品或服务的数量在很大程度上取决于它的价格。在其他条件不变的情况下，一种商品或服务的价格越高，其购买的数量就越少；反之，其购买的数量就越多。这种价格与需求量之间的关系可以用需求表、需求函数和需求曲线来表示。需求表是描述某种商品（服务）在每一可能的价格水平下其需求量的列表，它可以直观地用表格的形式表达商品（服务）价格与其需求量之间一一对应关系。需求函数使用函数形式来表示价格与需求量之间的关系。需求函数表示某项商品（服务）的需求量与影响因素之间存在联系。需求曲线表示在每一价格下所需求的商品（服务）数量。需求曲线是显示价格与需求量关系的曲线，指其他条件相同时，在每一价格水平上消费者愿意购买的商品（服务）数量的曲线。需求曲线可以以任何形状出现，符合需求定理的需求曲线只可以是向右下倾斜的。需求曲线通常以价格为纵轴（y轴），需求量为横轴（x轴），用一条向右下倾斜的曲线表示需求量和价格之间的关系。在坐标轴中，需求曲线是一条自左上方向右下方倾斜的曲线，表示在其他情况不变的条件下，需求量与价格呈反向变动的关系。医疗保险的需求曲线也是向右下方倾斜的一条曲线，见图2-1。医疗保险需求的变动有两种含义：一是医疗保险需求量的变动，二是医疗保险需求的变动。

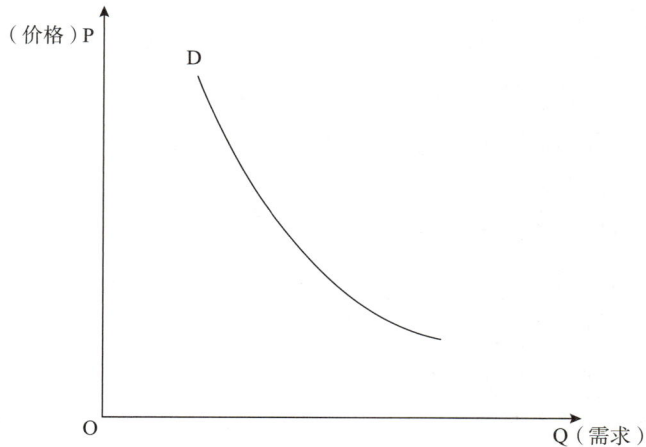

（价格）P

D

O   Q（需求）

图2-1　医疗保险需求曲线

（一）医疗保险需求量的变动

医疗保险需求受到很多因素的影响。在其他因素不变的前提下，医疗保险价格变动引起的需求数量的变动称为医疗保险需求量的变动，见图2-2。在医疗保险需求曲线上，表现为价格——需求数量组合点沿着需求曲线的移动。当其他因素不变时，由于价格变动，医疗保险的需求量将沿着需求曲线D进行变动，如a点、b点、c点之间的变动就是需求量的变动，其中从b点到a点的移动，表示由于医疗保险的价格上升，医疗保险需求量减小；从b点到c点的移动，则表示由于医疗保险的价格下降，医疗保险需求量增大。

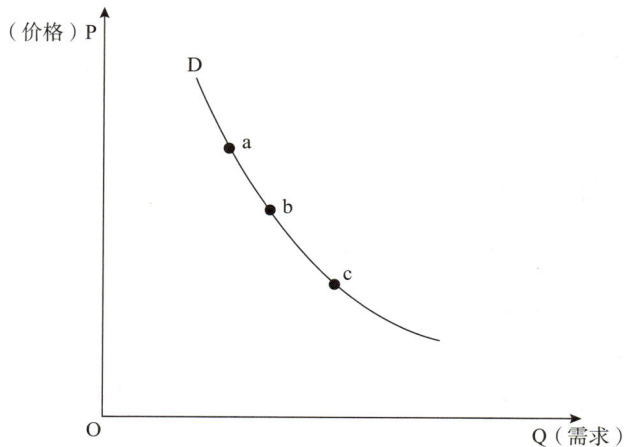

（价格）P

D

a

b

c

O   Q（需求）

图2-2　需求量的变动

（二）医疗保险需求的变动

医疗保险价格本身不变时，其他因素的变动所引起的医疗保险需求量的变动称为医疗保险需求的变动，见图2-3。此时，需求量与价格之间的数量关系发生改变，即在同一价格水平下，其他因素的变动将带来医疗保险需求量的升高或降低。在医疗保险需求曲线上，表现为整个需求曲线的移动。其他因素的变动将引起需求曲线D_1向左右移动，形成D_2D_3曲线。

一般情况下，当医疗保险价格不变时，当消费者收入水平提高时，其对医疗保险的需求量将会增加。也就是说，较高的收入水平有利于提升医疗保险的需求，从而使医疗保险的需求曲线向右移动，其需求曲线由 D_1 移动至 D_3，在同一价格水平下需求量由 Q_1 增加至 Q_3。反之，当消费者收入水平降低时，在同一价格水平下，其对医疗保险的需求量将会减少，从而导致医疗保险需求曲线左移，如从 D_1 曲线移动至 D_2 曲线，其需求量由 Q_1 减少至 Q_2。

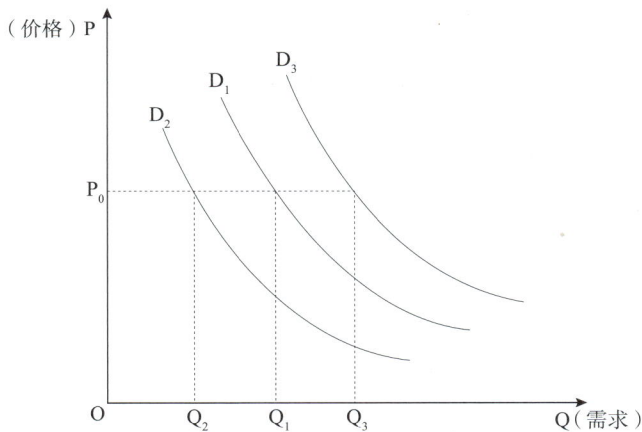

图 2-3　需求的变动

第二节　医疗保险供给

一、医疗保险供给的内涵

（一）医疗保险供给的概念

医疗保险供给是指在一定时期内、一定价格水平上医疗保险机构愿意且有能力提供的医疗保险产品的数量。购买医疗保险的人，可以从医疗保险机构得到一种支付承诺。一旦患病，医疗保险机构就要根据这种承诺，支付参保人就医所花费的部分或全部医疗费用。医疗保险供给的行为主体是各级各类医疗保险机构。

（二）医疗保险供给的主要形式

医疗保险供给行为的主体是各类医疗保险机构。医疗保险机构实现供给的主要方式是通过医疗机构提供医疗服务，主要有以下三种形式。

一是"补供方"，即医疗保险机构直接与医疗服务机构发生财务关系。医疗保险机构与医疗服务机构签订定点协议，将医疗费用直接支付给提供医疗服务的医院、诊所、医师、药品供应商，而与被保险人自身不发生经济和医疗费用的结算关系。

二是"补需方"，即当被保险人发生医疗行为时，由被保险的患者先行支付在医疗服务过程中的所有费用，然后再由医疗保险机构对被保险人的医疗费用进行偿付。医疗保险机构一般会按照合同规定进行偿付，偿付的范围主要是疾病治疗的医疗费用，或者按照协议规定对疾病造成的损失进行经济补偿。在协议的规定中，保险机构一般设有补偿的最高限额，或者根据保险机构专业人员制定的各项医疗服务费用表中的标准，对被保险人进行赔偿，以保证医疗保机构的运营成本和持续经营。

三是医疗机构直接为被保险人提供医疗服务。医疗保险机构可自行设立医疗服务机构，直接为被保险人提供医疗服务，或者医疗保险机构与各类医疗组织签订契约，将其作为附属的医疗机构来提供医疗服务。在美国，健康维护组织提供的管理型保健计划采用的主要是此种供给方式。自 20 世纪 80 年代以后，管理型保健组织出现在卫生服务领域，它是将筹集和提供医疗服务融为一体的组织，通过直接雇用医师、成立医疗机构或者与独立的医疗组织签订契约来为被保险人提供医疗服务。

总而言之，医疗保险机构向需求方提供的医疗服务要以实际情况为依据，提供的服务种类也要因人而异。

二、医疗保险供给的特点

（一）医疗保险供给的政策性

社会保险是现代国家必须向全体国民提供的重要的基本公共服务，医疗保险是社会保障制度的重要组成部分，让医疗保险惠及全体人民是政府的责任，因此，医疗保险供给具有较强的政策性。医疗保险供给的政策性体现在政府在医疗保险体系中的作用，这些政策旨在确保医疗服务的可及性、可负担性和高质量。医疗保险供给的政策性强调了政府在确保医疗保障公平性和效率方面的重要作用，如政府通过立法来建立医疗保险体系的基本框架；政府通过提供补贴或税收优惠来降低个人和家庭购买医疗保险的成本，尤其是对于低收入和中等收入群体；政府对医疗保险市场进行监管，确保保险公司遵守规定，保护消费者权益，防止欺诈和不正当行为；政府可能通过政策来促进医疗保险市场的竞争，鼓励创新和多样性，同时确保市场的稳定和公平。

（二）医疗保险供给范围的有限性

医疗技术的进步、疾病谱的改变、人口的老龄化趋势、经济水平的发展，都会引起医疗服务需求的快速上升，医疗保险和医疗服务虽然是不可分割的整体，但并不是所有能够实现的医疗服务和能够采用的医疗技术都包含在医疗保险的范围之内，社会医疗保险从运行的公平性和合理性出发，商业医疗保险从营利性出发，都必须对医疗保险承保的范围进行限制。

（三）医疗保险市场供给主体的多元性

医疗保险市场供给主体多元性指在医疗保险市场中存在多种不同类型的提供者，它们各自提供不同类型的保险产品和服务。这种多元性有助于增加市场的竞争性，提高服务质量，扩大消费者的选择范围，并降低保险成本。我国医疗保险市场的供给主体主要包括社会医疗保险、商业医疗保险和其他补充医疗保险等。政府主导的社会医疗保险体系为大多数居民提供了基本保障，而商业医疗保险和其他补充医疗保险则为消费者提供了更多选择和更高水平的保障。

（四）医疗保险产品的差异化

由于医疗保险市场的多样性和复杂性，保险产品呈现出差异化特征。不同的保险产品有不同的保障范围、保障期限、报销比例、理赔流程等，以满足不同消费者和不同场景下的保险需求。医疗保险产品的差异化主要体现在医疗保险主体类型的多样化、产品和服务的多样化、覆盖范围和条件的差异化、费用结构和成本分担的差异化、地理覆盖和服务网络的差异化等。

（五）医疗保险供给的正外部性

医疗保险不仅有助于保障被保险人的健康，减少医疗费用支出，还有助于提高社会的整体健康水平，减少疾病传播和经济损失。因此，医疗保险的供给不仅关系到被保险人的利益，也关系到社会公共利益。

三、医疗保险供给的影响因素

医疗保险供给的产生是为了满足人们对医疗保险的需求，没有医疗保险的需求，也就不会存在医疗保险供给。因此，医疗保险需求水平是影响医疗保险供给的根本因素。除此之外，医疗保险供给还有很多其他影响因素，归纳起来有以下五类。

（一）医疗保险价格

价格（内生变量）是最敏感的影响因素。医疗保险的价格受到医疗保险供给和需求的影响，同时它也影响医疗保险的供给。在商业医疗保险中，价格体现为保险费，保险费越高，供给越多，待遇也越好。在社会医疗保险中，保险的价格体现为筹集比例或人均筹集额，在同一个统筹地区内，根据社会医疗保险基金的收支平衡原则，价格越高，所能提供的保险待遇就越好，反之，则会影响参保人的支付水平。

（二）保障能力

保障能力又称为承保能力，指某一时期内，某一统筹地区的医疗保险机构能够提供医疗保险保障的能力，衡量的是该医疗保险基金能够在多大程度上承接由所有参保人转移而来的疾病风险，是决定保险供给的主要因素之一。保障能力要素包括以下五点：①经济发展水平。由于医疗保险属于社会生产的二次分配，影响社会财富总量的经济发展水平对医疗保险筹集起着基础性作用，医疗保险事业的飞速发展与国民经济的快速发展是不可分割的。②医疗保险筹集。主要来自企业缴费、个人缴费，有些制度下还包括国家补贴，医疗保险的筹集是医疗保险基金收入和所有者权益的主要来源，也是医疗保险支付环节顺利进行的最重要保障。③医疗保险经办管理人员的数量和质量。该项可以直接影响医疗保险机构的管理水平及医疗保险服务提供的数量和质量。④医疗保险的经办管理效率。高水平的经办管理，可以带来服务的高效率，从而提高保障能力。⑤参保人数。根据大数法则，医疗保险的参保人数越多，抵御疾病风险能力就会越强，保障能力也就越强。

（三）医疗保险成本

医疗保险成本指在承保过程中，医疗保险机构的一切货币费用支出，包括医疗费用的偿付、医疗保险机构人员的工资福利、房屋租金、设备及管理费用等。在社会医疗保险基金管理中，基于专款专用和收支平衡的原则，医疗保险成本主要由医疗费用偿付额决定，与医疗保险供给有直接的关系。在商业医疗保险基金管理中，成本高，其保险费率就高。对需方来说，会影响其对医疗保险的需求，主要体现在影响参保热情或缴费积极性。影响医疗费用偿付额的主要因素是由政策规定的针对医疗保险机构的支付方式和针对参保人的分担方式。

（四）管理因素

医疗保险的经营和管理是一种政策性、技术性、专业性很强的业务活动，要求从业人员在医疗保险政策分析、执行，医疗服务供需双方行为监督，医疗保险基金管理、信息管理、精算等方面具有一定的专业水平。合理的机构配置、良好的专业素质、丰富的经办经验、有条不紊的管理及较高的工作效率等都能降低管理成本，提高保险运行效益，从而增加医疗保险供给。

（五）政府行为

政府行为因素包括政府的政策、法规等，在很大程度上指引着医疗保险的发展方向。我国政府制定的公共服务均等化、发展社会保障事业与医疗卫生事业等宏观政策对社会医疗保险供给有重要影响。例如《关于加快发展商业健康保险的若干意见》《关于全面实施城乡居民大病保险的意见》等政府文件指出的"健康保险提升专业服务能力，丰富商业健康保险产品""全面实施城乡居民大病保险制度"等政策给商业医疗保险的发展指明了道路。

四、医疗保险供给曲线及其变动

社会医疗保险机构提供的商品数量主要取决于公共需求和筹集能力，以公共政策的形式提供给社会和居民，而商业医疗保险机构提供的商品数量主要取决于它的价格。因此，本节主要讨论商业医疗保险的供给曲线及变动。

供给规律是指某种物品的供给量与价格是正相关的关系。在其他条件不变的情况下，随着商品价格的升高，生产者愿意并且能够提供的商品数量增加；相反，随着商品价格的降低，生产者愿意并且能够提供的商品数量减少。即生产者的供给量与商品价格之间呈同方向变动，这一规律被称为供给规律。商业医疗保险的供给符合一般供给规律，即在其他条件不变时，商业医疗保险价格的上升会带来供给量的增加，价格的下降会引起供给量的减少，也就是商业医疗保险供给量与价格呈正相关。商业医疗保险的供给曲线表现为从左下方向右上方倾斜，见图2-4。

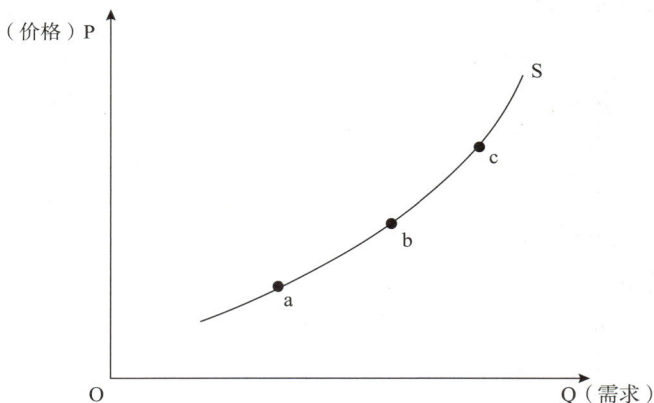

图2-4 商业医疗保险的供给曲线

（一）医疗保险供给量的变动

从供给规律可以知道，供给是价格的函数，价格是影响供给量的决定性因素。在其他条件保持不变的情况下，当医疗保险价格上升时，商业保险机构愿意提供更多的医疗保险供给量。这一变动在坐标系中反映为同一条供给曲线上点的上下移动，经济学上称这种变动为供给量的变动。当医疗保险价格上升时，其供给量将由a点向c点方向移动，即向右上方移动表示供给量的增加；反之，当医疗保险价格下降时，其供给量将由c点向a点方向移动，表示供给量的减少。

（二）医疗保险供给的变动

当商业医疗保险除自身价格以外的其他任何因素发生变化时，供给曲线就会发生变动，如保险机构承保能力、医疗保险成本、参保人缴费能力、医疗保险的经营管理能力、政府行为因素等的变化，均会引起供给的增加或减少，表现为同一坐标系中供给曲线的左右平移，经济学上称这种变动为供给的变动，见图2-5。在某种既定价格下，供给曲线从 S_0 右移动到 S_1，表现为供给增加；从 S_0 向左移动到 S_2，表现为供给减少。

从这里可以知道，如果医疗产品自身价格不变，而其他因素发生变化，供给的变化则会体现为坐标系中供给曲线的移动，这种因价格以外其他因素的变化所引起的供给曲线的位移一般称为供给变动。

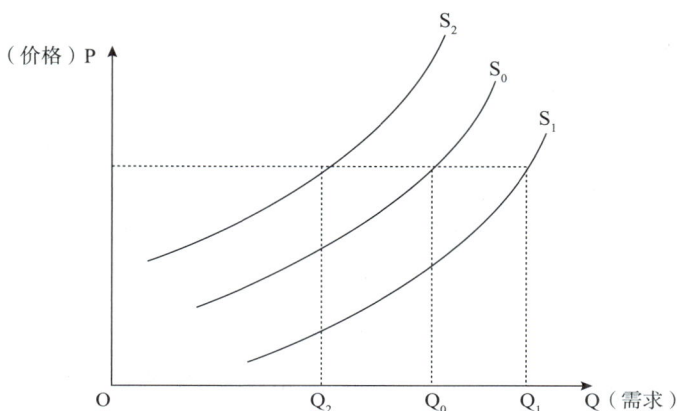

图 2-5　供给的变动

第三节　医疗保险需求与供给的均衡

一、医疗保险市场的特点

医疗保险市场是医疗保险商品的交易场所和交易行为的总称。在医疗保险市场中，被保险人缴纳医疗保险费是医疗保险市场正常运行的前提条件，在此条件下，医疗保险机构才能在医疗保险责任事故发生时提供医疗服务费用的补偿。医疗保险商品与一般商品"钱货两清"的交易原则不同，被保险人参加或购买医疗保险后，医疗保险商品的交换过程并没有结束，反而是医疗保险责任的开始。医疗保险市场除了具有一般保险市场所具有的契约性和期限性等特点，还具有其自身的特点。

（一）信息不对称

一般而言，在医疗保险市场中，存在着信息不对称现象，其主要有以下两种形式：医疗保险供方（医疗保险机构、保险人）和医疗保险需方（被保险人）之间信息不对称；医疗卫生服务供方（医生）与医疗卫生服务需方（患者）之间信息不对称。

医疗保险供方（医疗保险机构、保险人）和医疗保险需方（被保险人）之间的信息不对称的主要原因为在投保时，保险人无法清楚了解被保险人的健康状况，而且在签订保险合同以后，被保险人是否会维护自己的生命健康、是否有不良生活习性等信息，保险人都不能完全掌握。

医疗卫生服务供方（医生）与医疗卫生服务需方（患者）之间信息不对称的主要原因有以下三点：一是由于医疗卫生服务的专业性，普通患者很难知晓自己所患病种和严重程度；二是由于疾病的不确定性，患者不能根据自己的经验重复使用治疗方法；三是由于医生在治疗方面的权威性，患者很难根据自己的偏好选择治疗方案。患者在信息方面的劣势地位，决定了在消费医疗产品的时候，难以理性地选择，只能单纯依靠价格的高低判断治疗效果的好坏。处于信息优势地位的医生，在追求自身利益最大化的内在驱动下，诱导患者进行过度消费，造成医疗费用的急剧上升，社会资源的浪费。市场经济条件下，医疗保险市场中的信息不对称，导致医疗保险市场的不完全竞争。

（二）三角关系

传统市场的交易具备两个特点，即交易在商品供需双方之间直接进行及价值交换的同时性。医疗保险市场与传统市场不同，是由医疗保险机构、参保单位或个人、医疗服务提供者共同构成。在医疗保险市场中，参保单位或个人向医疗保险提供方（医疗保险机构）缴纳保险费，由医疗服务提供者提供医疗卫生服务，医疗保险提供方再对参保单位或个人或医疗服务提供者提供经济补偿，医疗保险商品的消费过程才能真正完成。医疗服务提供者与医疗保险提供方、被保险人是委托代理关系，医疗保险市场与医疗服务市场是紧密地结合在一起的。这种三角供需关系及医疗保险商品的事后补偿性，导致参保单位或个人和医疗服务提供者容易各自行动或进行合谋，将收益内化，成本外化，出现逃避经济责任的机会主义倾向，从而引发道德风险。

（三）风险选择性

风险选择指保险机构按照一定标准对投保人和保险标的的风险进行审核评估，排除不合格的投保人和保险标的，防止不可保风险的介入。风险选择原则指保险人在承保时，对投保人所投保的风险种类、风险程度和保险金额等要有充分和准确认识，并做出承保、拒保或有条件承保的选择。保险机构在不同阶段都可以进行风险选择，包括事前选择（在投保人投保时决定是否承保）、事中选择、事后选择等（签订合同后，在续保、被保险人存在欺诈等违反保险合同的行为时解除保险合同）。

商业医疗保险供给者的收支状况决定着其利润的高低，因此商业医疗保险供给者会尽可能地增加收入，减少支出。最有效的途径是通过"风险选择"的方式，尽量吸收收入高、支付能力强、健康状况好的人群参保，以此来扩大保费收入与医疗费用补偿的差额，从而获得更大的利润。但是，由于社会医疗保险具有福利性与保障性等特征，因此不具备风险选择的特点。

二、医疗保险供需均衡的实现

（一）医疗保险供需均衡的概念

医疗保险的供需均衡指在一定价格水平上，医疗保险的供给量和需求量相等或基本相等。参保人对医疗保险的需求在这一价格水平上都能得到满足，医疗保险在这一价格水平上的供给量都已得到实现。

在一定时期内，当医疗保险的需求量保持不变或降低，而医疗保险的供给量增加或相对增加时，医疗保险的供给量就会大于需求量，原有的供需平衡被打破。此时在市场竞争中，需降低医疗保险的价格，使供给与需求达到新的平衡。反之，在医疗保险供给量不变或变小的情况下，医疗保险需求量的增加或相对增加，同样会打破原有的供需平衡，促使医疗保险的价格升高，以此来达到新的平衡。在医疗保险需求量大于供给量的情况下，如果不增加供给量，会使一部分需求不能够得到满足，对医疗保险的需求将会受到抑制。

上述影响医疗保险需求和医疗保险供给的各种因素，都会在不同的程度上影响医疗保险的供需平衡。由于医疗保险供需关系的失衡，或对医疗保险的需方产生不利影响（如多支付医疗保险费，补偿水平降低），或对医疗保险的供方产生不利影响（如医疗保险机构的保险业务受到影响，甚至发生亏损），因此，应尽可能避免这种现象的发生。主要方法是了解影响医疗保险供给量和需求量的各种因素，以及对供给量和需求量的单向作用和综合作用，并对它们的变化进行预测，从而尽可能准确地估计医疗保险供给量与需求量的变化，为医疗保险的决策提供依据。

（二）医疗保险供需均衡价格的决定

经济学中商品（服务）的均衡价格是指该种商品（服务）的市场需求量与市场供给量相等时的价格。在均衡价格水平下对应的供求数量称为均衡数量。医疗保险市场均衡价格是指医疗保险的市场需求量与市场供给量相等时的价格，其对应的供求数量为医疗保险供需均衡数量。从几何意义上看，医疗保险市场的均衡出现在医疗保险市场需求曲线与供给曲线的交点上，该交点被称作均衡点。医疗保险市场上需求量与供给量相等的状态，也称为市场出清状态。医疗保险的供给曲线 S 与需求曲线 D 相交于 E 点，E 点对应的价格即医疗保险市场的均衡价格 P_E，对应的数量即为均衡数量 Q_E，见图 2-6。在医疗保险市场供需均衡下，医疗保险市场的供给方在 P_E 价格下提供数量为 Q_E 的医疗保险产品，可以实现利润最大化。

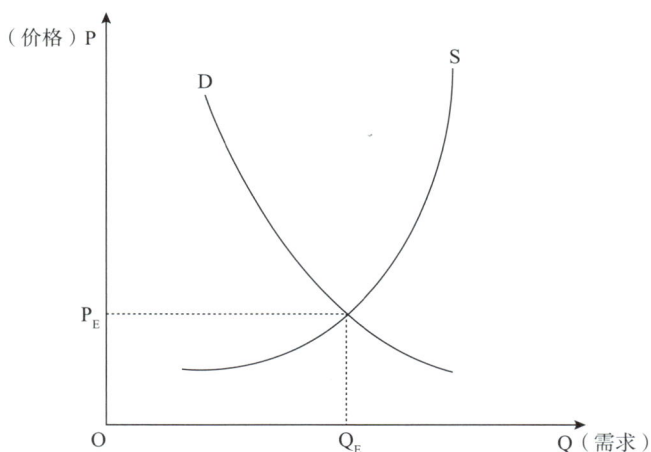

图 2-6　医疗保险供需均衡价格的形成

（三）医疗保险供需均衡的变动

除价格外，任何影响需求或供给的因素发生变化时，都会发生需求或供给的变动，即需求曲线或供给曲线发生移动，此时市场均衡就会被打破，即产生供需均衡的变动。医疗保险供需均衡的变动主要有以下三种情况。

第一种情况：需求不变，供给变动。在现实生活中，生产者的目标是追求利润最大化。当医疗保险市场上利润率较高时，许多企业会纷纷转向经营医疗保险业，从而导致其供给增加；当经营医疗保险业的企业过多或提供的保险产品明显超出了市场的承受能力，部分医疗保险企业将退出该行业，从而导致其供给减少。原均衡状态为需求曲线 D 与供给线 S_0 的交点 E_0，对应的均衡价格和均衡产量分别为 P_0 和 Q_0。此时，如果需求不变，供给增加，则供给曲线 S_0 右移至 S_1，新的供给曲线 S_1 与 D 交于 E_1，对应的均衡价格和均衡数量为 P_1 和 Q_1，$P_1 < P_0$，$Q_1 > Q_0$；如果需求不变，供给增加，供给曲线 S_0 左移至 S_2，新的供给曲线 S_2 与 D 交于 E_2，对应的均衡价格和均衡数量为 P_2 和 Q_2，$P_2 > P_0$，$Q_2 < Q_0$，见图 2-7。由此可以看出，需求不变时供给的变动会引起均衡价格反方向变动，均衡数量同方向变动。

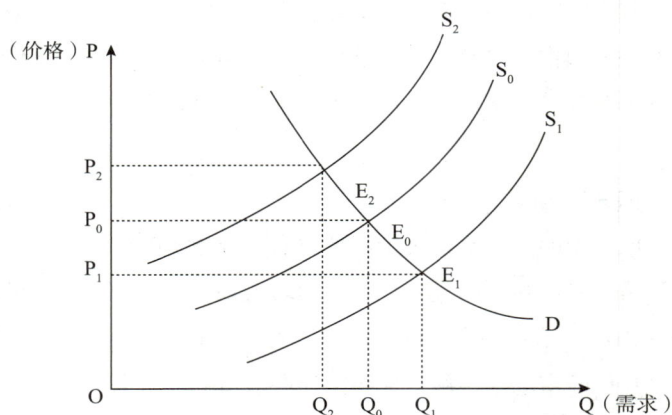

图 2-7　供给变化导致的均衡变化

第二种情况：供给不变，需求变动。原均衡状态为供给曲线 S 与需求曲线 D_0 的交点 E_0，对应的均衡价格和均衡产量分别为 P_0 和 Q_0。若供给不变，需求增加，需求曲线 D_0 右移至 D_1，新的需求曲线 D_1 与供给曲线 S 交于 E_1，对应的均衡价格和均衡数量为 P_1 和 Q_1，$P_1 > P_0$，$Q_1 > Q_0$；若供给不变，需求增加，需求曲线 D_0 左移至 D_2，新的需求曲线 D_2 与 S 交于 E_2，对应的均衡价格和均衡数量为 P_2 和 Q_2，$P_2 < P_0$，$Q_2 < Q_0$，见图 2-8。由此可以看出，供给不变时，需求的变动会引起均衡价格和均衡数量同方向变动。

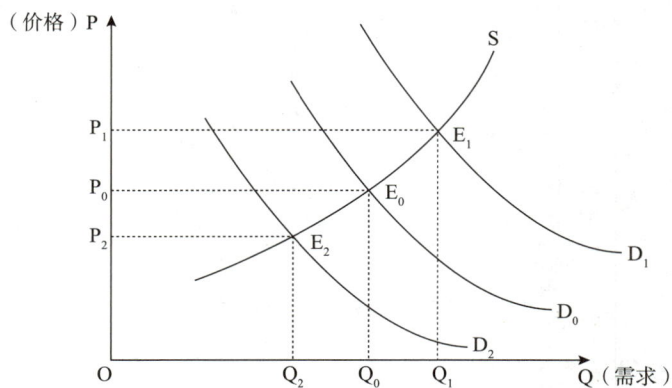

图 2-8　需求变化导致的均衡变动

第三种情况：供给与需求同时变动。在经济学中，供给与需求同时变化时的均衡变动，通常会导致市场价格的变化。这种变化可能向上，也可能向下，取决于供给和需求的相对变化。

当医疗保险供给和需求增加时，均衡价格通常会上升。这是因为供给和需求的增加意味着更多的医疗保险产品将被提供和购买，从而导致价格上涨。反之，当医疗保险供给和需求减少时，均衡价格通常会下降。但是，如果供给的变化是由医疗保险机构管理能力等的提高或降低引起的，那么它可能会使价格保持不变。因为医疗保险机构管理能力等的提高或降低可能会立即影响生产成本，从而影响价格。

三、医疗保险市场失灵及治理

医疗保险市场失灵指医疗保险市场中存在的各种问题，如市场分割、信息不对称、道德风险等，导致市场资源配置效率低下，无法充分发挥市场的潜力。

（一）市场分割及治理

由于各地区、各保险公司之间的差异，医疗保险市场呈现出明显的地域性和差异性，导致了市场分割。市场分割不仅降低了市场的竞争性和效率，还导致资源浪费和消费者福利的损失。为了解决市场分割问题，政府应该加强区域合作和政策协调，打破地域限制，促进市场一体化。此外，政府还可以通过制定统一的保险法规和标准，加强监管和执法力度，确保保险市场的公平竞争和规范经营。

（二）信息不对称及治理

由于医疗服务的复杂性和不确定性，消费者和保险公司之间存在信息不对称，这可能导致保险欺诈和道德风险等问题。为了解决信息不对称问题，政府和保险公司可以采取以下措施：一是要加强信息披露。政府和保险公司应该加强信息披露，提高市场的透明度。例如，保险公司可以公开保险条款和理赔数据，政府可以加强对医疗服务价格的监管和信息公开。二是要建立信息共享机制。保险公司可以加强与医疗机构和政府的合作，建立信息共享机制，提高保险服务的透明度和可信赖度。三是要加强培训和教育。保险公司可以加强对保险销售人员的培训和教育，提高他们的专业素养和服务意识，减少保险欺诈的风险。

（三）逆向选择及治理

由于医疗保险市场的门槛较低，许多保险公司为了追求短期利益，可能会选择承保高风险的客户，导致市场中的风险不断累积和集中，进而影响整个市场的稳定性和可持续性。为了解决逆向选择问题，政府和保险公司可以采取以下措施：一要完善风险评估体系。保险公司应建立健全的风险评估体系，加强对投保人健康状况和风险程度的评估。二要实施差别费率。根据投保人的风险程度，保险公司可实施差别费率，激励投保人自我管理和控制风险。

（四）道德风险及治理

部分参与医疗保险的人可能会过度使用医疗服务，导致医疗费用的上升。这不仅增加了保险公司的赔付压力，还可能导致资源的浪费和社会福利的损失。为了解决道德风险问题，政府可以采取以下措施：一要进一步完善医保制度。政府应该加大对医保制度的投入，提高医保的覆盖率和报销比例，减轻患者的经济负担。二要加强监管和执法力度。政府应该加强对医疗服务的监管和执法力度，打击医疗欺诈和不合理用药等问题。

总之，医疗保险市场失灵及治理是一个复杂而重要的议题，需要政府、保险公司和消费者共同努力。通过加强监管、推动制度改革、发挥消费者的作用等多种措施的综合运用，可以有效地解决市场失灵问题，促进医疗保险市场的健康发展。

【小结】

医疗保险需求是在一定时期内、一定价格水平下，消费者愿意并且能够购买的医疗保险服务量，能够为参保人提供有形的经济保障和无形的心理保障。医疗保险需求的特点包括不确定性、多元性、差异性和发展性。影响医疗保险需求的因素有疾病风险、医疗保险价格、参保人收入水平、医疗保障范围、医疗费用分担方式、参保人风险态度及其他因素。医疗保险供给是在一定时期内、一定价格水平上医疗保险机构愿意且有能力提供的医疗保险产品的数量。医疗保险供给的特点主要有政策性、供给范围的有限性、市场供给主体的多元性、产品的差异化及供给的正外部性。影响医疗保险供给的因素有医疗保险价格、保障能力、医疗保险成本、管理因素和政府行为。由于医疗保险市场具有信息不对称、三角关系和风险选择性的特点，要实现在一定价格水平上，医疗保险的供给量和需求量相等或基本相等的医疗保险供需均衡，就需要充分了解医疗保险市场失灵的表现，采取积极举措应对市场分割、信息不对称、逆向选择和道德风险等问题。

【案例】

商业健康保险持续快速稳定发展

党的十八大以来，我国大力发展商业健康保险，在服务健康中国、完善医保体系、支持健康产业等方面发挥了积极作用。总体而言，商业健康保险保持了持续快速稳定的发展势头，主要表现为以下方面。

一是增长速度加快。我国商业健康保险保费收入由 2012 年的 863 亿元增长到 2019 年的 7 066 亿元，年均复合增长率超过 30%。2020 年 11 月末，我国商业健康保险保费收入达到 7 641 亿元，同比增长 16.4%；赔付支出 2 531 亿元，同比增长 22.4%。长期健康保险积累超过 1 万亿元的风险保障准备金。二是产品种类丰富。目前在售的商业健康保险产品超过了 5 000 种，并且重大疾病产品在价格上较为实惠。三是保障范围拓宽。目前在售的商业健康保险涵盖疾病预防、医疗服务、生育保障、医药供给、失能护理、健康管理等多种保障类别。四是覆盖面积扩大。当前健康保险，尤其是短期险购买人员较多。"十三五"期间，我国健康保险新增保单件数超过了 16 亿张，保额近 300 万亿元，健康保险赔付量达到 2.5 亿人次。

我国商业健康保险发展势头整体向好，下一步的发展方向：

一是扩面。加大对商业健康保险的宣传力度，坚持以人民为中心的发展思想，着力提高商业健康保险的覆盖面。应用"大数法则"来分散风险，倡导和践行人人为我、我为人人、互助共济的商业健康保险宗旨。

二是固本。商业健康保险要回归本源，要强化它的保障功能。一要推出保险责任期限长的长期健康保险，二要鼓励引导保险公司在商业健康保险保障范围设计上，把目录外合理的医疗费用作为商业健康保险的保障责任范围，降低人民群众的实际医疗负担。目录外的自付医疗费用是商业医疗保险未来巨大的发展空间。通过提供长期保障，加快长期商业健康保险发展，可以减轻经济波动的冲击，与社会医疗保险形成结构互补，稳定参保人保障预期，减少后顾之忧。

三是增效。鼓励人民群众购买商业健康保险，尤其是鼓励年轻的同志通过积累方式购买商业健康保险，为老年医疗提供更加充足的保障。在产品政策上，推动商业保险通过区别定价和费率浮动，以及资金账户积累等方式，鼓励年轻人和健康人群为未来的健康保障投保，加强健康保险与健康管理的融合，从"保疾病"到"促健康"。

四是强基。商业健康保险是对疾病风险和医疗风险的一种定价。目前商业健康保险总体是好的、健康的，但也存在一些问题，根本性原因在于商业保险公司经营商业健康险的时间太短，数据积累太少。需要加强基础建设，包括信息系统建设、精算制度建设、定价规则建设，特别是要进一步完善疾病发生率表。

五是提质。要提高商业健康保险的服务能力，尤其是要积极参与管控不当的医疗行为，要积极参与医疗卫生综合治理和支付方式改革，对不当医疗行为进行管控，减少不合理的医疗费用支出，缓解"医疗通胀"问题。

资料来源：商业健康保险保持持续快速稳定的发展势头 https://www.gov.cn/xinwen/ 2020–12/16/ content_5569978.htm

【思考题】

1. 医疗保险需求的影响因素有哪些？
2. 医疗保险需求的特点有哪些？
3. 医疗保险供给具有哪些特点？
4. 医疗保险市场失灵的主要表现有哪些？如何治理？

第三章　医疗保险系统

【学习目标】

医疗保险系统是医疗保险制度实现风险转移和损失补偿的载体，直接影响医疗保险政策的实施。医疗保险系统是由医疗保险机构、参保人、医疗服务提供者和政府等主体构成，主体之间相互作用、相互制约及相互影响。通过本章学习，学生应掌握医疗保险系统的概念，熟悉我国医疗保险系统基本构成、组织结构、主要作用和相互关系，了解医疗保险系统发展历程等。

第一节　医疗保险系统概述

一、医疗保险系统的概念

（一）系统

系统源于古代希腊文"systemα"，意为部分组成的整体，一般解释为相互联系、相互作用的若干要素的集合，该集合具有特定的功能并处于一定环境之中。系统的含义包括：第一，系统一般由两个或两个以上独立的要素构成；第二，各构成要素之间相互联系；第三，系统功能大于各要素单独作用之和；第四，系统是动态的、可调整及可控制的。

（二）医疗保险系统的定义

医疗保险系统指围绕医疗保险需求与供给，医疗保险费用筹集、管理和支付，由有关各要素相互作用、相互依存而形成的有机整体，维系着医疗保险活动的开展和运行。医疗保险组成要素构成了医疗保险的主体，包括保险方、被保险方、医疗服务提供方和组织方。具体到社会医疗保险系统，是由社会医疗保险机构、参保人、医疗服务提供方和政府之间相互作用形成的医疗保险运行系统。

二、医疗保险系统构成

（一）早期医疗保险系统构成

医疗保险系统的形成是一个由简单到复杂的过程。在医疗保险系统的形成过程中，医疗保险系统中各方相互影响、相互作用，使医疗保险系统中供需之间的关系由简单到复杂，医疗保险体系也逐渐趋于完善。医疗保险最初形成时主要有两种形式：一是由医疗服务消费者发起的保险业务；二是由医疗服务提供者发起的保险业务。不同的发起主体形成了不同的医疗保险系统结构形式。

1.医疗服务消费者为主体的医疗保险系统　早期西方工人工作和生活环境都十分恶劣，长期面临疾病、意外伤害甚至死亡的威胁。为抵御这些健康风险，同一行业的劳动者自发集结一种具有合作性质的组织，由参加该组织的成员出资建立基金，为患病的成员接受医疗服务时提供经济帮助。在该系统中，被保险人既是医疗服务的需求方，也是医疗保险的需求方，而医疗保险机构与医疗服务提供方没有直接的经济关系，而是通过被保险人发生间接联系，即被保险人从医疗机构获得所需的医疗服务，并向医疗机构支付相应的费用，然后从其缴纳医疗保险费的保险机构获得一定的补偿，三方之间是相对简单的直线型结构关系。医疗保险机构与被保险人之间是简单的"缴费参保"和"经济补偿"的双向关系，与商业健康保险系统中各方关系基本类似，见图3-1。

图 3-1　医疗服务消费者为主体的医疗保险系统

可以看出，该医疗保险系统结构比较简单，系统中尚未出现政府，主要是医疗保险机构、被保险人和医疗服务提供者之间相互制约和相互作用。被保险人通过该系统可以在一定程度上减轻医疗负担，但由于医疗保险机构是由医疗服务消费者发起，具有互助合作特点，因此整体上并没有起到疾病风险转移的作用，同时由于医疗保险机构与医疗服务提供者之间没有直接关系，从而还有可能产生被保险人与医疗服务提供者之间的"合谋骗保"行为，损害整体医疗保障利益。

2. 医疗服务提供者为主体的医疗保险系统　20 世纪 20 年代，美国德克萨斯州贝勒大学首先创立针对个人的预付费住院医疗保险。大萧条期间，由于医疗保险费持续下降，这种医疗保险计划开始在美国流行，即医疗服务提供者采取向特定人群预先收取一定医疗费用的方法，当被保险人患病后，就可以获得免费或部分免费的医疗服务。在该系统中，医疗服务提供者既是医疗服务提供主体，又是医疗保险机构，医疗保险机构与被保险人之间是一种直接的双向经济关系，只不过医疗保险机构提供的不是货币赔偿，而是一种医疗服务，见图3-2。

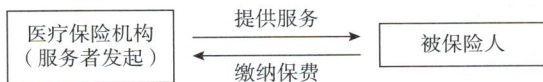

图 3-2　医疗服务提供者为主体的医疗保险系统

在该系统中，医疗服务主体既是医疗服务的提供方，也是医疗保险的提供方，处于主动甚至强势地位，而医疗服务和医疗保险的需求方均为被保险者。目前美国健康维护组织（Health Maintenance Organization，HMO）就是以该系统模式为基础。

（二）现代医疗保险系统构成

随着社会经济和卫生健康事业的发展，人民健康需求日益增加，医疗费用也持续快速增长。医疗保险机构为平衡医疗保险资金收支，必然需要采取措施来控制医疗费用。如果医疗保险机构与医疗服务提供者之间不存在直接利益关系，则医疗保险机构就难以影响医疗服务提供者的行为和控制医疗费用。为有效解决这一问题，最简单的办法就是将医疗服务提供者的行为纳入医疗保险机构的控制范围，使二者利益联系在一起。从而出现了第三方支付形式，即医疗保险机构通过一定形式，向医疗服务提供者支付全部或部分被保险人的医疗费用，而不是由被保险人直接向医疗服务提供者支付费用。由此形成了医疗保险机构、被保险人和医疗服务提供者之间的"三角形"医疗保险系统,这也是现代医疗保险系统的基本结构,见图3-3。

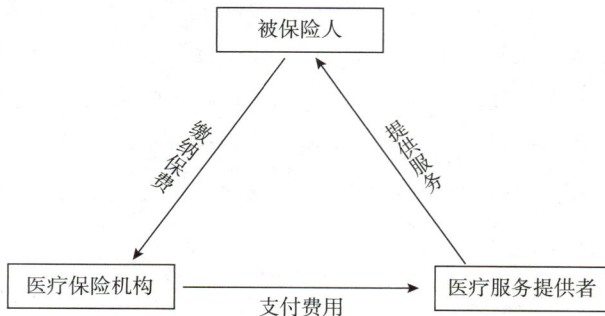

图3-3 现代医疗保险系统雏形

医疗卫生服务具有一定的公益福利性特征,为保障全体公民的健康权益,需要政府参与其中,尤其是在基本医疗和基本公共卫生服务领域。现代医疗保险系统的显著特征就是政府干预,政府以经济、法律、行政等手段参与到医疗保险系统之中,从而形成由医疗保险机构、被保险人、医疗服务提供者和政府形成的"三角四方"关系,见图3-4。

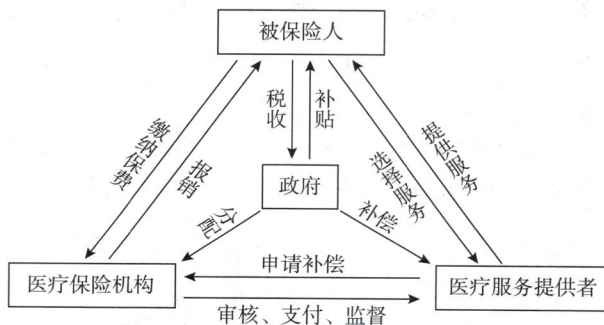

图3-4 现代医疗保险系统完整结构

三、现代医疗保险系统中各方关系

(一)医疗保险机构与被保险人的关系

医疗保险机构与被保险人之间是医疗保险服务供给与需求关系。被保险人向医疗保险机构缴纳保险费,当被保险人发生医疗费用损失时,医疗保险机构按照保险合同或政策规定,向被保险人进行补偿。影响二者关系的主要因素包括参保方式、保费高低、保障范围、医疗保险费用补偿方式等。

(二)被保险人与医疗服务提供者的关系

被保险人与医疗服务提供者之间是医疗服务选择和医疗服务提供的关系。被保险人患病后从医疗服务提供者处获得所需医疗服务,接受服务后,支付一定医疗费用。影响二者之间关系的主要因素包括被保险人选择服务的自由度、需要支付费用的额度、医疗服务提供者服务水平和服务质量等。

(三)医疗保险机构与医疗服务提供者的关系

医疗保险机构与医疗服务提供者之间是医疗服务的购买和提供的关系。医疗保险机构为被保险人确定医疗服务范围和医疗服务机构，并通过特定形式向医疗服务提供者支付医疗服务费用，同时对医疗服务质量和数量进行监督、核查。影响二者之间联系的主要因素包括医疗服务提供者服务范围的大小、项目的多少和医疗保险机构的医疗保险费用支付方式等。

（四）政府与其他三方的关系

政府与其他三方的关系是政府对医疗保险机构、被保险人和医疗服务提供者进行管理和控制。政府通过直接补贴或税收减免的形式鼓励被保险人参保，对医疗服务提供者进行补偿，统筹协调医疗保险基金分配等来协调和保障其他三方的利益。影响政府与其他三方关系的主要因素包括政府监督管理的政策、手段和干预程度等。

四、医疗保险系统与其他系统关系

从系统的角度来看，医疗保险系统是社会大系统中的子系统，与其他社会系统有着广泛的联系，特别是与医疗系统、医疗药品系统和社会保障系统关系最为密切。

（一）与医疗卫生系统的关系

医疗卫生系统是为社会人群提供预防、保健、医疗、康复等卫生服务，保护人民健康的社会子系统。在市场经济条件下，随着财政体制改革，经费筹集成为医疗卫生系统的主要任务之一，没有经费保障，医疗卫生系统就难以运行。而医疗保险系统的主要职能之一就是通过收缴医疗保险费来筹集医疗保险基金，用于补偿被保险人和医疗服务提供者的医疗费用支出和医疗资源耗费。因此，医疗保险系统与医疗卫生系统密不可分，前者为后者提供经费支持，后者是前者保障功能实现的载体。没有医疗保险系统的支持，医疗卫生系统难以生存和发展；医疗卫生系统不提供卫生服务，医疗保险功能无法实现。

虽然医疗保险系统与医疗卫生系统关系紧密，但二者又具有相对独立性。一方面，二者在工作内容上存在着独立和不可替代的部分。医疗保险系统中的资金筹集、管理和运营等内容，使得医疗保险具有金融保险行业的特点；医疗卫生系统工作内容除医疗服务外，还包括疾病预防、妇幼保健等多方面内容，其经费来源除了医疗保险资金以外，还包括国家财政投入、社会筹集和个人出资等渠道。另一方面，在实际运营过程中，为了营造一定的竞争环境，提高医疗保险系统和医疗卫生系统运行效率，达到相互监督、互相制衡的目的，维护医疗市场的效率和公平，通常也需要两个系统相对独立运行。因此，医疗保险系统与医疗卫生系统既相互重叠，又相对独立。

（二）与医疗药品系统的关系

医疗药品系统是围绕着药品研发、生产、流通、使用和管理等，为预防、治疗疾病，维护人类健康而建立的有机整体。从二者联系上看，医疗药品系统与医疗保险系统一起共同构建完成的医疗卫生服务与保障制度框架，共同维护和保障参保人健康。一方面，加入医疗保险系统中的参保人，因其相对未加入系统的人群而言，有着更强的医疗费用负担能力，从而会促进医疗药品的使用。因此，医疗保险系统为医疗药品系统提供更大的市场需求，并且需求的扩大还会进一步推动医疗药品系统的创新与发展，以更好地满足参保人的医疗保障需求。另一方面，医疗药品系统也为医疗保险系统提供必不可少的支持。医疗药品对参保人预防和治疗疾病发挥着重要作用，医疗药品系统的发展为医疗保险系统提供了更多选择，从而使得参保患者能够获得更合理、更有效的治疗，进而提高医疗保险的保障质量与水平。

NOTE

需要注意的是，医疗保险系统与医疗药品系统之间也存在差异和区别。一方面，医疗保险系统需要对医疗药品系统起监督控制作用，以维持和保证医疗保险基金运营平衡和可持续。另一方面，医疗药品系统自身的创新和发展需要大量的资金投入，这些投入不可能完全来自医疗保险系统的医保基金，因此，医疗药品系统需要有其他的资金来源渠道。由此可见，医疗保险系统与医疗药品系统之间的关系也是密切而复杂的，二者相互支持、相互制约。通过制定科学合理的制度、政策，强化协同协作来共同发展，为参保人提供更好的健康保障服务。

（三）与社会保障系统的关系

社会保障系统是由社会保险、社会福利、社会救助、社会优抚等项目构成，旨在为居民提供全面保障的体系。社会保障系统的建立和完善是社会稳定和发展的重要保障，也是社会文明进步的重要标志之一。社会保障系统不仅能够保障居民的基本生活权利，还能够促进社会公平正义，提升人民群众的获得感、幸福感和安全感。社会保险是社会保障系统的核心组成部分，包括养老保险、医疗保险、工伤保险、生育保险和长期护理保险五个部分，其中医疗保险地位举足轻重。因此，医疗保险系统是社会保障系统的子系统。

医疗保险系统与医疗卫生系统、医疗药品系统及社会保障系统之间的关系，见图3-5。

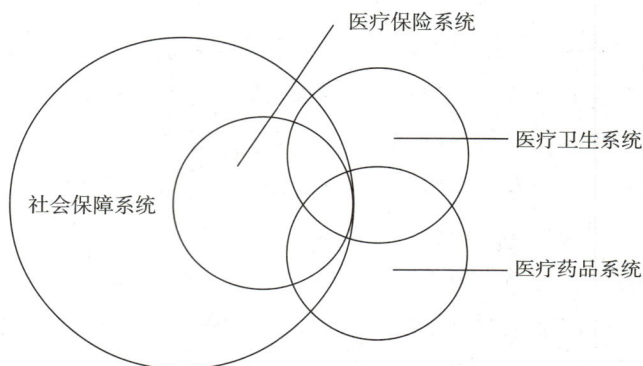

图3-5　医疗保险系统与其他系统的关系

第二节　医疗保险机构

一、医疗保险机构的概念和地位

（一）医疗保险机构的概念

医疗保险机构是在医疗保险系统中，具体负责医疗保险资金筹集、管理、运营和支付等医疗保险业务的组织机构，即医疗保险系统中的保险人。

在我国的社会医疗保险系统中，医疗保险机构是具有一定独立自主经营权的非营利性机构。行政归属上，是医疗保险管理部门所辖的全民事业性机构。业务活动上，依据政府颁发的医疗保险法律法规开展各项医疗保险活动；运营目的上，不以营利为目的，当期结余需结转到下一期使用。医疗保险本身是一种社会经济活动，所以具有一定的经济属性，但不同于商业健康保险要追求经济效益。医疗保险机构是国家法规执行机构，代理落实国家医疗保险有关政策法规，所以无法像商业保险公司那样有真正意义上的独立自主经营权，在经营策略、经营方法、规章制度等方面的自主权都有限制。

（二）医疗保险机构的地位

医疗保险机构在医疗保险系统中处于主导地位，主要体现在以下两方面。

1. 医疗保险机构是医疗保险资金的控制者　医疗保险资金是医疗保险系统平稳运行和发挥作用的前提和基础。医疗保险系统中，医疗保险机构负责资金筹集、管理、运营和支付，是医疗保险资金的控制者。比较各国社会保障基金的管理机构，大体上可以分为两类：一类是通过各自国家的政府资金管理系统对社会保障基金进行财务管理，另一类是社会保障机构拥有自己的资金管理系统。前者的典型国家是美国，该国征收的社会保障税收入先存放于全国各地商业银行的联邦财政部门的账户中，然后转入中央银行内财政部的账户中，所有的社会保障资金管理和投资活动均由财政部统一控制和管理。后者的典型代表是德国，该国的各基金管理委员会负责管理所收取的税金及需要支付的福利费。无论是哪一种类型，医疗保险机构都在一定程度上影响和决定着医疗保险系统作用的发挥、医保政策的取向和医疗卫生资源的流向，因此，体现了医疗保险机构的主体地位。

2. 医疗保险机构是医疗保险活动的监督者和管理者　医疗保险机构还对医疗服务的供需双方负有监督和管理职责，既要保证医疗服务提供者医疗服务的有效供给，满足被保险人基本医疗服务需求，同时还要对医疗保险资金的使用进行合理的规划和控制，尽可能减少医疗服务提供者和被保险人违规行为的发生，保证医疗保险系统正常运转。

（三）医疗保险机构的分类

1. 政府主导型　政府主导型医疗保险机构的运行基本按照政府计划规定执行，主要目标是保证政府计划的落实，没有独立经营的权利，可以看作政府的派出机构。该类型医疗保险机构成员类似于国家公务人员。经营效果主要取决于政府管理水平。这在各国的医疗保险机构中较少见，加拿大等国的医疗保险机构和我国社会医疗保险机构属于这一类型。

2. 独立经营型　独立经营型医疗保险机构在经营上基本独立，包括组织人事、财务安排、经营决策等都可以自行决定，但在总体上需按照政府有关医疗保险的法规办事，接受国家有关部门监督。这类医疗保险机构对经营对象有选择权，自负盈亏。商业健康保险多属于这一类，如美国、荷兰等国家的医疗保险机构。

3. 中间型　世界上多数国家的医疗保险机构属于中间型。这类医疗保险机构一方面接受政府的统一规划，另一方面又有相对独立的经营自主权，在保险范围、保险费率和经营方式等方面有一定的自行决策权。居民可以自由选择保险机构，保险机构之间也存在着一定的竞争。这类保险机构既能保证社会公益性，又可以通过医疗机构之间的竞争保持较好的效率和效益，同时兼顾公平和效率，是一种较合理的形式。例如，德国医疗保险机构的多元竞争和自我管理模式。

二、医疗保险机构的组织结构

（一）宏观组织结构

1. 医疗保险机构的设置和分布　根据保险学中的"大数法则"理论。医疗保险机构承保人数越多，其抵御风险能力越强、风险分摊效果越好；若承保人数过少，医疗保险机构抗风险能力不足，容易导致收不抵支，出现亏损甚至系统无法运行。因此，医疗保险机构的设置应当以被保险人的数量为基本依据。通常有三种医疗保险机构设置方式。

（1）以地区为单位设置医疗保险机构　即以一个行政区域中的所有人群（或大部分人群）作为保险对象设置医疗保险机构。一般采取计划型医疗保险方案的情况下多采用这种方式。目前我国社会医疗保险机构就是以行政区划分，分别在国家、省（自治区、直辖市）、地市和县（区）进行设置的。

（2）以行业为单位设置医疗保险机构　即以一个行业的职工（可包括职工家属）为对象设置医疗保险机构，在行业内进行统筹管理。这种形式多出现在自发产生医疗保险情况，或国家还缺乏统一的医疗保险政策的情况。

（3）以市场需求设置医疗保险机构　我国的商业医疗保险机构采取的就是这种设置方式，这种形式还多见于医疗保险起源于民间的国家，如荷兰和美国等。在这种情况下，医疗保险机构的设置以地区为基础，但被保险人群并不一定仅限于本地区人群，保险机构的发展不受行政区划的限制，而是根据市场需求自行调整，地区内与地区间的保险机构都存在竞争。

2. 医疗保险机构组织网络　医疗保险内容丰富、任务复杂，因此医疗保险机构通常不是一个单独的组织，而是以组织系统或网络的形式存在。高层级的医疗保险机构可以由一个总部和若干个分支机构构成，每个分支机构负责一个特定区域和人群的医疗保险业务。各个统筹区域的医疗保险机构还可以在一个更大的范围内形成一个联合机构，称为医疗保险中心或联盟，作用一是统筹、协调和指导地区医疗保险业务，二是实现医疗保险基金的地区间调剂，提高医疗保险基金抗风险能力。

在医疗保险联合机构之上，通常还需要政府有关部门的管理和调控，从而形成了医疗保险机构组织网络。在我国，医疗保险组织网络由国务院领导下的国家医疗保障局、国家卫生健康委员会和国家市场监督管理总局共同构成，我国医疗保险机构的组织网络见图3-6。

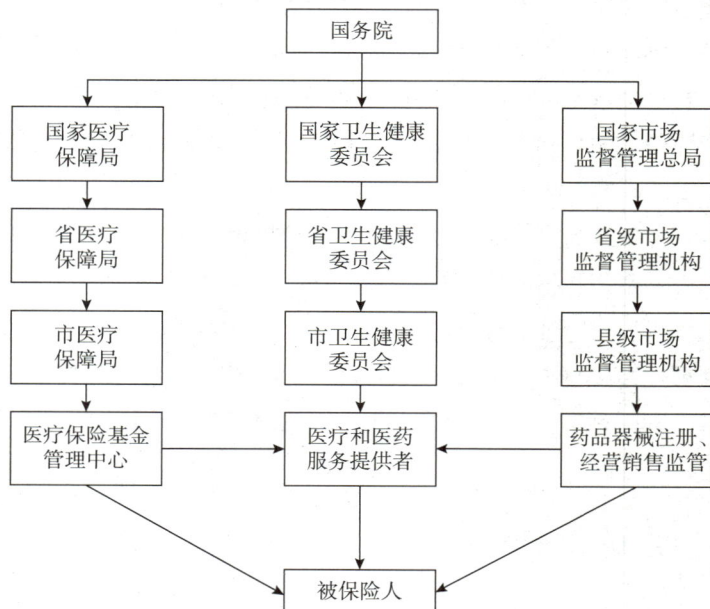

图3-6　我国医疗保险机构的组织网络

（二）微观组织结构

1. 医疗保险机构的部门设置　医疗保险机构内部一般设置以下部门。

（1）办公室　负责医疗保险机构日常运转，承担政策上传下达、日常公文处理、对外联系合作、组织协调等日常性和综合性工作，以及承担医疗保险机构交办的其他事项。

（2）医疗保险业务办理部门　主要负责与参保主体及医疗服务提供者有关的事务。例如，参保信息核实，医疗保险卡的制作与发放，医疗保险关系转移接续，医疗保险政策宣传讲解等。

（3）医疗服务管理部门　主要负责与医疗服务提供者有关的事务。例如，对医疗服务提供者进行定点资格确定、服务范围界定、医疗费用补偿、医疗服务监管等。

（4）财务审计部门　主要负责医疗保险基金的筹集、使用、管理等过程中的财务和审计工作，确保医疗保险资金使用的合法、合规和透明。

（5）基金运营部门　主要负责医疗保险基金的筹集、运营和管理等工作，包括医疗保险基金的核算分析，基金保值增值，以及基金投资过程中的计划、实施和监控等。

（6）信息管理部门　主要负责利用计算机处理医疗保险过程中的各项信息收集、分析，对医疗保险信息系统进行设计和维护，促进医疗保险业务活动能更高效运转。例如，与医疗保险有关的各种数据和文字的处理，医疗保险信息系统的设计、建设、维护和管理等。

2. 医疗保险机构的人员配备　医疗保险专业人员是医疗保险机构的核心，是医疗保险制度建立与完善的根本前提和基本保证。医疗保险涉及经济学、管理学、医学、社会学、计算机科学等多个学科，交叉性强，医疗保险系统构成主体也多，包括医疗保险机构、被保险人、医疗服务提供者和各级政府等，关系复杂，因此，从事医疗保险活动的人员应具备相应的专业知识和业务能力。在人员配备上，应充分考虑医疗保险机构的属性和业务特点，结合医疗保险机构设置情况，强化医疗保险专业人员培养、选拔和继续教育，明确相应职责和作用。通常情况下，医疗保险机构人员配备主要包括以下类型。

（1）管理人员　包括机构的负责人、各部门及各职能科室的负责人等，这些人员除需要熟悉医疗保险具体业务外，还需要熟悉经济学、管理学、社会学和法律等方面的知识，具有综合管理能力和组织协调能力。

（2）经济师　主要从事医疗保险机构的保险精算、经济核算、经济管理等工作，是医疗保险机构的经济技术骨干，需要具备较高层次的经济技术水平。

（3）医疗保险业务人员　主要从事医疗保险筹集、支付、业务开发、服务提供等具体业务工作，是医疗保险机构中的主要力量，熟悉医疗保险相关的专业知识和政策法规。

（4）财会人员　主要从事医疗保险过程中的财务、会计和审计等工作，也是医疗保险机构中的主要力量，一般为保险会计或金融会计的专业人员。

（5）医疗保险医师　主要负责医疗保险过程中的医疗技术、医疗管理工作及对各项医疗服务进行评价和监督等。一般是医疗专业技术人员，除熟悉医学各学科的专业知识外，对医疗保险、卫生管理、卫生经济等知识也需有一定的了解。

（6）信息和计算机工程技术人员　主要为从事信息管理及计算机专业的人员，负责医疗保险过程中各种数据信息的收集和整理，并负责计算机系统的设置、使用、维护和管理等工作。

三、医疗保险机构的职能

（一）参与制定医疗保险政策法规

医疗保险机构是医疗保险业务直接实施单位，掌握第一手医疗保险业务信息，最了解实际情况。因此，在国家制定医疗保险政策法规时，需要医疗保险机构的参与，甚至是医疗保险机构首先拿出方案，再由其他相关主体讨论、修改和完善。当国家和地区的总体方案确定后，还应根据所在地的实际情况进行调整和完善，制订具体的实施计划，这就更需要医疗保险机构直接参与。

（二）筹集医疗保险资金

医疗保险机构通过加强教育宣传，鼓励和组织社会成员参保，根据实际情况进行科学测算和预算，制定合理的筹集标准、筹集方案和资金使用计划，保障医疗保险资金的合理分配和使用，并随时关注医疗保险基金运行情况，建立动态调整机制，适时作出相应调整，确保医疗保险基金运行的安全性、持续性和有效性。

（三）保证医疗服务的提供

医疗保险组织机构一般不直接提供医疗服务，但是有责任组织和保障医疗服务的提供。首先，医疗保险机构要对基本医疗的服务内容和范围进行选择和界定，确保医疗保险基金能够承受。另外，医疗保险机构通过对医疗服务提供方进行选择，保障被保险人基本医疗服务需求得到有效满足，同时保证医疗服务质量和医疗服务价格公平合理。

（四）支付医疗保险费用

被保险人产生医疗卫生服务后，医疗保险机构需要向被保险人和医疗服务提供者支付医疗保险费用，减轻被保险人医疗负担和弥补医疗服务提供者医疗资源耗费，实现医疗保险制度的保障功能。疾病诊疗十分复杂，随着医疗卫生技术的快速进步，同一种疾病有多种不同的诊疗方案，相互之间费用差距也非常大。因此，在支付医疗保险费用之前，就需要医疗保险机构通过经济学分析方法测算出合理诊断、合理治疗、合理用药的费用，在众多的治疗方案中，选择最合适的方案，作为医疗保险机构费用偿付的依据。医疗保险系统中采取的是第三方付费方式，所以医疗保险机构最基本的工作就是对被保险人发生的医疗费用进行审核，采取合适的费用支付方式对被保险人或医疗服务提供者进行费用补偿。

（五）对医疗服务提供者和被保险人进行监管

医疗保险系统构成主体多、关系复杂，信息不对称也最为普遍。因此，医疗保险业务中的道德风险和逆向选择情况也相对严重。医疗保险系统中，道德风险一般出现于医疗服务提供者和被保险人方面，当然，也会出现"医患合谋"的情况；逆向选择一般出现在被保险人方面。无论是道德风险还是逆向选择，都会对医疗保险系统产生不利影响和危害，严重时会导致医疗保险系统瘫痪。所以，医疗保险系统运行时，就需要医疗保险机构对医疗服务提供者和被保险人进行监督管理，减少道德风险和逆向选择的发生，确保医疗保险系统安全、平稳、持续运行，有效保障全体被保险人的利益。

（六）对医疗保险基金进行管理

医疗保险基金是广大被保险人的"救命钱"和"保命钱"。由于国家经济发展水平的制约，社会医疗保险只能是"广覆盖、保基本"，健全有效的基金管理和监督机制是医疗保险制度顺利运行并发挥作用的关键。医疗保险机构要高度重视医疗保险基金的管理和使用，重点把好医疗保险基金的收入关、医疗保险基金的支付关和医疗保险基金的保值增值关。选择安全、合法、有效的投资渠道，确保基金保值、增值，科学合理支出和使用医疗保险基金，积极引导和优化医疗卫生资源配置，促进卫生健康事业和医疗保障事业高质量发展。

第三节　医疗保险被保险人

一、医疗保险被保险人的概念和地位

在医疗保险系统中，被保险人就是参保人，也称为投保人，同时也是医疗保险制度的受益人。在强制性医疗保险模式下，被保险人就是一个国家或地区的全体或大部分居民。

在医疗保险系统中，被保险人处于主体地位。主要表现在两个方面：第一，在费用一定的条件下，被保险人抵御疾病的情况、健康状况及他们对保险方案的满意程度，是衡量和评价一种医疗保险制度或方案的最根本的标准。第二，被保险人是医疗保险资金的主要来源，是医疗保险市场中的买方，又是医疗保险资金的消耗者，被保险人在医疗保险资金的筹集和支付过程中的行为，对医疗保险的效果和效益等会产生重大影响。

二、医疗保险被保险人的分类

被保险人在医疗保险系统中虽然被作为一个整体来看待，但在实际的操作中，他们被划分为不同的人群，并且对应于不同的保险政策，即使在相对统一性保险计划下，这种差别也是存在的。医疗保险被保险人是一个社会人群，可以从以下方面进行分类。

（一）按经济收入分类

即依据经济收入的不同而享有不同的保险政策。一般划分为高、中、低三类。收入高的人群往往需要自己出全部的保险费，或者是按收入的一定比例出保险费，即收入越高，交的保费越多，或是不参加一般医疗项目的保险，但需参加高费用的医疗项目保险，甚至是不强制参加医疗保险。中等收入的人群是大多数，一般保险政策是针对他们而定的，保险费通常由单位（雇主）和他们自己共同负担。对于低收入人群即所谓贫困人群，一般采用由政府资助保险费的办法参加保险。

（二）按职业分类

不同职业的人群享有不同的保险政策。我国常见的职业人群主要有以下四种。

1. 各类企业、事业单位、社会团体的职工和雇员　他们是医疗保险的主要对象，一般医疗保险政策是针对他们而制定的。

2. 国家公务员　公务员在参加基本医疗保险的基础上可以享受医疗补助政策。

3. 灵活就业人员　这部分人员包括部分农民、企业法人、各类自由职业者等。由于工作稳定性较差、工作连续性较弱等情况，该群体参保积极性不高，且难以保证持续缴纳，容易断缴。

4. 部分特殊人群　比如离休人员、二等乙级以上革命伤残军人等，由政府负担保险金。

（三）按年龄分类

许多国家将 65 岁以上的老年人作为特殊保护对象，由国家负担保险费，个人不负担或只负担很小的医疗费用。商业医疗保险一般按不同年龄段收取不同的保险费。

（四）按健康状况分类

对特殊人群（如残疾人、癌症患者、艾滋病患者等）由国家出资负担保险费、医疗费。商业医疗保险通常按照人群的健康状况分类，分别收取不同的保费，即保险公司对被保险人进行的"风险选择"。对一些高危人群，如吸烟、酗酒、严重肥胖症患者，收取较高的保险费；保险公司有时还需要根据实际情况要求被保险人进行体检，以便更好掌握被保险人的健康状况，并以此为依据判断是否承保或确定承保条件。

三、医疗保险被保险人的消费特点

医疗保险支付的是被保险人的医疗服务费用，而医疗服务不同于一般商品，人们对医疗服务的需求和消费具有特殊性。了解和掌握人们对医疗服务需求和消费的特点，有助于制定合理的医疗保险政策，有效地控制不合理的消费行为，保障参保人的合法利益。

（一）被动性

被动性是医疗服务需求和消费有别于一般商品的基本特点之一。造成这种情况主要有以下原因。

第一，疾病发生的不确定性，使人们难以预测具体的患病时间、疾病的类型、严重程度和需要医疗服务的类型与数量，无法像购买一般商品那样预先进行选择和安排，只能随机地寻求服务。

第二，由于在医疗服务领域存在消费者信息缺乏的问题，医生拥有主动地位，医疗服务的需求主要受医务人员判断的影响，消费者在服务的种类和数量等方面的自主选择权不大。这是导致医疗服务消费被动性的主要原因。

（二）受医疗保险制度的影响

现代医疗保险制度的建立，使得被保险人可以获得免费或低费用的医疗服务，这就可能导致被保险人对医疗服务的需求欲望膨胀，寻求过多的或不合理的服务，从而造成医疗保险资金的浪费。因此，在开展医疗保险时，需要引入费用分担机制，并对医疗服务消费行为进行一定的规范，引导被保险人进行合理的医疗消费。

（三）社会公益性

疾病带来的损害有时不仅危及个人，还会危害群体甚至整个社会，如烈性传染病。医疗服务不仅是个人消除疾病、保护健康的需要，也是整个社会的需要。由此可见，医疗服务消费具有一定的社会公益性。

由于医疗保险资金是有限的，而医疗服务消费又有着上述特点，因此，有必要对医疗保险被保险人的医疗消费行为进行规范和管理，保障医疗保险基金的收支平衡，并使其产生良好的经济和社会效益。

第四节 医疗服务提供者

一、医疗服务提供者的概念

医疗服务提供者有狭义和广义之分。狭义的医疗服务提供者指医疗保险机构需要支付服务费用的各类与治疗疾病有关的医疗、护理、药剂等服务的提供者，包括个人和机构。广义的医疗服务提供者除了上述人员和部门外，还包括提供各种卫生保健等服务的卫生部门人员和机构，如防疫、妇幼、健康教育等。

二、医疗服务提供者的性质

医疗服务提供者的性质同医疗保险机构一样受到医疗卫生服务业性质的影响。医疗卫生行业的经济性质目前尚无统一定论，但大多数的观点认为，它具有双重性，即既有公益性和福利性，又有商品性。认识这一性质，对于制定合理的医疗保险政策是不可缺少的。

医疗服务的双重性，决定了医疗服务提供者也具有双重性。一方面，医疗服务提供者具有一定的非商业性甚至是福利性。例如，享有国家税收优惠，低服务价格，国家对有些患者免费提供服务，国家对医院投资，医务人员拿国家工资等。另一方面，医疗服务提供者又具有经营性。例如，他们必须按市场的要求去购买自己的必需品，在提供服务后必须收取相应的服务费用，他们需要独立核算，平衡收支；在部分管理制度下，他们甚至要自负盈亏。正是这些因素，使医疗服务提供者总是在不违背公益性的前提下追求尽可能多地提供服务（销售产品），以利于自己的生存和发展，其实质是一种经营行为。

基于医疗服务提供者的双重性，在开展医疗保险时，要针对这一性质特征制定相应的政策和制度。

三、医疗服务提供者的构成与分类

医疗服务提供者有狭义和广义之分，广义指整个医疗卫生服务系统的构成和分类；狭义主要指和医疗服务直接相关部门、人员的构成和分类。这里主要讨论后一种情况。

（一）按经济性质分类

按照医疗机构的经济性质，可将其分为两类。

1.营利性医疗机构　这类医疗机构以投资获利为目的，现阶段主要包括中外合资合作医疗机构、股份制医院、民营医院和私营医院。

2.非营利性医疗机构　这类医疗机构不以投资获利为目的，主要为公民提供公益性、福利性、慈善性的医疗服务。主要包括公立医疗机构和慈善团体、港澳同胞、海外侨胞捐资和社会筹集兴建的医疗机构。

（二）按举办主体分类

按照医疗机构的举办主体，可将其分为两类。

NOTE

1. 公立医疗机构　这类机构主要由代表社会公共利益的政府成立，把社会效益放在首位，而不是追求利润。当然，公立医疗机构也可以是盈利的。

2. 私立或民办医疗机构　这类医疗机构主要由个人、企业、社会团体成立，一般是营利性的。当然也有非营利性的，如果民营资本进入后不求回报，其投资所得仍将用于医疗事业再发展的，将核定为非营利性医疗机构（如慈善基金会、教会所办的医疗机构等），享受政府给予的免税政策、价格指导政策及其他国有医疗机构所享有的相应政策。

（三）按主要功能分类

按照医疗机构的主要功能，可将其分为三类。

（1）以诊疗疾病为中心的机构，如医院、门诊部、诊所、医务室等。

（2）以预防疾病为主体的机构，如妇幼保健院、结核病防治所等。

（3）以康复疗养为重点的机构，如疗养院等。

医疗保险所指的医疗机构一般是医院、诊所、医务室等。

（四）按功能、任务分类

医院按照功能、任务的不同可以划分为三级：一级医院是直接为一定人口的社区提供预防、治疗、保健、康复服务的基层医院和卫生院；二级医院是向多个社区提供综合医疗服务和承担一定教学、科研任务的地区性医院；三级医院是向几个地区提供高水平专科性医疗卫生服务和承担高等医学教育和科研任务的区域性以上的医院。

需要说明的是，我国基本医疗保险实行定点医疗制度，即为参保人提供医疗服务的医疗机构分为定点医疗机构和定点零售药店。实施定点医疗和定点零售药店制度是医疗保险制度改革的重要举措。2020 年 12 月 30 日，国家医疗保障局印发了《医疗机构医疗保障定点管理暂行办法》和《零售药店医疗保障定点管理暂行办法》，统称"两定办法"，自 2021 年 2 月 1 日起施行。随着医药卫生体制不断深化，我国城乡基本医疗保险制度完成整合，医疗卫生服务体系发展迅速，医疗机构数量明显增加，特别是医养结合、"互联网＋医疗"等新的医疗服务需求的快速涌现，医保定点管理工作面临着新形势新环境。"两定办法"的制定和实施，突出了坚持"以人民健康为中心，遵循保障基本、公平公正、权责明晰、动态平衡"的原则，进一步促进了定点医疗机构和零售药店管理的规范化、法治化。

四、医疗服务提供者的特点

医疗保险中的医疗服务提供者不同于其他医疗机构，具有以下特点。

（一）医疗保障基金的支付有限制

被保险人在定点医疗机构发生的医疗费用可依法依规获得医疗保障基金的支付或补偿，而在非定点医疗机构就医发生的费用医疗保障基金不予支付，急诊和抢救除外。定点医疗机构应当严格执行医保协议、合理诊疗、合理收费，严格执行医保药品、医用耗材和医疗服务项目等目录，优先配备使用医保目录药品，控制患者自费比例，提高医疗保障基金使用效率。定点医疗机构不得为非定点医疗机构提供医保结算。

（二）对医务人员尤其是医生有着特定的要求

提供医疗服务的医师，不仅应该具备执业医师资格，具有良好的职业道德和医疗执业水平，而且需要了解医疗保险相关的法律法规、实施办法等规章制度，规范医疗行为；树立具有成本效益的医疗服务工作观念，在保证医疗质量的基础上，合理使用和配置卫生资源，尽力防止医疗资源的过度使用和浪费，为参保人提供服务优良、价格合理的基本医疗服务。

（三）定点医疗机构的监督管理更严格

医疗保障行政部门依法依规通过实地检查、抽查、智能监控、大数据分析等方式对定点医疗机构的协议履行情况、医疗保障基金使用情况、医疗服务行为、购买涉及医疗保障基金使用的第三方服务等进行监督。同时，医疗保障行政部门和经办机构还应拓宽监督途径、创新监督方式，通过满意度调查、第三方评价、聘请社会监督员等方式对定点医疗机构进行社会监督，畅通举报投诉渠道，及时发现问题、解决问题。

【小结】

医疗保险系统是随着医疗保险制度发展而同步发展和完善的，在医疗保险制度运行过程中发挥着重要作用。现代医疗保险系统通常由医疗保险机构、医疗服务机构、参保人和政府等主体组成，各方之间相互影响、相互制约，为保障系统平稳运行和维护参保人的健康权益而共同发挥作用。

【案例】

浙江省"智慧医保"系统全省域全面上线运行，在同一套系统实现全省医保结算

2022 年 3 月 7 日，浙江省"智慧医保"系统全域接入国家医疗保障信息平台上线活动在绍兴举行，标志着浙江省"智慧医保"系统正式在全省域上线运行，浙江省全面融入全国医保信息"一张网"。2022 年 9 月，浙江"智慧医保"系统正式通过国家医疗保障局验收，成为全国首批通过验收的省份。

浙江省"智慧医保"系统，是国家医疗保障局主导的全国性医保信息系统——国家医疗保障信息平台的重要组成部分，它的上线运行将全面形成全省医疗保障"一张网"，实现数据的互联互通和医保业务跨系统、跨层级、跨部门"一网通办"。

以前各地的每个医保统筹区都有自己的医保政策和系统，跨系统处理异地业务费时、费力，如今居民只需登录"浙里办"，按要求提交医保关系转移接续申请，仅用时 1 分钟便可办结完成，实现线上"秒办"。据统计，"智慧医保"系统上线以来已办理省域内医保关系转接 98.85 万人次，个账转移资金"秒到账"14.9 亿元。其中，省外户籍人员转移接续 431 082 人次；省内户籍人员省内转移接续 557 405 人次。

据了解，过去，浙江省 11 个设区市共有 54 套医保信息系统，相互分割、难以共享、区域封闭。浙江"智慧医保"系统统一了浙江省医保的业务编码、数据规范和经办规程，在同一套系统实现浙江省每年 8 亿次医保结算，为浙江省 5 600 万名参保人员、2 万多家医药机构提供统一、高效、兼容、便捷、安全的服务，并为浙江省医保部门业务办理、监督管理、公共服务、决策分析等提供数字支撑，意味着浙江省医保的发展迈上了标准化、集约化、一体化的新台阶。

资料来源：浙江省"智慧医保"系统全省域上线运行 https://www.gov.cn/xinwen/ 2022–03/08/content_5677875.htm）

NOTE

【思考题】

1. 现代医疗保险系统中各方之间的关系如何？

2. 医疗保险机构在医疗保险系统中具有怎样的地位？

3. 医疗保险机构一般具备哪些职能？

4. 医疗保险被保险人的消费特点有哪些？

5. 医疗服务提供者有哪些构成和分类？

第四章　医疗保险基金测算

【学习目标】

通过本章学习，要求掌握社会医疗保险基金测算的主要内容和基本原则，熟悉我国城镇职工基本医疗保险和城乡居民基本医疗保险基金测算的基本方法，了解社会医疗保险基金测算的基本思想和数理基础。

第一节　医疗保险基金测算概述

一、医疗保险基金测算的概念

医疗保险基金测算（calculation of social medical care funds）是定量测算医疗保险费率的过程。医疗保险费率即医疗保险价格，是投保人在发生疾病风险损失时，为获得经济保障而必须预先缴纳的费用。社会医疗保险基金测算属于保险精算的范畴，鉴于社会医疗保险具有与商业医疗保险不同的福利性、公益性等性质，社会医疗保险基金的测算不同于商业医疗保险精算，也不同于人寿保险精算。社会医疗保险基金测算是在全面衡量投保人面临的疾病风险、社会与个人的保险筹集能力、参保意愿，并结合社会医疗保险补偿标准等政策因素而综合制定的。因此，社会医疗保险基金测算的影响因素繁多而复杂，在借鉴商业医疗保险精算基本思想和理论基础的同时呈现出自身的特点。

二、医疗保险基金测算的基本思想

（一）医疗保险基金测算过程

医疗保险是为了补偿疾病产生的医疗费用的一种保险类型，是为未来可能发生的疾病风险损失提供经济保障的一种制度安排。衡量疾病风险发生最常用的指标是发病率和为治疗疾病而产生的医疗费用。在一定的医疗保险赔付模式下，发病率越高、治疗疾病的费用越高，医疗保险赔付额度将越高，相应地，医疗保险价格或保险费率就越高。虽然社会医疗保险在经办目的、覆盖范围、基金筹集、使用与管理模式等方面均与商业医疗保险有差异，但其精算的基本思想是一致的。

医疗保险基金测算的基本思想主要体现在保险费率的制定上。社会医疗保险保险费率通常包括纯保费和附加保费两部分，商业医疗保险费率还包括管理费。纯保费是指保险经办管理机构对参保人的疾病风险损失进行赔付的平均额度。赔付模式一定的情况下，纯保费与保险经办管理机构对参保人医疗费用预测值有关。纯保费是为了补偿未来的期望损失，附加保费是为了弥补未来实际损失超出期望损失出现的资金缺口而预留的风险储备金，附加保费的确定通常与纯保费估计的方差或标准差有关，因此，决定纯保费数额的参保人医疗费用预测值是社会医疗保险基金测算的核心内容。

参保人医疗费用的预测包括疾病发生次数与每次费用额度。纯保费预估的基本思想就是寻找疾病发生次数与每次赔付额度的分布规律。

（二）社会医疗保险基金测算与商业医疗保险精算的不同

社会医疗保险在保险性质、保险范围、费用负担、保障功能、保障水平等方面与商业医疗保险存在差异，因此，社会医疗保险基金测算尽管采用了商业医疗保险精算的基本思想，但仍具有以下特点。

1. 社会医疗保险基金测算考虑到全人群需求　商业医疗保险是依靠市场机制运行的、以营利为目的的经济活动，出于降低管理成本和基金运行风险的考虑，其对被保险人的健康状况有一定的要求，并且承保风险低、发生率高的险种较少。社会医疗保险是具有福利性的公益事业，面向全人群承保，基本覆盖所有可能产生医疗费用的疾病风险。因此，社会医疗保险基金的测算难度较高。

2. 社会医疗保险保障水平与政策关联程度高　医疗保险赔付只是对被保险人实际发生医疗费用的一部分进行补偿，医疗保险赔付金额高低与社会医疗保险政策目标有关。在制度建立之初，扩大保险覆盖面，提高受益人群覆盖率是社会医疗保险制度建设的主要目标，随着社会医疗保险基本实现全覆盖，提高医疗费用补偿比，提高参保人的保障水平成为制度建设的主要目标。因此，社会医疗保险发展的不同阶段，医疗保险基金的测算与政策规定的起付线、封顶线、补偿比等政策因素关联程度高。

3. 社会医疗保险基金测算综合考虑多种因素　社会医疗保险基金的测算，需要综合考虑医疗保险基金需求与供给能力。需求角度，与参保人群的数量、年龄、健康水平，与医疗卫生服务供给能力、社会资源使用的边际效益有关；供给角度，与社会经济发展水平、政府财政支持能力，以及由经济发展水平决定的参保人群缴费能力有关。社会医疗保险基金的测算需要对基金总体需求和供给能力进行综合分析，进而测算出合理的社会医疗保险缴费水平。

（三）社会医疗保险基金测算与人寿保险精算的不同

人寿保险是以人的生命为保险标的，以死亡率为精算依据来衡量风险，而医疗保险的标的是人的健康，健康风险特点决定疾病和疾病费用发生的普遍性、复杂性和结果的不确定性。因此，对健康风险的估计难以像人寿保险精算那样相对稳定和准确。

三、医疗保险基金测算的基本原则

（一）保障性原则

社会医疗保险具有保障范围广泛和保障基本医疗的特点，也称基本医疗保险。我国城镇职工基本医疗保险制度将基本医疗定义为满足大多数参保职工医疗服务需求、采用适宜医疗技术、医疗保险基金可以偿付的医疗服务，从基本诊疗技术、基本药物目录、基本服务设施和基本偿付费用四个方面进行了界定。"基本医疗"是个相对的范畴，在不同时期、不同地域及医疗保险制度的不同发展阶段，基本医疗的内涵与范围也会发生变化。我国城镇职工基本医疗保险制度建立初期，对参保职工发生的住院费用实行统筹保障，门诊医疗费用实行个人账户补偿制度。2021年，《国务院办公厅关于建立健全职工基本医疗保险门诊共济保障机制的指导意见》发布，提出建立完善职工医保普通门诊费用统筹保障机制。纵观世界各国社会医疗保险发展的历程，大都经历了随着社会经济发展水平的提高，社会医疗保险覆盖范围逐渐扩大、保障项目逐渐增多、保障水平逐渐提高的过程。

（二）平衡性原则

社会医疗保险基金的测算有两种思路，一种是"以收定支"，另一种是"以支定收"。前者是根据国家、企业和个人的承受能力，按照多渠道筹集原则确定各方筹集水平和分担比例，即所谓"可能性原则"。后者是根据人群医疗卫生服务需求，测算保证实现"风险转移和损失补偿"等基本职能所必需的资金量，即所谓"需要性原则"。我国城镇职工基本医疗保险和城乡居民基本医疗保险制度建立之初，在保险基金测算时，首先根据各方的实际承受能力确定缴费水平，以能够收到的医疗保险费为依据，制定医疗保险待遇和偿付标准，即根据社会医疗保险基金多少决定偿付标准的高低，实行"以收定支"原则。近年来，我国医疗保障覆盖范围与保障水平不断提升，居民医疗服务需求得到进一步释放，受到老龄化进程加深、医疗技术进步和设备更新等多方面因素的影响，我国医疗费用逐年在上升，目前仍然不具备"以支定收"能力。基金运营的基本要求是"收支平衡"，如果连续收大于支，过多的医保基金结余将影响参保人员参保的积极性，连续收不抵支，出现医保赤字将影响医疗保险制度可持续发展。此外，疾病风险具有极大的不确定性，而医疗保险通常属于短期支付项目，多采取现收现付制的基金筹集模式，不具备很强的积累性。因此，对社会医疗保险基金的测算需考虑到"略有结余"，以防不测。

（三）防损性原则

保险费的确定应有利于促进投保人预防风险事故发生，而不是刺激他们设法获得赔付。在医疗保险系统中，医疗保险机构扮演第三方付费的角色，医疗服务的供方和需方都是医疗服务的受益者，容易出现医疗服务提供方的诱导需求和医疗服务需方的道德损害现象，防损原则显得更加重要。因此，医疗保险费率的测算，以及医疗保险偿付机制确定，都应有利于促进医疗服务供需双方积极主动地约束自身行为，减少不合理医疗费用的发生。

（四）分担性原则

社会医疗保险由国家、用人单位和个人共同缴纳保险费，当参保者患病发生医疗费用并获得经济补偿时，其实质由国家、社会和患者个人共担风险。我国城镇职工基本医疗保险不仅通过社会统筹的方式实现参保职工之间横向的费用互助共济和统筹调配，而且通过个人账户的形式体现了纵向的费用共济和风险分担。对社会医疗保险基金实行统筹管理与使用，体现医疗保险的社会化，有助于提高社会公平性，符合社会保障的基本原则，个人账户的建立则将个体疾病风险分散在相对较长的时期内，通过部分基金的纵向积累，提高个体抵御疾病风险的能力，同时也有利于被保险人增强费用意识，自觉约束医疗消费行为，避免单纯通过社会统筹方式使用基金时较易发生的道德损害倾向，也有助于防范可能出现的医疗服务提供方诱导需求现象。

（五）公平与效率相结合原则

公平与效率相结合的原则指社会医疗保险基金筹集、分配和使用的过程中既要体现公平，又要兼顾效率。社会医疗保险公平性主要表现在筹集的垂直公平和服务的水平公平。筹集的垂直公平性以财富的边际效用递减规律为理论基础，以效用的"平等效用贡献"为原则。由于收入的边际效用随收入的增加而减少，这就要求收入越高的人筹集的比率也越高，收入越低的人筹集的比率也越低，这样才能保证支付者的效用减少处于相同的水平；服务的水平公平性指具有等量卫生服务需要的人群，无论其收入情况如何，都能得到相同质量和数量的医疗服务。只要参加社会医疗保险，无论患者身份地位高低，无论按规定比例缴纳保费金额数目的多少，都可以享受社会医疗保险规定的基本医疗保险待遇，享受的服务范围和偿付标准基本上是一样的。社会医疗保险的效率主要表现在管理效率、分配效率和技术效率三个方面。一个有效的社会医疗保险模式应该能够将筹集到的资金更多地使用到医疗服务上，而将更少的资金使用到保险的运作中，这就是管理效率；分配效率指如何将有限的资金投入到效益最佳的服务项目上，即社会医疗保险资金主要用于提供基本医疗服务和预防保健服务还是非基本医疗服务与特需服务，当用较低的卫生投入获得较高的健康水平的改善时，就称为有较高的配置效率；技术效率是用来评价社会医疗保险运行中如何有效地组合各种要素在限定资源的情况下追求最大的产出，或在限定产出的情况下追求最小成本。例如我国城镇职工医疗保险制度改革，实行社会统筹与个人账户相结合的原则，实现了公平与效率的有机结合。公平性主要体现在社会统筹基金的使用上，对大病的经济补偿比例、就诊和设施利用机会均等。效率主要体现在个人账户上，享受医疗保险待遇与个人对社会的贡献、缴纳医疗保险费金额、参加医疗保险年限及本人医疗费用实际支出等相联系。

（六）可行性与适度增长原则

社会医疗保险制度建设受多种因素的影响，政策导向、经济水平、组织管理、居民的健康意识、价值观念等在很大程度上影响社会医疗保险覆盖范围和保障水平。可行性原则主要强调了三个方面：经济可行性、政策可行性和组织可行性。如果不考虑一个国家或地区的社会经济发展水平和承受能力，片面追求保障程度，其后果必然影响社会医疗保险的可持续发展。我国社会医疗保险制度坚持的"广覆盖、保基本"，就是适应社会主义初级阶段生产力发展水平，根据国家、企业和个人的实际承受能力，确定适宜的保障水平。考虑到社会经济发展、医疗技术进步及参保人医疗服务需求增长等因素，社会医疗保险基金的测算应遵循适度增长原则，以不断提高社会医疗保险实际偿付能力，体现了社会医疗保险的福利性。

（七）非营利性原则

社会医疗保险具有非营利性，具有社会福利性质，其目标在于满足劳动者的基本医疗服务需求。如果医疗保险经办管理机构年末基金支出小于基金收入，出现结余，则该结余基金不能作为经办管理机构的收入，只能结转到并纳入之后年度基金的管理与运营。非营利性是社会医疗保险基金测算的基本原则，这也是与商业医疗保险的主要区别，商业医疗保险目标之一就是为了获得利润的最大化。

以上基金测算原则体现了社会医疗保险的基本性质，只有遵循上述原则才能实现社会医疗保险制度建设目标。

四、医疗保险基金测算的数理基础

社会医疗保险基金测算的方法论基础是概率论和数理统计学，其中最重要的理论是大数法则。大数法则描述了随机现象在大量重复试验或观察中出现的某种必然的规律性。保险运营的核心在于保险费及保险费率的精算上，而概率论和大数法则正是保险精算的数学基础。因此，在测算社会医疗保险基金时，需要引入概率论与数理统计学知识来科学、合理地确定费率。

（一）概率论

在相同的条件下重复进行 n 次试验，如果随机事件 A 发生了 m 次，即随机事件 A 发生的频率是 m/n。在大量重复次试验中，事件 A 发生的频率趋于稳定值，这个稳定值就是事件 A 发生的概率，记为 $P(A)$：

$$P(A) = \lim_{n \to \infty} m/n = p \qquad （式 4-1）$$

由概率的定义可知：对任何随机事件 A，都有 $0 \leq P(A) \leq 1$。

保险事故的发生就是一个随机事件。每个投保者都可能发生保险事故，也可能不发生保险事故，保险事故发生的可能大小用概率 $P(A)$ 来衡量。一个被保险人在保险期限内是否发生保险事故是不确定的，被保险人发生保险事故造成经济损失的程度或者保险机构可能的赔付额度也是随机的。正是这种双重不确定性，促使保险制度的建立与发展，因为人们本能地趋向于规避风险、减少不确定性。如果保险事故必然发生，保险机构不会承保；如果保险事故肯定不发生，投保人也肯定不会投保。

保费是在投保时交纳的，在投保时被保险人不能预知自己将获得多少保险金给付，即被保险人获得的保险赔付金是一个随机变量，其取值介于 0 和保险金额之间。每个被保险人都应按照自己未来获得保险金给付这一随机变量的数学期望缴纳纯保费。假设被保险人投保医疗保险，保险金额为 T，其所获保险金给付 X，随机变量 X 的取值范围为 $0 \leq X \leq TE(X)$，以 $E(X)$ 表示 X 的数学期望值，以 P 表示该被保险人应该缴纳的纯保费，则有：

$$P = E(X) \qquad （式 4-2）$$

从理论上讲，X 是一个连续型随机变量，即 X 可在 0 和保险金额 T 间连续取值，求其数学期望公式为：

$$E(X) = \int_0^T XP(X) \, dX \qquad （式 4-3）$$

但是 X 在实际业务中已经被离散化，变成一个离散型随机变量，即 X 只能取在 0 和 T 之间的有限个值。这时投保人应缴纳的纯保费的数学期望值的计算方法是：

$$E(X) = \sum X_i \times P_i \qquad （式 4-4）$$

式中 X_i 表示随机变量 X 的可能取值，P_i 表示随机事件 X_i 出现的概率，而且 $0 \leq P_i \leq 1$，$\sum P_i = 1$。

（二）大数法则

大数法则又称大数定律，它描述大量重复随机事件的概率分布情况。根据大数定律，随着样本数量的不断增加，实际观察结果与客观存在的结果之间的差异将越来越小，这个差异最终将趋向于零。

大数定律在保险中的运用可用下述公式来表示：

$$当 N \to \infty 时，(X/N - P) \to 0 \qquad （式 4-5）$$

上式中，N 表示投保人的数量，X 表示实际观测到的医疗费用（损失）发生情况，X/N 表示实际观测到的损失率（人均医疗费），P 表示客观存在的损失率。当投保人的数量趋于无穷大时，根据大数定律，保险机构可以把握投保人群的总体状况，而不必去具体估计每一投保人个体发生的风险损失，只要把总体的平均风险损失视为个体风险的预期损失就可以了。因此要估计 P，只需要选择尽可能多的样本 N，然后就可以用 X/N 来估计 P。

保险中常用的大数法则包括切比雪夫大数法则、伯努利大数法则、泊松大数法则等。

1. 切比雪夫大数法则（Chebyshev's law of large numbers） 切比雪夫大数法则指假设存在 n 个相互独立的随机变量，当 n 趋近于无穷时，这 n 个随机变量的平均值也会趋近于这 n 个随机变量期望的平均值。该法则说明，尽管保险机构对某一个被保险人支付的赔偿金是不确定的，但当被保险人的数量 n 足够多时，总支出即赔偿金的总额是基本确定的，这一法则为保险机构合理收取纯保险费提供了科学依据。

2. 伯努利大数法则（Bernoulli's law of large numbers） 伯努利大数法则指当随机试验次数 n 足够大时，事件 A 出现的频率将几乎接近于其发生的概率，即频率的稳定性。该法则说明，当投保人数目 n 足够大时，投保人发生疾病损失产生医疗费用的频率值趋于一个稳定值，即损失概率，医疗保险基金测算时，往往需要先根据以往承保的数据计算损失概率的近似估计值。

3. 泊松大数法则（Poisson's law of large numbers） 泊松大数法则指在独立重复进行的随机试验中，事件 A 发生的频率会稳定地接近于事件 A 发生的概率的算术平均值。该法则说明，尽管各个相互独立的投保人疾病损失发生概率可能各不相同，但只要投保人数 n 足够多，保险公司可在平均意义上求出整体的损失概率。即整体上的损失概率可由众多类别的损失概率平均得到。应用此结论，可在保证整体收支平衡的条件下，适当调整各分类标的的费率，使各类费率更加科学在医疗保险中应用也比较多。

五、医疗保险基金测算的基本方法

医疗保险基金测算的核心是对未来医药费用的预测，这种预测一般是建立在既往数据的基础上，综合考虑相关因素的影响之后做出的。根据预测方法的不同，医疗保险费率测算方法可分成四大类：粗估法、灰色系统法、分部模型精细法、风险模型精细法。

（一）粗估法

粗估法是根据历史数据结合经验对医疗保险费率做出预测。其具体方法包括下述两种。

1. 时间序列预测法 时间序列预测将历史数据依时间顺序排成序列，分析其变化方向和程度，从而对未来若干时期序列可能达到的水平进行预测。应用该方法的依据是短期内医药费用会有相对稳定的变化趋势，常用的外推方法包括趋势外推法和平滑预测法。

2. 平衡收支粗估法 平衡收支粗估法指确定一个具有代表性的样本人群，收集上一年的医药费用，并根据医疗价格上涨和保险刺激因素估计费用增加系数，进而估算未来年度医药费用。

粗估法需要的资料易于获取，预测方法简便易行，主要是对未来的医疗保险费率做出粗略的估计，但预测的精度较低，适用于医疗保险运行初期或缺乏比较全面资料的情况。

（二）灰色系统法

灰色系统法是根据灰色系统理论对原始医药费用序列数据进行处理，建立灰色系统模型，对医药费用随时间变化的趋势进行预测。主要步骤是原始序列数据通过累加生成削弱随机性的、具有规律性的数列，然后建立微分方程模型，得到原始数据的近似估计值，从而预测原始数据的后续发展。

灰色系统法需要的资料简单易获取，但计算相对烦琐，可对未来几年的保险费率作出模糊测算，预测精度较低，适用于医疗保险运行的起步阶段。

（三）分部模型精细法

奈华·邓（Naihua Duan）于1982年提出了四部模型法。四部模型的基本思想是将门诊和住院医疗服务分开，再将服务利用和医药费用分开，即第一部分是门诊利用的概率模型；第二部分是门诊利用者的费用模型；第三部分是住院利用的概率模型；第四部分是住院利用者的费用模型。各部模型的表达式如下。

门诊利用的概率模型：$Pr_{op}=pr\{$利用门诊 / 门诊补偿比，年龄等$\}$

门诊利用者费用模型：$C_{op}=exp\{$门诊费用 / 利用门诊，门诊补偿比，年龄等$\}$

住院利用的概率模型：$Pr_{ip}=pr\{$利用住院 / 住院补偿比，年龄等$\}$

住院利用者费用模型：$C_{ip}=exp\{$住院费用 / 利用住院，住院补偿比，年龄等$\}$

服务利用的概率模型用 logistic 回归模型拟合，医药费用模型用对多元线性回归模型拟合。个人的医药费用 $=Pr_{op}\times C_{op}+Pr_{ip}\times C_{ip}$。首先，根据人群的卫生服务调查资料建立上述模型，然后把预测期所有被保险人的年龄、性别、人均收入、保险类型等费用影响因素的预期均数代入模型即得到预测的医药费用，进而推算出费率。

分部模型精细法对资料要求较高，通过构建模型来预测医疗服务利用概率和次均医药费用，费用测算精度较高，适用于投保人个体数据信息相对完整的情况。

（四）风险模型精细法

风险模型精细法是对以往几年或十几年的保险费进行研究，建立个体风险模型或集体风险模型。风险模型的建立是以随机过程为基础，综合风险事故发生的频度和严重程度形成复合分布，估算最大风险发生概率的渐近值，进而测算保险费。风险模型精细法属于比较成熟的保险费测算方法，测算精度较高，科学性较强，需要一定数量的多次横断面样本，但调查的变量不多，适用于比较成熟的保险。

综上所述，四类费率测算方法各有利弊，在具体测算时需要根据实际情况进行选用，在实践工作中往往是混合使用上述四类方法，互相参照，以增加测算的稳定性和准确性。

第二节 医疗保险基金测算的内容

社会医疗保险基金支出一般包括医药补偿费和附加保费两部分。医药补偿费又叫纯保费，是用来补偿参保人的医药费用；附加保费包括用于抵抗意外风险的储备金和用于维持保险组织开展业务所需要的管理费。我国相关制度规定，社会保险经办机构的事业经费不得从基金中提取，由各级财政预算解决。因此，社会医疗保险基金测算主要是对医药补偿费和风险储备金进行测算。

一、医药补偿费的测算

医药补偿费指按规定，由医疗保险基金予以偿付的医药费用，一般占整个医疗保险基金的

80%～90%，它取决于参加保险的人数及该时间内平均医药补偿费两大因素。由于参保人数在一段时间内是相对稳定的，通常主要测算人均医药补偿费。人均医药补偿费的测算可以用下式表示：

$$人均医药补偿费 = 医药费用基数 \times 增加系数 \times 补偿比 \times 保险因子 \qquad （式4-6）$$

上式中，医药费用基数可以是测算年度前一年（或前几年）的人均医药费用；增加系数主要反映由医药价格上涨、医疗技术进步及人们收入水平、健康意识提高所引起的医药费用的增加程度；补偿比即保险赔付率，在医疗保险基金测算中发挥重要的作用，它直接影响到人们的就医行为，是医疗保险能否正常运营的关键；保险因子是用来衡量补偿比对医药费用影响程度的指标，反映医药费用随补偿比的变化而变化的指标。

（一）医药费用基数的测算

理论上，门诊次均费用与年门诊就诊率的乘积加上住院次均费用与年住院率的乘积为人均医药费用基数。即：

$$人均医药费用 = 门诊次均费用 \times 门诊就诊率 + 住院次均费用 \times 住院率 \qquad （式4-7）$$

对于新开展医疗保险的地区确定医药费用基数可采用以下几种方法。

1. 回顾调查法　要求卫生服务提供者或利用者回忆前一段时间医药费发生情况。这种方法可能存在回忆偏倚，一般不常用。

2. 保险运行前登记　这种方法通过查阅保险运行前某一段时间的医药费登记情况，据此收集一定范围人群的医药费用发生额。此法可能存在遗漏，造成所收集的费用低于实际水平。

3. 低补偿比试运行　以较低的补偿比运行一段时间，据此了解医药费发生情况。这种方法的准确性相对较高。

4. 同类借用法　即借用与研究地区条件类似的已开展医疗保险地区的资料，进行医药费用的测算。

（二）增加系数的测算

测算增加系数的方法主要有以下五种。

1. 比值法　以连续两年度次均费用或人均费用的比值作为增加系数。计算次均费用变动率的优点是通过各级各类医院的报表容易获取相关数据，缺点是它只反映了医药价格的上涨，没有考虑服务利用的变化。而计算人均费用变动率，不仅反映医药价格的增长，还反映人们对医疗服务需求的变动，但相关资料不易获得。

2. 处方重复划价法　这种方法的基本思想是对上年实际发生的处方按当年的价格重新计算价格，并将两者之间的比值作为增加系数。这种方法的优点是计算简单，资料也容易获得，不足是它只反映了医疗服务价格的变动情况，没有考虑医疗服务需求的变动。

3. 加权移动平均法　这种方法在某种意义上是对比值法的改进，加权移动平均法消除或减低由于其他因素引起的价格偶然波动，移动步长视具体情况而定，对近期数据给予较大权重，远期数据给予较小权重。如果医药费用数据具有季节性，则需首先消除季节因素，其基本原理是，根据时间序列的周期性和季节变动的周期选择合适的移动步长，按照时间顺序逐次推进。每推进一个周期时，舍去前一个周期的数据，增加一个新周期的数据，再进行平均。假设 x_1、x_2、x_3、$\cdots$、x_{12} 是测算当年 1～12 月的医疗费用平均值，N 为移动步长，一次移动平均值计算公式为：

$$M_{t+\frac{N-1}{2}}=\frac{x_1+x_2+\cdots+x_{t+N-1}}{N}\qquad（式4-8）$$

然后计算医药费用的月平均发展速度，即医药费用月环比发展速度的几何平均值，计算的医药费用月平均发展速度即为增加系数。

4. 模型法　正如保险因子可以用数学模型的方法来测算一样，增加系数还可以用类似的模型法来获得，数学模型的引入使得分析不同因素对医药费用的影响成为可能，模型法克服了前面几种计算增加系数方法的局限性，因此，它的科学性较强。

5. 药价增长指数法　药价增长指数反映当年药品价格相对于上一年药品价格的变动程度。增加系数综合反映了医药价格的上涨、服务需求增加和医疗费用的增加，如果遇到药品价格上涨较大，而服务需求和医疗费用的增加相对不太显著时，就可以用药价增长指数来代替增加系数。

（三）补偿比的测算

补偿比又称赔付率，是保险机构对投保人发生的医疗费用的赔付比率。补偿比是医疗保险系统能否正常运转的关键。

进行医药费补偿比测算需要考虑以下三个问题：第一，了解保险覆盖人群的疾病风险分布特征。例如，了解不同收入水平、不同健康状况、不同年龄类别人群的疾病风险，了解投保人群在不同级别医疗机构就诊的分布状况，提出社会医疗保险应该重点关注的目标人群及相应的费用补偿思路。第二，考虑不同补偿水平对医疗服务供需双方和卫生资源配置的长期影响，确定合理的补偿模式。例如，一般认为补偿比在20%以下时，基本没有保险刺激作用，因此，通常将20%作为有效补偿起点。补偿比高于80%可能会引起严重的"道德损害"，所以医疗保险不必设置过高的补偿比，而是在20%～80%作适当的选择。另外，可以根据实际情况考虑对门诊和住院、不同级别医疗机构设置不同的补偿比。第三，根据年人均缴费能力，为保证资金运转的"收支平衡"，要对补偿模式的可行性进行分析论证。

如若假设全部参保人按年龄分为n组，第i组的人均医疗费用以x_i表示，赔付率用p_i表示，设年龄组人口数用q_i表示，则可以测算保险的平均赔付率，如下所示：

$$平均赔付率=\frac{\sum_{i=1}^{n}p_i\times x_i\times q_i}{基期医药费用总额}\times100\%\qquad（式4-9）$$

医药费补偿比是否合适，可以用平衡系数 R 来进行判断。

R=1- 保险运营费比率 - 储备金比率 -（医药费基数 × 补偿比 × 增加系数 × 保险因子）/（年人均保费 × 参保人数）

其中，|R| < 0.01 为"平衡"，0.01 < |R| < 0.05 为"基本平衡"，0.05 < |R| < 0.1 为"盈余（或超支）稍多"，|R| > 0.1 为"盈余（或超支）较多"。这里用例子来演示。

假定某样本地区投保人数为 2 000 人，上年医药费基数为 10 000 元（其中门诊费用 8 500元，住院费用 1 500 元），估计测算年较上一年的增加系数为 1.18。表 4-1 列出了不同门诊、住院补偿比下的保险因子，测算年每人交保险费 5 元，保险运营费占保险费的 7%，储备金占保险费的 5%，根据上式计算平衡系数 R：

R=1-0.07-0.05-（8 500×X× 保险因子$_{门诊}$+1 500×Y× 保险因子$_{住院}$）×1.18 /（2 000×5）

其中，X、Y 分别为不同的门诊、住院补偿比（表 4-1）。

表 4-1 不同医药费补偿比下的保险因子（单位：%）

补偿比	0	10	20	30	40	60	70	80
门诊	1.0	1.07	1.16	1.24	1.55	1.61	1.72	1.81
住院	1.0	1.16	1.26	1.35	1.47	1.75	1.88	1.95

根据不同的门诊、住院补偿比可得出不同的平衡系数，根据平衡系数的判别标准可以选择平衡或基本平衡的保险方案。表 4-2 中列出了 4 种方案，方案 2 的门诊和住院补偿比均为 50%，此时，平衡系数 |R| 为 0.006，收支平衡；方案 1 的门诊补偿比为 50%，住院补偿比为 60%，此时，平衡系数 |R| 为 0.038，属基本平衡。

表 4-2 不同医药费补偿比下的方案选择

	方案 1	方案 2	方案 3	方案 4
门诊补偿比（%）	50	50	40	80
住院补偿比（%）	60	50	80	30
平衡系数 R	−0.038	0.006	−0.018	−0.644

（四）保险因子的测算

保险因子是医药费用随补偿比变化而变化的一个敏感指标，反映实施保险后对医疗服务利用的影响程度。

一般情况下，门诊和住院分别计算保险因子，如果不同级别医疗机构实行不同的补偿比，其保险因子宜分级计算。

保险因子 $f(R)$ 表示补偿比为 R 时的医疗费用是无补偿比（$R=0$）时的 $f(R)$ 倍，它的数学表达式为：

$$f(R) = 1 + B \cdot R \qquad （式 4-10）$$

式中，R 为补偿比，也就是医药费报销比例；B 为待定系数。

通常，作为对比点的补偿因子不为零，保险因子更合理的表达式为：

$$f(R) = 1 + B(R - R_0) \qquad （式 4-11）$$

保险因子表示补偿比为 R 时的医药费用是某一对比补偿点 R_0 时的 $f(R)$ 倍。测算保险因子就是确定上式中待定系数 B 的数值，从而建立保险因子与补偿比之间的函数关系。获得保险因子的途径有两种：一是借鉴类似地区的经验数据；二是通过预实验，调整补偿比的数值以获得对保险因子的估测值。1985 年我国原卫生部与美国兰德（RAND）公司合作，在四川简阳、眉山两地开展的"中国农村健康保险试验研究"，分别估算了乡村门诊、区县门诊、乡住院、区县住院医疗服务的待定系数 B 的数值，得到如下四个表达式：

村乡门诊：$F(R) = 1 + 1.96 \times (R - 0.2)$ $R \in (0.2, 0.6)$

区县门诊：$F(R) = 1 + 1.31 \times (R - 0.2)$ $R \in (0.2, 0.5)$

乡住院：$F(R) = 1 + 1.19 \times (R - 0.2)$ $R \in (0.2, 0.7)$

区县住院：$F(R) = 1 + 1.10 \times (R - 0.2)$ $R \in (0.2, 0.6)$

不同地区医药费用不仅受补偿比的影响，还受患者性别、年龄、文化程度、年人均收入等多种因素的影响，因此，科学地预测医药费用和计算保险因子都可以通过构建医药费用回归模型来完成。常用模型是四部模型，上文提及的"中国农村健康保险试验研究"也是通过构建四部模型预测每位投保人在不同补偿比下的医疗费用，再通过回归得到保险因子与补偿比之间如上式所示的函数关系。

二、风险储备金的测算

风险储备金是保险机构用于对"超常风险"损失进行赔偿或给付的费用。医疗保险面临的超常风险有地区性的疾病大流行、大规模的自然灾害、地区疾病谱的变化、地区经济的大幅波动及其他特殊原因。因此，根据统计资料计算出的纯保险费，通常只能应对一般风险赔偿的费用，而难以涵盖超常风险引起的损失。因此在计算纯保费时，要把偏离"平均"情况的风险考虑进来。风险储备金的影响因素主要有保险覆盖面、保险对象、风险波动程度和超常风险发生的概率等。保险覆盖面越大，风险分担能力就越强，保险系统的风险波动性就越小，风险储备金的提取比例则越低。保险对象风险波动程度与地区人群的人口学状况和保险制度有关，例如人口老龄化程度高，风险波动程度就大。另外，风险储备金还与保险基金筹集的方式有关，采取个人账户筹集资金会导致部分资金沉淀在个人账户，导致使用于社会共济的资金减少，保险系统的抗风险能力因而降低，因此采取个人账户筹集保险资金就需要提取较大比例风险储备金。

对于新开展医疗保险的地区，保险储备金可参考类似地区的经验数值，一般不超过保险基金的10%。对已开展医疗保险的地区，保险储备金的具体测算方法，可以分为两类。

（一）根据均方差决定储备金的大小

实际人均补偿费与纯保险费的偏离程度可以用均方差（σ，也是标准差）来表示。实际人均医药补偿费有68.27%的可能性发生在$M \pm \sigma$区间内（M为纯保费），有95%的可能性发生在$M \pm 1.96\sigma$区间范围内，有99%的可能性发生在$M \pm 2.58\sigma$区间范围内。

理论上，只要在纯保费基础上增加三倍的均方差，就能充分保障保险机构的财务稳定性。实践中，对于强制保险，由于保险的广泛性和连续性，风险储备金为一倍均方差即可。对于自愿保险，风险储备金可提高到两倍均方差；对于风险程度很高且易于遭受巨灾损失的保险，风险储备基金才有必要提高到三倍均方差。在实际保险运营中，既要保证保险机构的财务稳定，又要尽量提高参保人的保障水平，减轻患病经济负担。因此，应综合考虑确定合理的储备基金。

（二）根据各年度保险基金赤字情况决定储备金的大小

对已经开展保险的地区，可根据保险系统内历年出现风险的情况进行计算。

$$人均储备金 = \frac{\sum_{i=1}^{n} 第 i 年的赤字费用}{n 年的入保总人数} \times (1+\alpha) \qquad （式4-12）$$

上式中第i年的赤字费用等于第i年的实际补偿医药费减去第i年预测的医药补偿费，n为拥有历史资料的年度，α为安全系数，可视具体情况而定。

三、管理费的测算

管理费是保险机构维持正常运营所需要的费用，主要包括初期的保险项目开发费用（调

NOTE

研、宣传广告、人员培训、会议活动等）和日常经营管理费用（职工工资、文件及报表印刷、其他办公费用和劳务性开支，资产折旧和设备维护等）。影响管理费率的主要因素有：①保险覆盖面。投保人数越多，管理费率越低。②保险管理体制。统一管理的强制性社会医疗保险的管理费率低于分散管理的商业医疗保险。③保险项目。以门诊和住院为例，住院患者数量远低于门诊，因此，住院医疗保险管理费率低于门诊。④管理手段。基于医疗保险信息系统的管理方式较人工管理费率更低。

管理费率的确定应遵循适度的原则，既要保证保险经营管理的需要，又要符合投保人的承受能力。在国外，医疗保险管理费率较高，例如，美国管理费率达到总费率的 25% 左右。一般认为医疗保险管理费率应控制在总费率的 5% ～ 8%。目前，我国城镇职工基本医疗保险、城乡居民基本医疗保险经办管理机构的事业经费，不在保险基金内部列支，由各级财政预算解决。因此，我国社会医疗保险基金测算不考虑管理费部分。

第三节　城镇职工基本医疗保险基金的测算

一、城镇职工基本医疗保险的特点

我国城镇职工基本医疗保险（简称"城镇职工医保"）制度是在原有的公费医疗、劳保医疗制度改革的基础上建立起来的，该制度主要有以下特点。

1. 坚持"低水平、广覆盖"，保障职工基本医疗服务需求　"低水平"是指建立城镇职工医保制度，要从社会主义初级阶段的国情出发，根据国家、企业和个人的实际承受能力，确定合理的基本医疗保险水平，同时要确定合理基本医疗保险的用药目录、诊疗项目的范围和标准。"广覆盖"是指城镇所有用人单位及其职工都要参加基本医疗保险。

2. 基本医疗保险费由用人单位和职工共同缴纳，形成新的筹集机制　城镇职工医保改变了以往公费医疗、劳保医疗完全由国家、单位包揽，个人不参与筹集的做法，使得基本医疗保险基金的来源更为稳定，有利于增强职工的自我保障责任和节约费用意识，符合国际上社会医疗保险基金来源于雇主、雇员投保和政府资助三方筹集的通行做法。1998 年，《国务院关于建立城镇职工基本医疗保险制度的决定》发布，规定用人单位缴费率应控制在职工工资总额的 6% 左右，职工缴费率一般为本人工资收入的 2%。随着经济发展，用人单位和职工缴费率可作相应调整。政府资助主要表现在对特殊人群医疗费用的支付，对投保资金的免税、优惠利率及医疗保险基金确实入不敷出时的补贴等。

3. 设立社会统筹与个人账户相结合的基本医疗保险制度　基本医疗保险基金由统筹基金和个人账户构成，职工个人缴纳的基本医疗保险费全部计入个人账户，用人单位缴纳的基本医疗保险费分为两部分，一部分用于建立统筹基金，另一部分划入个人账户。划入个人账户的比例一般为用人单位缴费的 30% 左右，具体比例由统筹地区根据个人账户的支付范围和职工年龄等因素确定。2021 年，《国务院办公厅关于建立健全职工基本医疗保险门诊共济保障机制的指导意见》发布，明确了将门诊费用纳入职工医保统筹基金支付范围，改革职工医保个人账户，建立健全门诊共济保障机制。在职职工个人账户缴费计入标准不变，用人单位缴纳的基本医保险费将全部计入统筹基金。调整统筹基金和个人账户结构后，增加的统筹基金主要用于门诊共济保障，提高参保人员门诊待遇。医保基金支出要严格按照统筹基金和个人账户的支付范围，量入为出、以收定支，分别核算，不得互相挤占。

二、城镇职工基本医疗保险基金测算的依据

城镇职工医保基金的测算要适应我国国情；要依据地方财政和企业的承受能力及大多数职工目前在经济上和心理上的承受能力来合理制定缴费率、补偿比等各项指标。用人单位和职工个人缴费率的测算遵循"以支定收"的原则，"以支定收"是以现收现付制筹集模式为基础，这种筹集模式反映了医疗保险支付短期性、不确定性的特点，通常着眼于短期平衡，以之前若干期支出为依据确定当期筹集标准，按比例分摊到各个筹集渠道，再以当期收入用于当期支付。按照"以支定收"的筹集原则，以往职工医疗费的实际支付额是研究测算职工医疗保险基金缴费率的重要因素。在实际测算中，要求职工医疗费实际支付数一定要真实准确，以便科学合理地确定筹集水平。

合理确定用人单位缴费率是贯彻"低水平、广覆盖"原则的关键。缴费率确定合理有两条具体的标准：一是确定的缴费率，绝大多数用人单位都缴得起，这是实现广覆盖的基本条件；二是确定的缴费率控制在6%左右，以保持全国基本医疗保险筹集水平的大致相当。具体测算是统筹上一年或前三年用人单位实际负担的医疗费支出占职工工资总额的比例，但在实际医疗费用支出中要扣除离休人员、老红军、二等乙级以上革命伤残军人、普通高等院校在校学生、企业职工供养的直系亲属等人员的医疗费用、企业工伤和生育医疗费用，以及医疗机构经费等费用。在扣除上述医疗费用后的实际支出占工资总额的比例，才能反映出财政和企业实际负担医疗费用的能力。

从理论上讲，职工基本医疗保险基金的测算，除应参照本地区前三年职工医疗费实际支出外，还应考虑到由于医疗保险的实施而导致的职工就医行为和医疗机构提供服务行为的改变、医疗服务价格水平的提高，以及超常风险等因素所引起的医疗费用的增长。因此，测算医疗保险基金时还应考虑保险因子、增加系数等，如完全不加以考虑，有可能发生医疗费实际支出与测算值不符的现象。目前我国一般是根据以往资料做出估测，还通过需方分担费用、监管供方行为等方式控制不合理医疗费用。采用个人账户和社会统筹的形式，实现个人自我积累和社会共济相结合，增强个人费用控制意识。采取共付分担（进入统筹后个人负担部分医疗费用）、扣除法分担（个人账户用完后，个人需先付一定费用才能进入社会统筹基金支付）、限额分担（统筹基金大额封顶）等几种方式，促使需方自觉约束自己的行为，减少对医疗服务的过度利用。

三、城镇职工基本医疗保险基金测算所需数据

我国城镇职工医保制度医疗保险费率测算需要搜集的资料主要包括：①前三年在职职工医疗支出数。②前三年职工工资总额。③前三年享受公费医疗的离休人员、老红军医疗费实际支出数。④前三年企业离休人员医疗费用支出数。

按照"以支定收"的筹集原则，职工医疗费实际支出数是测算职工医疗保险基金缴费率的重要指标。因此，要对搜集来的数据进行认真分析，从而确定合理的医疗费实际支出基数。应

注意的问题主要有：①职工医疗费实际支出数，不包括个人负担部分医疗费。建立城镇职工基本医疗保险制度前，各地都不同程度地实行了医疗费与个人挂钩的办法，在测算前三年支出数时，不包括这部分支出，实行城镇职工医疗保险制度后，个人仍要负担费用，因此，测算时仍不包括个人负担部分。②职工医疗费实际支出数中，应剔除一次性特殊因素、其他保险项目的医疗费支出及非医疗项目支出。③职工工资总额的确定，原则上应当按照职工的实际收入测算。

四、城镇职工基本医疗保险基金测算的方法

用人单位缴费率可按照统筹地区前三年职工医疗费实际支出占在职职工工资总额的比例测算，其公式是：

$$用人单位缴费率 = \frac{统筹地区前3年职工医疗费实际支出}{统筹地区前3年在职职工工资总额} \times 100\% \qquad （式4-13）$$

分子中统筹地区前3年职工医疗费实际支出数应包括离退休人员医疗费支出数。如果离休人员、老红军不参加职工医疗保险制度，应相应扣除其实际支出数；分母中统筹地区前3年在职职工工资总额应是分子中计算医疗费支出的职工工资总额，不包括退休人员的退休费用。表4-3为某统筹地区近三年医疗费用支出与工资总额情况，试确定该地区用人单位的缴费率。

表4-3　某地区近3年职工医疗费用支出与工资总额情况表（单位：万元）

年份	医疗费用支出额	应保未保医疗费用	离休、老红军医疗费用	职工工资总额
第一年	15 000	1 000	3 000	160 000
第二年	17 500	1 500	3 600	185 000
第三年	19 300	1 600	4 300	225 000

首先求出连续3年医疗费用实际支出金额分别为

第一年：15 000+1 000-3 000=13 000 万元

第二年：17 500+1 500-3 600=15 400 万元

第三年：19 300+1 600-4 300=16 600 万元

然后计算该地区用人单位缴费率为：

$$用人单位缴费率 = \frac{13\,000+15\,400+16\,600}{160\,000+185\,000+225\,000} \times 100\% = 7.89\%$$

该地区用人单位缴费率为7.89%，符合《国务院关于建立城镇职工基本医疗保险制度的决定》中用人单位缴费率控制在职工工资总额的6%左右的规定。

第四节　城乡居民基本医疗保险基金的测算

一、城乡居民基本医疗保险的特点

2016年，国家整合城镇居民基本医疗保险（简称"城镇居民医保"）和新型农村合作医疗

保险（简称"新农合"）两项制度，建立统一的城乡居民基本医疗保险制度（简称"城乡居民医保"）。整合后的城乡居民基本医疗保险具有以下特点。

1. 医疗保险全覆盖　城乡居民医保覆盖除城镇职工医保应参保人员以外的其他所有城乡居民，农民工和灵活就业人员依法参加职工基本医疗保险，有困难的可按照当地规定参加城乡居民医保，实行应保尽保。

2. 多渠道筹集与动态调整　继续实行个人缴费与政府补助相结合为主的筹集方式，鼓励集体、单位或其他社会经济组织给予扶持或资助。按照基金收支平衡的原则，不同统筹地区合理确定城乡统一的筹集标准，对城镇居民医保和新农合个人缴费标准差距较大的地区，可采取差别缴费的办法，利用 2 ～ 3 年时间逐步过渡，逐步建立个人缴费标准与城乡居民人均可支配收入相衔接的机制。合理划分政府与个人的筹集责任，在提高政府补助标准的同时，适当提高个人缴费比重。

3. 适度保障　遵循保障适度、收支平衡的原则，城乡居民医保基金主要用于支付参保人员发生的住院和门诊医药费用，政策范围内住院费用补偿比例保持在 75% 左右，进一步完善门诊统筹，逐步提高门诊保障水平，逐步缩小政策范围内补偿比例与实际补偿比例间的差距。

4. 匹配需求调整完善医保目录　按照国家基本医保用药管理和基本药物制度有关规定，遵循临床必需、安全有效、价格合理、技术适宜、基金可承受的原则，适当考虑参保人员需求变化进行调整，有增有减、有控有扩，做到种类基本齐全、结构总体合理。

二、城乡居民基本医疗保险基金测算所需数据

制定城乡居民基本医保实施方案初期，需要进行基线调查，收集基金测算所需的基本数据，基线调查主要收集的数据包括以下六个方面。

1. 当地政府的财政及社会经济发展状况　调查的主要指标包括国内生产总值、财政收入、财政支出年、农民人均纯收入等，以评价地方财政的经济承受能力。

2. 基层医疗卫生机构的经济状况　收集体现社区卫生服务中心、乡镇卫生院资金来源和服务提供能力，社区卫生服务站、村卫生室基本设施及开展卫生服务情况的信息，以评价镇街、村居两级医疗卫生机构有无能力成为城乡居民医保的定点服务机构。

3. 城乡居民家庭的收入来源与水平　收集居民家庭生活费用支出情况（食品、衣着、住房、教育、医疗），参保意愿，能够接受的医保补偿模式等信息，以判断城乡居民医保的家庭覆盖率和人群覆盖率，评价居民的主观意愿支付水平、客观能力支付水平及对医保方案的接受程度。

4. 城乡居民健康状况　调查反映疾病频率的指标（如两周患病率、慢性病患病率）和反映疾病严重程度的指标（如患病日数、休工日数、卧床日数），以评价和分析居民医疗服务需要量及影响需要量的主要因素。

5. 人群的医疗服务利用情况　调查反映居民医疗服务利用频率的指标，如年门诊就诊率、住院率及就医流向，未就诊率、未住院率及未就诊（或未住院）的主要原因，以便为设计不同的补偿比、引导患者合理地分流、测算需求释放提供依据。

6. 城乡居民医疗费用支出　调查不同医疗机构的次均门诊费用和次均住院费用，结合城乡居民门诊服务和住院服务利用指标，以评价城乡居民的疾病经济风险概率和损失额、确定疾病

经济风险临界线。

另外，需要特别提出的是上述关于医疗服务利用和费用的调查数据，应注意回忆偏倚、自报医疗费用的可靠性、调查季节的影响等问题。

三、城乡居民基本医疗保险基金测算的主要内容

城乡居民医保基金使用遵循以收定支、收支平衡、略有结余的原则，合理控制基金当年结余率和累计结余率。"收"指城乡居民医保通过城乡居民个人、集体、用人单位、地方财政和中央财政等多种渠道能筹集到的基金总额；"支"指城乡居民医保基金的支付范围、支付标准和支付额度，主要包括医保支付范围内的门诊费用和住院医疗费用、风险储备金。为缓解人民群众大病医疗负担过重的问题，2012 年、2015 年国家相继颁布了《关于开展城乡居民大病保险工作的指导意见》《关于全面实施城乡居民大病保险的意见》，文件指出，城乡居民医保基金有结余的地区，利用结余筹集大病保险基金，结余不足或没有结余的地区，在年度筹集的基金中予以安排。因此，城乡居民医保基金测算的主要内容包括参保居民的医药补偿费用、风险储备金和大病保险基金。

四、城乡居民基本医疗保险基金测算的方法

（一）城乡居民基本医疗保险医药补偿费的测算

医药补偿费可根据下式计算：

$$人均医药补偿费 = 人均医药费用基数 \times 增加系数 \times 补偿比 \times 保险因子 \qquad （式4-14）$$

目前城乡居民基本医保对于医药费用按照分项（门诊、住院）、分级（医疗机构级别）的方式进行报销，所以人均医药补偿费的公式进一步修正为：

$$人均医药补偿费 = 门诊人均医药费用基数 \times 门诊增加系数 \times 门诊补偿比 \times 门诊保险因子 + 住院人均医药费用基数 \times 住院增加系数 \times 住院补偿比 \times 住院保险因子 \qquad （式4-15）$$

1. 医药费用基数计算　人均医药费用基数计算公式如下：

$$人均医药费用基数 = 门诊或（和）住院人均费用 \times 年就诊率或（和）年住院率 \qquad （式4-16）$$

（1）门诊人均费用和住院人均费用：

$$门诊人均费用 = 门诊总费用 \div 门诊总人数 \qquad （式4-17）$$

$$住院人均费用 = 住院总费用 \div 住院总人数 \qquad （式4-18）$$

（2）年门诊就诊率和住院率。利用卫生服务调查得到的两周门诊就诊和住院服务利用资料，计算两周就诊率和年住院率。

$$两周就诊率 = 两周内就诊人次数 \div 调查人数 \times 100\% \qquad （式4-19）$$

如果不考虑季节因素，横断面调查结果对全年具有代表性，将两周就诊率乘以 26，计算得到门诊服务利用量。

利用入户调查住院资料，计算目标人群的年住院率：

$$年住院率 = 年住院人次数 \div 调查人数 \times 100\% \qquad （式4-20）$$

2. 保险因子和增加系数　保险因子是用来衡量不同补偿比引起的医疗费用变化的指标，是保险费率测算的重要参数。计算保险因子的方法是模型法，如四部模型，也可以用试验设计的方法来简易估算保险因子的大小。增加系数是指下一年医药费用较上一年增加的比例，前文已

讲述，这里不再赘述。

3.补偿比 不同级别医疗机构发生的医疗费用补偿比的设计要合理、适宜，以便将常见病和多发病患者流向主要控制在基层医疗卫生机构，同时也要区分门诊和住院医疗费用的补偿比，根据政策指向以及统筹地区经济社会实际情况设计不同级别医疗机构的门诊和住院补偿比。各地区补偿比的设计通常是在一定范围内的医疗费用越高，补偿比越高，测算时先用"应筹集额 ÷ 医疗消费总额 ×100%"算出样本区参考的补偿比，再进行试算平衡。补偿比的测算是保险费测算中的重要部分，其测算方法主要有精算法和粗估法。前文已讲述，这里不再赘述。

下面结合数据可得性，利用粗估法计算门诊、住院补偿比，具体步骤如下。

第一，收集各级医疗机构的医疗费用及其构成相关数据，计算人均年医药费。某地三年医药费用构成数据如表4-4所示，门诊和住院的年人均费用分别是各级医疗机构年人均费用的加权平均数。

表 4-4 某地三年城乡居民医药费用构成比（单位：%）

	一级及以下	二级	三级	合计
门诊费用	60.5	10.5	29.0	100.0
住院费用	0.0	48.2	51.8	100.0
总医药费	13.6	44.3	42.1	100.0

第二，计算总医药费。将医疗服务成本上涨和保险刺激消费的作用均纳入增加系数，计算总医药费，其计算公式如下：

$$总医药费 = 人均年医药费 × 参保人数 × 增加系数 \qquad （式4-21）$$

第三，计算各级医疗机构的医药消费水平。计算公式如下：

$$某级医疗机构的门诊费用 = 总门诊费用 × 该级医疗机构的门诊费用构成比 \qquad （式4-22）$$

$$某级医疗机构的住院费用 = 总住院费用 × 该级医疗机构的住院费用构成比 \qquad （式4-23）$$

第四，设计补偿比方案并计算所需要的医药补偿费。设一级及以下、二级、三级医疗机构的门诊医药费用总额分别为 A_1、A_2、A_3，补偿比为 $C_1\%$、$C_2\%$、$C_3\%$，门诊医药费用总额分别为 B_1、B_2、B_3，补偿比为 $D_1\%$、$D_2\%$、$D_3\%$，则需要的医药补偿费为门诊医药补偿费和住院医药补偿费的和。其计算公式如下：

$$门诊医药补偿费（需要的） = A_1 × C_1\% + A_2 × C_2\% + A_3 × C_3\% \qquad （式4-24）$$

$$住院医药补偿费（需要的） = B_1 × D_1\% + B_2 × D_2\% + B_3 × D_3\% \qquad （式4-25）$$

第五，计算筹集到的医药补偿费。

$$医药补偿费（筹集到的） = 人均缴费 × 参保人数 × （1-风险储备金率） \qquad （式4-26）$$

第六，确定补偿比。比较需要的医药补偿费和筹集到的医药补偿费，通过对比确定基本实现收支平衡的补偿比。

4.起付线和封顶线 除前文述及的医药费用基数、保险因子、增加系数、补偿比指标外，影响医保基金赔付水平的还有起付线和封顶线两个指标。

起付线是医保补偿的门槛，起付线以下的费用不予报销，起付线以上的医疗费用按比例报销。设置起付线的作用：一是减少对低费用段的补偿，将基金补偿的重点放在对大病患者的补偿上；二是防止过度医疗，提高患者的费用意识；三是通过对不同级别医疗机构设置不同的起付线，引导患者就医流向。起付线的设置通常为各同级医疗机构平均门诊费用的 2 倍为宜。为引导患者尽可能选择本地基层医疗机构就医，提高基层卫生资源利用率，起付线的设定可由低至高，一般应参照当地医疗水平确定。

封顶线是指对参保居民医疗费用的最高补偿额度，为保障水平的一种标志，也是保证基金安全的技术方法。封顶线可分为门诊统筹封顶线和住院统筹封顶线。设定封顶线要结合补偿范围、起付线、补偿比、筹集标准、大额费用人数及总额等指标综合考虑。

（二）城乡居民基本医疗保险风险储备金的测算

风险储备金是医疗保险机构用于预防不确定性风险的费用，主要补偿未知风险带来的损失。根据大数法则，居民医保规模越大（统筹层级越高），抗风险能力越强，提取的储备金占居民医保基金的比例越小。一般来说，风险储备金不应超过居民医保基金的 10%。

（三）城乡居民大病保险基金的测算

城乡居民大病保险是基本医疗保障制度的拓展和延伸，是对大病患者发生的高额医疗费用进一步保障的制度安排。它是从城乡居民基本医保基金中划出一定比例或额度作为大病保险资金，主要用于补偿额已经超过居民医保最高封顶线但仍然会造成因病致贫、因病返贫病例的救助。具体计算公式如下：

高额医疗费用救助基金＝封顶线以上因病致贫和因病返贫病例数 ÷ 补偿额超过封顶线病例数 × 居民医保基金

（式 4-27）

【小结】

医疗保险基金测算即测算医疗保险费率的过程。医疗保险费率也称医疗保险价格，是投保人为获得因疾病风险所致损失的经济保障而必须预先缴纳的费用。医疗保险基金测算应遵循保障性原则、平衡性原则、防损性原则、分担性原则、公平与效率相结合原则、可行性与适度增长原则、非营利性原则。医疗保险基金测算的方法主要包括粗估法、灰色系统法、分部模型精细法、风险模型精细法。医疗保险基金测算主要是对医药补偿费和风险储备金进行测算，其中，医药补偿费的测算主要包括医药费用基数的测算、增加系数的测算和保险因子的测算。

【案例】

城乡居民基本医疗保险的筹集标准

为保障城乡居民及时享受基本医疗保险待遇，各地区均在每年下半年启动下一年度城乡居民参保缴费工作。根据甘肃省白银市平川区人民政府办公室有关年度平川区城乡居民基本医疗保险缴费工作的通知，2021 年城乡居民基本医疗保险筹集标准为每人 900 元，其中各级财政补助标准为 580 元，个人缴费 320 元。2022 年度城乡居民基本医疗保险的筹集标准为每人 960 元，其中各级财政补助标准为 610 元，个人缴费标准为 350 元。2023 年度城乡居民基本医疗保险的筹集标准为每人 960 元，其中各级财政补助标准为 610 元，个人缴费标准为 350 元。2024 年度城乡居民基本医疗保险的筹集标准为每人 1 020 元，其中各级财政补助标准为 640 元，个人缴费标准为 380 元。

平川区城乡居民基本医疗保险筹集标准的变动趋势体现了基本医疗保险基金测算的保障

性、分担性、可行性与适度增长的原则。

资料来源：

1. 缴多少？怎么缴？2021 年度白银区城乡居民医保开缴 https://m.thepaper.cn/baijiahao_13706622.

2. 关于做好 2022 年全省城乡居民基本医疗保险参保缴费工作的通知 https://www.baiyin.gov.cn/sybj/fdzdgknr/ybxx/art/2022/art_b7c9e33f8f3745008028df0f2c8ad4e4.html.

3. 白银市白银区人民政府办公室关于做好 2023 年度全区城乡居民基本医疗保险参保缴费工作的通知 https://www.baiyinqu.gov.cn/zc/awh/azt/KJWSJYWHTYLY/art/2023/art_4bebc3047 b7a4fae812bdd9e3a2ffef4.html.

4. 关于做好 2024 年全市城乡居民基本医疗保险参保缴费工作的通知 https://www.baiyin.gov.cn/sybj/fdzdgknr/lzyj/bmwj/art/2024/art_7f0778e6a0c144f6aa6e98cd888195bb.html.

【思考题】

1. 医疗保险基金测算的基本原则是什么？

2. 什么是保险因子？

3. 论述医药补偿费中增加系数的主要测算方法。

4. 论述医疗保险基金测算的主要内容。

NOTE

第五章　医疗保险基金筹集

【学习目标】

通过本章学习，要求掌握医疗保险基金的概念、筹集方式。熟悉医疗保险基金筹集的依据和渠道。了解医疗保险基金的构成、积累方式，了解我国医疗保险基金的筹集水平。

第一节　医疗保险基金概述

一、医疗保险基金的概念和特征

（一）医疗保险基金概念

1. 资金和基金

资金是国民经济中财产的货币表现，按经济性质与用途可分为本金和基金。本金是为生产活动而垫支的资金，在其运转过程中并未被消耗掉，而要从收入中收回，有增值的需求，因而具有周期性、垫支性、增值性等特征。从会计学角度理解，基金是一个狭义概念，指具有特定目的和用途的资金。尽管人们对基金定义的表述不同，但对基金内在规律性的认识是一致的，即基金是为某种专项目的而积累起来的有着专门用途的资金，在运转过程中要被消耗掉，因而具有一次性支付与无偿性等特征。

2. 保险基金与医疗保险基金

（1）保险基金　保险基金也称"保险准备基金"，是以法定或合同的方式，按损失分摊原则，由作为被保险人的经济单位、机关团体或个人所缴纳的保险费汇集而成，交由保险人组织和管理，用于补偿被保险人经济损失的后备基金。

保险基金是由被保险人缴纳的保险费累积而成，但并非所有的保险费都用于构成保险基金。保险人收取的保险费分为两部分：一部分用于支付保险经营过程中的管理费、佣金及利润，这部分称为非保险基金，也称为附加保费；另一部分是用于赔偿被保险人因保险事故造成的经济损失，称为保险基金，也称为纯保费或精算保费。

（2）医疗保险基金　医疗保险基金是保险基金的一种，是根据国家有关法律和政策规定，为补偿医疗卫生保健支出，以各种方式建立起来、用于特定目的的资金。在我国，医疗保险可以分为政府举办的社会医疗保险制度和商业保险公司开发的商业健康保险产品。因此，医疗保险基金可以分为社会医疗保险基金和商业健康保险基金。

商业健康保险基金是保险人（保险公司）用以补偿被保险人由于疾病风险所致损失的一种保险基金。商业健康保险不具有强制性，一般以营利为目的，投保人缴纳的保险费包括保险公司的经营成本和利润。

社会医疗保险基金是在特定的统筹区域内，国家为保障参保人获得基本医疗服务权益，而由社会保险经办机构或税务部门按照国家有关规定，按一定的比例或额度向保障对象征缴的医疗保险费。社会医疗保险基金结合政府的财政补贴，是由专门机构管理的专款专用的财务资源。社会医疗保险基金的筹集和管理带有强制性，不以营利为目的。按法律规定，社会医疗保险机构的事业经费等公共开支由各级财政预算解决，不得从社会医疗保险基金中提取。因此，相对于商业健康保险基金而言，社会医疗保险基金全额用于补偿参保者医疗费用损失。如无特殊说明，本章讲述的医疗保险基金是指社会医疗保险基金。

（二）医疗保险基金特性

医疗保险制度是一种社会保险制度，医疗保险基金作为卫生服务筹集的来源之一，是医疗保险制度的物质基础。医疗保险基金特性由医疗保险制度决定，除具有社会保险基金的一般特性外，还具备部分独有的特征。

1. 基金筹集的强制性　社会医疗保险制度由国家立法实施，所需资金通常采取强制手段征收，政府以法律来规范和管理社会医疗保险事业，即医疗保险基金的筹集、管理与使用等环节都以法律为准则。各类保障对象应依法按时、按法定费率或额度缴纳医疗保险费，任何拒缴、欠缴、拖缴医疗保险费的行为都属于违法行为。

2. 基金补偿的互助性　互助性体现在参保人参保时根据能力缴费，而使用时根据需求进行补偿，即缴费水平与补偿水平不完全对等，只存在对应关系。在缴费阶段，依据相同的费率，以收入为缴费基数缴纳医疗保险费，即收入水平高的雇主或雇员会缴纳更多费用。补偿阶段，在一定额度内，根据补偿政策，实现按需补偿、应补尽补。所以，从缴费到补偿的过程中，在劳动者之间、企业之间、不同年龄群体之间、不同健康状况群体之间都存在资金再分配现象，以实现互助共济。该特征与商业保险是一致的，体现了"我为人人、人人为我"的保险精髓。

3. 基金支出的复杂性　保险属于一种风险管理工具，风险的特征决定了保险的特征。医疗保险基金支出与其他社会保险基金支出存在显著差别。譬如，养老保险基金在退休时开始发放，直至退休者去世，主要以年金方式发放，发放额度与生活成本相关。相对于老龄风险，疾病风险更难以预测和控制，医疗保险基金支出与个体体质、患病率、费用水平相关，尤其是与医疗机构的诊疗行为相关，所以医疗保险基金支出呈现出个体性、短期性、经常性、周期性等复杂特征。

4. 基金管理的社会性　我国医疗保险制度改革前，医疗保险事业管理的社会化程度低，一般由单位大包大揽，带有强烈的单位福利色彩，存在明显的城乡不公平和行业不公平。1998年，国务院成立了劳动和社会保障部（现名为中华人民共和国人力资源和社会保障部）负责管理医疗保险制度，下设经办机构负责办理具体事务，建立起运用社会保险化解社会风险的体制机制。医疗保险基金的社会化体现在全民参保缴费，在社会范围内分散风险、分担损失，保证制度的可持续性发展。

5. 基金功能的福利性　社会医疗保险制度不同于商业健康保险的最大特征是福利性，与公费医疗和劳保医疗制度相比，社会医疗保险制度的福利性是在富有效率的基础上实现的。医疗保险制度社会化改革之前，被保障者缺乏费用意识，导致资源浪费严重，出现城乡间、区域间、行业间的资源消耗不均衡的情况。改革之后，职工在适当负担费用的束缚下，费用意识增强，自付支出得以控制。国家或企业为职工缴纳大部分的医疗保险费，体现了医疗保险基金"取之于民，用之于民"的福利性。

6. 基金运行的自我平衡性　医疗保险基金是实现医疗保障目标的物质基础，其运行需要收支平衡，确保既能满足参保者基本医疗消费，又不增加国家的财政负担和参与者的经济负担，且有利于社会的稳定和经济的发展。由于医疗保险基金需要满足收支平衡，所以筹集时需要遵循"以支定收"的原则，在支出时应该遵循"以收定支"的原则，最终实现短期或长期的财务平衡。

二、医疗保险基金的构成

医疗保险基金的构成指征缴基金的划分形式。通过对医疗保险基金进行划分，可以明确医疗保险基金的使用范围，即多少资金用于当前的偿付，多少资金用于支付患者管理费用，多少资金用于将来的应急储备等。一般来讲，医疗保险基金的构成分为个人医疗账户资金、社会统筹资金、储备金、预防保健费和管理费。

（一）个人医疗账户基金

我国城镇职工基本医疗保险基金筹集，采取的是社会统筹基金和个人医疗账户相结合的模式，统筹基金保障住院和门诊大病，个人账户保障门诊小病和药品的费用支出。

个人医疗账户基金主要来源于个人缴纳的医疗保险费、用人单位缴纳的医疗保险费的一定比例和个人账户资金运营的利息收入。我国城镇职工基本医疗保险所筹集的基金中，个人缴纳本人工资总额的 2%，以及用人单位缴纳本人工资总额的 6% 中的 30% 左右划入个人账户，即个人医疗账户中的资金达到本人工资的 3.8% 左右。在具体的实施过程中，个人账户基金划入比例根据个人账户的支付范围和职工年龄等因素确定。城镇职工基本医疗保险个人账户的基金归个人使用，主要用于参保职工的门诊费用、到定点零售药店购药费用和住院费用中的个人支付部分，超支自理，可以结转和继承。随着城镇职工基本医疗保险制度的实施，职工个人账户中结余的基金增加，一些统筹地区陆续出台政策从而扩大个人账户的使用范围。

基于城乡居民医保原则，统筹地区通常不设立个人账户金，但在制度实行初期，为了调动城乡居民参保的积极性，一些统筹地区设立了个人账户，账户中基金主要来源于参保居民的参保费，各级财政补助部分不计入个人账户。

（二）社会统筹基金

社会统筹基金也称社会共济基金，指由医疗保险管理机构统一支配用于偿付被保险人生病就医费用的基金，具有互助共济和调剂作用。社会统筹基金主要用于支付高额医疗费用，解决疾病风险问题，包括支付住院费用、门诊费用，具体范围与所采取的保险模式有关。

目前我国实行的城镇职工基本医疗保险、城乡居民医保统筹基金主要支付以下费用。

1. 住院费用　参保人员在定点医疗机构住院发生的费用，急救、异地生活工作学习、转诊异地等在非定点医疗机构发生的住院费用，在基本医疗保险药品目录、基本医疗保险诊疗项目目录和基本医疗保险医疗服务设施标准目录规定范围内，在起付线和最高支付限额间的，可由社会统筹基金支付。

2. 门诊大病费用　门诊大病（又称门诊特殊疾病）指长期在门诊治疗、医疗费用较高、有特效的治疗方法的疾病，其在门诊上发生的医疗费用，可纳入统筹基金支付。门诊大病在管理上参照住院政策，报销比例较高。城镇职工基本医疗保险和城乡居民基本医疗保险都建立了相应的统筹基金支付门诊大病费用的制度。

3. 生育医疗费用　2015 年 10 月 29 日通过的《中共中央关于制定国民经济和社会发展第十个五年规划的建议》提出将生育保险和基本医疗保险合并实施。生育保险覆盖参加医疗保险的各类人群，参保妇女的生育医疗费用由社会统筹基金支付。

（三）门诊统筹基金

门诊统筹基金指用于偿付被保险人普通门诊费用的基金，具有互助共济作用。我国的门诊统筹制度起源于城镇居民基本医疗保险。《国务院关于开展城镇居民基本医疗保险试点的指导意见》提出，有条件的地区可以逐步试行门诊医疗费用统筹。2009 年 7 月，人力资源和社会保障部、财政部、原卫生部联合下发了《关于开展城镇居民基本医疗保险门诊统筹的指导意见》，明确门诊统筹的基本原则、筹集政策、支付政策、付费方法和服务管理等内容，初步建立门诊统筹框架。2011 年国务院办公厅《关于印发医药卫生体制改革五项重点改革 2011 年度主要工作安排的通知》指出，要扩大门诊统筹的实施范围，普遍开展城镇居民医保、新农合门诊统筹，积极探索职工医保门诊统筹。一些统筹地区已经开始探索门诊统筹，建立门诊统筹基金。门诊统筹基金由医保基金解决，立足保障参保人员基本医疗需求，主要支付在基层医疗卫生机构发生的符合规定的门诊医疗费用、产前检查费用和体检费用，重点保障负担较重的多发病、慢性病。如湖南省按照城乡居民医保基金总额 15% 左右的比例，建立门诊医疗统筹基金，主要用于支付在基层定点医疗机构就医的医疗保险甲类药品、基本药物、一般诊疗费和其他基层医疗服务必需的门诊医疗费用，主要解决参保人员门诊多发病、常见病医疗问题。

（四）风险储备金

医疗保险的风险储备金主要指用于突发性的传染病、流行病等超常风险，以及医疗保险基金出现赤字时用于调节的基金。风险储备金的提取比例根据医疗保险的覆盖面、保险对象、风险波动程度、超常风险发生的概率和保险基金筹集的方式确定。

风险储备金提取的具体比例，根据保险系统历年出现的风险情况而定。风险储备金提取的方法是根据历年出现的赤字费用与参保人数总和之间的比值，再加上 5% 的安全系数。国外学者认为，风险储备金的提取比例通常占保险费的 4% ～ 8%。

（五）管理费

管理费指用于医疗保险业务管理方面的费用，是为了保证医疗保险事业正常运行的必要费用。它一般包括以下内容：①医疗保险管理机构人员的工资、奖金、福利等，甚至包括直接提供医疗保险服务的医生的工资，以及医疗设备的添置和更新费用等。②医疗卫生服务监督、出差、劳务支出。③广告宣传、人员培训、会务、资料报表等公务支出。④对先进单位和个人的奖励。⑤医疗保险机构资产的折旧及维护费用，如电脑的折旧及维护费用。⑥考察调研费用。

管理费用的高低主要取决于采用的保险模式和管理手段，保险模式如一次性偿付的医疗保险模式和服务型的医疗保险模式，完全共济型、完全自济型和共济与自济相结合的医疗保险模式。完全共济型中的综合型（门诊加住院）、住院型和大病型医疗保险模式。管理手段如手工管理和电脑化管理，以及个人账户在用人单位管理、在约定医疗单位管理和在医疗保险管理机构管理等，它们所需的管理费用都有所不同。当然，管理费还与管理体制、领导方式等密切相关。

目前我国基本医疗保险的经办机构大多是财政全额预算管理单位，理论上管理费提取比例为保险费的 2% ～ 5%，最高可达 8%。但为了体现国家对基本医疗保险的支持，对于基本医疗保险的管理费用，目前都由国家财政支付，而不是从基本医疗保险基金中提取。

三、医疗保险基金的积累方式

医疗保险基金的积累指将征缴基金按一定比例进行储备以供今后使用的过程。医疗保险基金的积累方式，按积累的程度分为现收现付式、完全积累式和部分积累式三种类型。

（一）现收现付式

现收现付式也叫非基金式，是一种以近期横向收支平衡原则为指导的基金积累方式。要求当年或近期内所有参加医疗保险的单位和劳动者按照统一比例征缴的医疗保险基金总额收支基本平衡。这种方式的实现步骤：首先对当年或近期内医疗保险所需要支付的费用进行测算，然后按照需要分摊到参加医疗保险的单位和个人，按照统一的比例进行提取、缴纳，当年提取、当年支付，保持基金的基本平衡，不需考虑医疗保险基金的储备。

现收现付式具有以下特点：①实施期限不长。②以支定收，即收即付。③筹集规模不大。④只留有供周转之用的少量储备金（一般供 2 ～ 3 个月需要即可），不提取大笔积累基金。

1. 优点

（1）简单易行　现收现付式的操作方法比较简单。单位和个人缴纳的医疗保险费的比例，可以按照当年或近期的需要来确定或进行调整，容易测算，不必统筹大量基金，不存在基金的投资或保值增值问题。

（2）负担较轻　单位和个人的缴费按照现行收入水平缴纳，易受物价和工资增长等因素的影响，可以使被保险人的生活水平与在职、在岗职工同步增长，不会给用人单位或被保险人带来过重的负担。

（3）具有较好的互助共济性　现收现付式体现了年轻一代供养老一代人，体现了强帮弱、年轻供奉年老的互助精神，这种互助共济恰恰是社会保险的重要原则之一。

（4）易纳入财政预算　此种方式要求在一个年度内收支平衡，比较容易和其他社会保险项目一起纳入社会保险预算。

（5）避免通货膨胀的严重影响　在一段时间内，通货膨胀率一般不会变化过大，现收现付积累起来的医疗保险基金规模也不会过大，资金即收即支。所以，医疗保险基金不易受物价变动的严重影响。

2. 不足

（1）难以应对大规模的风险爆发　在突发流行病或者大规模的自然灾害，需要支付大量医药费用的时候，由于现收现付式没有大量的积累资金，在时间上和空间上的调剂能力差，会造成医疗保险基金入不敷出，从而给医疗保险事业的发展造成困难。

（2）不大适应经济发展不景气的时期　当经济不景气时，失业率上升且较长时间居高不下的时候，现收现付式必然陷入收不抵支的困境。按照社会保险法规，失业者有权不再缴纳医疗保险费，缴费人数减少，从而使医疗保险收入减少。若经济发生危机，且持续时间较久，类似的情况将更突出，尤其是大量企业的生产经营活动也将被迫停止，单位和雇员个人的医疗保险费难以如数按期提取。

鉴于以上分析，现收现付式缺点表现为：①对远景考虑不足，主要顾及当前医疗保险的收支状况，难以应付和抵御突发风险的变动。②由于忙于当前的收支平衡，容易陷入连年提高医疗保险费率的被动局面。

随着参加医疗保险的人员结构的变化，需求水平的增长，医疗保险费的提取比例将会不断上升，这将加重国家、单位和个人的负担，甚至引发收付危机。另外，现收现付造成了完全的代际转移，使得劳动者的保险权利与义务关系难以准确体现，如果不能妥善调节代际关系，容易造成劳动者代际矛盾激化。

（二）完全积累式

完全积累式也称为基金式。它是以远期纵向收支平衡原则为指导的基金积累方式。这种方式要求劳动者在就业或投保期间，采取储蓄积累方式筹集医疗保险基金。实现步骤是首先对社会经济发展水平、人口状况、退休比率、指数化工资比率、预期平均寿命、利率、卫生服务状况、社会人群的患病率等进行预期测算，然后综合测算出参加医疗保险人员在投保期间享受医疗保障待遇所需要的医疗保险基金总额，采取先提后用的办法，按一定比例分摊到参加医疗保险的单位和个人，最后由投保者（单位和个人）从参保时间起，按月和一定比例为未来医疗保障逐月储存基金。完全积累式的关键是确定一个保证在长时期内收支平衡的总的平均缴费比率。在医疗保险建立的初期，医疗保险的收入往往大于医疗保险的支出，其差额可作为以后年份的储备基金。在医疗保险支出大于收入的年间，用储备的基金及保值增值的收入（基金运营收入）来弥补收支差额，实现远期纵向的收支平衡。

1. 优点

（1）自己筹集，自己使用，可以增强参保单位和个人的保险意识。

（2）可以在较长时间内分担医疗风险，应对人口结构的急剧变化及大规模疾病流行等突发事件。

（3）医疗保险基金的来源稳定，可以减轻国家的医疗负担。

（4）变超前消费为滞后消费，能为国家积累大量资金。

（5）大量的医疗保险基金可能为经济建设提供大量的发展基金。

2. 不足

完全积累式实施起来较复杂，需要考虑的变量很多。由于预测期长，完全积累式要求对通货膨胀率做出比较准确的预测，以确保积累起来的医疗保险基金及医疗保险待遇不至于贬值，而通货膨胀率很难预测和控制。其次，也要求对利率变动做出预测，而这是一个难题。确定医疗保险待遇水平，也比现收现付式难，需要考虑到几十年后的社会经济发展水平。此外，这种方式积累起来的医疗保险基金，不能挪用或遗失，加大了医疗保险基金管理工作的难度，给基金的管理工作带来严峻考验，例如需要建立庞大的管理机构，支付大量的管理费用。

完全积累式最大的复杂之处在于对未来的医疗保障待遇需求的测算，这既需要预测社会经济长期发展趋势，也需要充分考虑到国家的远景规划设想。同时居民生活习惯和消费观念也会随着时间推移发生很大的变化，加大了预测和分析的难度。

3. 测量依据

为了筹集资金和预测未来的医疗保险待遇给付标准，需要对以下指标做出科学的预测和量化规定。

（1）人口死亡率   人口死亡率的预测比较简单，影响人口死亡率的因素主要有婴儿死亡情况、疾病发病率和疾病发病种类、医疗卫生保健、营养状况、工伤事故，以及其他社会经济因素。通过对人口死亡率影响因素的预测，可以大致分析出未来的社会医疗保障待遇的需求状况。

（2）利息率   影响利息率的因素有资金的供求状况、风险投资收益、国家的宏观调控措施及社会保险政策等。资金的供求状况对利息率的变化有直接影响，但发生作用的时间较短。要了解和测算未来资金市场的供求状况，涉及很多因素，如社会投资规模、生产力发展水平、外资介入程度、经济发展速度等。只有对这些因素进行综合分析，才能客观地预计未来资金的变化及其对利息率的影响。

风险投资收益对利息率起反向作用，风险投资收益大时，利息率会升高。医疗保险基金与管理运营，力求保值增值，要想增值，必须让部分医疗保险基金成为流动资金，加入社会经济的循环。在一定时期内，国家为保证经济发展战略和宏观目标的实现，会通过间接的管理，引导资金沿着既定目标运行，而间接管理的手段，就是利息杠杆——通过规定利息水平和结构，发挥调节作用。对医疗保险基金投资采取保护政策，表现为在利率普遍下跌的情况下，通过国家政策干预，使存入银行的医疗保险基金的利息率不会下降太多。因此，国家对社会保障制度的关心程度也是预测未来利息率的重要因素。

（3）生活费用指数   该变量用来调整未来医疗保险待遇和现时缴费标准之间的关系。生活费用指数的动态变化是影响医疗保险基金正常运行的一个重要因素。缴费的标准应随着物价的变化不断进行调整。因此，准确地预测未来各个年份的价格指数，有助于保证完全积累式基金有效运行。

（4）生产增长率   关于生产增长率的预测，应综合考察国家现有的生产力水平、物质基础、经济结构、经济发展的战略目标等方面情况，使预测的结果能客观地反映未来实际，从而增强医疗保险方案制订的准确性。

（三）部分积累式

部分积累式也称部分基金式，是介于现收现付式与完全积累式之间的混合方式，将近期横向收支平衡和远期纵向收支平衡相结合，在满足现时支出需要的基础上，留有一定的积累，以应付未来需要。这种方式要求一部分基金采取现收现付的方式，以保证当前开支的需要，这部分的费率可以根据医疗保险支出的需求进行调整，费率具有一定的弹性。另一部分基金采取积累方式，以满足不断增长的医疗保险开支需求，经济状况好时可以适当增加积累，经济状况差时可以少积累一些，还可以将积累的部分资金调剂给现收现付部分使用。这样，既满足当年或近期开支的需要，也适应未来情况的变化，充分发挥医疗保险基金的医疗保障功能和调剂功能。这种方式兼具有前两种方式的优点，又避免了两者的缺陷。

1. 特点

（1）部分积累式的大量业务（也是主要活动）是保证医疗保险基金的现收现付，因此，要求考虑参保人的现实利益。

（2）部分积累式的少量业务是建立有限的医疗保险积累基金，因此，它不仅照顾到现实情况，还考虑参保人的长远利益。

（3）由于部分积累式建立的积累基金有限，容易被金融市场、投资市场吸收，受到通货膨胀的影响较小。此外，由于其保险费率介于上两种方式之间，而不会加重用人单位和劳动者的负担。依据这种方式建立的医疗保险基金，能够应对突发的大规模风险，有助于减轻年轻一代的负担，缓和代际矛盾。

部分积累式需要在以下四个方面建立医疗保险基金：一是应付经常性的医疗保险待遇付。二是保证医疗保险机构正常运转的管理费用。三是保证医疗保险基金正常运行的周转准备金。四是应对未来不测风险的储备金积累。

部分积累式的资金筹集，首先要求准确地测定预测期内对医疗保险基金的需求总额，包括满足现收现付的基金和用于将来的积累基金。其次根据本期医疗保险金的需求来准确地确定医疗保险费的缴费总额。最后确定保险费缴纳比例，即职工个人的缴费率和用人单位缴费率。

2. 部分积累式在我国医疗保险中的应用

目前我国城镇职工基本医疗保险实行的是社会统筹与个人账户相结合的模式，将现收现付式与完全积累式结合在一起，即将归属于全体劳动者的公共基金与归属于个人的私有基金结合在一起，是一种具有创新性的部分积累式，符合我国的国情和未来的发展需要。

（四）医疗保险基金积累方式的选择

在选择医疗保险基金的积累方式时，首先应考虑医疗保险支出的特点。其次要考虑人口结构的变化趋势。对医疗消费而言，不同年龄的人群，其医疗支出是不一样的。未来人口结构的变动趋势也是医疗支出的变动趋势。现收现付式的一个基本约束条件是相对稳定的人口结构比例，而在人口老龄化的背景下，完全积累式和部分积累式具有更优的可行性。最后，医疗保险基金的积累方式选择还应该考虑到医疗保险基金运行的经济条件，以及它对社会经济发展的影响。现收现付式与完全积累式或部分积累式的选择反映了如何处理积累与消费的问题，而社会经济环境的状况又直接关系到基金的保值增值问题，这也是选择医疗保险基金积累方式时需要考虑的一个重要因素。

第二节　医疗保险基金筹集依据、对象与渠道

医疗保险基金的筹集需按照一定筹集比例和标准，对筹集对象收缴医疗保险费用。医疗保险基金的筹集是医疗保险制度的基本内容和首要运行环节，直接关系到能否稳定建立和持续发展医疗保险基金。

一、医疗保险基金的筹集依据

由于医疗费用消费的不均衡，常采用风险分担的方法解决部分参保人的高额医疗费用的负担问题。在医疗保险基金的筹集过程中，主要涉及医疗保险基金的筹集基数与比例的确定问题。

（一）医疗保险基金筹集基数的确定

医疗保险费的缴纳主要依据参保者的收入状况而非健康状况。具体而言，医疗保险基金的筹集一般以职工的实际工资总额为依据，因而工资总额的准确界定关系到医疗保险基金筹集的可靠性，对医疗保险制度的建立和发展产生着直接影响。对于无固定收入的投保者，一般按本地区年平均工资的一定比例缴纳医疗保险费。退休人员、失业人员及低收入人员等特殊群体，可豁免缴费义务或通过政府补助解决。保险公司通常根据疾病的发生率、医疗费用消费水平和保险预期给付范围、给付标准及给付总额等因素，计算出投保人应负担的一定比例。它是计算医疗保险费的基础数据。除了以职工工资总额为依据，医疗保险基金的筹集还可以以参保人实际发生的医疗费用为依据，即合理测算人均医疗费用额度，按一定比例提取或按每月每人一定数额征集。

在我国城镇职工基本医疗保险的筹集中，用人单位缴纳的医疗保险费是以上年或上月本单位在职职工的工资总额作为缴费基数，每一季度缴费单位需向社会保险经办机构申报职工工资总额，以及职工工资收入和退休人员退休金。职工工资总额是指一定时期内，直接支付给本单位全部职工的劳动报酬总额。依据国家统计局《关于工资总额组成的规定》，职工工资总额包括以下六个部分：计时工资、计件工资、奖金、津贴和补贴、加班加点工资及特殊情况下支付的工资。

医保经办机构要对申报工资情况进行核实，检查是否有少报、漏报和多报情况。在个人缴费基数上实行"保底封顶"限制，职工工资收入高于当地职工平均工资300%的，以当地职工平均工资的300%作为缴费基数，低于当地平均工资60%的，以当地职工平均工资的60%作为缴费基数，下岗人员的基本医疗保险由当地下岗再就业中心缴纳。

（二）医疗保险基金筹集比例的确定

医疗保险基金筹集比例的确定，受人群的发病率、患病率、病症构成、经济发展水平、个人收入水平、人口构成情况、医疗消费水平，以及社会制度等多因素的影响。因此，科学合理地确定医疗保险基金的筹集比例，是确定医疗保险基金筹集标准的关键。

要在一个统筹地区确定企业的筹集比例，需要在测算筹集比例前收集医疗费用支出的资料，参照实际的医疗消费水平来测算。在我国城镇职工基本医疗保险中，单位筹集比例的确定是依据统筹地区上一年或前三年用人单位实际负担的医疗费用支出占职工工资总额的比例。为反映财政和企业实际负担医疗费用的能力，还需在实际医疗费用支出中扣除离休人员、普通高等院校在校学生、企业工伤生育医疗费用，以及医疗机构经费等医疗费用。为保持全国基本医疗保险基金筹集水平的均衡性，我国城镇职工基本医疗保险的单位缴费率控制在职工工资总额的6%，这是全国平均财政和企业所能支付的基本医疗保险费用。由于我国存在较大的医疗消费差异，不能将6%作为全国用人单位缴费率的绝对控制标准，国内很多城市已超过这一标准，如长沙这一比例达到7%，广州为8%，镇江为9%，上海为12%等。具体到各个统筹地区，用人单位缴费率还要根据当地财政和企业的实际承受能力合理确定。目前，我国城镇职工基本医疗保险的个人缴费率统一定为本人工资总额的2%，这一比例充分考虑了大多数职工在经济和心理上的承受能力。为适应经济的快速进步和发展，有条件的地区可以适当提高个人缴费的比例。

二、医疗保险基金的筹集对象

医疗保险基金的筹集，首先涉及基金的筹集对象，即"向谁征缴"。根据国内外医疗保险制度的发展状况，医疗保险基金的筹集对象主要有政府、企业（或集体组织）和个人。其中，个人和企业缴纳的保险费是医疗保险基金的主要来源。在不同国家或同一国家不同医保制度之间比较，筹集主体存在差异。在我国，城镇职工基本医疗保险制度的筹集对象主要是企业或单位和职工个人；城乡居民基本医疗保险基金采用多元化筹集机制，筹集对象以居民个人和政府为主体，部分发达地区集体、单位或其他社会经济组织也会给予扶持或资助。社会基本医疗保险与商业健康保险在筹集方面的差异主要表现为政府是否参与筹集，政府提供缴费补贴也是福利性的体现，城市普惠型商业健康保险完全由个人筹集，现代企业为开展人力资源竞争，为员工提供企业福利，如购买员工团体健康保险，企业是筹集主体。

三、医疗保险基金的筹集渠道

医疗保险基金的筹集渠道指医疗保险基金的来源。医疗保险基金的筹集渠道是多元化的，主要由用人单位缴费、个人缴费、国家财政补贴组成。由于社会经济制度、经济发展水平存在差异，单位、个人、国家三方承担的比例也不同。此外，医疗保险基金筹集渠道还包括基金的利息增值与投资收益，以及社会捐赠等其他来源渠道，同时，失业保险金和职工医保个人账户也成为新的筹集渠道。随着健康医疗服务需求的增加，还需要拓宽筹集渠道。

（一）用人单位缴费

用人单位缴纳的医疗保险费指职工所在企事业单位按照职工工资的一定比例为职工缴纳医疗保险费。在医疗保险制度起步阶段，医疗保险基金收入的大部分来自用人单位。企业有责任为职工缴纳保险费，体现其雇佣责任。部分国家采取等比制，即用人单位和个人的缴费费率相同，缴费金额各占一半，比如德国、韩国、日本等；部分国家采取级差制，即个人和用人单位的缴费费率不同。在我国，用人单位是医疗保险基金最重要的筹集主体，城镇职工基本医疗保险制度规定企业缴费占职工工资总额的 6% 左右，企业缴费一般列入企业生产成本或营业外支出。城乡居民基本医疗保险制度鼓励居民家属所在单位为居民参保缴费，鼓励集体给予缴费补助。

（二）个人缴费

个人缴纳的医疗保险费指社会医疗保险事业机构向个人收缴的医疗保险费。个人缴费是医疗保险基金的重要组成部分，作为个人或家庭的健康投资，可以采取比例缴费制和定额缴费制两种方式。实行个人缴费制度有三个优点：一是个人参与缴费可以提高医疗保险基金筹集规模；二是个人缴费可以减轻国家和企业负担；三是个人缴费可以增强参保人的费用意识，有利于减少卫生资源浪费。个人缴费的比例在不同国家是不同的，日本雇员缴纳的保险费占本人工资的 4% ~ 5%，法国个人缴费占个人工资的 5.5%，新加坡健康储蓄计划中雇员缴纳个人工资的 3%。我国城镇职工参加医疗保险采取比例缴费制，缴费比例为工资收入的 2%，目前城乡居民基本医疗保险制度中个人缴费采取定额缴费制，随着经济发展和社会进步，将会逐渐向比例筹集过渡，以保证筹集水平稳步发展。

（三）国家财政补贴

政府财政资助是医疗保险基金来源的重要渠道。政府作为卫生筹集主体，承担着社会救助、福利、优抚等事业直接拨款的责任，并对基本医疗保险基金给予一定比例的资助或补贴。国家提供的资助数额取决于国家的卫生制度、福利政策、经济状况和医疗保险制度等因素。如英国、瑞典等国家通过国家财政预算来筹集卫生经费，美国等国家通过财政专户对其医疗保障基金进行严格管控。在中国，城乡居民基本医疗保险制度规定，中央政府和地方政府给予财政补贴，对中西部地区补贴标准高于东部地区，向贫困落后地区倾斜。政府对医疗保险的资助或补贴，主要是通过如下相关政策来实现。

1. 税收政策 政府按税前收入提取医疗保险费以资助医疗保险，国家财政减少了劳动者和企业收入中需缴纳所得税的部分费用，这部分国家失去的财政收入形成了国家对医疗保险事业的资助。

2. 利率政策 政府制定较高的医疗保险金利率，高出居民储蓄利率的部分由国家财政支出，作为国家对医疗保险事业的资助。

3. 财政政策 当医疗保险基金发生赤字时，无法支付补偿金额，政府将从国家财政进行拨款，弥补亏空。另外，有些国家财政还通过支付医疗保险机构的人员工资和部分管理费用，资助医疗保险事业发展。

4. 国家财政直接拨款 采用国家医疗保险模式的国家，医疗保险基金直接由国家财政拨款。我国国家机关、事业单位职工的基本医疗保险费用大部分是由国家财政直接拨款筹集。我国城乡居民基本医疗保险基金、早期的新农合基金中部分比例基金也是由财政直接拨款筹集的。

（四）其他收入渠道

1. 医疗保险管理机构罚没的滞纳金 没有按时、足额缴纳社会医疗保险费的单位和个人，按照社会医疗保险基金征缴规定，医疗保险管理机构有权对其进行处罚，罚没的滞纳金归入医疗保险基金管理。

2. 医疗保险基金利息及投资收益 由于医疗保险基金的统筹账户资金采取现收现付财务模式，投资空间较小，而个人账户采取完全积累财务模式，通过妥善的投资运营可实现其账户资金的保值增值，因此，国家越来越重视医疗保险基金的运营管理。目前，我国基本医疗保险基金主要通过购买国家债券、存入银行获得利息或投资基金等其他渠道而产生投资收益，作为医疗保险基金的来源渠道之一。

3. 社会无偿捐赠 部分社会团体和个人对医疗保险机构的无偿捐赠也可成为广义医疗保险基金的来源之一。我国城乡居民基本医疗保险应坚持多元化筹集，通过多种方式鼓励集体、单位或其他社会经济组织提供资助与扶持。

随着医疗保险基金支出规模的不断增大，要实现收支平衡，在经济新常态背景下，提高缴费率不利于企业发展，推行难度较大，应该拓宽筹集渠道，如划拨国有企业股份来补充社会保障基金，或借鉴国际做法，划拨部分税收进入医保基金。目前，国家已开辟医疗保险基金筹集的新渠道，失业保险金和职工医保个人账户成为医疗保险基金的新来源。近年来，我国不断健全基本医疗保险筹集和待遇调整机制，未来还将统筹考虑经济社会发展及医疗费用增长等情况，合理确定筹集标准，促进保障待遇均衡公平。与此同时，更加适应就业形式多样化，研究完善灵活就业人员参保缴费方式。此外，政府也在加快完善大病保险和医疗救助制度，促进多层次医疗保障制度有序衔接。

第三节　医疗保险基金筹集水平与方式

一、医疗保险基金筹集水平

医疗保险基金筹集水平指"缴多少"，即医疗保险基金筹集标准，医疗保险机构根据医疗保险制度的保障水平，以及各方面因素综合确定医疗保险基金筹集水平。在我国职工医疗保险制度中，基金筹集水平通过费率来确定。费率也称为缴费比例，是指缴费额占职工缴费工资基数的比例。我国城乡居民基本医疗保险制度中，筹集水平直接通过缴费额来确定。

（一）我国城镇职工基本医疗保险基金筹集水平

职工基本医疗保险的缴费额是由缴费比例乘以缴费基数得出的，而职工基本医疗保险的缴费标准具有年限限定的，所以职工基本医疗保险基金筹集水平包括缴费比例、缴费基数和缴费年限三部分，见表5-1。

表5-1　城镇职工基本医疗保险基金筹集水平体系

指标	内容
缴费比例	用人单位缴费比例、个人缴费比例
缴费基数	缴费基数上限、缴费基数下限
缴费年限	视同缴费年限、累计缴费年限、最低缴费年限、实际缴费年限

城镇职工基本医疗保险缴费比例指用人单位和职工个人的基本医疗保险缴费额占职工个人缴费基数的比例。城镇职工基本医疗保险的单位缴费是指各统筹地区的政府机关、事业单位、企业、社会团体等单位为所有职工按照规定的比例缴纳基本医疗保险的费用，该费用存入社会统筹账户和个人账户。个人缴费指各统筹地区城镇职工基本医疗保险参保人按照规定的缴费比例缴纳基本医疗保险费用，该费用存入医疗保险个人账户。有雇工的个体工商户和灵活就业人员也可以参加城镇职工基本医疗保险，缴费比例为单位和个人缴费比例之和。我国城镇职工基本医疗保险的单位缴费和个人缴费比例不同，各地根据国家规定制定了不同的缴费比例。

城镇职工基本医疗保险缴费基数见第二节，医疗保险基金筹集基数的确定。

城镇职工基本医疗保险缴费年限指职工参加城镇职工基本医疗保险过程中按时足额缴费的累计时间。《中华人民共和国社会保险法》第二十七条规定，参加职工基本医疗保险的个人，达到法定退休年龄时累计缴费达到国家规定年限的，退休后不再缴纳基本医疗保险费，按照国家规定享受基本医疗保险待遇。未达到国家规定年限的，可以缴费至国家规定年限。因为制度改制、人口流动等原因，缴费年限分为视同缴费年限、累计缴费年限、最低缴费年限、实际缴费年限等。

（二）城乡居民基本医疗保险基金筹集水平

1. 城镇居民基本医疗保险基金筹集水平　城镇居民医疗保险基金筹集水平应根据当地的

经济发展水平，以及成年人和未成年人等不同人群的基本医疗消费需求来确定，并考虑当地居民家庭和财政的负担能力。城镇居民基本医疗保险以家庭缴费为主，政府给予适当补助，见表5-2。

表 5-2 2009～2023 年城镇居民基本医疗保险基金筹集水平统计表   ［单位：元/（人·年）］

年份	2009	2010	2011	2012	2013	2014	2015	2016	2017	2018	2019	2020	2021	2022	2023
财政	80	120	200	240	280	320	380	420	450	490	520	550	580	610	640
个人	——	——	50	60	70	90	120	150	180	220	250	280	320	350	380

注：数据来源于中华人民共和国人力资源和社会保障部网站。

从上表可以看出，在城镇居民医疗保险制度的不断发展，城镇居民人均可支配收入不断提升，医疗保险范围不断扩大，医疗保险报销水平不断提高的背景下，城镇居民医疗保险基金筹集标准逐年提升，其中财政补助水平和个人缴费水平同步提升。

2. 新型农村合作医疗基金筹集水平　新型农村合作医疗制度实行个人缴费、集体扶持和政府资助相结合的筹集机制。根据农民收入情况，合理确定个人缴纳数额，各级财政对参合农民给予适当补助。新型农村合作医疗基金筹集标准如下表所示，从2011年起新型农村合作医疗基金的筹集标准与城镇居民医疗保险基金筹集标准逐步一致。2019年实现城镇居民基本医疗保险和新型农村合作医疗制度整合统一，见表5-3。

表 5-3 2003～2011 年新型农村合作医疗基金筹集水平统计表   ［单位：元/（人·年）］

年份	2003	2004	2005	2006	2007	2008	2009	2010	2011
财政	10	10+10	20+20	20+20	20+20	20+20	40+40	80	200
个人	10	10	10	10	10	10	20	20	50

注：数据来源于中华人民共和国人力资源和社会保障部网站。

（三）我国基本医疗保险覆盖人数及筹集水平

根据国家统计局公布的数据，我国基本医疗保险参保人数逐年增加，从2009年的40 147万人增加至2022年的134 592万人。随着全国统一的医疗保险信息平台上线，各省加大数据治理比对，重复参保人数减少。2022年参保覆盖面稳定在95%以上，参保质量持续提升。

职工医疗保险与居民医疗保险基金筹集水平逐年提高，职工医疗保险人均筹集水平从2009年的1 511元提高至2022年的5 694元，同期居民医疗保险人均筹集额从130元提高至1 023元。职工医疗保险与居民医疗保险基金筹集水平的相对差距缩小，但绝对差距日益扩大，见表5-4。

表 5-4 我国基本医疗保险制度覆盖人数   （单位：万人）

年份	合计	职工医疗保险	城乡居民医疗保险		
			小计	居民医疗保险	新农合
2009	123 456	21 937	101 519	18 210	83 309
2010	126 823	23 735	103 088	19 528	83 560
2011	130 543	25 227	105 316	22 116	83 200

续表

年份	合计	职工医疗保险	城乡居民医疗保险		
			小计	居民医疗保险	新农合
2012	134 142	26 486	107 656	27 156	80 500
2013	137 272	27 443	109 829	29 629	80 200
2014	133 347	28 296	105 051	31 451	73 600
2015	133 582	28 893	104 689	37 689	67 000
2016	136 127	29 532	106 595	79 079	27 516
2017	135 700	30 322	105 378	89 065	16 313
2018	134 459	31 681	102 778	89 736	13 042
2019	135 407	32 925	102 483	—	—
2020	136 131	34 455	101 676	—	—
2021	136 297	35 431	100 866	—	—
2022	134 570	36 242	98 328	—	—

数据来源：2009～2013年《中国社会保险年鉴》，2014～2016年《中国社会保险发展报告》，2017～2022年人力资源和社会保障事业发展统计公报。

2019年实现城镇居民基本医疗保险和2009~2022年我国基本医疗保险人均筹集水平如下，见表5-5。

表 5-5　我国基本医疗保险基金人均筹集水平

年份	人均筹集/元			居民医疗保险与职工医疗保险基金人均筹集比
	职工医疗保险	居民医疗保险	差距	
2009	1 511	130	1 381	0.09
2010	1 667	164	1 503	0.10
2011	1 960	246	1 714	0.13
2012	2 289	284	2 005	0.12
2013	2 504	360	2 144	0.14
2014	2 680	409	2 271	0.15
2015	3 144	515	2 629	0.16
2016	3 479	590	2 889	0.17
2017	4 049	647	3 402	0.16
2018	4 273	693	3 580	0.16
2019	4 812	781	4 031	0.16
2020	4 566	833	3 733	0.18
2021	5 364	889	4 475	0.17
2022	5 694	1 023	4 671	0.18

注：数据来源于中华人民共和国人力资源和社会保障部网站。

NOTE

二、医疗保险基金筹集方式

不同国家实行不同的医疗保险模式，其医疗保险基金筹集形式也不相同。如英国实行国家卫生服务体系，基金筹集方式选择财政预算形式的税收筹集方式。德国实行社会保险体制，选择缴纳医疗保险费（税）的方式。美国采取商业健康保险体制，由商业保险公司提供保险产品，由雇主以团队保险的形式购买，由雇员和雇主供款，基金的筹集形式主要是缴费方式。新加坡采取了中央公积金制度，通过强制储蓄来积累社会保障基金，基金筹集方式类似储蓄。由此可见医疗保险基金的筹集方式主要概括为以下四类：国家税收式、强制缴费式、储蓄账户式和自由投保筹集式。

（一）国家税收式

国家税收式指国家通过财政征税的形式筹集医疗保险基金，由中央政府和地方政府通过逐级拨款的方式为医疗服务提供资金，为居民提供免费或低收费的医疗服务，具有高度集中管理的特点和计划性，多见于经济发达的福利国家。

1. 优势

（1）能有效筹集到大量资金，有国家财政做保障，资金来源稳定。

（2）社会共济能力最强，全民共同分担疾病风险。

（3）社会公平性高，所有公民均能平等享受。

（4）计划性较强，便于政府宏观调控，对医疗费用控制能力较强。

2. 不足

（1）个人在医疗保障中的筹集责任不明确，费用意识差，国家财政负担重。

（2）受政府税收政策影响大，医疗保障的相对独立性差。

（3）政府计划性强，服务效率较低。

（二）强制缴费式

强制缴费式指国家通过法律法规强制性地让在一定收入水平内的个人及单位按缴费基础的一定比例缴纳保险费。该方式筹集渠道多样，管理的形式分为两类：一类是政府机构掌握较多的管理权力，这类国家福利倾向大，国家补贴多；另一类主要由各种非营利性社会组织自行管理，国家补贴较少，仅制定政策法规。

1. 优势

（1）资金来源稳定，基金的独立性较强，费率的灵活性较高，可根据国家经济和居民收入水平进行调整。

（2）社会共济性较强，能实现较大范围内人群的风险共担。

（3）社会公平性较高，权利和义务基本一致。

（4）由专门的保险机构管理，保险效率高。

2. 不足

（1）不同医疗保障基金对象之间、参保人和非参保人之间存在待遇水平不公平的情况。

（2）实行现收现付的收支模式，较难应对人口老龄化的问题，代际矛盾相对突出。

（3）不同社会保险组织之间存在负担水平和待遇水平的差异。

（三）自由投保式

自由投保式指社会人群可根据各自的情况自愿参加保险项目，并缴纳一定的费用，所缴纳保费的金额与所投保的项目、保障水平密切相关。采取这种筹集形式的国家，医疗保险通过市场竞争调节，政府很少干预，主要由医疗保险机构各自分散管理。实行商业保险模式的国家，如美国，就采取自由投保式。这种筹集方式要求国家的社会经济发展水平和个人的收入水平较高，而且有高度完备的市场经济体系。

1. 优势

（1）能够满足社会对于医疗保险的多层次、多样化的需求。

（2）消费者的选择度大，促进各医疗保险机构和医疗服务机构的竞争。

（3）商业保险组织对医疗费用控制能力较强。

（4）国家负担较轻。

（5）体现权利和义务的对等。

2. 不足

（1）社会公平性较差，高危人群和低收入人群缺乏医疗保障。

（2）医疗保险覆盖率低，社会共济性差，风险仅在投保对象这一小范围人群中负担。

（3）保险效率低，多个保险组织分散经营，管理成本高。

（4）资金来源不稳定。

（5）传统的商业医疗保险组织对医疗费用的控制能力较差。

（四）储蓄账户式

储蓄账户式指国家通过法律规定，强制要求每个有工作的人储蓄医疗基金，建立医疗账户。这种筹集方式是通过长时间来纵向分担疾病风险。储蓄医疗保险模式的代表国家有新加坡。

1. 优势

（1）能应对人口老龄化带来的基金压力，解决老龄人口医疗保险需求的资金筹集问题和代际矛盾。

（2）便于个人对基金的监督，有利于增强需方的医疗费用节约意识。

（3）政府的负担较轻。

2. 不足

（1）社会公平性较差。保险待遇和个人收入直接挂钩，不利于低收入人群的医疗保障。

（2）社会共济性较差。仅在个人生命周期和家庭成员之间实现了风险共担，低收入者难以承受较大的疾病风险。

【小结】

医疗保险基金是根据国家有关法律和政策的规定，为补偿医疗卫生保健支出，以各种方式建立起来、用于特定目的的资金。医疗保险基金除具有社会保险基金一般特性外，还具备强制性、互助性、复杂性、社会性、福利性和自我平衡性。医疗保险基金的构成分为个人医疗账户资金、社会统筹集金、储备金、预防保健费和管理费。医疗保险基金的积累方式，按积累的程度分为现收现付式、完全积累式和部分积累式三种类型。医疗保险基金的征缴对象主要有政府、单位和个人，筹集渠道主要由用人单位缴费、个人缴费、国家财政补贴组成。职工医疗保险筹集水平通过保险费率来确定，城乡居民基本医疗保险筹集水平则通过缴费额来确定。各国医疗保险基金的筹集方式主要包括国家税收式、强制缴费式、储蓄账户式和自由投保筹集式四类。

【案例】
一年花 380 元参加居民医保，到底值不值？

2023 年我国城乡居民医保个人缴费标准为 380 元。有人认为，与 2003 年"新农合"建立时 10 元 / 人的缴费标准相比，目前 380 元 / 人的居民医保费用缴费标准增长太快。但是，我们不应单纯看缴费标准的增幅，而应该看这增长的 370 元为广大人民群众带来了什么。事实上，医保筹集标准上涨的背后，是医保服务水平大幅的提高。

一是对群众的保障范围显著拓展。2003 年"新农合"建立初期，能报销的药品只有 300 余种，治疗癌症、罕见病等的药品几乎不能报销，罹患大病的患者治疗手段非常有限。目前，我国医保药品目录内包含药品已达 3 088 种，覆盖了公立医疗机构用药金额 90% 以上的品种，其中包含 74 种肿瘤靶向药、80 余种罕见病用药。特别是许多新药、好药在国内上市后不久就可以按规定纳入医保目录，如治疗白血病的药品"伊马替尼"，2018 年国家医疗保障局成立以来，该药品集采并经医保报销后，患者每年服药的自付费用降低至 6 000 元左右，不断完善的医保制度让无数患者和家庭重燃生命希望。

二是各类现代医学检查诊疗技术更加普及。20 年间，在医保政策的有力支持下，医疗服务能力实现跨越式发展，重大疾病诊疗能力比肩国际先进水平，一些领域甚至领先世界。患者享受到的医学检查、诊疗手段朝着数字化、智能化、精准化方向大幅迈进，彩超、CT、核磁共振等高新设备迅速普及，无痛手术、微创手术等过去高高在上、遥不可及的诊疗技术日益普及并纳入医保报销范围，广大参保患者享受了更加优质的医疗服务。

三是群众的就医报销比例显著提高。2003 年，"新农合"制度建立之初，政策范围内住院费用报销比例普遍在 30% ～ 40%，群众自付比例较高，就医负担重。目前，我国居民医保的政策范围内住院费用报销比例维持在 70% 左右，群众的就医负担明显减轻，而这必然带来医保筹集标准的提高。同时，随着我国人口老龄化程度加深、群众医疗需求的提升、医疗消费水平的提高，也需要加强医保基金筹集，为群众提供稳定可持续的保障。

四是对群众的服务能力水平跨越式提升。2003 年，"新农合"的参合群众在本县（区）医院就诊才能方便报销，去异地就医报销比例降低较多，且不能直接结算。目前，居民医保参保群众不仅可以在本县（区）、本市（州）、本省份享受就医报销，还可以在全国近 10 万家定点医疗机构享受跨省住院费用直接结算服务，为广大在异地生活、旅游、工作的群众看病就医提供了坚实保障。此外，高血压、糖尿病门诊用药保障机制从无到有，让群众不再为买药钱操心，帮助约 1.8 亿城乡居民"两病"患者减轻用药负担 799 亿元。"三重保障制度"仅 2023 年一年就惠及农村低收入人口就医超 1.8 亿人次，帮助减轻医疗费用负担超 1 800 亿元。

20 年间，居民医保人均筹集标准虽然增加了 370 元，但医疗保障水平和服务的提升为群众带来的收益却远不是这 370 元可计量的。事实上，为了支撑医保服务能力和水平的大幅提升，国家在对居民个人每年参保缴费标准进行调整的同时，财政对居民参保的补助进行了大幅上调。2003 年～ 2023 年，国家财政对居民参保的补助从不低于 10 元增长到不低于 640 元。如果一名居民在 2003 年～ 2023 年连续参保，其医保总保费至少为 8 660 元；其中财政共补助至少为 6 020 元，占保费总额的约 70%；居民个人缴费共计 2 640 元，只占保费总额的约 30%。

资料来源：一年花 380 元参加居民医保，到底值不值？ https://www.nhsa.gov.cn/art/2024/3/25/art_14_12221.html

【思考题】

1. 医疗保险基金由哪些构成？

2. 论述不同医疗保险基金积累方式的优劣。

3. 医疗保险基金筹集的依据有哪些？

4. 论述医疗保险基金筹集的主要渠道。

第六章　医疗保险基金管理

【学习目标】

通过本章学习，要求掌握医疗保险基金管理的内容和特点，熟悉医疗保险基金的核算，了解医疗保险基金管理的目的、原则、运营模式和监管方式。

第一节　医疗保险基金管理概述

一、医疗保险基金管理的内涵与特点

（一）医疗保险基金管理的内涵

从广义上讲，医疗保险基金管理指为实现医疗保障目标和保障制度稳定运行，对医疗保险基金的运行条件、管理模式、基金收支、投资运营、监督途径等全面规划和系统管理的总称。

从狭义上讲，医疗保险基金管理指对医疗保险基金的筹集、支付和使用等环节进行计划、组织、协调、控制、监督等工作的总称。医疗保险基金的管理是一项综合性的管理工作，涉及多方经济利益关系的调整与平衡，它包括基金的筹集支付、分配使用核算、审计给付监督管理及基金保值增值等方面。

（二）医疗保险基金管理的特点

1. 社会政策性　作为一项社会公共政策，医疗保险基金管理始终把服务于社会公共政策目标放在首位。无论是基金管理模式的选择、运行机制的确定，还是监督管理的实施，都要围绕实现国家社会政策目标这一核心来进行。

2. 法律规范性　医疗保险制度的实施必须以法律为依据。这就决定了医疗保险基金管理的全过程都应于国家法律法规的保护和监控之下，体现出了鲜明的依法管理特征。无论采用何种管理模式，医疗保险基金都要依法征集、依法给付，对于医疗保险基金的监督管理，也必须依法进行。

3. 长期性　区别于一般的社会公共政策，医疗保险制度具有长期性。医疗保险基金管理要把基金的长期安全、制度的永久持续放在重要地位。如果基金管理不善，则医疗保险制度难以为继，社会成员的基本医疗需求得不到保障，社会公共政策目标就无法实现，甚至影响社会稳定。

4. 公平性　通过合理的管理与控制医疗保险费用，使同一个统筹地区内参加医疗保险的所有人员享受医疗保险的待遇都是公平、平等的，并且要能确保所有的医疗机构都能在公平的原则下为每一个参保人提供优质的基本医疗服务。

5. 平衡性　对医疗保险费用进行管理与控制主要是为了更加合理地、有效地支付医疗保险费用。只有医疗保险基金的收支状况达到平衡，才能更好地建立和完善医疗保险制度，并维持长远有效的发展。

6. 科学性　管理手段科学化是实现医疗保险费用管理与控制的基本保证。医疗保险作为所有社会保险项目中最不易掌控的一个项目，具有最广阔的人群覆盖面、敏感的个人利益、烦琐复杂的数据处理，如果不采用科学、有效的管理手段，就难以达到合理控制医疗费用的目的。因此，信息化的管理技术在医疗保险费用的管理与控制中起着非常重要的作用。

二、医疗保险基金管理的目标与原则

（一）医疗保险基金管理的目标

医疗保险基金关系着投保人的健康权益、社会劳动力的健康延续，关系着国民的公共利益、国家的稳定和社会发展的大局，医疗保险基金的管理以确保基金安全为最高目标。

确保基金安全的内涵包括：①确保基金的完整与安全，杜绝基金被侵蚀。②确保基金能够满足给付的需要，避免发生支付危机。③防止基金贬值，实现基金保值。④保持高效率，堵塞浪费。

（二）医疗保险基金管理的原则

1. 依法管理，保障规范　法治化是基金管理遵循的首要原则，它要求凡是法定范围内的社会成员，都必须无条件地参加社会医疗保险并按规定履行缴费义务。社会医疗保险的缴费标准和医疗保险待遇的给付标准等，都由国家和统筹地区的政策法规统一规定，医疗保险工作必须坚持国家的有关法律法规和政策、方针，依法管理。

2. 专款专用　医疗保险基金只能用于职工的基本医疗保障，除了这种特定用途外，任何地区、部门、单位和个人均不得挤占或挪用，更不能用于弥补政府的财政赤字。坚决制止挪用医疗保险基金的现象，坚决杜绝基金运行中的浪费现象，严格防止冒领医疗保险待遇。

3. 医疗保险基金要纳入财政专户，实行收支分离　医疗保险基金纳入财政专户，实行收支两条线管理，能够建立有效的部门间相互制约机制，有利于保证基金的安全。医疗保险基金的征收系统与支出系统应当分离，既可以是两个部门分别承担征收与支出的职能，也可以是一个部门中的两个独立系统。

4. 预算管理　医疗保险基金管理应综合考虑影响医疗保险基金收支的各种因素，根据既定的社会保障制度及目标与标准来筹集和使用基金，编制年度与中、长期收支预算。将基金收支预算与医疗保险费用结算有机结合，合理把握基金收支规模，做到统筹兼顾、保障有力、收支平衡、留有余地。

5. 坚持"以收定支、收支平衡、略有结余"的原则　医疗保险基金筹集以后，如何管理使用对于医疗保险制度的正常运行和持续健康发展及社会劳动者的切身利益都有重大的影响。因此需正确处理好其收、支、余几方面的平衡关系。既要保障实现基本医疗覆盖医疗保险范围，又要量入为出、合理有效地使用医疗保险基金，做到基金不发生赤字，略有结余。

6. 医疗保险基金管理要与行政管理分开　医疗保险行政管理主要是制定有关的政策法规和工作程序，并对医疗保险事业进行规划、调控监督等。医疗保险业务则由医疗保险经办机构负责，包括基金的筹集、运营、给付等内容。医疗保险经办机构作为政府授权的非营利性事业单位，受政府委托，根据政府颁布的有关法规，依法独立行使职能，负责医疗保险工作的正常运转。

7. 统筹账户与个人账户要分别核算和使用，各自平衡、不得互相挤占 统筹账户和个人账户要严格界定各自的支付范围和责任，分别核算、不得互相挤占。个人账户主要用于支付小额医疗费用和门诊院外医药费用，而社会统筹基金账户主要用于支付大额费用或规定范围内的住院费用。统筹账户要加强支出管理，做到不出现赤字，略有结余。个人账户的全部资金（本金和利息）归职工个人所有，可以结转和继承，但只能专款专用，不得提取现金或挪作他用。

三、医疗保险基金管理的内容

（一）医疗保险基金的业务管理

医疗保险基金的业务管理指医疗保险经办机构在社会医疗保险基金业务方面的管理过程和管理活动。其工作内容主要包括征缴社会医疗保险费、支付医疗保险待遇、执行医疗保险财务会计制度及统计制度等。具体可以划分为投保登记与申报缴费核定、费用征集待遇核定、待遇支付、费用记录处理、基金的会计核算与财务管理等若干个基本环节。

1. 医疗保险基金的缴费管理 主要包括参保人的确认和登记造册，医疗保险缴费、申报缴费数据核定等。

2. 医疗保险基金的存储管理 主要包括医疗保险档案管理、医疗保险数据库管理、医疗保险个人账户管理等。

3. 医疗保险基金的支付管理 主要包括医疗保险待遇的审核和医疗保险待遇的支付等。

4. 医疗保险基金运行的稽核 主要包括对用人单位和个人参加社会医疗保险及缴费的情况进行稽核检查，对社会医疗保险待遇享受者的领取条件和待遇支付情况进行稽核检查等。

（二）医疗保险基金的财务管理

1. 医疗保险基金预算管理 医疗保险基金预算指医疗保险机构根据医疗保险制度实施计划和要求，按年度编制经法定程序审批的医疗保险基金财务收支计划。医疗保险经办机构要定期对预算的执行情况进行分析、检查；财政和医疗保障部门要对基金收支执行情况进行监督检查，发现问题要及时研究对策和措施，并向同级人民政府报告，保证基金的收支平衡及安全完整。

2. 医疗保险基金收入管理 医疗保险基金收支两条线管理与财政专户存储。收支两条线管理，系指基金的征集与支付业务，分别由两个不同的职能部门负责运作，亦即通过两个不同的业务渠道实施。

3. 医疗保险基金支付管理 一是统筹范围内支付的原则；二是专款专用的原则；三是统一性的原则。

4. 医疗保险基金资产管理 基金资产由医疗保险经办机构受托管理，基金资产的所有权并不属于经办机构，基金一般以流动资产的形式存在，而非以固定资产、无形资产的形式存在。

5. 医疗保险基金负债管理 包括借入款项管理和暂收款项管理。借入款项管理是指医疗保险基金在面临短期流动性不足或特定支付压力时，通过合规、审慎的借贷方式筹集资金，并对借贷行为进行全流程规划、监控与偿还安排的管理活动。暂收款项指医疗保险经办机构在开展医疗保险业务过程中，发生的属于医疗保险收入之外的暂收款项，如缴费单位多缴纳的医疗保险费及收到的不能确定资金性质的其他资金。

第二节　医疗保险基金核算概述

一、医疗保险基金核算内容

（一）会计的含义

会计是以货币作为主要计量单位，反映和监督一个单位经济活动的一种经济管理工作。医疗保险基金会计是核算和监督医疗保险基金收入、支出、结余及运营情况的专业会计。

（二）会计的分类

会计可以分为企业会计与预算会计。企业会计是反映和监督企业经济活动的一种经济管理工作，也称营利性会计。预算会计是反映和监督政府与非营利性组织经济活动的一种经济管理工作，也称为政府与非营利组织会计。医疗保险基金会计属于预算会计体系。

（三）会计前提

会计活动是在一定的外部环境约束下进行的，医疗保险基金会计活动也不例外，也是建立在一定的前提之上的。医疗保险基金会计的前提分为会计主体、持续经营、会计分期和货币计量四项。

1. 会计主体　会计主体指会计工作服务的特定单位，是会计确认、计量和报告的空间范围。为了向财务报告使用者反映各单位财务状况、经营成果和现金流量，提供与决策有关的信息，会计核算和财务报告的编制应当集中反映特定对象的活动，并将其与其他经济实体区别开来，才能实现财务报告的目标。明确界定会计主体是开展会计确认、计量和报告工作的前提。一般来说，法人（或称法律主体）可作为会计主体，但会计主体不一定是法人。

2. 持续经营　持续经营指会计主体在可以预见的未来不会面临清算、破产，各单位的生产经营活动可以持续不断地经营下去。在持续经营前提下，以单位持续、正常的生产经营活动为前提，选择会计确认、计量和报告的原则与方法，客观地反映单位的财务状况、经营成果和现金流量，使会计信息使用者作出正确的经济决策。

3. 会计分期　会计分期指将一个单位持续经营的生产经营活动划分为一个连续的、长短相同的期间。会计分期的目的，在于通过会计期间的划分，将持续经营的生产经营活动划分成连续、相等的期间，计算盈亏或结余，按期编制财务报告，及时向财务报告使用者提供有关单位财务状况、经营成果和现金流量的信息。在会计分期假设下，单位应当划分会计期间，会计期间通常分为年度和中期。中期指短于一个完整的会计年度的报告期间，一般分为月度、季度和半年。

4. 货币计量　货币计量指各单位在会计核算中要以货币为主要计量单位，记录和反映单位生产经营过程和经营成果。货币计量有两层含义：一是会计核算要以货币作为主要的计量尺度，《中华人民共和国会计法》规定会计核算以人民币为记账本位币，业务收支以人民币以外的货币为主的单位，可以选定其中一种货币作为记账本位币，但是编报对外报送的财务会计报表应当折算为人民币。二是假定币值稳定，因为只有在币值稳定或相对稳定的情况下，不同时点上资产的价值才具有可比性，不同期间的收入和费用才能进行比较，并正确计算确定其经营成果，会计核算提供的会计信息才能真实反映会计主体的经济活动情况。

（四）会计要素

会计要素指按照交易或事项的经济特征所作的基本分类，也是对会计对象按经济性质所作的基本分类，是会计核算和监督的具体对象和内容，是构成会计对象具体内容的主要因素。会计要素分为两类：反映财务状况的会计要素和反映经营成果的会计要素。

二、医疗保险基金核算特点

（一）会计主体为医疗保险基金

企业会计核算的主体是各类企业，包括母公司、子公司、企业集团等；行政事业单位会计核算的主体是各类行政事业单位；医疗保险基金会计以医疗保险基金本身作为会计主体，而非医疗保险基金经办机构。具体而言，养老保险基金、失业保险基金、医疗保险基金、工伤保险基金、生育保险基金等都可以作为会计主体。

（二）会计核算基础采用收付实现制

根据现行《社会保险基金会计制度》规定，医疗保险基金的会计核算一般采用收付实现制。收付实现制是以实际收到或付出现金为标准来确认收入或支出的会计核算基础。收付实现制是指凡是属本期收到的现金收入和发生的现金支出，不论其是否应归属本期，都应当作为本期的收入和支出；反之，凡是本期未收到的收入和不支付的支出，即使应归属本期，也不应当作为本期的收入和支出。权责发生制是指凡是当期已经实现的收入和已经发生或应当负担的费用，不论款项是否收付，都应当作为当期的收入和费用；凡是不属于当期的收入和费用，即使款项已在当期收付，也不应当作为当期的收入和费用。

（三）五大会计要素

企业会计核算包括六大会计要素：资产、负债、所有者权益、收入、费用、利润；行政事业单位会计核算包括八大会计要素：资产、负债、净资产、收入、费用、预算收入、预算支出和预算结余。医疗保险基金会计核算包括五大会计要素：资产、负债、净资产、收入、支出。

（四）资金账户设置较特殊

在医疗保险基金会计中，设置四个存款类账户：收入户存款、支出户存款、财政专户存款和国库存款。原因在于医疗保险基金收入形成的资金首先应按规定全部划入财政专户，医疗保险基金支出所需资金由财政专户划入支出户，或直接通过财政专户划拨。这与其他企事业单位收支核算存在显著不同。

（五）核算基本原则

1.客观性　医疗保险基金的会计核算应当以实际发生的业务为依据，如实反映医疗保险基金的财务状况和收支情况等信息，保证会计信息真实可靠、内容完整。

2.可比性　医疗保险基金的会计核算应当采用规定的会计政策，确保会计信息口径一致、相互可比。

3.及时性　医疗保险基金的会计核算应当及时进行，不得提前或者延后。

三、医疗保险基金核算科目及核算报表

（一）医疗保险基金会计科目使用及财务报表编制要求

1.会计科目使用要求

（1）经办机构应当按照《社会保险基金会计制度》的规定设置和使用会计科目、填制会计

凭证、登记会计账簿。

（2）经办机构应当执行本制度统一规定的会计科目编号，以便于填制会计凭证、登记账簿、查阅账目。

（3）在填制会计凭证、登记账簿时，经办机构应当填列会计科目的名称，或者同时填列会计科目的名称和编号，不得只填列科目编号而不填列科目名称。

（4）在不违反本制度的前提下，经办机构可以根据核算和管理工作需要对明细科目的设置作必要的补充。

2. 财务报表编制要求

（1）经办机构应当按照《社会保险基金会计制度》的规定区分基金险种，分别编制医疗保险基金财务报表。

（2）医疗保险基金财务报表包括资产负债、收支表及附注。

（3）医疗保险基金财务报表应当按照月度和年度编制。

（4）医疗保险基金财务报表应当根据登记完整、核对无误的账簿记录和其他有关资料编制，做到数字真实、计算准确、内容完整、编报及时。

（二）医疗保险基金会计科目表

医疗保险基金会计包括五大类，共计 26 个会计科目，如表 6-1 所示。

表 6-1　医疗保险基金会计科目表

序号	会计科目名称	编号	序号	会计科目名称	编号
	（一）资产类			（四）收入类	
1	库存现金	1001	14	利息收入	4201
2	收入户存款	1002	15	转移收入	4301
3	财政专户存款	1003	16	上级补助收入	4401
4	支出户存款	1004	17	下解上级收入	4402
5	国库存款	1005	18	其他收入	4501
6	暂付款	1101	19	待转社会保险费收入	4601
7	债券投资	1201	20	待转利息收入	4602
	（二）负债类			（五）支出类	
8	暂收款	2001	21	社会保险费待遇支出	5001
9	借入款项	2101	22	大病保险支出	5101
	（三）净资产类		23	转移支出	5201
10	一般基金结余	3001	24	上解上级支出	5301
11	风险基金结余	3101	25	补助下级支出	5302
12	社会保险费收入	4001	26	其他支出	5401
13	财政补贴收入	4101			

（三）医疗保险基金财务报表

1. 医疗保险基金资产负债表　医疗保险基金资产负债表，见表 6-2。

NOTE

表 6-2　资产负债表

险种和制度：

会社保 01 表

编制单位：　　　　　　　　　　　　　年　　月　　日　　　　　　　　　　单位：元

资产	年初余额	期末余额	负债及净资产	年初余额	期末余额
一、资产：			二、负债：		
库存现金			暂收款		
收入户存款			其中：异地就医资金		
财政专户存款			借入款项		
支出户存款			负债合计		
国库存款			三、净资产：		
暂付款			一般基金结余		
其中：异地就医预付金			（一）统筹基金		
债券投资			（二）个人账户基金		
			（三）待转基金		
			风险基金结余		
			净资产合计		
资产总计			负债与净资产总计		

2. 医疗保险基金收支表　职工基本医疗保险基金收支表、城乡居民基本医疗保险基金收支表，见表 6-3、表 6-4。

表 6-3　收支表

险种和制度：职工基本医疗保险基金

会社保 02 表

编制单位：　　　　　　　　　　　　　年　　月　　日　　　　　　　　　　单位：元

项目	本月数	本年累计数
一、统筹基金收入		
社会保险费收入		
财政补贴收入		
利息收入		
上级补助收入		
下级上解收入		
其他收入		
二、个人账户基金收入		
社会保险费收入		
利息收入		
转移收入		
上级补助收入		
下级上解收入		
其他收入		

续表

项目	本月数	本年累计数
三、统筹基金支出		
社会保险待遇支出		
（一）住院费用		
（二）门诊大病费用		
（三）门诊统筹费用		
（四）生育医疗费用		
（五）生育津贴		
大病保险支出		
上解上级支出		
补助下级支出		
其他支出		
四、个人账户基金支出		
社会保险待遇支出		
（一）住院费用		
（二）门诊费用		
（三）药店医药费用		
转移支出		
上解上级支出		
补助下级支出		
其他支出		
五、本期基金结余		
统筹基金结余		
个人账户基金结余		
待转基金		

表 6-4　收支表

险种和制度：城乡居民基本医疗保险基金　　　　　　　　　　　　　　　会社保 02 表

编制单位：　　　　　　　　　　　　年　　月　　日　　　　　　　　单位：元

项目	本月数	本年累计数
一、基金收入		
社会保险费收入		
财政补贴收入		
利息收入		
上级补助收入		
下级上解收入		
其他收入		

续表

项目	本月数	本年累计数
二、基金支出		
社会保险待遇支出		
（一）住院费用		
（二）门诊费用		
（三）其他费用		
大病保险支出		
上解上级支出		
补助下级支出		
其他支出		
三、本期基金结余		

四、医疗保险基金核算实务

以基本医疗保险基金为例，进行会计核算业务。假设某医疗保险基金管理中心月初余额为支出户存款 20 万元，财政专户存款 210 万元，债券投资 270 万元，基本医疗保险统筹基金 500 万元。当月发生如下经济业务，会计分录逐笔如下。

例 1：收到基本医疗保险费统筹收入 30 万元，存入收入户。

借：收入户存款　　　　　　　　300 000 元

　　贷：社会保险费收入—统筹基金　300 000 元

例 2：收到下级经办机构上解的基本医疗保险调剂金 5 万元，存入收入户。

　　借：收入户存款　　　50 000 元

　　贷：下级上解收入　　50 000 元

例 3：收到某单位因欠费缴纳的滞纳金 1 万元。

借：收入户存款　　　10 000 元

　　贷：其他收入　　　10 000 元

例 4：收到财政专户拨付的资金 40 万元。

借：支出户存款　　　　　400 000 元

　　贷：财政专户存款　　　400 000 元

例 5：支付应由基本医疗保险统筹基金支出的医疗保险费支出 43 万元。

借：社会保险待遇支出—统筹基金　　430 000 元

　　贷：支出户存款　　　　　　　　430 000 元

例 6：补助下级经办机构 3 万元。

借：补助下级支出　　　30 000 元

　　贷：支出户存款　　　30 000 元

例 7：保险对象离开统筹地区转出基本医疗保险费 2 万元。

借：转移支出　　　　20 000 元

　　贷：支出户存款　　　　　20 000 元

　　例 8：收到同级财政拨付的基本医疗保险费补贴 20 万元。

　　借：财政专户存款　　　　　200 000 元

　　　贷：财政补贴收入　　　　　200 000 元

　　例 9：银行通知结算收入户存款利息 1 万元，支出户存款利息 1.5 万元，财政专户存款利息 2.5 万元。

　　借：收入户存款　　　　　10 000 元

　　　　支出户存款　　　　　15 000 元

　　　　财政专户存款　　　　25 000 元

　　　贷：待转利息收入　　　　50 000 元

　　例 10：月底，将收入户存款转至财政专户存款，金额总计 37 万元。（第 1、2、3、9 例合计）

　　借：财政专户存款　　　　　370 000 元

　　　贷：收入户存款　　　　　370 000 元

　　例 11：月底，将本月各项收入结转至一般基金结余。

　　借：社会保险费收入—统筹基金　　300 000 元

　　　　下级上解收入　　　　50 000 元

　　　　其他收入　　　　　10 000 元

　　　　财政补贴收入　　　　200 000 元

　　　贷：一般基金结余　　　　560 000 元

　　例 12：月底，将本月所有支出结转至一般基金结余。

　　借：一般基金结余—统筹基金　　460 000 元

　　　贷：社会保险待遇支出—统筹基金　　430 000 元

　　　　补助下级支出　　　　30 000 元

　　借：一般基金结余—个人账户基金　　20 000 元

　　　贷：转移支出　　　　　20 000 元

第三节　医疗保险基金运营管理

一、医疗保险基金运营管理机构

　　医疗保险基金运营管理机构必须是法人机构或具有独立法人地位的部门，具备经济实力和专业管理能力。同时，还要满足一定的管理标准和条件，例如必须建立健全内部控制制度、制定合理有效的投资策略、规范日常运营管理等。只有通过相关条件审核才能成为医保基金管理机构。各级管理机构通过严格的监管和审核机制，确保医保资金的合理使用，防止滥用和浪费。同时，要积极开展宣传教育，提高参保人员的医保意识，促进医保制度的可持续发展。医保资金管理单位在维护参保人员利益、促进医疗事业发展方面发挥着重要作用，是医保制度不可或缺的重要组成部分。

NOTE

二、医疗保险基金来源及使用

（一）医疗保险基金来源

医疗保险基金的来源见第五章第二节医疗保险基金筹集依据、对象与渠道。

（二）医疗保险基金使用

医疗保险基金使用时，统筹基金账户和个人账户要划定各自的支付范围，分别核算，不得互相挤占。要确定统筹基金账户的起付标准和最高支付限额，起付标准原则上控制在当地职工年平均工资的 10% 左右，最高支付限额原则上控制在当地职工年平均工资的 4 倍左右。起付标准以下的医疗费用，从个人账户中支付或由个人自付。起付标准以上、最高支付限额以下的医疗费用，主要从统筹基金中支付，个人也要负担一定比例。超过最高支付限额的医疗费用，可以通过商业医疗保险等途径解决。统筹基金的具体起付标准、最高支付限额及在起付标准以上和最高支付限额以下医疗费用的个人负担比例，由统筹地区根据以收定支、收支平衡的原则确定。此外，基金管理机构要制定投资方案，合理配置基金，采取多元化的投资方式，确保基金的安全性、流动性和收益性。

三、医疗保险基金投资运营

（一）医疗保险基金投资运营内涵

医疗保险基金的投资运营指医疗保险基金管理机构或受其委托的机构，用医疗保险基金购买特定的金融资产或实际资产，使医疗保险机构能在一定时期获得适当收益的资金运营行为。

（二）医疗保险基金投资运营原则

1. 安全性原则　医疗保险基金投资的安全性原则，是医疗保险基金投资首要的、根本的原则。安全性是指保证医疗保险基金投资的本金能够及时、足额地收回，并取得预期的投资收益。保持和增强医疗保险基金安全性的措施一般包括投资模式选择、投资主体确定、投资工具与投资组合规定、投资收益保证或担保、投资信息的披露制度建立、对外投资比例、政府担保与政府的监督管理等。

2. 收益性原则　医疗保险基金投资的收益性原则是指在符合安全性原则的基础上，医疗保险基金投资能够取得适当的收益。从一定意义上讲，这是医疗保险基金投资最直接的目的。医疗保险基金投资收益的大小直接影响到医疗保险基金的财务平衡，也影响到投保人缴费水平的高低。在医疗保险基金累积价值一定和其他变量相对固定的情况下，医疗保险基金投资的收益率越高，则投保人所缴纳的费率相应越低。安全性与收益性之间存在着替换关系，即高收益率通常伴随着高风险，而较高的安全性就要以较低的收益率为代价。

3. 流动性原则　医疗保险基金投资的流动性指投资资产在不发生损失的条件下可以随时变现以满足支付医疗保险费用的需要。医疗保险基金筹集性质不同对流动性的要求不同，完全积累的医疗保险制度，对于医疗保险基金的流动性要求相对较低。而现收现付为主要特征的医疗保险制度，对医疗保险基金的流动性要求较高，因此一般投资大多选择短期金融工具，比如短期国债、银行存款、高信用级别的企业债券或商业票据等。需要强调的是，医保基金投资管理应遵循国家相关法律法规和政策，做到合规经营。

（三）医疗保险基金投资模式

我国的社会医疗保险改革始于 1998 年，采用"社会统筹与个人账户相结合"的模式，社会医疗保险基金专款专用，单独管理。在我国，社会保险基金分为两个层次：一是中央政府掌管的"全国社会保险基金"（简称"全国社保基金"）；二是地方政府掌管的"地方社会保险基金"。全国社会保险基金是中央政府单独设立的、用来作为全国各省社会保险基金收支缺口调剂的最后保障。地方社会保险基金则是对应于前述的"省级统筹"或"县（市）级统筹"的社会保险基金，它分别由各地方政府保管。在社会保险基金的投资渠道上，我国法律明确规定：地方社会保险基金不允许"入市"，只能存款或购买国债。然而，全国社会保险基金的投资范围几乎是无所不能的，它既可以投资债券、基金，还可以投资未上市股权或上市股票。

第四节　医疗保险基金监督管理

一、医疗保险基金监管的内涵

医疗保险基金监督管理，又称医疗保险基金监管，指医疗保险基金监管部门，对经办、运营、医药等基金运行相关机构，在征缴、支付、投资、结余使用等基金运行环节中的违约违规违法行为，所进行的监控、审核、分析和评价等系列活动。监管主体主要是行政部门，监管对象主要是医疗保险基金运行的各个机构，监管内容主要是医疗保险基金各种违约违规违法使用行为，监管过程中更倾向于事中与事后监管，监管手段上更强调法律、行政等手段。

二、医疗保险基金监管的原则

（一）科学性原则

医疗保险基金监管涉及经济学、管理学、社会学、医药学等众多学科知识，只有不断学习并运用先进的科学管理理念和方法，才能不断提高监管的质量和效率，推动医疗保险基金监管层次和水平提高，适应医疗保障体系的发展与变革。

（二）法制性原则

医疗保险基金的有效监管需建立在翔实严谨的法律法规和规章制度的基础上，明确医疗保险基金监管方的法律地位、权威与职责，保证被监管方的有效权利、行为标准和义务，在法治基础上保证医疗保险基金监督的严肃性、强制性、权威性和有效性。

（三）安全性原则

维护医疗保险基金安全完整，确保基金稳健可持续运行是医疗保险基金监管的重要目标之一，保护各参保方合法权益；防止监管机构出现以权谋私、徇私舞弊等行为；防止被监管方出现违法违规行为，避免医疗保险基金损失及由此引发的支付困难，保证医疗经办机构、定点医药机构的正常秩序。

（四）公正性原则

医疗保险基金监管机构在履行监管职能时，须遵循公正公开的原则，提高执法的透明度，在履行监管职责的同时最大化保障被监管方的合法权益。以客观事实为依据，以法律法规为准绳，综合运用行政、经济和法律等手段，对各利益相关方行为予以监督检查，保证被监管方充分了解自身权责结构，自觉依法参与医疗保险基金运行。

（五）独立性原则

医疗保险基金监管的独立性原则指作为监督主体的机构和人员对其所监管的医疗保险基金运营活动应当保持独立地位，不受其他行政机关、社会组织和个人的干预。医疗保险基金监管机构不能直接参与监管对象的具体管理运行活动，以保证监管活动的独立性。

（六）审慎性原则

人民日益增长的健康需求和有限资源之间的矛盾是医疗保险事业发展必须面对的主要矛盾，安全性与可持续性是整个医疗保险基金运行与发展的前提，医疗保险基金监管不仅是事后处罚，更重要的是预防与控制各种基金运行风险的发生与发展，即对医疗保险基金的监管需要周密而慎重。

（七）协同性原则

医疗保险监管的协同性体现在政府监管、社会监督、行业自律和个人守信的协调与合作；医疗保障行政部门与卫生健康、市场监督管理、财政、审计、公安等部门需保持高效的沟通协作，及时发现问题、解决问题；建立统一信息交互系统，实现信息共享；建立相关的组织协调机制，明确多方权责利分配，提高监管工作的有效性等多方面内容。

三、医疗保险基金监管的内容

（一）医疗保险基金征缴监管

医疗保险征收机构须依照法律、行政法规和国务院相关规定对征缴范围内的各利益相关方，按时足额征收医疗保险费。征缴的医疗保险费全额纳入医疗保险基金专户，专款专用，任何利益相关方不得挪用。医疗保险征收机构应每年至少向缴费机构或个体提供缴费凭证，接受缴费查询，并进行公示。医疗保险基金监管机构应对基金征缴全过程进行监管，保证应缴尽缴，应收尽收。

（二）医疗保险基金支付监管

医疗保险基金支付环节是监督检查的重点和难点。在对基金支付环节所涉及的各方组织机构进行监管时，须瞄准频发、易发的违约违规违法行为展开重点监管。需重点查处诱导医疗、过度医疗、虚构医疗服务、虚构领取要件，伪造编造相关材料等方式骗取或协助他人骗取医疗保险金的行为。

（三）医疗保险基金运营监管

医疗保险基金运营的监督管理，须对参保对象的资质认定、参保范围设立、费用支付范围等内容进行监督；对医疗保险经办机构的内审制度、基金稽核工作、履约检查，以及内部人员"监守自盗""内外勾结"等行为进行监督；对定点医药机构行为的相关政策方针、法律法规、规章制度的落实情况进行监督检查。同时，监督检查医疗保险基金预算编制的科学性、准确性及执行情况，保证医疗保险基金收缴、支付、结余等运营相关数据的真实性，评价实际运营中的合规性和运行效果。

（四）医疗保险基金账户监管

医疗保险基金账户作为医疗保险基金运行的重要载体，地位特殊、作用明确，医疗保险基金监管机构应当对医疗保险基金账户进行有效监控和监管，保证账户资金使用合规、合理。确保统筹账户基金和个人账户基金分别建账、分账核算，不得相互挤占或者调剂使用，不得随意改变专户的使用功能等。

四、医疗保险基金监管的方式

（一）现场检查

现场检查指医疗保险行政部门基金监管机构对被监督单位管理医疗保险基金情况的实地检查活动。目的在于发现一般资料信息和数据报表中难以发现的隐蔽性问题。现场检查应与非现场检查相辅相成，推动事后监管向事中、事前监管转变。现场监督方式也在不断更新，如不预先告知的现场检查制度——飞行检查，增强监管力度，维护各方合法权益。

（二）市场准入

准入制度指医疗保险基金监管机构依据相关法律法规，对从事医疗保险基金管理服务的机构所应具备的条件和资格进行限制和认定。对于不能依照法律和相关协议履行义务，并且使医疗保险基金的利益和安全受到威胁的基金管理服务机构，有权采取措施，限制其运营医疗保险基金的部分活动，甚至吊销其医疗保险基金运营资格。医疗保险基金监管通过建立适当的准入制度和退出制度，可以为选择医疗保险基金管理机构把好第一道关，限制或消除基金管理服务机构所产生的对医疗保险基金侵吞、流失及隐瞒投资收入的相关代理风险，为医疗保险基金的运营创造一个良好的市场环境。

（三）信息披露

医疗保险信息披露指医疗保险行政部门及经办机构将医疗保险参保经办、服务有关情况及医疗保险征缴、管理、使用、检查等信息向社会予以公开的行为。医疗保险基金监管机构将依法依规定期向社会公开医疗保险基金各利益相关机构行为、费用等数据信息，定期公开曝光欺诈骗保典型案例，保障社会公众的知情权，广泛接受社会监督，维护医疗保障基金的安全。建立医疗保险信息披露制度是推进社会保障系统政务公开的重要措施，有利于促进管理机构及其工作人员依法履行职责，建立行为规范、公开透明、廉洁高效的管理体制和工作机制，维护医疗保险基金的安全完整和参保人员的合法权益。

（四）情况报告

在医疗保险基金监管过程中，各级医疗保险基金监管机构要向上级基金监管机构报告情况，被监管的机构也要向负责监管的医疗保险行政部门报告。通过实行报告制度，监管机构能及时掌握基金运行情况，约束经办管理部门行为，实现对医疗保险基金管理过程的有效监督，进而保证基金的高效使用。

（五）社会监督

当前医疗保险基金管理压力增大，医疗保险基金监管机构受制于编制、经费，执法能力和效率难以满足当前的医疗保险基金监管工作需求，因此需要充分发挥社会监督的作用。社会监督作为非官方监督手段，主要通过充分调动参保方、社会团体、专家学者等社会力量，开展对医疗保险基金收支、结余公布情况，医疗保险经办机构管理情况，以及定点医药机构监督活动。社会组织和个人对有关机构违反社会保险法律法规行为的举报、投诉也是社会监督的重要内容，能够增强医疗保险基金监管机构的信息获取能力和执法能力。

（六）智能监控

随着医疗保险事业的不断发展，医疗保险覆盖范围扩大，基金规模快速增加，管理运作环境日趋复杂，传统的监管方式和技术手段已经难以保证监管的及时性和有效性。创新监管方式，推广信息技术手段在基金监管领域的使用，构建医疗保险智能监控信息系统，实现监管全覆盖，提升监管实效是医疗保险基金监管改革的必由之路。医疗保险智能监控是基于医疗保险信息化建设的，以"互联网＋"和大数据挖掘为发展方向，通过全面、及时地对不同利益相关方所涉及的医疗保险基金有关行为监控，能有效维护参保人员利益，保障基金安全，实现医疗保险可持续发展目标的医疗保险管理新模式。

（七）信用管理

医疗保障基金监管需建立健全信用管理制度。医疗保障基金使用领域的信用分级分类监管机制主要通过制定医疗保险基金涉及利益相关方的信用分类评价指标体系和制度标准，健全医疗保险各利益相关方的记分制度来激励守信对象和惩戒失信对象，以约束和规范医疗保险基金使用行为。

【小结】

医疗保险基金管理是对医保基金筹集、支付、使用、运营等环节进行计划、组织、协调、控制和监督等项工作的总称，是医疗保险制度运作的物质基础。医疗保险基金从筹集到支付，从管理运作到使用的过程，实质上是国民收入的分配与再分配过程。它涉及多方经济利益关系的调整与平衡。对被保险人来说，医疗保险基金是广大患者的"保命钱"，加强管理意义重大。维护医疗保险基金安全完整，确保基金稳健可持续运行是医疗保险基金监管的重要目标之一。医疗保险基金监管机构应当对基金征缴全过程进行监管，保证应缴尽缴、应收尽收。

【案例】

特殊病种违规案例警示

某市医疗保险部门在日常监管中发现参保人江某（男，40岁，某市城镇职工基本医疗保险参保人）高血压、糖尿病特殊病种涉嫌造假。经查，江某在35岁时即办理了高血压、糖尿病特殊病种，频繁在仓山区上渡社区卫生服务中心等医疗机构开取大量降压药、降糖药，且口服降糖药、胰岛素混用，没有任何血糖检查记录。调取医疗保险系统数据发现，江某于2019年12月31日至2020年1月1日，在福建省立医院住院治疗。根据病历记录，该患者既往史无"高血压、糖尿病"，血压监测记录显示正常，住院期间未开取任何降压药、降糖药。某市医疗保险部门根据《中华人民共和国社会保险法》第九十四条规定，《某市基本医疗保险违法行为查处办法》第八条、第十七条规定，将该案件移送公安机关。经公安机关调查，江某对特殊病种造假事宜供认不讳，共涉及违法金额为40 841.34元。江某已被刑事拘留。

资料来源：福建省医疗保障局关于八起医保基金监管典型案例的通报 https://www.sohu.com/a/459868567_120206961

【思考题】

1. 什么是医疗保险基金管理？

2. 医疗保险基金管理有哪些特点？

3. 论述医疗保险基金监管内容及方式。

第七章　医疗服务提供与监管

【学习目标】

通过本章学习，要求理解医疗保险在医疗服务提供与监管过程中发挥的作用，了解医疗保险目录管理、定点管理、异地就医和转移接续管理，以及医疗保险管理体制模式的背景和发展，掌握这些内容的特点和应用，熟悉相关的政策，认识其在提高医疗质量、控制成本和提升服务效率方面的作用。

第一节　医疗保险的医疗服务目录及管理

在现代医疗保险体系中，医疗服务目录的管理是确保医保基金合理使用和参保人权益保障的关键环节。通过明确界定和精确管理医保覆盖的药品、医疗服务项目和医用耗材，医疗服务目录有效控制了医疗费用，提升了医疗服务的质量与透明度。同时，灵活的目录更新机制确保了医保政策能够及时适应不断发展的医疗技术与需求。本节将详细探讨医疗服务目录管理的概念与作用，三大目录的组成及其具体内容，以及目录管理的制定、执行与监督过程，并结合地方实践案例，展示目录管理的实际应用与影响。

一、医疗保险服务目录

医疗保险服务目录，通常被称为医保"三大目录"，包括药品目录、医疗服务项目目录和医用耗材目录。这些目录是基本医疗保险制度中至关重要的组成部分，决定了哪些医疗费用可以由医保基金支付。根据相关政策，符合这些目录的医疗费用可以通过医保报销，保障参保人获得必要的医疗服务，并有效控制医疗费用。

（一）内容

1. 药品目录　药品目录是医疗保险体系中重要的组成部分，决定了哪些药品可以通过医保基金支付，从而影响参保人员的医疗支出和用药选择。药品目录的制定和管理旨在确保临床治疗的必要性，同时控制医疗费用，保障医保基金的可持续性。

药品目录列出了纳入医保支付范围的药品，涵盖了西药、中成药、协议期谈判药品及中药饮片。药品目录进一步细分为甲类药品和乙类药品，这两类药品在报销政策上有显著区别。甲类药品被认为是临床治疗的必需品，使用广泛且价格相对低廉。参保人在使用这些药品时无须自付费用，全部纳入医保报销范围。甲类药品的选择和管理以其广泛的临床应用、安全性和较低的成本为基础，确保其能够广泛覆盖各类人群的基本治疗需求。乙类药品虽然也属于医保支付范围，但参保人需先自付一定比例的费用，剩余部分由医保基金进行报销。乙类药品通常包括一些价格较高、使用范围较为专门或新引进的药物。通过要求参保人部分自付，医保政策鼓励患者在使用这些药品时更加审慎，同时有效控制医保基金的支出。

此外，药品目录还明确规定了哪些药品不在医保报销范围内，俗称"丙类药品"。这些药品多为价格较高的进口药物、保健品或非必需药物，需由患者完全自费购买。丙类药品的设定目的是防止不必要的医疗支出，确保医保基金集中用于基本和必须的医疗服务。此外，丙类药品的目录可以引导患者合理用药，避免滥用昂贵或非必需的药品，进一步控制医疗费用的增长。

2. 医疗服务项目目录　医疗服务项目目录指医保可以报销的各类医疗服务项目，包括诊断、治疗和护理等。这一目录通过严格的准入法和排除法来确定哪些服务项目可以由医保支付，以确保纳入目录的项目符合医疗必需性、成本效益和安全性。具体来说，医疗服务项目目录不仅涵盖了常规的诊疗项目，还包括一些特殊的医疗服务，如中医诊疗和民族医诊疗，以满足不同患者的多样化需求。

在广东省，医疗服务项目目录的管理体现了如何通过细致的准入管理，确保参保人能够获得全面且高质量的医疗服务。广东省的目录共收录了 4 337 项诊疗项目，涵盖了综合医疗服务、医技诊疗、临床诊疗和中医及民族医诊疗等多个类别。例如，综合医疗服务类包括诊查费、护理费、注射、换药、清创缝合等基础性服务；医技诊疗类则包括 X 线检查、磁共振扫描、超声检查和临床化学检查等诊断性项目。这种分类方式不仅有助于提升医疗资源的利用效率，还有效控制了医疗费用的上涨。

浙江省的医疗服务项目目录在细化管理和分类方面具有显著特色。浙江省的目录共包含 4911 项服务项目，进一步细分为甲类和乙类项目，以确保不同类型的服务项目在医保报销中的合理性和科学性。甲类项目通常指的是临床必须、安全有效且费用适宜的项目，这些项目的费用由基本医疗保险按照相关规定进行报销。乙类项目则是那些虽然临床必需但容易被滥用或费用较高的项目，其费用报销前需参保人员先行自付一定比例，然后再按照基本医疗保险规定进行报销。

3. 医用耗材目录　医用耗材目录规定了哪些医用耗材可以由医保支付，涵盖了从一次性使用的医疗器械到植入物和其他消耗品。医用耗材根据其学科、用途、部位和功能被细分为多个类别，如肺血管介入治疗材料、骨科材料、心脏外科材料等。目录的管理确保了医保基金的合理使用，避免不必要的高成本耗材支出。此外，医用耗材目录还明确规定了不纳入医保支付的情形，如义齿、助听器等非治疗性康复器具，这类耗材需要患者自费购买。尤其是一些高价植入物，可能会受到医保支付的限制，以控制整体医疗费用的增长。这种分类和管理方式使医保能够有效控制医疗成本，同时保证临床治疗的有效性和安全性。

医用耗材目录的制定和管理必须在临床需求和经济效益之间取得平衡。耗材的选择不仅要满足临床治疗的有效性，还要考虑其成本效益。通过精细化的医用耗材目录管理，医保部门能够有效控制医疗成本，避免资源浪费，同时保障了临床治疗的有效性和安全性。这种管理方式在推动医疗资源的合理配置、提升医保基金使用效率方面发挥了重要作用，为我国医疗保障体系的持续发展提供了有力支持。

（二）作用

1. 控制医疗费用　通过精细化的目录管理，医保能够有效控制医疗费用，减少不必要的开

NOTE

支。只有符合目录规定的药品、医疗服务项目和医用耗材才能获得报销，从而优化了医保基金的使用效率。例如，通过将特定高成本的药品和耗材排除在外，医保可以集中资源在更具性价比的治疗方案上，确保基金的可持续性。

2. 保障医疗服务质量　所有纳入医保目录的药品、服务项目和耗材都经过严格的临床和经济评估，确保其符合最新的医学标准，保证参保人能够获得高质量的医疗服务。这种严格的标准不仅保障了医疗服务的质量，还能有效防止过度医疗和不必要的治疗。

3. 提升透明度　清晰的目录管理使参保人能够了解哪些费用可以报销，哪些需要自费。这样的透明度不仅有助于参保人合理规划医疗支出，也增强了对医保制度的信任。此外，目录的公开和透明还为患者提供了更多的选择空间，使他们能够根据自己的经济状况和医疗需求做出更明智的决策。

4. 政策实施与地方实践　在国家统一制定的三大目录基础上，各地可以结合实际情况进行适度调整。例如，广东省和浙江省的实践显示，地方在执行国家目录的同时，根据自身情况进行优化调整，确保政策的有效实施。这种地方性调整使得各地区能够更灵活地应对当地的医疗需求，同时保证了医保政策的可操作性和适应性。广东省在推进医疗服务项目目录时，根据本地的医疗资源和需求，补充中医特色治疗项目，满足大量使用中医服务的参保人的需求。而浙江省则在医用耗材目录的执行过程中，通过严格筛选和监督，控制了高价耗材的使用，显著降低了医疗成本，获得了良好的社会反响。这些地方实践案例为其他省份提供了宝贵的经验和借鉴。

二、医疗保险服务目录管理

医疗保险服务目录管理指对医保支付范围内的药品、医疗服务项目和医用耗材进行科学管理，以保障这些项目符合临床需求和经济效益，从而达到控制医疗费用、保障参保人权益的目标。目录管理不仅包括内容的制定和更新，还涉及对目录执行情况的监督和评估，确保实际医疗服务与政策要求相符。

（一）作用

1. 优化资源配置　通过目录管理，医保机构能够优化基金的使用，将资源用于最具临床价值的药品和服务，减少资源浪费。这种优化不仅提高了医保基金的使用效率，还为更多的参保人提供了保障，扩大了医保的覆盖面。

2. 确保服务质量　目录管理确保医保报销的药品、服务项目和耗材符合严格的临床标准，为参保人提供高质量的医疗服务。通过对目录的动态调整，医保部门能够及时引入新技术、新疗法，并淘汰不再适用或成本效益低的项目，保证医疗服务质量的持续提升。

3. 增强制度透明度　明确的目录管理制度让参保人能够清楚了解其医保权益，减少误解和医疗纠纷，同时提升医保制度的透明度和公信力。透明的目录管理还能够有效防止不必要的过度治疗和过度使用医疗资源，保护医保基金的健康运行。

4. 监督与评估　目录管理还包括对执行效果的监督与评估，确保目录内容能够及时响应医疗技术的变化和临床需求。监督机制包括常规审计、投诉处理和抽查等，确保目录管理的公平性和有效性，及时发现和纠正可能的偏差。

（二）过程

1. 制定与更新　三大目录的制定与更新是一个复杂且系统的过程，涉及多个层面的专业评审和广泛的社会反馈。国家医疗保障局在这一过程中发挥了核心作用，确保目录内容既能反映最新的医学进展，又能保障医保基金的可持续使用。

第一，专家评审是目录制定和更新的首要环节。国家医疗保障局通常会组织不同领域的医学、药学、经济学等方面的专家组成评审委员会。这些专家对候选药品、医疗服务项目和医用耗材进行严格的临床效果评估和安全性分析。他们审查每一项提议，评估其是否符合临床必要性、效果是否显著、是否存在潜在风险等。这一过程确保了目录中包含的药品和服务项目都经过了科学的论证，符合医疗实践的需求。第二，临床数据分析也是目录更新的重要依据。通过对大量真实世界数据的分析，评审团队能够更好地理解不同药品和医疗项目在实际应用中的效果和成本效益。这包括对已有目录中项目的长期监测，分析其在临床使用中的实际效果，以及与同类产品的对比，从而为决策提供数据支持。例如，某些药品虽然价格较低，但在长期使用中发现其疗效不足，可能就会在更新时被调整或替换。另外，新药的纳入不仅考虑其临床试验数据，还包括市场使用后的反馈，如不良反应报告、患者满意度等。

社会反馈也是目录更新不可或缺的一部分。国家医疗保障局会通过多种渠道收集患者、医生、医院及药企的意见和建议。这些反馈不仅反映了使用者的实际体验，也揭示了在执行过程中可能出现的问题。例如，某些药品由于价格过高或使用不便，虽然临床效果良好，但未能被广泛使用，这样的情况可能会在社会反馈中被揭示出来，进而影响目录的调整。此外，公众和社会团体的参与也确保了决策的透明性和民主性，避免了决策过程中的偏颇。在目录的实际更新过程中，国家医疗保障局会综合考虑临床效果、经济性、社会接受度，以及医保基金的承受能力。例如，在药品目录的更新中，通常会进行严格的成本效益分析，以确定药品的性价比。如果一种新药物在临床试验中显示出显著的治疗效果，但价格高昂，国家医疗保障局可能会与药企进行价格谈判，以期降低其进入目录的价格。只有在价格谈判成功的情况下，这些新药才会被纳入医保支付范围。此外，在考虑药品纳入时，还会充分参考市场反馈，例如患者对药品的依从性、疗效反馈及医疗机构的使用情况。这样，目录中纳入的药品才能够真正惠及广大参保人，提高医疗服务的覆盖面和效果。

2. 执行与监督　在医疗保险体系中，目录的执行与监督是确保医保政策落地生根的关键环节。医疗机构必须严格按照目录规定提供服务，而医保部门则肩负着监督和管理的职责，确保目录管理的公平性、有效性和透明度。

医疗机构的执行责任是目录管理的基础。所有被列入目录的药品、医疗服务项目和医用耗材，医疗机构必须严格遵循相关规定进行提供。这不仅包括按照规定的价格和标准提供服务，还涉及对目录外项目的合理使用和说明。比如，某些高成本药品或特殊诊疗项目，若未在目录中列明，医疗机构需明确告知患者，并在医保报销范围之外进行收费。这一制度要求医疗机构在提供医疗服务时，必须严守目录红线，避免出现目录外项目混入报销范围的情况。为确保目录执行的严格性，医保部门建立了多层次的监督机制。这些机制不仅涵盖常规的监管手段，还包括对特殊情况和突发事件的应急处理。例如，医保部门会定期开展常规审计，对医疗机构的服务和收费情况进行详细检查。这些审计不仅关注财务数据，还深入分析医疗服务的合规性，如药品使用是否符合目录规定，诊疗项目是否按标准执行等。通过审计，医保部门能够及时发现问题，如不合理的费用报销、重复收费或超范围用药等，从而迅速采取纠正措施，防止违规行为的扩散。

投诉处理是监督机制中另一重要环节。医保部门设立了多渠道的投诉平台，参保人可以通过电话、网络、信件等方式举报医疗机构的不当行为。例如，若患者发现某些被纳入目录的药品或服务项目未按规定提供，或被要求支付不合理的额外费用，可以直接向医保部门投诉。医保部门在接到投诉后，会立即展开调查，并根据调查结果采取相应的处罚措施。有效的投诉处理机制不仅提升了医保监督的广度，还增强了参保人对医保制度的信任。

抽查也是监督的一种有效手段。为了确保医疗服务的随机性和全面性，医保部门会不定期对各级医疗机构进行突击检查。抽查的范围可以从三级医院扩展到农村的基层医疗卫生机构，检查内容包括药品的使用情况、医疗服务项目的执行标准及耗材的使用合规性等。通过这些抽查，医保部门能够及时掌握医疗机构的实际运行情况，发现日常监管可能遗漏的问题，进而采取针对性改进措施。此外，医保部门还建立了信息化监督系统，利用大数据和信息技术实时监控医疗机构的服务行为。通过数据分析，医保部门可以快速识别异常行为，如药品使用量突然增加、某些服务项目频繁被使用等。信息化手段不仅提高了监管的效率，还为医保部门提供了更精准的决策依据，有助于及时干预和处理违规现象。

通过上述多层次的监督手段，医保部门能够有效保障医疗服务目录的执行力和公平性，确保医疗机构提供的服务符合政策要求，参保人的权益得到切实保护。同时，严格的监督也确保了医保基金的安全和有效使用，防止基金被滥用或浪费，保障了医保制度的可持续性和公信力。

3. 政策应用于地方实践　在我国医疗保险体系中，虽然国家制定了统一的医疗服务目录框架，但各地由于经济发展水平、人口结构和医疗资源分布的差异，地方政府在执行过程中需要进行一定的调整和优化，以更好地满足当地参保人的医疗需求。这种灵活的政策应用于地方实践，不仅增强了医保制度的适应性，还推动了医保管理的不断完善。

首先，地方政府的调整权限为医保目录的落地实施提供了广阔空间。各地在执行国家统一的医保目录时，可以根据当地的实际情况，增补或剔除部分项目，确保医保基金的合理使用和参保人的切实受益。例如，某些地区可能面临特殊的地方病或常见病，为此，这些地区的医保目录中可能会增加一些符合当地医疗需求的药品和治疗项目。这种调整不仅有助于提高医疗服务的针对性和有效性，还能减少不必要的医疗支出，优化医保基金的使用效率。

广东省作为经济发达地区，医疗资源丰富且医疗技术水平较高，因此在执行国家医保目录的基础上，进行了针对性调整。例如，广东省在其医保目录中，增加了多种适合本地区高发疾病的中医药品和治疗项目，同时在目录中删除了一些疗效相对较弱或使用频率较低的药物。这些调整确保了广东省参保人能够获得更适合本地区医疗需求的服务，同时也提升了医疗服务的质量和医保基金的使用效率。

浙江省在医保政策执行方面，同样积累了丰富的经验。由于浙江省的基层医疗服务网络较为发达，省政府在医保目录的调整过程中，特别关注了基层医疗机构的药品和诊疗项目配置。例如，浙江省在医保目录中增加了一些适合基层医疗机构使用的基本药物和常见病治疗项目，鼓励参保人在基层就近就医。这一调整不仅减少了三级医院的就诊压力，还提升了基层医疗机构的服务能力，促进了医疗资源的合理分配。此外，浙江省还在医用耗材目录的管理中，通过严格筛选和价格谈判，降低了高值医用耗材的价格，减轻了患者的经济负担，取得了显著的社会效益。

地方性实践中，部分地区还通过信息化手段加强了医保目录的管理。例如，某些城市建立医保目录的动态调整机制，通过大数据分析和患者反馈，实时监控目录的使用情况。一旦发现某些药品或治疗项目的使用频率出现异常，或患者对某些服务项目的需求明显增加，地方医保部门可以迅速做出调整，以确保医保政策的及时性和有效性。这种灵活的调整机制，不仅提高了医保服务的响应速度，也为医保基金的可持续使用提供了保障。

此外，地方政府在实践中积累的成功经验，也为全国其他地区提供了有益的借鉴。例如，某些地区在探索将新兴医疗技术和创新药物纳入医保目录时，通过试点项目先行探索，积累经验后再推广至全省甚至全国。这种渐进式的政策推广方式，降低了政策执行的风险，确保了新技术和新药物的科学应用，避免了医疗资源的浪费。

通过这些地方性的政策应用和实践，医保管理的灵活性得到了充分体现。各地在执行国家统一政策的基础上，根据自身的医疗资源、经济状况和居民需求，进行了适度调整和优化，不仅确保了医保政策的有效落地，也提高了参保人的医疗服务质量和满意度。这些地方实践的成功经验，为全国其他地区提供借鉴的模式和方法，推动了我国医保管理制度的不断完善和创新。

第二节　医疗保险的医疗服务定点机构及管理

在医疗保险体系中，医疗服务定点管理是确保参保人能够享受到优质医疗服务的关键机制。通过明确规定和严格管理，定点医疗机构和定点零售药店的准入和运行，不仅保障了医保基金的有效使用，还提高了医疗服务的质量和可及性。本节将详细探讨医疗保险服务定点机构的概念与作用、两定点管理的内容及管理过程，并结合具体政策和法规的实际应用，展示定点管理在医疗保险体系中的重要性。

一、医疗保险服务定点机构

医疗保险服务定点机构指经医保部门批准、具备相应资质并签订医保协议的医疗机构和零售药店。这些机构包括定点医疗机构和定点零售药店，分别承担参保人的诊疗、购药等医疗保障服务。定点机构的设置和管理是医疗保险制度的重要组成部分，确保参保人在医保支付范围内获得安全、有效的医疗服务。

（一）内容

1. 定点医疗机构　定点医疗机构指符合国家和地方规定标准，经过审核并获得定点资格的医疗服务提供者，包括医院、门诊部、诊所等。这些机构负责为参保人提供医疗服务，并按医保规定报销相关费用。定点医疗机构的准入条件包括设施和设备达到一定标准、具备合格的医疗技术人员、遵守医保规定的收费标准等。通过严格的准入管理，定点医疗机构确保了医疗服务的质量与安全性，避免过度医疗。

2. 定点零售药店　定点零售药店指经过批准并签订医保协议的药品零售机构，负责为参保人提供医保报销范围内的药品。定点药店必须具备合法的经营资质、符合医保管理的相关规定，并严格执行药品的管理和销售标准。通过定点零售药店的管理，医保部门能够有效控制药品费用，确保参保人能够获得符合医保目录规定的药品，同时防止不合格药品流入市场。

（二）作用

1. 保障参保人权益　通过定点医疗机构和药店的设立，确保参保人在指定机构内享受合规、优质的医疗服务，并能按照医保政策报销医疗费用，避免在非定点机构就医而导致的自费情况。

2. 控制医疗成本　定点管理通过规范医疗机构和药店的服务行为和收费标准，有效控制了医疗成本，防止不必要的费用支出。例如，定点机构必须遵守医保规定的收费标准，任何超出规定范围的费用都不能通过医保报销，从而限制了医疗费用的无序增长。

3. 提高医疗服务质量　通过严格的准入和监管机制，定点机构必须达到一定的医疗服务标准，确保参保人获得高质量的医疗服务。同时，医保部门对定点机构的日常运营进行监督，确保服务质量和安全性符合规定标准。

4. 推动医疗资源合理配置　定点机构的设置考虑了地区医疗资源的分布和参保人的实际需求，推动了医疗资源的合理配置，改善了医疗服务的可及性，特别是在医疗资源相对匮乏的地区，定点管理起到重要的保障作用。

二、医疗保险的医疗服务定点管理

医疗保险的医疗服务定点管理指通过制定相关政策法规，规范和监督定点医疗机构和定点零售药店的运行，以保障医保基金的合理使用，并确保参保人获得符合标准的医疗服务。定点管理体系不仅涵盖了定点机构的准入审核、服务协议的签订，还包括日常运营过程中的监督和服务质量的评估，以确保医疗服务的标准化和规范化。

（一）内容

1. 准入与审核　医疗服务定点机构的准入管理包括申请、审核、评估和批准等环节。医保部门根据国家和地方的规定，对申请定点资格的医疗机构和药店进行严格审核，确保其符合标准，并签订服务协议，明确双方的权利和义务。

2. 监督与评估　定点管理的核心在于对定点机构的日常运行进行监督，包括服务质量、收费标准、医保政策执行情况等。医保部门通过现场检查、数据审核、参保人反馈等方式，对定点机构的服务进行定期评估和调整，确保其符合规定要求。

3. 协议管理与续签　定点管理的另一个重要内容是与定点机构签订和续签服务协议。协议中明确了定点机构的服务范围、收费标准、质量要求等，并规定了违约处罚措施。通过协议管理，医保部门能够确保定点机构的行为符合医保政策，保护参保人的权益。

4. 政策应用与地方实践　在全国统一的定点管理框架下，各地根据自身的实际情况，制定了适合本地区的具体管理措施。例如，某些省市在定点管理中引入了信息化监管手段，通过大数据分析和智能监控，实时监测定点机构的运行情况，有效防范欺诈骗保行为的发生。

（二）作用

1. 规范医疗行为　通过定点管理，医保部门能够有效规范医疗机构和药店的服务行为，防止不正当的医疗行为，如过度治疗、滥用药品等。同时，定点管理也确保了医疗服务的质量和安全性，避免了因不规范行为导致的医疗事故和纠纷。

2. 保障医保基金安全　定点管理通过严格的监督和审计，确保医保基金的使用符合规定，避免了基金的滥用和挪用，保护了参保人的利益。同时，定点管理还通过定期的绩效评估，优化基金的使用效率，确保医保制度的可持续性。

3. 促进医疗资源均衡发展　通过合理设置定点机构，医保管理促进了医疗资源的均衡分布，特别是在偏远和农村地区，定点管理确保了当地参保人能够获得必要的医疗服务，减少了医疗服务的区域差异。

第三节　异地就医和转移接续管理

在现代社会，随着人口流动性的增加和医疗服务需求的多样化，异地就医和转移接续成为医疗保险管理中的两个重要课题。随着城市化进程的加快和跨地区就业的普遍化，越来越多的人因工作、学习、养老等原因在非参保地接受医疗服务。这种情况下，异地就医和医保关系的转移接续管理显得尤为重要。异地就医的现象使得参保人员能够在非参保地获得所需的医疗服务，而转移接续管理则确保了参保人员在跨地区流动时，医保关系的平稳衔接和医疗保障的连续性。这两者不仅关乎参保人员的切身利益，也直接影响医疗保险制度的公平性和可持续性。因此，深入理解异地就医和转移接续管理的定义、背景，以及实施中的具体问题，对于全面掌握医疗保险体系的运行机制具有重要意义。本节内容将详细阐述异地就医和转移接续的概念及其在医保体系中的重要作用，分析相关政策和管理措施，并探讨实施过程中可能面临的挑战与应对策略。

一、异地就医

（一）概念与形式

异地就医指参保人员在非参保地的其他城市、省份甚至国外接受医疗服务，并希望通过医保报销部分或全部医疗费用的行为。随着人员流动性的增加，异地就医逐渐成为医疗保障管理中的重要议题。异地就医可以根据地理范围和需求，分为以下几种形式。

1. 跨市异地就医　跨市异地就医指参保人员在其参保城市以外、但仍在同一省内的其他城市接受医疗服务的情况。这种异地就医形式通常发生在参保人员由于工作调动、长期异地出差或探亲等原因，离开了其常住地的医保覆盖范围，需要在新的城市接受医疗服务。跨市异地就医相对于跨省异地就医而言，政策执行和报销流程相对简单，因为省内各城市的医保政策较为统一，且医保系统互联互通较好。

例如，在广东省内工作的人员，如果因工作原因需要长期驻扎在省内另一城市，他们可以在当地的定点医疗机构接受治疗，并通过本地医保系统直接报销相关费用。这一机制极大地方便省内跨市流动人员的医疗需求，减少参保人员因异地就医而面临的烦琐手续和经济负担。此外，跨市异地就医还有效缓解了参保人员在生活和工作之间的压力，使其在省内流动时仍能享受到便捷的医保服务。

随着人口流动性的增加，尤其是省内大中型城市之间的经济联系日益紧密，跨市异地就医的需求日益增长。为应对这一趋势，许多省份不断完善省内异地就医的直接结算系统，确保参保人在跨市流动时能够无缝衔接其医保权益，进一步提升了医疗服务的可及性和效率。

2. 跨省异地就医　跨省异地就医指参保人员在参保省份之外的其他省份接受医疗服务的情形。随着国家"异地就医直接结算"政策的推行，这一形式的异地就医需求显著增加。跨省异地就医主要面向以下两类人群：①外出务工人员，他们往往离开家乡，在经济发达地区工作多年，因此在这些地区接受医疗服务的需求较为普遍。②退休异地养老群体，随着养老模式的多样化，越来越多的退休人员选择到气候适宜、生活成本较低的省份安享晚年，这也带来了大量跨省异地就医的需求。

跨省异地就医在政策设计和执行上面临较大挑战，主要包括各省医保政策的差异、跨省结算流程的复杂性等问题。为此，国家医疗保障局推出了全国范围内的异地就医直接结算系统，使参保人员在异地就医时能够直接使用医保结算，不再需要先行垫付医疗费用然后再回参保地报销。这一政策极大地减轻了参保人员的经济负担和手续复杂度，尤其是在发生重大疾病或紧急情况时，为患者及其家庭提供了及时而有效的经济保障。

此外，跨省异地就医政策的推行，也推动了全国医保系统的互联互通，实现医保信息的实时共享。这不仅提高了医保管理的效率，也减少了因信息不对称而可能导致的报销延误和医疗纠纷，为参保人员提供了更为便捷的就医体验。

3. 跨国异地就医　跨国异地就医指参保人员在中国境外接受医疗服务的情况。随着国际交流的日益频繁，越来越多的中国公民选择在国外工作、学习或旅游，跨国异地就医的需求也随之增加。跨国异地就医的典型场景包括在外留学的学生在国外因病需要就医；外派工作的人员在工作地发生紧急医疗需求；出国旅游者在旅途中突发疾病或遭遇意外事故需要紧急救治。

跨国异地就医的复杂性主要体现在医疗服务的提供、费用的支付及医保报销的程序上。由于各国医疗体系和费用标准差异较大，中国的医保体系通常不直接覆盖国外的医疗费用。对此，参保人员可以通过商业医疗保险或者在出国前办理特定的国际保险来应对这种情况。部分商业保险公司提供国际医疗保险服务，可以覆盖国外的医疗费用，包括紧急医疗、住院治疗和手术等。此外，国家医疗保障局也在不断探索如何在跨国场景下提升医保服务的覆盖和便利性。例如，一些地区通过与国际保险公司合作，逐步建立起覆盖部分跨国医疗需求的医保服务体系。这种合作不仅为出境人员提供更多的医疗保障选择，也为国家进一步扩大医保覆盖范围提供经验和借鉴。总之，跨国异地就医虽然目前仍存在一定的限制和挑战，但随着国际合作的加强和政策的不断完善，这一领域的医保服务将会逐步提升，满足更多参保人员的跨国医疗需求。

（二）管理措施

根据《国家医保局　财政部关于进一步做好基本医疗保险跨省异地就医直接结算工作的通知》，跨省异地就医直接结算的管理措施如下。

1. 统一政策　统一住院、普通门诊和门诊慢特病费用的结算政策：跨省异地就医直接结算的住院、普通门诊和门诊慢特病医疗费用，支付范围原则上执行就医地的规定，基本医疗保险基金起付标准、支付比例、最高支付限额等执行参保地的规定。

2. 备案管理　明确异地就医备案人员范围：包括异地安置退休人员、异地长期居住人员、常驻异地工作人员等长期在参保省以外工作、居住、生活的人员，以及因工作、旅游等原因异地急诊抢救人员和其他跨省临时外出就医人员。长期居住人员备案长期有效，临时外出就医人员备案有效期不少于 6 个月。

允许补办异地就医备案：参保人员可在跨省出院结算前补办备案手续，医疗机构应为其办理医疗费用跨省直接结算。

3. 服务管理　优化备案流程：参保人员可通过国家医保服务平台 APP、国家异地就医备案小程序、国务院客户端小程序或参保地经办机构窗口等多种途径办理异地就医备案手续。

规范持证就医：参保人员在跨省异地就医时需持医保电子凭证或社会保障卡，在就医地的跨省联网定点医药机构就医。

明确结算流程：就医地应将住院费用明细信息转换为全国统一的大类费用信息，门诊费用按就医地支付范围进行费用分割，经国家、省级异地就医结算系统传输至参保地进行结算。

实行就医地统一管理：就医地经办机构将异地就医人员纳入本地统一管理，提供与本地参保人员相同的服务和管理。

4. 协同管理　强化业务协同管理：各级医保部门应形成分工明确、职责明晰、流程统一的跨省异地就医业务协同管理体系，提升各级医保经办机构的协同管理能力。

5. 资金管理　预付和清算：跨省异地就医费用医保基金支付部分实行先预付后清算，预付资金原则上来源于参保人员所属统筹地区的医疗保险基金。

费用审核和拨付：参保人员异地就医备案后无法直接结算的，相关医疗费用可回参保地手工报销，参保地经办机构按规定为参保人员报销相关费用。

6. 信息化支撑　深化医保信息平台应用：推进医保电子凭证、医保移动支付等的推广应用，为跨省异地就医直接结算提供系统支撑。

系统优化和安全保障：完善跨省异地就医管理子系统，提升系统性能和安全性，确保业务平稳衔接和系统稳定运行。

7. 基金监管　健全监管机制：落实就医地和参保地的监管责任，严厉打击欺诈骗保行为，确保医保基金的安全合理使用。

（三）实施效果

1. 提高可及性　通过直接结算和备案制度，参保人员在异地就医时无须再担心经济负担问题，可以更便捷地获得所需的医疗服务。这一措施显著提高了医疗服务的可及性，使更多人能够在异地获得及时和有效的医疗救治。

2. 减轻经济负担　直接结算制度减少了参保人员的垫付压力，使他们可以安心接受医疗服务，而不必担心医疗费用的高昂。特别是在异地发生重大疾病或需要紧急救治时，这一制度为患者及其家庭提供了重要的经济保障。

3. 促进医疗资源合理分配　异地就医政策的实施，有助于缓解大城市医疗资源过度集中的问题，推动医疗资源在不同地区之间的合理分配。通过合理引导患者流向，促进了各地医疗资源的均衡利用，提升了整体医疗服务的效率。

4. 提升管理效率　医保信息系统的建立和完善，使异地就医的管理更加高效和规范。通过实时结算和数据共享，医保机构能够更准确地监控和管理异地就医费用，防范骗保和滥用医保基金的行为，保障医保基金的安全和可持续性。

二、转移接续

（一）概念与措施

基本医保关系转移接续是适应人口流动需要、保障流动人员医保权益的重要制度安排。在现代医疗保险体系中，转移接续管理是确保参保人员在不同医疗服务系统或区域之间顺利转移和连续接受治疗的重要环节。随着人口老龄化、慢性病患者增多等现象的出现，医疗服务需求从急性、单次治疗转向长期、综合管理。这要求医疗服务体系能够提供更加连续和协调的服务。为了提升服务便捷度和群众获得感，国家医疗保障局、财政部办公厅出台了《基本医疗保险关系转移接续暂行办法》，明确了医保关系转移接续的相关政策和操作流程，确保参保人员在跨地区、跨制度流动时，医保关系和待遇能够顺畅衔接。

转移接续，也称为医疗连续性管理或医疗接续性管理，指参保人员在医疗服务系统内部或系统之间转移时，确保其医疗信息、治疗计划和护理需求得到有效传递和衔接的过程。这一过程涉及医疗保险机构、医疗服务提供者和患者三方的紧密合作，旨在提供无缝隙、高效率的医疗服务体验。

（二）管理措施

根据《基本医疗保险关系转移接续暂行办法》，管理措施包括以下六个方面。

1. 统一规范与职责分工   基本医疗保险关系转移接续实行统一规范、跨省通办。国家医疗保障经办机构负责指导协调跨省基本医疗保险关系转移接续经办工作。省级医疗保障经办机构负责组织实施跨省和省内跨统筹地区基本医疗保险关系转移接续经办工作。各统筹地区医疗保障经办机构按要求做好基本医疗保险关系转移接续经办工作。

2. 转移接续申请   参保人员或用人单位可以通过全国统一的医保信息平台直接提交申请，也可以通过线下方式在转入地或转出地经办机构窗口申请。转移接续申请实行统一的校验规则，转入地和转出地在申请时校验是否符合转移接续条件，不符合条件则不予受理并及时告知原因，符合条件则予以受理。

3. 办理流程   参保人员转移接续申请成功受理后，转出地经办机构在 10 个工作日内完成基本医疗保险关系转出，生成《参保人员基本医疗保险信息表》（以下简称《信息表》），核对无误后上传到医保信息平台。转入地经办机构收到《信息表》后，核对相关信息并在 5 个工作日内将《信息表》同步至本地医保信息平台，完成基本医疗保险关系转入。转出地经办机构若个人账户有余额，需办理个人账户余额划转手续。转入地经办机构接收到个人账户余额后，与业务档案匹配并核对个人账户转移金额，核对无误后计入参保人员的个人账户。

4. 待遇衔接   办理转移接续的职工医保参保人员，在转移接续前中断缴费 3 个月（含）以内的，可按转入地规定补缴职工医保费，补缴后不设待遇享受等待期，缴费当月即可享受待遇，中断期间的待遇可追溯享受。已连续 2 年以上参保的，因就业等个人状态变化在职工医保和居民医保间切换参保关系，中断缴费 3 个月（含）以内的，可按转入地规定补缴基本医保费，补缴后不设待遇享受等待期，缴费当月即可享受待遇，中断期间的待遇可追溯享受。中断缴费 3 个月以上的，基本医疗保险待遇按各统筹地区规定执行，原则上待遇享受等待期不超过 6 个月。参加职工基本医疗保险的个人，基本医疗保险关系转移接续时，基本医疗保险缴费年限累计计算。各地不得将办理职工医保退休人员待遇与在当地按月领取基本养老金绑定。

5. 信息保存与管理　在转入地完成接续前，转出地应保存参保人员信息、暂停基本医保关系，并为其依规参保缴费和享受待遇提供便利。转移接续完成后，转出地参保关系自动终止。

6. 时限压缩与进度查询　鼓励各地在本办法规定时限基础上，进一步压缩办理时限。在办理过程中，参保人员或用人单位可通过医保信息平台查询业务办理进度。

（三）实施效果

1. 提高医疗服务的连续性和协调性　通过电子健康记录系统和转移接续协议，医疗服务提供者能够更加协调地管理患者的治疗过程，确保治疗的连续性和一致性，减少医疗错误和重复检查的发生。

2. 减轻患者和家属的负担　转移接续管理帮助患者及其家属更好地应对医疗转移过程中的复杂性，减轻他们的心理压力和经济负担，提高就医体验和满意度。

3. 提升医疗资源利用效率　通过有效的转移接续管理，可以优化医疗资源的配置和使用，提高医疗服务的整体效率，确保每一环节都能够充分发挥其作用。

三、异地就医和转移接续管理面临的挑战

在医疗服务提供与监管的过程中，异地就医和转移接续管理是两个极为重要的方面，它们不仅关系到医疗服务的连续性和质量，也直接影响到医疗保险的实施效果和受保人的就医体验。然而，在实际操作过程中，这两个环节面临着多方面的挑战。

首先，不同地区和医疗机构之间的医疗信息系统往往缺乏有效的互联互通，导致患者信息、医疗记录和治疗方案无法及时共享。这种信息共享和数据互通的障碍不仅增加了医疗错误的风险，也给患者的连续治疗和医疗保险的跨区域结算带来了难度。要解决这一问题，需推进全国统一的医疗信息平台建设，确保数据标准化，改善信息共享机制。

其次，不同地区的医疗保险政策和报销流程存在差异，导致异地就医的保险报销流程复杂且审核时间长。这种复杂性增加了患者的经济负担和精神压力，可能导致他们在需要时放弃跨区域就医。为此，有必要统一和简化异地就医的报销流程，减少审核时间，并增加医疗保险政策的透明度，提供详细的报销指南，帮助患者更好地了解和利用保险政策。

再次，转移接续管理的标准化和协调性不足也构成了一大挑战。目前，缺乏统一的转移接续管理标准和流程，不同医疗机构间的协调工作效率低下，导致患者在不同医疗服务阶段之间的转移可能出现信息断层，影响治疗效果和患者安全。解决这一问题需要制定统一的转移接续管理标准和流程，加强各医疗机构间的沟通与协作，确保信息流畅。

医疗资源分布不均也是异地就医和转移接续管理面临的一个重要问题。优质医疗资源在地域间分布不均，导致患者集中到资源丰富的地区就医，加剧了一些地区医疗机构的负担。这不仅降低了医疗服务的效率，也加大了医疗费用，影响了医疗保险基金的可持续性。改善这一情况需要通过政策引导和资源分配，改善医疗资源的地域分布，并鼓励发展基层医疗机构，提高其服务能力和水平。

最后，现有的医疗保险政策和制度难以完全适应快速变化的医疗服务需求和模式，特别是在异地就医和转移接续管理方面。政策的适应性和灵活性不足，可能导致保险参保者无法享受到应有的医疗服务和保险保障，影响其就医权益。为此，有必要定期评估和更新医疗保险政策，确保其适应当前需求，并提供更多灵活的保险方案，满足不同群体的需求。

综上所述，异地就医和转移接续管理在实际操作中面临着信息共享、保险结算、标准化管理、资源分布和政策适应性等多方面的挑战。通过政策优化、信息化建设、资源配置改善和跨区域协作，可以有效应对这些挑战，提升医疗服务质量，保障公众健康权益，推动医疗保险制度的可持续发展。

第四节　医疗保险管理体制模式

随着我国医疗保障制度的不断发展和完善，医疗保险管理体制模式也在不断演变，以适应经济社会发展的需求。医疗保险管理体制的选择和设计直接影响医保制度的运行效率和参保人的医疗保障权益。本节将探讨医疗保险管理体制的概念、模式类型，以及典型的管理模式介绍，重点分析政府与医疗机构之间的关系模式，围绕监管与服务展开讨论。

一、医疗保险管理体制的概念

医疗保险管理体制是广义医疗保障制度体系的组成部分，涉及医保基金的筹集、支付、管理，以及医疗服务提供者的监管。该体制决定了医疗保障制度的运行流程和实施效率，并直接影响参保人的服务体验。在这一管理体制下，政府、社会力量和医疗机构之间形成了复杂的互动关系，保障着医保政策的有效执行和资源的合理配置。

二、医疗保险管理模式类型

根据不同的管理需求和体制特点，医疗保险管理模式可以分为以下三种主要类型。

（一）集中管理模式

集中管理模式下，医疗保险的管理权力集中在国家或省级政府。政府通过专门的医疗保障机构对医保基金进行集中管理和统一分配，确保医疗保险政策的统一实施。自 2018 年国家医疗保障局成立以来，我国的医疗保障管理体制进入了集中统一管理的新时期，通过集中管理实现了医保事务的统一管理，有效消除了长期制约医保改革的体制性障碍。

（二）分散管理模式

分散管理模式下，医疗保险的管理权力下放至地方政府，各地根据自身情况制定并实施医保政策。这种模式能够更好地适应地方经济水平和医疗资源的差异，但同时可能导致政策执行不一致、地区之间医保待遇差异较大等问题。我国在 2016 年之前曾经采用分散管理模式，导致了城乡居民医保管理体制的多样化和不统一性。

（三）统分结合模式

统分结合模式指在国家统一政策框架下，地方政府根据实际情况进行具体管理。这种模式结合了集中管理和分散管理的优点，既保证了政策的统一性，又允许地方进行灵活调整。例如，在城乡居民基本医疗保险的整合过程中，这一模式得到了充分应用，各地在执行国家统一政策的基础上，根据地方实际情况进行适度调整。

三、典型的医疗保险管理模式介绍

在全球范围内，医疗保险管理体制大致可以分为以下四种典型模式，每一种模式都有其独特的特点和运行机制，反映了不同国家在医疗保障方面的政策选择和社会经济条件。

（一）混合型管理模式（中国）

混合型管理模式结合了社会保险型和国家主导型管理模式的特点，同时吸收了商业保险的一些元素。这种模式通常在发展中国家或正在进行医保改革的国家中较为常见，试图在提供广泛覆盖的同时，保持一定的财政可持续性和市场竞争力。

我国的医疗保险制度采用了混合型管理模式，主要包括职工基本医疗保险（城镇职工医保）、城乡居民基本医疗保险（居民医保）和商业补充保险。政府通过国家医疗保障局对医保体系进行集中管理和监督，同时允许商业保险作为补充，提供更加多样化的医疗保障选择。

每种模式都有其优点和局限性，反映了各国在平衡医保覆盖面、成本控制、医疗质量和制度可持续性方面的不同选择。各国在选择医疗保险管理体制时，通常根据自身的社会经济发展水平、人口结构和文化背景做出最适合的决策。这些模式在不同国家的具体运作和效果也会有所不同，值得深入研究和比较。

（二）社会保险型管理模式（德国、日本）

社会保险型管理模式的核心是通过强制性社会保险覆盖全体公民，资金由雇主和雇员共同缴纳，政府提供必要的补贴。管理主体通常是独立的社会保险机构，政府对其进行监管。这种模式强调公平性，确保所有参保人都能获得基本的医疗服务。德国和日本的医疗保险制度都采用这一管理模式。在德国，法定医疗保险体系覆盖了大部分人口，由多个非营利性保险基金管理，并由国家进行监督。日本则采用全民医疗保险制度，分为雇主提供的健康保险和由市区町村管理的国民健康保险，覆盖全体国民。

（三）国家主导型管理模式（英国、北欧国家）

在国家主导型管理模式下，政府直接负责医疗服务的提供和资金的分配，医保资金主要来自税收。这种模式的核心是由政府统筹管理，提供全民免费或低费用的医疗服务，保障医疗资源的均等化分配。英国的国家医疗服务体系是这一模式的典型代表，体现了"一手托两家"的管理体制，即医疗服务的供给方和医疗费用的支付方合二为一，由卫生部门统一管理。北欧国家如瑞典、丹麦和挪威也采用了类似的模式，通过高度集中的税收筹集体系，实现了全民覆盖和医疗资源的均等化分配。

（四）商业保险型管理模式（美国）

商业保险型管理模式是以商业保险公司为主体，医疗服务由市场竞争决定，保险产品和服务内容根据市场需求进行调整。政府的角色主要是通过法律法规对市场进行监管，以确保公平竞争和消费者权益。

美国的医疗保险体系主要依赖私人健康保险市场，联邦政府通过《平价医疗法案》（ACA）等政策对市场进行调控。虽然美国也有政府主导的医疗项目如美国联邦老遗残收入保险（Medicare）和州政府医疗救助计划（Medicaid），但大部分人口的医疗保险仍通过商业保险公司获得。

四、政府与医疗机构、医疗保险管理与经办之间的关系模式

在不同的医疗保险管理体制下，政府与医疗机构之间的关系，以及医保管理与经办的分工方式各不相同。这种关系直接影响着医保政策的实施效果和参保人的医疗保障质量。

（一）政府与医疗机构的关系模式

在医疗保险管理中，政府与医疗机构的关系主要包括监管与服务提供的关系。在集中管理模式下，政府通过政策制定和监督，直接控制医疗服务的提供者，确保服务的质量和效率。在分散管理模式下，地方政府和医疗机构之间的关系更加灵活，医疗机构有更大的自主权来根据市场需求调整服务内容和价格。

1. 监管模式   政府对医疗机构的监管主要体现在服务质量、收费标准、医保政策执行等方面。通过定期审计、质量评估和现场检查等方式，政府确保医疗机构遵守相关法规，提供符合标准的医疗服务。

2. 服务模式   医疗机构作为服务提供者，必须按照政府制定的医保政策为参保人提供服务。服务的质量和效率直接影响参保人的就医体验和医疗保障效果。

（二）医保管理与经办的关系模式

医保管理与经办的分工是医疗保险体系运行的关键。管理主要负责政策的制定、监督和调整，而经办则负责具体的服务提供和日常运营。

1. 政策与执行的分离   在现代医保管理体制中，政策制定与执行通常分离。管理部门制定政策并监督其执行，而经办机构负责具体的医保服务，如医保费用的结算和参保人的服务管理。尤其是在国家医疗保障局成立后，管理层级的提升和监督实力的加强使得政策与执行的分离更加有效。

2. 经办机构的独立性   为了确保医保政策的有效执行，经办机构通常具有较高的独立性，但同时接受管理部门的监督。在我国，随着医疗保障管理体制的改革，医保经办机构的独立性和专业化管理逐步加强，尤其是在信息化管理和标准化建设方面取得了显著进展。

（三）监管与服务的平衡

医疗保险管理体制的核心在于如何平衡政府的监管与医疗机构的服务提供。这种平衡关系到医疗服务的质量和医保基金的使用效率。过度监管可能导致医疗机构的服务灵活性下降，而监管不足则可能导致医疗资源浪费和基金滥用。因此，在设计医疗保险管理体制时，必须考虑如何在监管与服务之间找到最佳平衡点，以实现医疗服务的高效、公平和可持续发展。2020年中共中央、国务院发布的《关于深化医疗保障制度改革的意见》强调，要通过治理能力现代化实现监督、管理和经办的适度分离，以提升管理效能，确保医保基金的合理使用和参保人的权益保障。

【小结】

在本章中，医疗保险在医疗服务提供与监管中的关键作用涵盖了医疗服务目录管理、定点管理、异地就医和转移接续管理，以及不同的医疗保险管理体制模式。

首先，医疗服务目录管理通过明确药品目录、医疗服务项目目录和医用耗材目录的内容，确保了医疗保险基金的合理使用，规范了医疗服务的范围。通过合理配置和优化资源，目录管

理不仅提升了医疗服务的质量，也提高了参保人权益的保障水平。其次，定点管理通过严格选择和动态管理定点医疗机构，确保这些机构能够提供符合质量标准的医疗服务，并有效执行医保政策。通过有效的定点管理，医保系统可以更好地控制医疗成本，保证服务的质量和参保人的权益。再次，异地就医和转移接续管理的重点在于解决参保人在不同地区之间的医疗服务衔接问题，确保他们在跨地区流动时能够顺利享受医疗保障。这种管理的完善提高了参保人获得医疗服务的便捷性和一致性，特别是在异地就医报销和医保关系转移接续方面有显著的改善。最后，医疗保险管理体制模式的多样性反映了不同国家和地区在医疗保障领域的实践与探索，包括管理式医疗保险、政府主导模式和商业保险参与的混合模式等，各种模式的选择和应用不仅影响了医保服务的质量和成本控制，也反映了各自的经济和社会背景。对于我国而言，优化管理体制、引入商业保险和推进城乡基本医保的整合，都是推动医保制度公平性和效率提升的重要举措。

通过对以上四个方面的探讨，本章总结了医疗保险在服务提供与监管中的核心功能及其对参保人权益的保护作用。

【案例】

新疆跨省异地就医直接结算实现全覆盖，医保服务便民高效

新疆维吾尔自治区（以下简称"新疆"）医疗保障局在全区范围内持续推动跨省异地就医直接结算政策，逐步完善医保服务体系。通过全区统一的跨省医保结算基金支付政策，确保长期异地居住人员、外伤参保人员，以及异地安置人员等不同群体都能够享受到便捷的医保结算服务。此外，跨省异地长期居住人员的备案时限从原来的一年缩短为 6 个月，临时外出人员的备案有效期延长至 6 个月，并可多次就诊享受直接结算服务。这一政策极大地满足了长期居住异地的"候鸟"老人群体、外出务工人员和异地就医的参保人员的实际需求。比如，居住在海南的吕某萍女士为父母办理了长期异地就医备案，他们在海南看病时可以直接刷卡结算，回到新疆后，医保结算也同样便捷，无须再次办理备案，免去了烦琐的手续。

2024 年 6 月 30 日，新疆跨省异地就医直接结算的总人次超过 160 万，结算医疗总费用达到 28 亿元，减少患者垫付资金 19.51 亿元。这一成绩标志着新疆在异地就医领域的改革取得了显著成效，特别是在跨省异地就医的结算政策方面，极大地方便了参保人员，减轻了患者的经济负担。

为了提高异地就医的效率，新疆还优化了异地就医备案流程，参保人员可以通过国家医保服务平台 APP、新疆医保服务 APP、微信小程序等多种线上渠道完成备案，无须亲自前往窗口办理。这一改革不仅提高了办事效率，也大大减少了患者的跑腿次数。例如，库车市的陈先生在湖南省株洲市探亲时突发疾病，经过简单的手机备案后，他便顺利在当地医院完成了异地就医直接结算，减轻了垫付资金的压力，节省了大量时间。自治区医疗保障局也进一步缩短了审核时限，备案时限从 7 个工作日缩短至 48 小时，极大提高了服务效率。

随着改革的深入，新疆不断扩大跨省异地就医直接结算的覆盖范围。从最初的住院治疗到普通门诊，再到高血压、糖尿病等慢性病的门诊治疗，异地就医的结算范围不断拓宽。截至 2024 年 6 月 30 日，新疆全区共接入了 3 342 家医疗机构，其中 2 069 家定点医院已开通住院费用直接结算，3 285 家医院支持普通门诊结算，1 488 家医院支持慢特病门诊结算。这些变化

极大地方便了外省和境外人员在新疆就医，提升了医保服务的便民性与便利性。以博尔塔拉蒙古自治州为例，该州已实现与全国 31 个省区市（含兵团）的跨省异地就医直接结算。博州住院费用的异地结算率达 97%，门诊结算率达 99%。这种全覆盖的结算政策，不仅为疆外人员提供了便捷服务，也为新疆居民提供了更加顺畅的异地就医体验。

新疆的跨省异地就医直接结算政策，经过不断完善与优化，已经成为推动区域医疗保障体系高效运转的重要举措。通过政策的不断创新和便捷化的服务流程，参保群众的就医体验得到了显著提升，医保改革红利不断惠及基层，推动了医疗服务的公平和便利。

资料来源：任春香.新疆异地就医体验升级［N］.新疆日报（汉），2024-07-23（008）.

【思考题】

1. 医疗服务目录管理的主要组成部分是什么？这些组成部分如何影响医疗保险的实施和资源分配？

2. 医疗服务定点管理的主要目标是什么？其实际作用体现在哪些方面？

3. 什么是异地就医和转移接续管理？这些管理措施如何保障跨地区参保人的医疗权益？

4. 在我国医疗保障管理体制中，如何通过集中统一的管理体系提升医保管理效能？

第八章　医疗保险药品管理

【学习目标】

通过本章学习，要求理解基本医疗保险药品目录管理的定义和主要内容、基本医疗保险药品目录制定的目的和原则、药品集中招标采购制度的原则和意义、定点药店管理的定义、原则和条件资格，了解药品集中招标采购制度的主要内容和发展历程、定点零售药店管理的申请流程和发展历程，掌握基本医疗保险药品目录的定义、药品集中招标采购制度的定义，熟悉纳入基本医疗保险药品目录的条件、基本医疗保险基金对医疗费用的给付模式和标准、定点零售药店管理的主要内容。

医保、医疗和医药"三医"联动，共同为人民群众的健康保驾护航。医疗保险侧重于医疗卫生资源的筹集和配置，医疗服务侧重于医疗卫生资源的开发与利用，而医药（包括药品、器械、耗材、设备等）则是实现医疗卫生资源利用所使用的药品和工具，是医疗卫生资源利用有效性和合理性的直接体现。加强基本医疗保险药品管理是切实保障参保人员合理的用药需求、与基本医疗保险基金和参保人承受能力相适应，既是保障人民群众用药安全、维护健康的客观要求，也是医疗保险稳定可持续发展的必然要求。本章介绍医疗保险药品管理，主要包括基本医疗保险药品目录管理、药品集中招标采购制度及定点零售药店管理。

第一节　基本医疗保险药品目录管理

实施基本医疗保险药品目录是我国医疗保险用药管理的主要方式之一，主要目标是既要保障基本医疗保险参保人员的基本医疗用药需求，也要确保基本医疗保险基金的收支平衡。基本医疗保险药品目录管理的核心内容包括基本医疗保险药品目录的制定和基本医疗保险基金对药品费用的给付。本节着重阐述基本医疗保险药品目录管理的主要内容。

一、基本医疗保险药品目录管理概述

基本医疗保险药品目录管理指通过一定的机构和程序，采取一定的方式、方法、手段，对基本医疗保险用药进行计划、组织、指挥、协调、控制及监督的过程。其具有弱替代性和多学科性的特点。基本医疗保险用药管理，具有很强的专业性，行业准入和退出门槛均较高，可替代性弱；基本医疗保险用药管理需要综合运用医学管理学、卫生经济学、社会学、医疗保险学等多个学科的知识，以及管理人员的多元性，涉及医师、精算师、经济师等。

（一）基本医疗保险药品目录管理的主要内容

我国基本医疗保险用药管理采用基本医疗保险药品目录的形式，以国家医疗保障局为中

NOTE

心，联合国家卫生健康委员会、财政部、国家发展和改革委员会等各部门，通过制定《国家基本医疗保险药品目录》对基本医疗保险的用药范围、药品费用支付等进行管理。基本医疗保险用药管理的主要内容包括基本医疗保险药品目录的制定、基本医疗保险基金对药品费用的给付和基本医疗保险药品目录的调整等。本节重点介绍基本医疗保险药品目录的制定和基本医疗保险基金对药品费用的给付。

（二）基本医疗保险用药管理的管理部门和流程

国家基本医疗保险药品目录由国家医疗保障局会同国家发展和改革委员会、财政部、国家卫生健康委员会、国家食品药品监督管理总局、中医药管理局等共同制定，由国家医疗保障局发布。各省、自治区、直辖市的基本医疗保险药品目录的制定以《国家基本医疗保险药品目录》为基础，按照国家规定的调整权限和程序将符合条件的民族药、医疗机构制剂、中药饮片等纳入省级医保支付范围，并按照规定向国家医疗保障局备案。

二、基本医疗保险药品目录的制定

基本医疗保险药品目录指为保证基本医疗保险参保人的基本用药需要，由基本医疗保险基金支付费用的药品范围，是基本医疗保险用药范围管理的一种方式。纳入基本医疗保险药品目录的药品应当是经国家药品监管部门批准，取得药品注册证书的化学药、生物制品、中成药（民族药），以及按国家标准炮制的中药饮片，并符合临床必需、安全有效、价格合理等基本条件。基本医疗保险药品目录要具有制定的科学性、药品范围的广泛性以及较高的性价比等特点，进而能够满足参保人员的基本用药需求。

（一）基本医疗保险药品目录制定的目的和原则

1. 目的　首先，基本医疗保险药品目录是为了控制基本医疗保险支付药品费用的范围，只适用于基本医疗保险的参保人员，是社会医疗保险经办机构支付参保人员药品费用的依据，既要保障参保人员的基本用药需求，也要确保医疗保险基金的收支平衡。

其次，药品费用支出是基本医疗保险基金支出的重要组成部分，基本医疗保险是按照"保基本、广覆盖、可持续"的原则建立起来的社会保险制度，其保险基金总量有限，必须在维护基金收支平衡的前提下，最大可能地发挥基金的利用效率。因此，必须对在基金支出中占重要比重的药品费用进行合理控制。

再次，采用制定基本药品目录的方式控制药品费用支出，是由我国目前医药管理体制的现状决定的。我国上市的药品数量大、品种多，同时药品流动管理体制不健全，同一药品在不同医疗机构之间、国产药与进口药之间价格差异较大，有些药品的零售价格相差几十倍。为了保证参保人员的基本医疗需求，保证基本医疗保险基金的收支平衡，基本医疗保险必须根据药品的性质、疗效和价格，将参保人员的用药限制在一定的范围内。

最后，基本医疗保险药品目录的制定在考虑参保人员用药安全和疗效的同时，还需要综合考量基本医疗保险基金的承受能力和医药市场价格因素。随着基本医疗保险基金规模的不断扩大和保障水平的提升，基本医疗保险药品目录的范围也处于不断扩大调整之中。2000年，劳动和社会保障部制定了第一部《国家基本医疗保险、工伤保险和生育保险药品目录》（简称《药品目录》）。此后，2004年、2009年、2017年、2019年、2021年和2023年《药品目录》曾进行几次更新。国家医疗保障局自2018年组建成立以来，每年开展一次基本医疗保险药品目录动态调整工作，基本医疗保险药品目录动态调整机制初步形成，新药纳入基本医疗保险药品目录的时间大大缩短，较好满足了参保患者的用药需求，极大提高了新药、好药的可及性，充分调动了药品研发和生产企业的创新积极性，基本医疗保险药品目录动态调整工作逐步走向成熟和规范。

2. 基本原则　①保证临床治疗必需且方便参保人员用药、保障参保人员基本用药需求。②有利于控制药品支付费用，保证医疗保险基金收支平衡。③适应临床医药科技的进步和发展。④贯彻中西医并举方针，中西医兼顾。⑤有利于我国医药事业的发展。

（二）纳入基本医疗保险药品目录的药品的条件

1. 可纳入基本医疗保险药品目录的药品的条件　纳入基本医疗保险药品目录的药品，应是安全有效、临床必需、价格合理、使用便利、市场能保证供应的药品，并符合以下条件之一：①《中华人民共和国药典》（简称《药典》）（现行版）收载的药品。②国家食品药品监督管理总局注册批准的药品。③国家食品药品监督管理总局批准正式进口的药品。

2. 不可纳入基本医疗保险药品目录的药品的条件　①主要起营养滋补作用的药品。②部分可以入药的动物及动物脏器、干（水）果类。③用中药材和中药饮片泡制的各类酒制剂。④各类药品中的果味制剂、口服泡腾剂。⑤血液制品、蛋白类制品（特殊适应证与急救、抢救除外）。⑥国家医疗保障局规定的基本医疗保险基金不予支付的其他药品。

（三）基本医疗保险药品目录的基本结构

《国家基本医疗保险、工伤保险和生育保险药品目录（2024年）》规定，基本医疗保险药品目录由四部分组成，即西药部分、中成药部分、协议期内谈判药品部分（含竞价药品）和中药饮片部分。西药部分、中成药部分和协议期内谈判药品部分采用"准入法"制定，所列药品为基本医疗保险准予支付的药品。中药饮片部分采用"排除法"制定，所列药品为基本医疗保险基金不予支付费用的药品。药品目录中的药品按照药物学和临床科室用药相结合的办法进行分类。西药和中成药的药品名称采用通用名，并标明剂型；中药饮片采用《药典》相应名称。

基本医疗保险药品目录中的西药和中成药又可分为甲类目录和乙类目录。"甲类目录"的药物是临床治疗必需、适用广泛、疗效好，同类药物中价格低的药品；"乙类目录"的药物是可供临床治疗选择适用、疗效好，在同类药品中比"甲类目录"药品价格略高的药品。

三、基本医疗保险基金对药品费用的给付

（一）基本医疗保险基金对药品费用给付的模式

基本医疗保险基金对药品费用的给付是基本医疗保险药品目录管理的核心内容之一，旨在确保基本医疗保险基金的合理使用，保障参保人的基本医疗权益。

对于纳入基本医疗保险目录内的药品，采用分类支付的模式，分为甲类和乙类。使用"甲类目录"的药品所发生的费用，按基本医疗保险的规定100%报销；使用"乙类目录"的药品所发生的费用，先由参保人员自付一定比例，再按基本医疗保险的规定支付。个人自付的具体比例，由统筹地区规定，报省、自治区、直辖市医疗保障局备案。

将西药、中成药、协议期内谈判药品分为甲、乙两类，主要是考虑到我国各地区间经济发展水平和医疗消费水平的差异较大。一方面，通过甲类目录，可以保障大多数参保人员基本的医疗需求，而选择适用乙类目录的药品，又能使参保人员根据个体差异和经济能力获得有效的

药品；另一方面，通过甲类目录将控制全国用药的基本水平，以宏观控制药品费用支出，同时通过乙类目录给各地留出根据用药习惯和经济水平进行调整的余地。

（二）基本医疗保险基金对药品费用给付的标准

医保药品支付标准指基本医疗保险基金对药品费用支付的范围和比例的规定。一般来讲，医保药品支付标准的确定需要综合考虑多个因素。我国在 2019 年出台的《关于以药品集中采购和使用为突破口进一步深化医药卫生体制改革若干政策措施的通知》中，明确要求推动实施药品医保支付标准。具体来说，在考虑药品质量和疗效的基础上，从国家组织集中采购和使用的药品及谈判药品开始，对医保目录内药品按通用名制定医保支付标准，并建立动态调整机制。原则上，对同一通用名相同剂型和规格的原研药、参比制剂、通过一致性评价的仿制药实行相同的支付标准。

2020 年国家医疗保障局公布的《基本医疗保险用药管理暂行办法》中，明确规定了国务院医疗保障行政部门根据医保药品保障需求、医保基金的收支情况、承受能力、目录管理重点等因素，确定当年药品目录调整的范围和具体条件，并同步确定医保支付标准。建立药品目录准入与医保药品支付标准衔接机制。除中药饮片外，原则上新纳入药品目录的药品同步确定支付标准。其中，独家药品通过准入谈判的方式确定支付标准，其他非独家药品根据准入竞价等方式确定支付标准。执行政府定价的麻醉药品和第一类精神药品，支付标准按照政府定价确定。该暂行办法的出台为我国医保药品支付方式改革和发展指明了方向。

第二节　药品集中招标采购制度

药品集中招标采购制度是改革药品流通体制的重大举措之一，主要为了解决公立医院自主分散采购做法下"药价虚高""医药只进贵的、不进对的"，以及"大处方、高回扣"等一系列问题。本节着重介绍药品集中招标采购制度的主要内容与药品集中招标采购制度的发展历程。

一、药品集中招标采购制度概述

药品集中招标采购制度（以下简称"药品集采制度"）指由政府主导、医疗保险行政部门和经办机构组织，以全国、省、市等层面多家医疗机构联合为采购主体，以公开招标、议价、谈判等方式进行药品集中采购，以理顺药品流通环节，降低药品交易成本，降低药品价格，减轻参保患者医疗负担的制度安排。2019 年政府发布了《国家组织药品集中采购和使用试点方案》（以下简称《方案》），明确了我国药品集采制度的总体思路。《方案》指出，按照国家组织、联盟采购、平台操作的总体思路，即国家拟定基本政策、范围和要求，组织试点地区形成联盟，以联盟地区公立医疗机构为集中采购主体，探索跨区域联盟集中带量采购。在总结评估试点工作的基础上，逐步扩大集中采购的覆盖范围，引导社会形成长期稳定预期。

（一）药品集中招标采购制度实施的基本原则

《方案》确定了我国药品集采制度实施的基本原则如下。

1. 坚持以人民为中心，保障临床用药需求，切实减轻患者负担，确保药品质量及供应。

2. 坚持依法合规，严格执行相关政策规定，确保专项采购工作程序规范、公开透明，全程接受各方监督。

3.坚持市场机制和政府作用相结合，既尊重以市场为主导的药品价格形成机制，又更好发挥政府搭平台、促对接、保供应、强监管作用。

4.坚持平稳过渡、妥当衔接，处理好试点工作与现有采购政策关系。

（二）药品集中招标采购制度的实施意义

首先，实施药品集中招标采购制度有利于减轻参保患者的医疗负担、治理医药价格乱象。政府通过药品集中招标采购，以医疗机构联盟的形式与医药企业进行谈判，能够获得谈判优势地位，使药品供应商面临更大的压力，降低药品的购买成本，从而整体上有利于降低药价，减轻参保患者的经济负担。

其次，实施药品集中招标采购制度能够保证药品质量。在药品集采过程中，政府对参与企业的资质、药品入围标准等有着严格的要求，对供应商提供的药品进行严格的质量把关，通过完善规范采购流程，审核环节，能够有效提高药品的质量监控水平，从而保证药品质量。

最后，实施药品集中招标采购制度有利于推动医药行业的健康发展。一是药品集采制度可以有效规范医疗机构的用药行为，降低医疗成本；二是在药品集采制度下，医药企业通过不断扩大投入提升研发能力，增强自身的竞争力，从而形成医药行业的良性健康发展。

（三）药品集中招标采购制度的主要内容

药品集中招标采购制度的主要内容包括采购主体、采购方式、采购范围、供应商资质、价格谈判、品质评估、供应保障、监管与追溯等。

1.采购主体　集中招标采购制度的实施主体可以是政府部门、医疗机构或其他相关机构，根据不同国家或地区的制度安排而有所不同。

2.采购方式　采购方式通常包括招标、协议、询价等，具体方式应根据实际情况确定。招标是一种公开透明的采购方式，通过公开竞争选择供应商；协议是与供应商达成长期合作协议，保证供应稳定性；询价是根据市场价格进行询价，选择价格合理的供应商。

3.采购范围　集中招标采购的药品范围应根据医疗需求、药物疗效、价格等因素进行科学确定，一般包括常用药品、急救药品、抗菌药物等。

4.供应商资质　供应商应符合相关资质要求，包括生产许可证、药品质量认证等。供应商应严格按照采购合同要求提供合格的药品。

5.价格谈判　集中招标采购制度通过大规模采购可以获得更好的价格优势，采购方可以与供应商进行价格谈判，确保价格合理。

6.品质评估　药品质量是集中招标采购的重要考虑因素，采购方应建立药品质量评估机制，对供应商进行评估，确保药品质量和疗效达到标准要求。

7.供应保障　供应商应按时、按量供应药品，确保医疗机构的临床需求得到满足。采购方可以与供应商签订长期合作协议，保证供应的稳定性。

8.监管与追溯　集中招标采购制度应建立相应的监管机制，对采购过程进行监督和管理，确保采购程序的公平、公正和透明。同时，采购方应建立药品追溯体系，追溯药品的生产、流通和使用情况，确保药物安全。

二、我国药品集中招标采购制度发展历程

我国药品集中招标采购制度始于 20 世纪 90 年代，经过 20 多年的发展，经历了从地市代理、省级平台、分类采购，以及国家组织集中带量采购等发展阶段，逐步建立了以市场为主导的新的药品价格形成机制，在降低药品采购成本、提高采购效率、纠正药品购销不正之风等方面发挥了积极作用。

（一）地市集采与中介代理阶段（2000 ～ 2005 年）

我国药品集采制度最早的实践探索源于河南省。1993 年，河南省直 22 家医疗机构主管院长组成管理委员会，确定河南省医药公司等 7 家批发企业为药品采购定点企业，以定点采购方式开展药品集中采购。随后，上海、江苏、广东等地先后组织了试点并取得明显效果。2000 年初，国务院办公厅转发国务院体改办等部门《关于城镇医药卫生体制改革的指导意见》，正式从国家层面提出进行药品集中招标采购试点。同年 7 月，卫生部、国家计生委等多部门印发《医疗机构药品集中招标采购试点工作若干规定》，要求各省、自治区、直辖市要尽快抓好 2 ～ 3 个药品集中招标采购工作试点，并对试点工作进行规范。2001 年，在总结试点地区运作经验的基础上，卫生部联合相关部门出台了《医疗机构药品集中招标采购工作规范（试行）》，首次明确要求县级以上非营利性医疗机构实行以地市为最小组织单位、医疗机构为采购主体、公开招标为主要形式、委托中介机构承办采购事务的药品集中招标采购工作。这一文件的出台，确立了地市集采和中介代理的模式，并掀起了全国各地药品集中招标采购改革的浪潮。

（二）省级平台与政府主导阶段（2006 ～ 2014 年）

在这一阶段主要对药品集采的主体和方法进行了改革和完善。在集采主体方面，首先，药品企业反映以地市为单位招标采购次数频繁；其次，由于受到药品加成政策的影响，单个医疗机构作为采购主体，缺乏降低药价的内生动力；最后，中介代理模式在运行过程中暴露出部分中介机构缺乏规范和监管的问题。针对上述问题，2005 年四川省率先由政府出资建立采购机构和网络平台，在全省试行药品统一招采，有效降低了企业招投标成本，被多个省市效仿。2006 年开始，根据国务院有关文件，全国各地大力推进以政府为主导、以省为单位的网上药品集中招采工作。

在集采方面，2010 年卫生部相关部门起草了《医疗机构药品集中采购工作规范》和《建立和规范政府办基层医疗卫生机构基本药物采购机制的指导意见》两个药品集采相关文件，实施"招生产企业、招采合一、量价挂钩、双信封制、集中支付、全程监控"六项创新举措，使得我国药品集采制度在方法上得以完善，各省基本药物招标结果显示，价格普遍下降 30% ～ 50%，百姓得到更多实惠。

（三）分类采购与药品谈判阶段（2015 ～ 2018 年）

以政府为主导的省级集采确实在降低基本药物价格中发挥了较为明显的作用，但还是未能解决如何保证低价采购的药品质量，以及部分专利药品、独家药品价格昂贵的问题。于是，2015 年初，国务院办公厅发布《关于完善公立医院药品集中采购工作的指导意见》，提出实行药品分类采购，构建了我国药品分类采购的整体框架。对临床用量大、采购金额高、多家企业生产的基本药物和非专利药品，仍由省级药品采购机构采取双信封制公开招标采购；对部分专利药品、独家生产药品，建立公开透明、多方参与的价格谈判机制；对妇儿专科非专利药品、

急（抢）救药品、基础输液、临床用量小的药品和常用低价药品，实行集中挂网，由医院直接采购；对临床必需、用量小、市场供应短缺的药品，由国家招标定点生产、议价采购等。同年，专利药价格谈判正式启动。由国家卫生和计划生育委员会和国务院深化医药卫生体制改革领导小组办公室牵头，在纳入医院集采基础上，附加以医保目录准入为条件，实现 3 种药品价格大幅下降。2017 年人力资源和社会保障部结合医保目录准入开展药价谈判，用 4 个月的时间，实现了 36 种药品价格平均降幅 44% 的谈判成效。2018 年，国家医疗保障局继续推进抗癌药医保准入专项谈判工作，经过 3 个多月的谈判，将 17 种抗癌药纳入医保报销目录，大部分进口药品谈判后的支付标准低于周边国家或地区市场价格。

（四）国家组织药品集中采购阶段（2018 年至今）

2018 年 3 月，随着国家医疗保障局的正式成立，药品招标采购被正式划为国家医疗保障局的主要职责之一，同时国家医疗保障局还整合了基金支付、目录准入和价格管理等职能，为在国家层面组织药品集采提供了强有力的制度和组织保障。同年 11 月，正式启动了由国家医疗保障局主导的第一批第一轮药品集采试点工作，即"4+7"药品带量集采试点，以临床价值为导向，以国家市场为"筹码"，在保证药品质量的前提下进行带量采购。根据《国家组织药品集中采购和使用试点方案》，以 4 个直辖市和 7 个其他城市为试点地区，按照"国家组织、联盟采购、平台操作"的总体思路，采取"带量采购、以量换价、招采合一、保证使用、确保质量、保障供应、保证回款、降低交易成本"等具体措施，组织 31 个经过一致性评价的药品品种进行带量采购，最终 25 个品种中选，平均价格降幅 52%，最大价格降幅达 96%。"4+7"药品带量集采是对既往药品集中采购制度的重大改革，一方面凭借国家医疗保障局职能的整合，使得真正的带量采购成为可能，通过给予企业稳定的销量预期换取药价的下降，解决了以往药品集采中量价脱钩、只招不采的问题；另一方面借助仿制药一致性评价技术的发展，使得充分的市场竞争成为可能，通过一致性评价的仿制药可以在集采中与原研药展开公平竞争，"专利悬崖"开始在我国显现。

2019 年国家医疗保障局扩大了药品集采试点范围，出台《关于国家组织药品集中采购和使用试点扩大区域范围的实施意见》，组织"4+7"试点城市之外相关地区以省为单位形成联盟，开展联盟集中带量采购。当年，全国范围内除"4+7"试点城市、福建省和河北省外，所有地区均加入联盟集采的行列，使得改革成果得到进一步推广，解决了"价格洼地"问题。此轮采集，25 个药品与试点中选价格相比，平均降幅达到 25%。2019 年 12 月 10 日，国家医疗保障局印发《关于做好当前药品价格管理工作的意见》，明确深化药品集中带量采购制度改革，坚持"带量采购、量价挂钩、招采合一"的方向，促使药品价格回归合理水平。2020 年 1 月，国家医疗保障局继续组织开展了第二批药品集采工作，覆盖 31 个省份，并将集采药品品种扩大至 33 个，与联盟地区 2018 年最低购价相比，拟中选价平均降幅 53%，逐步形成由点到面、全面推进、全国联动的趋势。

2020 年 2 月出台的中共中央、国务院《关于深化医疗保障制度改革的意见》中继续强调了深化集中带量采购制度改革。坚持招采合一、量价挂钩，全面实行药品、医用耗材集中带量采购。以医保支付为基础，建立招标、采购、交易、结算、监督一体化的省级招标采购平台，推进构建区域性、全国性联盟采购机制，形成竞争充分、价格合理、规范有序的供应保障体系。推进医保基金与医药企业直接结算，完善医保支付标准与集中采购价格协同机制。

NOTE

第三节　医疗保险定点零售药店的管理

由于医疗保险系统中保险方、被保险方和服务供方彼此分离，医疗健康服务的获取与费用支付也就彼此分离，从而需要通过规范化的管理对各方进行约束，减少不规范的医疗行为，提高医疗保障基金和医疗卫生资源的利用效率。在中国，这种约束主要通过设立定点医疗机构和定点零售药店得以实现，简称"定点医药机构"，即只有在定点医药机构发生的诊疗行为和药品购买行为才可能被纳入医疗保险的支付范围。这些措施的实施对规范医药服务行为、维护参保人员权益等发挥了积极作用。本节着重介绍医疗保险定点零售药店管理。

一、医疗保险定点零售药店管理概述

定点药店指获得定点零售药店资格，并经社会保险经办机构具体确定，并与之签订有关协议和发给定点药店标牌的，为参保人员提供处方外配服务并承担相应责任的零售药店。

实行定点零售药店管理的目的如下：①为了满足广大参保人员就医、购药的需要，扩大参保人员就医时的选择权利，既允许参保人员在选择的定点医疗机构就医、购药，也可持处方到定点药店购药。②为了打破医疗机构医药不分的垄断局面，在医疗机构和药店之间引入竞争机制，以提高药品质量和改善医疗服务，引导合理诊治、合理用药，从而控制医疗费用尤其是药品费用的不合理上涨。

（一）确定定点零售药店的原则

审查、确定定点零售药店的原则主要包括：①保证基本医疗保险用药的品种和质量。②要引入竞争机制，合理控制药品服务成本。③要方便参保人员就医后购药和便于管理。

（二）申请定点零售药店的条件和资格

药品作为一种特殊的商品，必须保证广大人民群众的用药安全。因此，在定点管理中必须对申请定点零售药店提出严格的准入条件。①定点零售药店首先要符合行业规范管理应具备的资格，如持有《药品经营企业许可证》《药品经营企业合格证》《营业执照》等，经药品监督管理部门年检合格。②遵守《中华人民共和国药品管理法》及有关法规，有健全和完善的药品质量保障制度，能确保供药安全、有效和服务质量，经药品监督管理部门年检合格。③严格执行国家、省（自治区、直辖市）规定的药品价格政策，经物价部门监督检查合格。④具备及时供应基本医疗保险用药、24小时提供服务的能力。⑤能保证营业时间内至少有1名驻店药师在岗，营业人员需经市以上药品监督管理部门培训合格。⑥严格执行城镇职工基本医疗保险制度有关政策规定，有规范的内部管理制度。⑦配备与基本医疗保险业务管理相适应的管理人员和相关业务设备。

通过对零售药店进行定点资格审查，使那些在管理和服务方面真正符合条件的零售药店纳入定点范围。

（三）定点药店申请和批准程序

1. 书面申请　愿意承担职工基本医疗保险定点服务的零售药店，向统筹地区劳动和社会保障行政部门提出书面申请，并提供审查所需的各项材料：①《药品经营企业许可证》《药品经营企业合格证》和《营业执照》副本。②药师以上药学技术人员的职称证明材料。③药品监督、物价等部门监督检查合格的证明材料。④药品经营品种清单及上一年度业务收支情况。⑤劳动和社会保障行政部门规定的其他材料。

2. 资格审查　由统筹地区劳动和社会保障行政部门根据零售药店申请所提供的各项材料，对零售药店进行定点资格审查。

3. 签订协议　由统筹地区社会保险经办机构在获得定点资格的零售药店范围内确定定点药店并与之签订有关协议，包括服务范围、服务内容、服务质量、药费结算办法，以及药费审核与控制等内容，明确双方的责任、权利和义务。协议有效期一般为一年。任何一方违约，对方均有权解除协议，但须提前通知对方和参保人，并报劳动保障行政部门备案。协议未到期限或未终止，定点药店不得随意终止定点药店零售服务。

4. 挂牌经营　零售药店取得劳动和社会保障行政部门定点药店资格的，经与社会保险经办机构签订协议后，统发由省级劳动和社会保障部门统一监制的定点药店标牌，并向社会公布，供参保人员选择购药。

二、医疗保险定点零售药店管理的发展历程

我国定点零售药店管理的发展经历了初步建立阶段和改革完善阶段。前者的主要目标是对定点零售药店管理进行基础框架设计，后者旨在定点零售药店管理的规范化和程序化。围绕这些目标，我国先后发布了一系列医疗保险定点零售药店管理的政策文件，见表8-1。

（一）初步建立阶段

为了保障人民群众的用药安全、规范药品流通，新中国成立初期，我国就开始探索建设零售药店管理制度。1984年，《中华人民共和国药品管理法》的颁布施行，明确了对药品生产、流通、使用进行严格管理的原则，为医疗保险定点零售药店管理奠定了法律基础。1998年，国务院印发《关于建立城镇职工基本医疗保险制度的决定》（以下简称《决定》），确定了城镇职工基本医疗保险定点零售药店的审定资格办法和管理方式，对定点零售药店管理进行了顶层制度设计。为推进《决定》贯彻执行，原劳动和社会保障部、国家药品监督管理局《关于印发城镇职工基本医疗保险医保定点零售药店管理暂行办法》，为医保定点零售药店的管理打下了基础框架。

（二）改革完善阶段

随着我国医疗保障体制改革的不断深化发展，医疗保险定点零售药店的管理也面临着新的挑战，亟需改革完善。为简化定点医药机构的审批流程，响应国家的"放管服"改革，2015年，国务院发布了《关于第一批取消62项中央指定地方实施行政审批事项的决定》，明确社会保险行政部门应落实取消"两定"资格审查。同年，人力资源和社会保障部发布《关于完善基本医疗保险定点医药机构协议管理的指导意见》，要求各地在2015年年底全面取消"两定"资格审查项目，完善经办机构与医药机构的协议管理，提高管理服务水平。为进一步推动医疗保险定点零售药店管理的规范化、程序化和法治化建设，2020年12月，《零售药店医疗保障定点管理暂行办法》（以下简称《办法》）颁布实施，《办法》明确了医疗保险行政部门、经办机构和定点零售药店三者的职责，进一步明确了定点零售药店的申请资格条件，规定了医保定点零售药店运行管理的原则和方式，加强对医保定点零售药店的管理。《办法》的实行为医保定

点零售药店管理的法治化、程序化和规范化奠定了基础。

本阶段重点在于进一步简化定点零售药店的审查方法，但也为管理定点零售药店制定了更严格的要求，具有程序化、规范化、严格化、放管结合的特点，管理的目标也更为清晰精准，各项工作更简便易行。

表 8-1　我国医保定点零售药店管理政策演变

发布时间	政策文件	主要内容	核心目标
1984 年 9 月 20 日	《中华人民共和国药品管理法》	管理和监督药品的生产、售卖，规范药企经营方式	保障人民用药安全和身体健康
1998 年 12 月	《关于建立城镇职工基本医疗保险制度的决定》	确定医保定点零售药店的管理方式和资格审定办法	对定点零售药店管理进行制度设计
1999 年 4 月 26 日	《城镇职工基本医疗保险医保定点零售药店管理暂行办法》	确定定点零售药店审查和确定的原则与方法	构建医保定点零售药店管理的基础框架
2015 年 10 月 14 日	《关于第一批取消 62 项中央指定地方实施行政审批事项的决定》	取消"两定"资格审查	推动零售药店市场稳步增长，激发对其的投资潜力和活力
2015 年 12 月 2 日	《关于完善基本医疗保险定点医药机构协议管理的指导意见》	全面取消"两定"资格审查，完善基本医保协议管理	规范医药机构服务，维护参保人合法权益
2020 年 12 月 30 日	《零售药店医疗保障定点管理暂行办法》	确定申请定点零售药店的条件，规范其运行、动态管理的方式，完善经办管理服务，加强对其的监督	推动定点零售药店管理规范化、法治化

三、医疗保险定点零售药店管理的内容

医疗保险定点零售药店管理主要包括对参保人的购药管理、定点零售药店的运行管理、对定点零售药店的动态监督管理。

（一）参保人购药管理

基本医疗保险定点零售药店管理将定点药店服务内容限定在处方外配。首先，应明确参保人员的购药自主权，明确参保人员有权持定点医疗机构开具的处方选择去定点零售药店购药；其次，参保人员到定点零售药店购药时，必须持定点医疗机构医生开具的处方，而且处方上必须有医师签名和盖有定点医疗机构专用章证明；最后，定点零售药店售药时应经驻店医师审核签字，且保存外配处方 2 年以上备查。

（二）定点零售药店日常运行管理

医疗保险行政部门、医疗保险经办机构和定点零售药店之间通过签订协议明确各自的责任、权利和义务。首先，定点零售药店要对基本医疗保险用药和自费药品分别管理、单独建账，并定期向社会保险经办机构报告处方外配服务情况及费用发生情况；其次，医疗保险经办机构有权对定点零售药店的处方外配服务及其费用发生情况进行检查、审核，定点零售药店有义务提供有关资料及账目清单；最后，医疗保险经办机构对定点零售药店资格实行年度审核制度，加强对定点零售药店变更登记管理，定点零售药店的名称、地址、所有制性质、法人代表等发生变化时，应当在依法履行相关手续 15 日内向统筹地区医疗保险行政部门备案。

（三）定点零售药店的动态监督管理

一是医疗保险行政部门的行政监督。医疗保险行政部门组织物价、药品监管、医药行业主管等部门，对定点零售药店处方外配服务和管理情况进行监督和检查。对违反规定的定点零售药店可视情节轻重给予警告、罚款、取消定点资格等处罚；二是医疗保险经办机构依据定点零售药店执行协议情况对其进行监督，同时，还要发挥医药行业主管部门的监督管理作用；三是医疗保险行政部门和医疗保险经办机构应加强定点零售药店的信息化、智能化、数据化建设，进一步完善医保智能监督系统。

【小结】

基本医疗保险药品目录是指为保证参保人的基本用药需要，由基本医疗保险基金支付费用的药品范围，是基本医疗保险用药范围管理的一种方式。制定基本医疗保险药品目录需要把握纳入目录的原则、条件及目的；基本医疗保险基金对药品费用的给付模式和标准是基本医疗保险药品目录管理的核心内容。药品集中招标采购制度指由政府主导、医疗保险行政部门和经办机构组织，以全国、省、市等层面多家医疗机构联合为采购主体，以公开招标、议价、谈判等方式进行药品集中采购，以理顺药品流通环节，降低药品交易成本，降低药品价格，减轻参保患者医疗负担的制度安排，主要内容包括采购主体、采购方式、采购范围、供应商资质、价格谈判、品质评估、供应保障、监管与追溯等。该制度大致经历了地市集采与中介代理阶段、省级平台与政府主导阶段、分类采购与药品谈判阶段、国家组织药品集中采购阶段等，逐步得以完善发展。医疗保险定点药店指获得定点零售药店资格，并经社会保险经办机构具体确定并与之签订有关协议和发给定点药店标牌的，为参保人员提供处方外配服务并承担相应责任的零售药店。定点零售药店管理主要包括对参保人的购药管理、定点零售药店的运行管理、对定点零售药店的动态监督管理。

【案例】

网络售药平台规范管理的困境与对策

近年来，网络售药平台因其便捷性和广泛的药品选择，成为越来越多人购药的重要渠道。然而，调查发现，部分平台存在不得当售卖处方药的现象，包括根据购药人虚构病情出具电子处方、无须医院首诊记录等。这些行为不仅违反法律法规，且存在极大的安全隐患。2024年1月，国家药品监督管理局公布了4起药品网络销售典型案例，引发社会广泛关注，处方药销售乱象再次进入公众视野。

张女士因常年慢性病需要定期服药。2023年12月某天，她在某知名网上药店购买药物时，发现该平台只需消费者填写病情描述，即能迅速生成电子处方。张女士顺利购买了药物，几天后却因药物服用不当导致病情恶化，险些住院。与此同时，某地的药品监督管理局发布通告，指出多家网络售药平台存在未经处方销售处方药的问题，并对错误使用药物给消费者带来的风险提出警告。新闻曝光后，引发社会广泛关注，尤其是互联网医院能根据"患者"需求快速出具电子处方的问题，更加引发用户对网络售药安全性的质疑。

国家药品监督管理局随即展开专项整治行动，并对违规平台予以罚款和停业整顿。相关专家呼吁，有关部门应加强对处方源真伪的审核，并建议通过技术手段，如二维码识别功能，完善在线处方审核机制，确保每一单交易都可追溯，保障药品安全。

资料来源：不用处方线上线下都能买到处方药，记者调查处方药销售乱象 http://www.news.cn/20240105/01f20b1cdd8b47539af6f0003eceffde/c.html

【思考题】

1. 基本医疗保险药品目录的含义和制定原则是什么？

2. 基本医疗保险药品支付标准的制定需要考虑的因素有哪些？

3. 药品集中招标采购制度的主要内容是什么？

4. 论述我国药品集中招标采购制度的发展历程。

5. 简述定点零售药店的申请和批准程序。

第九章　医疗保险费用支付方式

【学习目标】

通过本章学习，要求掌握医疗保险费用支付方式的定义和分类，熟悉医疗保险费用供方支付方式与需方支付方式，了解医疗保险费用支付方式的作用、原则与支付体系。

第一节　医疗保险费用支付

医疗保险费用支付是医疗保险的重要内容，不仅关系到医疗保险各方利益，而且是真正发挥医疗保险功能的关键环节。

一、医疗保险费用支付概述

医疗保险费用支付指被保险人在获得医疗服务后，由医疗保险机构或被保险人向医疗服务提供方支付医疗费用的行为，一般把医疗保险费用支付的途径和方法称为医疗保险支付方式。

医疗保险费用支付作为医疗保险最重要和最基本的职能之一，也是医疗保险制度实施过程中涉及各方经济利益最直接与最敏感的环节。一方面，医疗保险费用支付是一种经济补偿制度，即被保险人向保险人（医疗保险机构）缴纳医疗保险费，形成医疗保险基金，当被保险人获得保险范围规定的医疗服务时，医疗保险机构按照法规条款或保险合同给予被保险人的全部或部分经济补偿。另一方面，医疗保险费用支付体现为一种法律契约关系，保险人或医疗保险机构、被保险人、医疗服务提供方基于签订的保险费用支付合同，各方在合同和保险规则的约束下各自行使自己的权利并履行义务，以保证医疗保险及制度平稳运行，从而体现出法律契约关系。

根据保险系统构成与保险支付体系，医疗保险支付方式主要包含医疗保险需方支付方式和供方支付方式。随着医疗保险制度的不断改革完善，供方支付方式已经成为医疗费用的主要支付方式。

二、医疗保险费用支付作用

医疗保险支付使医疗服务接受者无须支付其获得的医疗服务的全部费用，使患者在规避医疗支出风险的同时获得必要的医疗服务。医疗保险支付作为一种经济手段，通过定价机制、激励机制、风险控制机制、成本控制机制、质量保障机制等作用机制，对医疗服务费用控制、卫生资源配置、医患行为规范等具有很强的导向作用。当前，医疗保险支付方式是我国基本医疗保险制度改革与完善的重点与难点。

NOTE

（一）医疗保险支付方式是医疗卫生服务体系运行的重要环节

在现代医疗保险体系中，不仅包括医疗保险经办机构、医疗服务需方与医疗服务提供方三方，而且还包括政府一方，政府在三者之间发挥协调、管理等作用。在这个系统中，医疗服务提供方是医疗保险的实现形式，医疗保险基金支付是对医疗服务提供中卫生资源消耗的补偿。一方面，医疗保险基金是医疗卫生服务体系主要的筹集来源。长期以来，我国医疗卫生服务体系的筹集模式以政府财政预算支出、社会卫生支出和居民个人支付为主。在我国基本医保全覆盖的现实背景下，当前我国98%以上的医疗服务消费者具有不同类型的基本医疗保险；这些参保人在定点医疗机构接受医疗服务时，医疗保险经办机构需要将医疗保险经费支付给医疗服务提供机构，以补偿医疗资源的消耗，从而医保基金支出已取代了传统的财政预算支出和个人支出的主要筹集模式，已成为医疗服务机构最重要的筹集来源。另一方面，医疗保险供方支付是当前影响医疗卫生服务系统干预性最强的措施之一，已成为医疗卫生服务系统最重要的控制柄之一；医疗保险支付方式的改革，也将对医疗卫生服务购买起到决定作用。从而，医保支付方式改革将从机制上影响到医疗卫生服务体系的整体改革与发展。

1. 调节医疗卫生服务供需行为   医疗保险基金是医疗保障制度发展的经济基础，也是医疗保障制度可持续发展的重要保障，医疗保险基金支付的主要任务就是保持基金收支平衡，提高基金使用效率。在医疗卫生服务市场中，由于信息不对称、卫生服务需求的被动性和医疗服务供给的主动性等供需特征，医疗机构服务行为的改变将直接或者间接地引导和规范参保人的就医服务行为。从我国目前支付方式改革的实践来看，不同类型的医保支付方式改革对医疗服务提供行为的决策和卫生资源成本变化都具有不同的影响。医疗保险支付方式对改变医疗服务市场上供需双方的行为发挥重要的作用。

2. 调控卫生资源的配置和利用   医疗保险基金作为医疗卫生服务的购买方，通过医疗保险基金支付的方式来完成购买什么、购买多少、怎么购买的问题。在医疗保险基金购买中，医保经办机构不仅要考虑医疗服务提供的数量，更需要考虑医疗服务的质量。医疗保险基金支付方式的不断调整和购买行为，引导了医疗卫生服务行为的不断变化，从而调整卫生资源的配置状况，引导医疗卫生系统高质量发展，提高医疗保险基金的使用效率。同时，有利于形成医疗机构合理功能定位，促进分级诊疗的落地。当前，按疾病诊断相关分组（diagnostic related groups，DRGs）支付方式试点改革，根据疾病分组费用计算权重支付，权重是不同病组的难度系数，费率是标准化之后的次均费用。在医保区域总额基金确定的前提条件下，如果医疗机构开展疑难杂症的治疗，权重较高，将会得到更多的补偿，如果开展常见病、多发病的治疗，权重较低，补偿较少。因此，医疗机构更倾向于开展疑难杂症的诊疗服务，而减少常见病、多发病的治疗，这从客观上改变了医疗机构的功能定位，让三级医疗机构趋于开展高科技、高精尖的疑难杂症治疗，使其回归合理功能定位，而将普通疾病逐渐从三级医疗机构剥离出来，可改变目前我国三级医疗机构人满为患的就医流向不合理的现象，促进分级诊疗的落地。

3. 推进医疗机构成为财务风险承担者   随着医疗保险基金支付方式改革，医疗保险基金对医疗服务提供机构的支付由原来的后付制改为预付制。后付制是根据卫生服务发生后的数量和支付标准进行付费，容易产生诱导需求，导致医疗费用过快增长。预付制是在医疗服务发生之前，医疗保险经办机构已经确定了支付标准，并通过考核后对医疗机构进行决算支付，这意味着医疗保险基金的财务风险由原来的医保经办机构承担改成了医疗机构自己承担。医保支付方式改革将改变医疗机构的体制机制，促使医疗机构主动开展内部控制和成本核算，促使医疗机构改变经营模式和运营方式，主动承担控制财务风险，改变医疗机构绩效考核和分配方式，提高医疗机构精细化管理水平，从而有利于控制医疗服务的过度利用。

4. 促进健康管理的发展　《"健康中国 2030"规划纲要》提出"到 2030 年，实现全人群、全生命周期的慢性病健康管理"的目标；明确了"以基层为重点、预防为主"的卫生工作方针。要求树立大健康理念，从以治病为中心向以健康为中心转变，从疾病管理向健康管理转变。我国已经建立了全民覆盖的基本医疗保险，医疗保险基金已成为医疗卫生服务体系的最主要筹集来源，从而医疗保险基金的使用和流向对医疗卫生服务体系的发展有重要的引导作用。《关于深化医疗保障制度改革的意见》指出："大力推行以按病种付费为主的多元复合式医疗保险支付方式，推广按疾病诊断相关分组付费，医疗康复、慢性精神疾病等长期住院按床日付费，门诊特殊慢性病按人头付费。"随着住院按病种付费改革的推进，随着三级医疗机构功能定位的调整，一些慢性病、常见病将逐步下沉到基层医疗机构就诊。基层医疗机构采取按人头付费改革方式，在"结余留用、合理超支分担"的机制下，开展健康管理和预防保健，从而减少疾病发生率，提高慢性病管理的规范化治疗，促进医疗保险向健康保障的过渡。

（二）医保支付方式改革是医保治理体系和治理能力现代化的重要方面

中共中央《关于全面深化改革若干重大问题的决定》提出"推进国家治理体系和治理能力现代化""建立更加公平可持续的社会保障制度"。对于这样一个事关全民的基本医保制度健康发展的重大问题，实现制度的治理效能，让医疗保险制度惠及广大参保人，其治理能力的提升尤为重要。经过多年探索实践，我国已经建立起了全世界最大的医疗保障体系，但是也暴露出在医保治理体系中存在的诸多问题。只有全面加强信息化建设，提升医保综合治理能力，利用高科技手段创新医保经办管理，推进 DRGs/DIP 按病种分值付费（diagnosis-intervention packet，DIP）改革发展等途径，才能实现医保治理体系和治理能力现代化。

（三）医疗保险基金支付是实现价值医疗的有效途径

以医保支付方式改革为手段，通过复合式医保支付方式改革，发挥医疗保险战略性购买的作用，推动医疗服务体系的转变，引导患者合理就医，以实现"基层首诊、双向转诊、急慢分治、上下联动"的分级诊疗目标；可建立以健康为目标的健康共同体，建立医疗保险基金按人头总额包干、结余留用、合理超支分担的机制，探索医保总额预算下的绩效薪酬制度改革；在组织管理上，发挥上级医疗机构的龙头作用，基层医疗机构的托底作用，建立以服务内容为导向的纵向融合，形成激励约束机制及费用控制机制同向发力。在服务提供上，深化"医疗服务＋公卫服务"融合模式，整合传染病防治、慢性病管理等健康服务共同体，探索疾病预防和诊疗服务相衔接。通过医保支付方式的引导作用，推动优质卫生资源的下沉，提升基层服务能力。在实践中，将家庭医生签约服务纳入医保支付体系中，发挥健康守门人作用，让家庭医生签约服务考核结果与资金分配挂钩，逐步提高基层卫生人员待遇，真正落实强基层的政策。

（四）医疗保险支付方式改革与信息化建设相辅相成

DRG/DIP 改革的前提是开展按疾病诊断相关分组，需要统一病案填报标准。当前，病案填报标准一般采用通用的《国家医疗保障疾病诊断分类与代码》（2.0 版）和《国家医疗保障手术操作分类与代码》（2.0 版）。开展疾病分组，就离不开信息系统的支撑，需要建立疾病分组器。我国最早的分组器自 2008 年诞生，而后陆续产生了诸多优秀分组器，推动了行业的快速发展。当前，DRGs/DIP 分组方案的确定在全国广泛实施，建立大数据监管，打造智能化监管平台，建设专业化监管队伍，实施精细化监管措施，通过大数据捕捉医疗行为变化，并与医疗机构收益挂钩。医保支付方式改革与信息系统建设相辅相成，并随着医保支付方式的推进，信息化水平也将不断提高，成为推动医保支付改革的重要手段和途径；信息化是开展支付方式改革的基础和条件，信息化的发展保障了支付方式改革的实施，而随着支付方式改革的推进，也对信息化发展提出了更高的要求，从而推动了信息化的发展。

三、医疗保险费用支付原则

（一）收支平衡

收支平衡原则，即医疗保险费用支付必须坚持以收定支、量入为出，费用支出水平必须与筹集水平基本一致。收支平衡原则是医疗保险费用支付必须遵照的基本原则，也是医疗保险制度运作的前提与基本条件。在我国基本医疗保险的运行中，保险人即医疗保险机构支付给被保险人实际发生的医疗费用总额，一般低于或等于其实际医疗服务费用总额，不得超过实际医疗服务费用总额，从而超越基本医疗保险的支付能力与筹集水平，这样才能保持医疗保险制度的平稳、安全运行与可持续发展。

（二）权利与义务对应

权利与义务对应原则强调参保人享受医疗保险机构为其支付医疗保险费用的权利，必须与其承担缴纳医疗保险费等责任义务相一致。在医疗保险费用支付对象上，"参保支付，不投保不予支付"，即只有参加医疗保险的对象才能得到医疗保险费用支付，而未参保人员的医疗费用则不能得到医疗保险基金支付；在医疗保险费用支付水平上，"多投多保，少投少保"。社会医疗保险虽然强调医疗保险的公平性，但仍然体现出参保权利与义务的基本一致。例如，设置个人账户的医保制度，收入较高的参保对象，其个人账户资金较多，支付能力相对较高；反之，则较低；又如，参保对象参加基本医疗保险之外，还可以根据其经济能力和保险需求再参加其他补充医疗保险，以获得更多的医疗费用补偿；如参加基本医保对象投保商业医疗保险，则其获得的医疗费用支付额度与其缴纳的保险费、保险期限和疾病风险等有关，并由参保人与承保的保险机构双方签订合同约定各自的权利与义务。

（三）符合医疗保险规范

符合医疗保险规范原则指医疗保险系统各方依照相关规定或合同约定实施医疗保险，超出医疗保险相关规定或合同约定的行为将不能得到医疗费用的保险补偿。对于被保险人接受医疗机构医疗服务所发生的医疗费用，医疗保险机构所能支付的费用必须局限于医疗保险规定或合同约定的范围，如药品目录、服务设施、诊疗项目及疾病病种等，超出支付范围的医疗费用，保险机构不予支付。从各国医疗保险发展来看，尽管医疗保险机构支付医疗费用的范围存在差异，但支付范围主要包括被保险人患病就医所发生的直接医疗费用，而其他非直接医疗费用，如交通费、伙食费、误工费、失业费等，或因医务人员失职造成的医疗差错或医疗事故损失等费用，医疗保险机构一般不予支付。

（四）有限支付

任何医疗保险的支付能力都是有限的，因为任何保险的保险费筹集是有限的、相对固定的。而医药技术的发展、疾病的发生、医疗服务提供及参保人的需求等是不断变化、相对无限的。为了保证医疗保险的正常运行，维持医疗保险基金的收支平衡，医疗保险费用支付必须遵照有限支付的原则，即其所支付的医疗服务费用金额不得超过被保险人实际发生或支付的医疗服务费用，且医疗保险所支付的医疗费用必须在医疗保险范围之内。在医疗保险实施过程中，还要通过各种支付方式和具体措施以加强对医疗服务提供者和被保险人的医疗行为监管，控制医疗服务的不合理使用与医保费用的不合理支付；同时，被保险人也需依照医疗保险规定或合同约定分担一定数额的医疗费用。

四、医疗保险费用支付分类

（一）按支付时间分类

1. 后付制　后付制指被保险人在接受医疗机构提供的医疗服务后，由医疗保险机构根据服务发生的数量和支付标准，向提供医疗服务的机构或医务人员支付医疗费用的方式。这是一种传统的、使用最广泛的支付方式；按项目付费即为典型的后付制方式。根据不同的医疗保险制度特点、社会经济发展与历史传统等情况，不同国家或不同医疗保险制度的国家或地区，医疗保险费用后付制又呈现出多种具体形式。

后付制的优势主要是医疗机构和医务人员在医疗服务过程中有更大的自由度，从而较少考虑医疗费用控制等医疗保险制度的约束，且更有利于患者医疗服务需求的满足。后付制的不足是医疗机构和医务人员具有增加医疗服务的较大空间，或增加服务数量，如提供更多的药品或检查，或增加新技术或设备的使用等。由于是事后对医疗服务进行审查从而监督难度大，难以有效地控制医疗服务费用。由于医疗服务项目、数量、类别繁多且处于不断变化中，不同医疗机构在服务质量与技术水平等方面存在差异，如何科学合理地确定各级医疗机构的医疗服务项目支付标准，是后付制医疗保险支付面对的关键问题。

2. 预付制　预付制指在医疗服务发生之前，医疗保险机构按照预先确定的支付标准，向被保险人的医疗服务提供方预先支付一定数额的医疗费用，或确定支付额度后分期支付给医疗服务机构。按照预付计算单位，预付制可分为总额预算支付；按服务单元支付，即按预先确定的次均门诊、次均住院费用标准或床日费用标准支付；按人头支付，即按照每个人的支付定额标准和医疗机构服务的被保险人数量确定预付的额度；按工资标准支付，即薪金制；按疾病诊断相关分组支付；按病种分值付费支付等多种方式。

预付制的优势是能够较好地控制医疗机构和医务人员对医疗服务的过度提供，并对医疗保险需方过度利用医疗服务行为进行有效的约束，从而可以有效地控制医疗费用过快增长。通过实施不同方式的预付制，医疗保险机构将医疗费用控制的主要职能和风险转交给了医疗机构和医务人员，减少了医疗保险机构的工作量。预付制的不足主要是医疗机构和医务人员为了自身的利益，可能会采取一定的措施来控制医疗服务成本，如减少对被保险人服务数量、降低医疗服务质量等，从而损害被保险人的健康利益。预付制实施的难点是如何确定各种医疗项目的支付标准，也对医疗机构内部管理及信息系统等提出了更高的要求。世界各国医疗保险实践表明，在控制医疗费用的效率和效果等方面，预付制具有比后付制更加明显的优势，从而医疗保险支付方式呈现出由后付制向预付制发展的趋势。

（二）按支付对象分类

按支付对象不同，可把医疗保险支付方式分为向向供方支付方式和需方支付方式。

1. 向需方支付方式　向需方支付方式，也称间接支付方式，指被保险人接受医疗机构提供的医疗服务后，先由被保险人向医疗机构支付所发生的医疗费用，然后由医疗保险机构依据医疗保险相关规定或合同给予被保险人全部或部分的医疗费用补偿。医疗保险机构与医疗服务机构不发生直接的支付关系。向需方支付方式工作量较大，操作较烦琐，管理成本也相对较高，并难以有效约束医疗机构对医疗服务的过度提供，从而不利于合理控制医疗服务费用。这种支付方式在现代医疗保险实践中逐渐被向供方支付方式所取代。

2. 向供方支付方式　向供方支付方式，也称直接支付方式，指被保险人接受医疗机构提供的医疗服务后，由医疗保险机构按照医疗机构提供的服务数量和支付标准等，把发生的医疗费用直接支付给医疗服务机构；被保险人只需按照医疗保险相关规定或合同约定，支付应该由个人支付的部分医疗服务费用。向供方支付方式操作简便，管理成本相对较低，有利于约束医疗机构和医务人员过度提供医疗服务的行为，可以有效控制医疗服务费用的不合理增长。

（三）按支付内容分类

按照支付内容不同，可把医疗保险支付方式分为对医生的支付方式和对医疗服务的支付方式。

1. 对医生的支付方式　对医生的支付方式指对医务人员所提供医疗服务支付报酬的途径与方法，如工资制、按人头付费制、以资源为基础的相对价值标准（resource based relative value system，RBRVS）等。

2. 对医疗服务的支付方式　对医疗服务的支付方式指对医疗机构为被保险人提供医疗服务支付费用的途径与方法。根据服务的内容不同，对医疗服务的支付方式可以分为对门诊医疗服务的支付、对住院医疗服务的支付、对药品和护理服务的支付等。

（四）按支付水平分类

按支付水平不同，可把医疗保险支付方式分为全额支付和部分支付。

1. 全额支付　全额支付指被保险人接受医疗机构医疗服务后发生的医疗费用，全部由医疗保险机构支付，被保险人享受完全免费医疗。

2. 部分支付　部分支付指被保险人接受医疗机构医疗服务后所发生的医疗费用，医疗保险机构依据医疗保险规定或合同约定承担其中一部分，被保险人则需要分担一定比例的医疗服务费用；被保险人分担医疗服务费用的方式包括起付线、按比例分担、封顶线、混合支付方式等。

（五）按支付主体分类

按不同的支付主体，可以把医疗保险支付方式分为分离式和一体化支付方式。

1. 分离式　分离式指在医疗保险系统构成中，医疗保险机构和医疗服务提供方相互独立，前者负责医疗保险费用的筹集与支付，而后者负责向被保险人提供医疗服务。

2. 一体化方式　一体化方式指医疗保险机构和医疗服务提供方两者合为一体，既负责医疗保险费用的筹集与支付，又承担为被保险人提供医疗服务的职责；如美国的健康维持组织（Health Maintenance Organization，HMO）等。

五、医疗保险费用支付体系体制

（一）医疗保险支付体系

医疗保险支付体系是医疗保险系统各相关要素为了维持医疗保险基金收支平衡和医疗保险制度稳定运行而形成的一个相互联系、相互依赖的有机整体。医疗保险支付体系是医疗保险运行的核心与关键，也是医疗保险履行职能的基本运行结构。随着医疗保险制度的建立与改革完善，医疗保险支付体系逐渐发展完善，而医疗保险支付体系的发展也促进了医疗保险制度的逐步完善。

从医疗保险支付体系构成看，主要分为四类支付结构。

1. 直接支付结构　在医疗保险制度实施之前，医疗保险支付体系构成要素为患者（被保险人）和医生（医疗服务提供方）。这个阶段医疗服务费用支付关系非常简单，患者因为疾病找医生就医，医生向患者提供医疗服务，患者直接支付医疗费用给医生，医患经济关系类同于一般商品交换，这种医疗费用支付关系为直接支付结构，即患者支付医疗费用给医生，患者所获得的是医疗服务而不是医疗费用的补偿。

2. 双向支付结构　随着医疗保险制度的建立与发展，医疗费用支付体系中出现了新的要素，即医疗保险机构。在这一阶段，保险人即医疗保险机构的主要职能是接受参保对象的投保，接收参保对象缴纳的保险费；当被保险人因为疾病接受医疗服务而发生医疗费用时，由医疗保险机构依据双方约定或合同给予参保对象相应的经济补偿，医疗保险机构与医疗服务提供方不发生直接联系和支付关系，这类医疗费用支付关系即双向支付结构。在这种支付结构中，参保对象缴纳保险费给医疗保险机构，医疗保险机构对参保对象发生的医疗费用给予经济补偿，医疗服务提供方与医疗保险机构不产生直接经济关系，而是通过参保对象发生间接经济关系。

3. 第三方支付结构　随着医疗保险制度的逐步完善，在双向支付结构的基础上形成医疗保险支付体系的新结构，即第三方支付结构，见图9-1。与双向支付结构相比，第三方支付结构最大的不同是医疗保险机构与医疗服务提供方发生了直接的支付关系。参保对象向医疗保险机构缴纳保险费，当被保险人因为疾病接受医疗服务而发生医疗费用时，由医疗保险机构依据约定或合同替代被保险人向医疗服务提供方支付一定额度的医疗费用，而且医疗保险机构作为第三方替代被保险人向医疗服务提供方支付医疗费用成为医疗保险支付的主要形式。

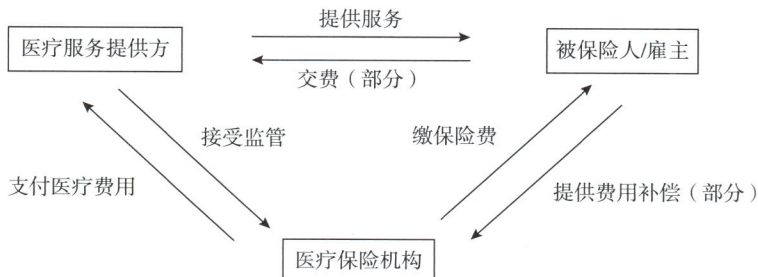

图 9-1　第三方支付结构

4. 三角四方支付结构　为保证医疗保险制度的公平与有效运行，随着第三方支付结构发展，需要作为管理方的政府参与到医疗保险支付体系中，这样就形成了由医疗保险机构、医疗服务提供方、被保险人、政府组成的医疗保险支付体系三角四方支付结构，这也是现代医疗保险支付体系的结构形式，见图9-2。政府作为管理方参与到医疗保险支付体系中，既可以通过法律法规等对支付体系相关各方的经济关系进行监管和协调，又与医疗保险支付体系各方存在着不同形式的经济关系，如预算拨款、预算补贴等。

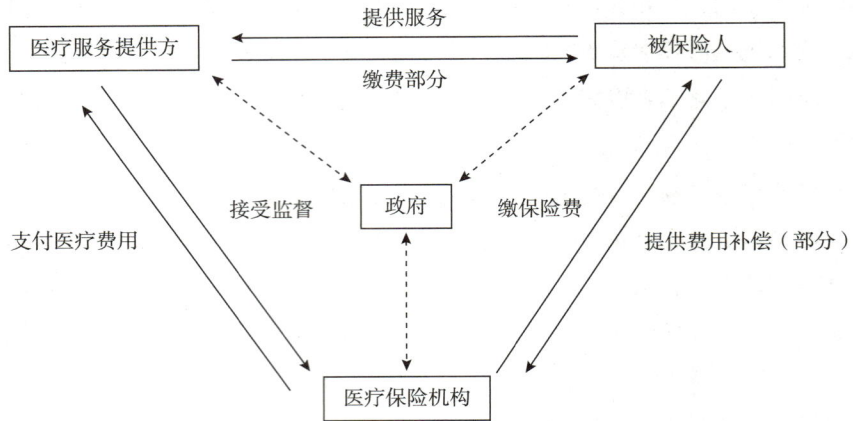

图 9-2   三角四方支付结构

（二）医疗保险支付体制

医疗保险支付体制是一个国家或地区用法律或合同的形式确定的医疗保险费用支付方式。医疗保险支付体制分为三种模式。

1. 集中统一支付模式   集中统一支付模式指在一个国家或地区，医疗保险资金通过统一的医疗保险机构流向医疗服务提供方，即医疗保险基金集中于单个付款人，由该付款人以分配预算资金的办法，将医疗服务费用统一支付给医疗服务提供方。目前，提供全民健康保险的国家大多采用这种支付模式，如英国和加拿大。由于实行全民免费医疗，医疗服务系统的全部收入主要来自国家医疗保险基金，政府成为全民医疗保险费用的唯一支付人。这种支付模式的优点是计划性较强，政府掌握医疗保险基金配置的主动权，可较好地控制卫生服务费用支出，管理成本也相对较低。

集中统一支付模式又可分为三种类型：一是中央政府作为单一支付人模式，特点是医疗保险基金由中央政府直接掌握，中央政府作为单一支付人，以国家预算形式分配医疗保险基金，如英国。二是省级政府作为单一支付人模式，特点是医疗保险基金来源于省级政府税收或中央和省级政府两级税收；省级政府作为医疗保险费用的唯一支付人，以省级政府预算的方式分配医疗保险基金，如加拿大。三是地方政府作为单一支付人模式，特点是医疗保险基金主要来自地方政府税收，地方政府按照与医疗服务提供方协商确定的医疗服务预算总额，统一支付给医疗服务提供方，如瑞典。

2. 比较集中的准统一支付模式   比较集中的准统一支付模式指医疗保险基金通过多渠道筹集，最终集中到医疗保险机构，由医疗保险机构根据统一的支付标准，按照与医疗服务提供方协商确定的医疗服务支付办法集中支付。实行该模式的国家主要是实施社会医疗保险的国家，如德国、法国、荷兰等。这种模式通过统一的社会医疗保险机构调控医疗保险资金，决定医疗服务系统规模，并可根据区域卫生规划调整卫生资源的投入方向，保持卫生费用占国内生产总值的适当比例。由于医疗服务价格由医疗保险机构与医疗服务提供方组织协商确定，这种模式更利于控制医疗费用的不合理增长，医疗保险管理成本也相对较低。

3. 分散独立的支付模式　分散独立的支付模式指在公、私医疗保险并存，或以私人健康保险为主的多元医疗保险体制下，多个支付人以不同的方式和标准支付医疗保险费用的模式。实行该模式的国家以美国为代表。这种模式的特点是参保人有较多的选择性，可满足不同层次的医疗保险需求。由于医疗费用支付渠道多，难以有效控制医疗费用的过快增长；各类医疗保险机构各自为政，激烈竞争，需要耗费大量医保行政管理费用。

世界各国实行不同的医疗保险费用支付体制，有其自身独特的社会经济、文化背景及传统文化。同时，各国的医疗保险支付体制又处在不断变化和完善之中，并呈现出不同的发展趋势，如分散独立的支付模式向集中统一的支付模式发展；单一支付模式向混合支付模式发展；支付标准由自由定价向政府控制价格或统一价格发展；各国内部从单一支付方式和标准向多种支付方式与标准并存发展等。

第二节　医疗保险费用供方支付方式

按不同的支付对象，可把医疗保险费用支付方式分为向供方支付方式和向需方支付方式。医疗保险供方常用的支付方式有按服务项目支付方式、按人头支付方式、按工资标准支付方式、按病种分值付费支付方式、总额预算支付方式等。

一、供方支付方式概述

医疗保险供方支付方式指医疗保险机构作为第三者代替被保险人向医疗服务提供方支付医疗服务费用的途径和方法。参保人依据规定或合同先向医疗保险机构缴付一定数额的医疗保险费，建立医疗保险基金，当被保险人接受医疗机构提供的医疗服务后，医疗保险机构作为付款人，按规定或合同约定，代替被保险人向医疗机构支付所花费的医疗费用。

二、供方支付方式主要分类

（一）按服务项目支付方式

按服务项目支付方式是后付制的典型代表，医疗保险起步阶段通常都采用这种付费方式，通常做法是保险机构根据患者在医院所接受的服务项目按收费单据报销，所支付的数额取决于各服务项目的价格和服务量。

按服务项目支付方式的优点：对医疗机构来说容易操作、简单易行、接受度高，而且医院收入和提供的服务量有关，有利于调动服务提供者的积极性，使其更愿意采用先进的仪器设备和医疗手段，在一定程度上促进了医疗技术的发展和进步。缺点：可能会使医疗机构诱导患者选择更多更贵的服务项目，医疗费用难以控制，导致医疗卫生服务的公平程度和社会效益下降。

（二）按人头支付方式

按人头支付方式指保险机构根据医院所服务的参保人数，按事先确定的人头费用标准，定期向医院支付一笔固定的费用，医院提供合同规定的一切医疗服务，不再另行收费，医院的收入与其服务的参保人数成正比，与提供的服务成反比，结余归己，超支自负。

按人头支付方式的优点：公平性较好；预算方法简单，管理成本相对较低；对医疗服务费用的控制力较强；有利于预防保健服务。缺点：可能出现供方为节省费用而减少服务提供，或降低服务质量，推诿重症患者等现象；可能出现医疗服务体系效率低下，可能减少高新医疗技术的使用率。

（三）按工资标准支付方式

按工资标准支付也称为薪金制，即医疗保险机构或政府机构根据医护人员提供医疗服务的价值向他们定期发放工资，以补偿定点医疗机构的人力资源消耗。这种支付方式指医生和其他医务人员按照政府规定的时间工作，领取固定数额的工资；最显著的特点是医生的收入与所治疗的患者人数，以及病情严重复杂程度没有关系。

按工资标准支付方式的优点：有利于控制医院管理成本和人员开支，鼓励医生进行会诊从而提供更适当的医疗卫生服务。缺点：道德风险形式可能转向服务不足，医生的工作积极性不高，医方服务态度不好，治疗质量可能下降。

（四）按床日支付方式

按床日支付方式主要指按住院床日付费，是预付制中按服务单元支付的主要方式之一。"服务单元"指将医疗服务的全过程按照一个特定的标准分为若干个相同的部分，每一个部分即为一个服务单元；按床日支付方式中的一个床日即为一个服务单元。按床日支付就是医疗保险机构根据测算，事先制定某一种疾病的日均住院费用标准，在被保险人接受医疗服务提供方的服务后，由医疗保险机构根据被保险人实际住院的总床日数支付医疗服务提供方医疗服务费用。依据按床日支付实施的病种范围，可分为专科医院/科室的按床日支付方式与综合性医院的全病种按床日支付方式。一般而言，按床日支付方式主要适用于住院床日比较稳定的病种，对于病情变化剧烈、日均住院费用差别较大的病种适用程度较差，从而多数地区都试行的是专科性按床日支付方式。

按床日支付方式的优点：费用结算简单，主要由患者疾病诊断、医疗机构级别及住院天数决定医保支出的特点，有利于减少医疗保险机构的工作量，降低管理成本，同时有利于医疗机构提高工作效率，控制医疗资源不合理使用，降低医疗服务成本。缺点：由于按床日付费的标准是固定的，可能会出现医疗机构为了经济利益而延长患者住院时间以增加医疗收入等问题。

（五）点数法支付方式

点数法支付方式来源于日本，现已广泛推行于英国、德国等国家的医保支付方式改革，并逐渐走向国际化。点数法支付方式又称总额控制下的DIP，它将项目、病种、床日等各种医疗服务的价值以一定点数体现，每个医保年度末根据各医疗机构所提供服务的总点数，以及地区医保基金支出预算指标，得出每个点的实际价值，按照各医疗机构实际点数付费。点数法总额控制不同于年初将医保基金预算额度分配到每家医疗机构的做法，是提出本地区层面总的医保基金预算控制。医疗机构最终获得的医保费用支付在提供服务的过程中并不确定，而是与每家医疗机构疾病治疗的数量和难易程度相关，也与所有医疗机构疾病治疗的总数量和难易程度有关。点数法支付方式的核心理念在于政府通过加强对于卫生领域的干预，通过预算管理体系和医疗服务相对价值体系调控医疗保险市场和医疗服务市场，希望以此增强医疗服务机构之间的竞争以提高效率，并最终达到控制医疗费用、维持医疗保险基金的可持续性的效果。

点数法支付方式的优点：可以更好地控制医疗费用，控制过度医疗；促进医疗机构之间竞争，为患者提供更优质的医疗服务；促进分级诊疗。缺点：限制了医疗服务提供方采用新医疗技术、设备的积极性；医疗服务提供方容易产生道德风险问题，减少必要的医疗服务，出现推诿患者等现象。

（六）总额预算支付方式

为达到控制费用的目的，保险机构与医院协商确定的以年度预算总额为最高限度的支付方式称为总额付费。在总额预算制下，一旦医院预算额度确定后，结余归己，超支自负，能否合理确定预算是实施该支付方式的关键环节。预算的确定主要依据以下因素：医院规模设备和设施情况、服务质量、服务地区、人口密度、上年度预算执行情况和通货膨胀等，一般为一年调整一次。

总额预算支付方式的优点：对医疗服务费用有高度的控制权，促进医院主动控制成本，合理配置医疗资源，有效控制医疗费用增长，医院比较易于接受；总额预算稳定，可操作性强；管理成本较低、效率较高。缺点：医务人员缺乏工作积极性，影响医疗服务数量和质量，可能阻碍患者住院治疗，减少一些必要的服务项目，患者自付费用可能增加，预算总额难以科学合理地确定。

（七）按病种分值付费支付方式

按病种分值付费（diagnosis-intervention packet，DIP）支付方式。DIP 支付方式，也称"基于大数据的住院按病种分值付费"，是利用大数据优势所建立的完整的管理体系，发掘"疾病诊断 + 治疗方式"的共性特征，对病案数据进行客观分类，在一定区域范围的全样本病例数据中形成每一个疾病与治疗方式组合的标化定位，客观反映疾病严重程度、治疗复杂状态、资源消耗水平与临床行为规范等。DIP 支付方式是针对住院患者的分类分组和付费标准测算，是有效分配医保基金和对医疗机构进行精细化管理的基础工具。

DIP 支付方式是 DRGs 中国本土化的创新，并在全国实行试点推行，将成为我国医疗保险主要支付方式之一。DIP 支付方式的优点：DIP 属于中国原创支付方式，并基于大数据理念，基础条件和分组技术方面的障碍少，包容性强，跨地区普及更方便。缺点：病种分类及确定标准有所欠缺，医疗机构等级系数存在争议，医保机构与医疗机构之间的沟通机制尚有待完善，对医保经办管理提出了较高的要求。

（八）按疾病诊断相关分组支付方式

按疾病诊断相关分组支付方式，可分为按单病种付费和按疾病组付费两种，两者的付费标准都预先制订，并且都以国际疾病诊断分类标准（International Classification of Diseases，ICD）为基础；疾病组付费可以覆盖所有病种，单病种付费只能选择少数没有并发症的单一疾病；由于疾病组付费比单病种付费更为科学合理，国际上医疗保险支付应用也更为广泛。按疾病诊断相关分组支付方式，是以国际疾病分类法为基础，综合考虑病例年龄、疾病诊断、并发症、治疗方式、病症严重程度转归和资源消耗等诸多因素的影响，将住院患者的疾病按诊断分为若干组，每组又根据疾病的轻重程度及有无合并症、并发症分为若干级别，每一组在卫生资源消耗上具有较高同质性，从而制定出每组病例的支付标准，并按这种价格向医疗机构一次性支付医疗服务费用。该支付方式的基本思想是住院患者的医疗费用可以通过特定形式的支付标准来加以控制，即通过医疗机构和医生两者以外的其他措施来控制住院人数和住院病种；其标准费用

NOTE

是根据不同疾病的治疗费用，再参照不同地区、不同级别医疗机构的权重系数，然后结合物价指数而最终确定。医疗费用的支付主要是根据医疗机构的产出（治疗病例），而不是医院的投入（医疗服务项目和时间），从而对医疗机构医疗服务资源的消耗给予较合理的补偿。

按疾病诊断相关分组支付方式的优点：激励医院主动控制成本，减少不合理费用的发生；规范医疗服务流程，促进医疗服务质量的提高；为医疗服务效果的评价，特别是医疗机构间的比较，提供了一种科学的方法；对保险机构来说，该方式可以通过制订预付标准从而控制医疗费用支出。缺点：为获取更多的补偿，可能发生来自供方的道德风险问题；当诊断界限不确定时，医疗服务的提供者往往可能使疾病诊断升级和选择性入组，甚至可能让患者重复入院增加住院次数；推诿重症患者，增加患者负担。

第三节　医疗保险费用需方支付方式

一、需方支付方式概述

医疗保险需方支付方式指需方即被保险人在接受医疗机构提供的服务后分担一部分医疗费用的途径和方法。医疗保险需方常用的支付方式有起付线、按比例分担、封顶线等。世界各国实施不同医疗保险制度的实践证明，医疗保险支付被保险人全部的医疗费用或者实行免费医疗的方式，在充分体现公平性的同时，导致医疗服务的过度利用、医疗费用上涨过快和卫生资源浪费。因此，为防止上述现象的发生，不少国家都已经逐步采用各种费用分担的方法来取代全额支付，如增加被保险人自付医疗费用的项目或适当提高被保险人分担医疗费用的比例等，以有效地控制医疗费用。由于任何单一的需方支付方式都有其优势和缺陷，在医疗保险制度的实施过程中，将两种以上的支付方式组合使用，即混合支付方式，形成优势互补，以促进医疗保险需方更加合理地使用医疗服务。

二、需方支付方式主要分类

（一）扣除保险支付

扣除保险支付又称为起付线支付方式，是由社会医疗保险机构规定医疗费用支付的最低标准，即起付线，起付线以下的医疗费用全部由被保险人个人负担或由被保险人与其单位共同分担，起付线以上的医疗费用由社会医疗保险机构支付。

起付线支付方式的特点：增强了被保险人的费用意识，有利于减少浪费；将大量的小额医疗费用剔除在社会医疗保险支付范围之外，减少了保险结算工作量，有利于降低管理成本；小额费用由被保险人个人负担，有利于保障高额费用的疾病风险，即保大病。

（二）共付保险支付

共付保险支付又称为按比例分担支付方式，是医疗保险费用需方支付中使用最普遍的支付方式。对医疗保险而言，即医疗保险机构和参保人按一定的比例共同支付医疗费用。共付率是指参保人支付的比例，可以是固定比例，也可以是变动比例。按固定比例共付指无论发生多少医疗费用，保险机构与参保人分担比例不变。按固定比例共付时，如果自付比例过低，对参保人的制约作用就较小，而自付比例过高又可能会加重高费用参保人的经济负担，从而抑制参保人正常的医疗需求。按变动比例共付指随着医疗费用的变动，保险机构与参保人支付的比例递增或者递减。按变动比例共付能够根据费用的高低设置不同的共付比例，克服了按固定比例共付的一些缺陷，但在操作方面相对复杂，管理成本较高。

（三）限额保险支付

限额保险支付即封顶线支付方式指在一定时间内，医疗保险机构对参保人偿付的医疗费用限定在一定额度内，医疗保险机构只支付该限额以下的费用，超过这个额度的医疗费用由参保人承担或通过其他途径支付，即最高给付限额（俗称"给付封顶"）。通过设定支付限额，保险公司可以限制被保险人在一定时间内享受医疗服务的总金额，从而降低医疗成本的增长速度。采取这种支付方式能够较好地控制医疗保险费用支出，但对发生大额医疗费用的人群不能发挥减轻医疗负担的作用。

（四）混合支付方式

医疗保险的混合支付方式指通过多种支付方式来支付医疗保险费用的方法。这种支付方式可以包括个人自付、医疗保险公司支付、政府资助等多种方式的结合。依据不同医疗保险制度实际，既有需方支付方式，也有供方支付方式，并在需方和供方具体支付方式选择上也可以有不同组合形式。混合支付方式，即起付线以下医疗费用，由医疗保险参保人全部自负；起付线至封顶线之间医疗费用，按固定比例或变动比例共同承担；封顶线以上费用，也由参保人自行承担或通过其他途径支付。

混合支付方式的实施可以在一定程度上降低个人的医疗支付负担，减轻患者经济负担，同时也能保证医疗保险的可持续性发展。通过多种支付方式的结合，可以更好地利用各方资源，确保医疗保险资金的平稳运作，提高医疗保险的效益和覆盖面。

【小结】

医疗保险费用支付是医疗保险运行体系中的关键环节，也是医疗保险最重要和最基本的职能之一，还是医疗保险制度实施过程中涉及各方经济利益最直接与最敏感的环节。一般把医疗保险费用支付的途径和方法称为医疗保险支付方式；根据支付时间、支付对象、支付内容、支付水平与支付主体，可以对医疗保险费用支付进行分类。医疗保险供方常用的支付方式有按服务项目支付方式、按人头支付方式、按工资标准支付方式、按病种分值付费支付方式、总额预算支付方式等。医疗保险费用需方支付方式主要有扣除保险支付、共付保险支付、限额保险支付与混合支付方式等。

【案例】

DRG/DIP 支付改革、费用控制与影响机制

第一，DRG/DIP 支付改革的控费效应，主要表现在对参保患者单次住院费用上，对参保患者同种疾病的年住院总费用没有影响。其中，DRG 支付改革导致参保患者单次住院费用下降 27.2%，DIP 支付改革导致参保患者单次住院费用下降 11.7%。第二，机制分析表明，在全市实施 DRG/DIP 支付改革，更有助于强化控费效果。这解释和支持了国家医疗保障局《关于印发 DRG/DIP 支付方式改革三年行动计划的通知》关于"到 2025 年底，DRG/DIP 支付方

式覆盖所有符合条件的开展住院服务的医疗机构"的政策要求。但同时，DRG/DIP 支付改革改变了医疗机构的激励方向，单次支付标准既定下，DRG 支付会导致医疗机构出现缩短住院天数和分解住院行为，DIP 支付则主要导致医疗机构分解住院，即 DIP 支付可能存在通过提高参保患者月住院次数，做大"点数"的行为。第三，异质性分析表明，DRG/DIP 支付改革对不同参保类型患者、不同级别医院单次住院费用的影响程度不同。分支付方式看，DRG 支付使得职工医保患者单次住院费用下降 44.5%，却使居民医保患者单次住院费用上升 11.8%；DIP 支付使得职工医保患者单次住院费用下降 17.7%，居民医保患者单次住院费用下降 11.2%。同时，DRG 支付使得三级医院单次住院费用下降 35.6%，但使二级医院单次住院费用上升 17.3%；相反，DIP 支付使得一级医院单次住院费用下降 27.6%，其次是二级医院下降 20.5%，三级医院仅下降 7.4%。

本文结论对学界与政策制定者具有一定的启示意义。在政策含义上，本文得出的 DRG/DIP 支付改革控费效应的存在，为我国推进医保支付方式改革提供了论据。机制分析中发现的覆盖范围对控费效果的积极作用，一定程度上支持了国家医疗保障局 DRG/DIP 支付方式改革三年行动计划的必要性，为政策制定者尽快扩大支付改革覆盖范围提供了依据，DRG/DIP 支付导致的分解住院行为也为医保部门提供了基金监管方向；异质性分析中发现的 DRG/DIP 支付对不同参保类型患者影响的显著差异，肯定了 DRG/DIP 支付改革对缓解"过度医疗"的积极作用，而 DRG/DIP 支付对不同级别医院影响的显著差异，也支持了当前 DRG 支付更适应高等级医院、DIP 更适应低等级医院的政策判断。但同时，我们需要反思的是，DRG/DIP 支付改革带来的政策负效应：如医院倾向做大工作量以保证收入不下降、患者需多跑几次才能看好病，在未来政策制定中如何加以防范，才能最大程度保障参保人的利益和政策的有效性。

当然，限于资料的可得性，我们无法更严谨地论证各地因覆盖病种多寡可能对 DRG/DIP 控费效果产生的影响。另外，我们还无法判断，参保患者单次住院费用的下降是否还存在其他影响渠道，比如住院成本往门诊转移、高等级医院通过医共体将轻症患者释放到下级医院等，这都需要作出进一步的实证研究。

资料来源：朱凤梅.DRG/DIP 支付改革、费用控制与影响机制—基于 19 个地区抽样数据的多期双重差分分析［J］，社会保障评论，2023,7（5）:54-67.

【思考题】

1. 医疗保险费用支付的作用有哪些?
2. 医疗保险费用支付的原则有哪些?
3. 医疗保险费用支付的分类方式有哪些?
4. 供方支付方式主要有哪些?
5. 需方支付方式主要有哪些?

第十章　医疗保险信息管理

【学习目标】

通过本章学习，要求理解医疗保险信息系统的概念和特点，了解医疗保险信息系统构成的要素和功能，掌握医疗保险信息系统的结构，熟悉我国医疗保险信息管理的建设发展情况，了解数据挖掘技术在医疗保险领域的实践应用及面临的挑战。

第一节　医疗保险信息管理概述

一、医疗保险信息的概念

医疗保险信息是反映医疗保险活动过程的发生发展结果及其影响因素的定性和定量化数据情报等。

医疗保险信息具体包括：①医疗保险政策信息，如医疗保险费的缴纳比例、医疗保险的待遇水平等。②医疗保险基本信息，包括医疗保险经办机构定点医疗机构定点零售药店和参保单位在职人员、离休人员、退休人员的基本情况等。③医疗保险业务信息，包括参保单位登记和申报、缴费核定、费用征集、个人账户管理、费用审核支付，以及与审核相关的医疗服务信息。④医疗保险基金管理信息，包括基金收入、支出、结余等信息。⑤医疗保险覆盖区内国民经济和社会发展等信息。

医疗保险信息，除了具有一般信息所共有的准确性、及时性、适用性等特点外，还有其特殊性，归结起来有以下三个方面。

1. 综合性　医疗保险信息是劳动生产力状况、社会事业和国民经济发展，以及社会稳定的综合反映，因而能综合体现国家的社会保障水平、居民的健康状况、社会事业和国民经济的运行情况和发展趋势。

2. 流动性　医疗保险信息与每一个劳动者和用人单位都有信息交换，而劳动者个人和用人单位经济状况和组织形式是经常变动的。由此产生的信息流动可动态地反映居民健康状况、劳动生产率状况、经济状况、卫生保健服务水平和基金使用效率等。

3. 随机性　参保人群个体的健康状况差异大，同时疾病风险具有很大的不可避免性和不可预知性，从而导致医疗保险信息的随机性。

二、医疗保险管理信息系统概念和要素

医疗保险管理信息系统（medical insurance management information system，MIMIS）是一

个以提高医疗保险信息管理效率及科学决策为目的，由人、计算机技术及数据信息等要素组成，以医疗保险信息的收集、传递贮存、加工维护为主体的有机整体。医疗保险管理信息系统可监测医疗保险运作中的各种情况，利用过去及现在的数据预测未来，从全局出发辅助医疗保险管理机构进行决策，利用信息控制医疗保险运行，帮助医疗保险机构达到规划目标。

医疗保险管理信息系统的要素主要有以下四个方面。

1. 管理　管理信息系统是服务于管理的，管理是信息系统服务的对象，也是管理信息系统的基本要素。医疗保险各级管理人员利用管理信息系统提供的信息，对医疗保险运行中的各项活动进行高效管理。信息管理已成为现代管理的一个重要方面。

2. 信息　信息是管理信息系统最重要的要素。医疗保险管理信息系统能起多大的作用，对医疗保险管理能做出多大的贡献，取决于有没有足够的高质量的信息，而能否得到高质量的信息又取决于工作人员对信息的认识。因此，信息是实现有效管理的一种极为重要的资源。

3. 系统　系统是管理信息系统的另一基本要素。一般认为，系统是由若干个相互联系、相互制约的要素结合而成的具有特定功能的一个有机整体。判断医疗保险管理信息系统性能的好坏可以依据以下几点：一是系统的目标是否明确；二是系统的结构是否合理；三是系统的接口是否清楚；四是系统是否能管控。

4. 人员　管理信息系统是一个人机系统，并且人员占主导地位。医疗保险管理信息系统中的人员既包括各级管理人员，也包括普通业务人员，另外还包括维持系统正常运行的技术人员。当然，各级管理人员是管理信息系统的用户，管理信息系统主要是为用户提供信息服务的。

三、医疗保险管理信息系统的功能

目前医疗保险信息管理系统的功能主要包括数据处理及支持管理与决策的功能。

（一）数据处理功能

医疗保险管理信息系统的数据处理功能指对医疗保险管理过程中的原始数据进行收集、传递、加工贮存和输出，以便查询和使用。

1. 收集数据功能　对原始数据的收集，即将不同时间和不同管理层次上分散的原始数据（如报表单据等）集中起来，并通过一定设备（如键盘、扫描仪磁带机，光盘机等）将原始数据输入计算机。数据收集是整个数据处理的基础，数据质量的高低是医疗保险管理信息系统能否有效发挥作用的关键。

2. 传递数据功能　把数据或信息从一个子系统向另一个子系统及在不同管理层之间的传送。数据传送的速度和准确度是系统的重要功能。

3. 加工数据功能　对进入医疗保险管理信息系统中的各种数据进行分类、合并、汇总，统计计算等，从而产生满足不同管理层次需要的有用信息。对数据进行加工处理是医疗保险管理信息系统的核心功能，系统的加工处理水平越高，越能满足不同管理层次对信息的需求。

4. 存贮数据功能　当数据成为信息的介质（物理存储设备），要注意存贮的组织方式（逻辑关系）等问题，这样才能有效地提高医疗保险管理信息系统的安全性及工作效率。

5. 输出信息功能　根据用户的不同需求，以不同的形式将信息提供给用户。输出信息是否易读、直观醒目、快速准确等，均会影响到医疗保险管理信息系统的使用效果和功能的发挥。

（二）支持管理与决策功能

充分利用加工处理后的数据（信息）以有力支持管理与决策，是医疗保险管理信息系统的主要功能，也是最难实现的任务。

1. 控制功能 对医疗保险业务中每一个过程、环节及具体工作的运行情况进行监控检查，比较计划与执行的偏差，根据比较分析结果对管理工作进行控制，以达到预期的目的。

2. 决策功能 对医疗保险管理过程中的各种数据进行加工处理后会得到大量的与决策有关的信息，从而协助医疗保险组织的各层管理人员作出相对满意和正确的决策。

3. 预测功能 根据过去和现在的数据，运用各种数学方法及模型，预测未来参保人健康状况及医疗保险基金的筹集、支付和积累规模等，通过信息系统监控，增强基金风险预测和调节能力。

四、建立医疗保险管理信息系统的意义

（一）提高医疗保险业务操作效率和质量

医疗保险业务政策性强、涉及面广、数据多、信息管理工作量大。每一个医疗保险业务的办理，都需要许多复杂的计算和重复性的劳动。靠手工处理医疗保险业务，很难确保高效率和高质量。计算机信息系统的建立，可以一次输入数据，自动处理，数据共享，避免重复性的劳动，保证数据的准确性。同时，也有利于标准化和规范化管理，从而提高医疗保险管理工作的质量和效率。

（二）实施医疗保险科学化管理

科学化管理离不开准确、及时、系统完整的数据和信息。在手工处理信息的时代，对庞大的医疗保险数据进行科学分析和预测非常困难。信息系统的建立可以为医疗保险机构进行上述工作提供基础条件，通过对医疗保险各个环节和总体的运行状况进行科学分析和预测，实现医疗保险运营活动管理的科学化。

（三）实施有效监督

医疗保险基金的合理支付需要有效监督。只有建立起有效的信息系统，才能使得监督真正成为可能。计算机的智能化可以拒绝执行由保险基金支付基本医疗保险用药目录和诊疗项目以外的医疗费用；可以根据疾病的诊断确立用药范围，杜绝违规诊断治疗行为；管理者可以了解就医者诊断治疗的全过程，从而对医疗费用的支付实施有效的监督。另外，可以通过与财政银行等部门的实时联网，及时核实用人单位保险费的缴费基数和参保人数，防止漏保和隐瞒缴费基数。

（四）完善医疗保险制度

社会在不断发展，不同的时期，基本医疗保险的功能定位和需求也会不同，因而必须根据社会的发展和人民群众不断增长的健康需求去调整，主动适应这种变化和需求，不断创新机制和管理。医疗保险信息系统的建立可以更加有效地收集这些信息，满足医疗保险发展完善的需要。

第二节　医疗保险管理信息系统结构

医疗保险管理信息系统结构指构成医疗保险管理信息系统的各要素所构成的框架。由于对各要素不同的理解构成了不同的结构方式，其中重要的是概念结构、功能结构和网络结构。

一、概念结构

从概念上看，管理信息系统由四大部件组成，即信息源、信息处理器、信息接收者和信息管理者，实质上是一个信息处理体系，是为不同的管理职能、管理层次使用者提供信息服务的系统。医疗保险管理信息系统概念结构，见图 10-1。

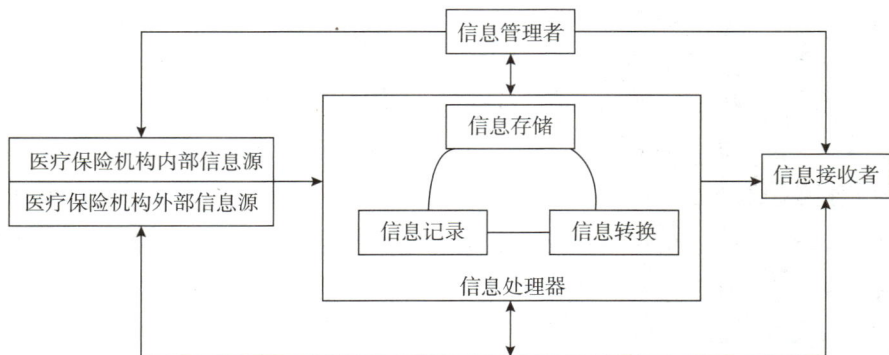

图 10-1　医疗保险管理信息系统概念结构

（一）信息源

信息源包括内信息源和外信息源两部分。其中，内信息源指医疗保险机构内部经营管理活动中所产生的数据和信息。外信息源指来自医疗保险机构外部环境的数据及信息，通常来自定点医疗机构参保单位，以及政府主要管理部门。医疗保险系统中信息源的信息主要有以下四类。

1. 政策参数信息　政策参数信息主要包括医疗保险费征缴比例、保险范围、个人账户划拨比例、起付线和封顶线的规定、特殊人群的医疗保险规定、有关政策法规的名称、生效时间及主要内容等。

2. 基本信息　基本信息主要包括社会保险经办机构、定点医疗机构、定点零售药店和参保单位的在职人员、离休人员、退休人员的身份等基本情况。

3. 业务信息　业务信息主要包括参保单位登记和申报、缴费核定、费用征集、个人账户管理、费用审核、费用支付，以及与审核相关的必要医疗服务信息。

4. 基金管理信息　基金管理信息主要包括基金的当期收入、当期支出、当期和历年结余、投资营运等信息。

（二）信息处理器

信息处理器是由数据的采集、传输、加工、储存等设备组成，它的主要功能是获取数据并将其变为信息，提供给用户。

（三）信息接收者

信息接收者是信息的用户，是医疗保险机构内不同职能、不同层次的管理人员，他们利用信息进行预测、决策，指导日常业务工作等。

（四）信息管理者

信息管理者是负责管理信息系统开发和运行的人员，他们可以协调系统中各组成部分间的关系，使之成为有机整体。

二、功能结构

由于医疗保险系统运营的复杂性，医疗保险管理信息系统的功能结构也不尽相同。医疗保险管理信息系统通常由医疗保险信息中心系统、定点医疗机构收费系统、社会化服务系统等子系统及相关功能模块构成。下面重点介绍医疗保险管理信息中心系统和定点医疗机构收费系统。

（一）医疗保险管理信息中心系统

医疗保险管理信息中心系统是整个系统的核心子系统，主要功能包括系统管理、基础信息管理、审核、基金管理、通信管理、IC卡管理（包括制作、发放、挂失、补发、注销等）、查询检索和统计报表等。为了实现以上功能，结合我国医疗保险的运作模式，医疗保险管理信息中心系统又分成五个子系统：基金管理信息子系统、被保险人管理信息子系统、服务机构管理信息子系统、财务管理信息子系统和医疗保险机构内部管理子系统，见图10-2。

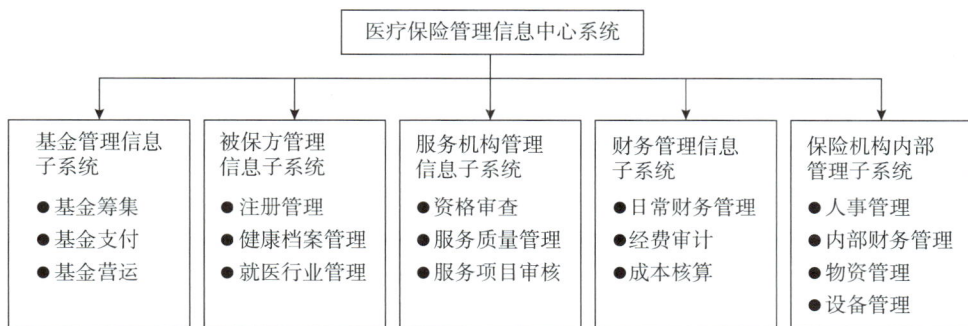

图10-2 医疗保险管理信息中心系统构成

1. 基金管理信息子系统 基金管理信息子系统的主要功能是为医疗保险基金管理者提供有关医疗保险基金的测算、筹集、分配、支付及投资等环节中的信息，解决医疗保险基金的缴纳标准、如何筹集和如何运用等问题。这些功能主要是由基金筹集模块、基金支付模块和基金营运模块来完成。

2. 被保方管理信息子系统 被保方管理信息子系统的主要功能是收集与提供参保单位和参保个人的基本信息，通过对人口特征、人群健康状况及环境卫生情况的分析，预测人群健康发展趋势。另外，还对被保险人的就医项目及费用进行监控，从而全面掌握参保人的就医行为。这些功能主要由注册管理模块、健康档案管理模块及就医行业管理模块来实现。

3. 服务机构管理信息子系统 医疗机构管理信息子系统的主要功能是对提供医疗服务的各级医疗机构进行资格审查，对医疗机构服务提供者提供的服务项目、服务质量及服务收费情况进行综合审核。这些功能主要是由资格审查模块、服务质量管理模块及服务项目审核模块来完成。

4. 财务管理信息子系统　财务管理信息子系统的主要功能是为医疗保险管理机构提供有关财务管理信息，进行医疗保险成本及效益状况分析，对医疗保险管理活动中的各种经费收支情况进行综合监督和审查。这些功能主要由日常财务管理模块、经费审计模块及成本核算模块来完成。

5. 保险机构内部管理子系统　保险机构内部管理子系统的主要功能是为医疗保险管理机构内部提供人、财、物等方面的信息，如医疗保险机构应招收什么人、招收多少人、发挥作用如何、人员工资、管理费的使用情况及物资设备管理等。这些功能主要由人事管理模块、内部财务管理模块、物资管理模块及设备管理模块来实现。

（二）定点医疗机构收费系统

定点医疗机构收费系统是医疗保险管理信息系统的前台，它与后台医疗保险管理信息中心系统相连接，担负采集医疗保险数据的工作，主要功能包括门诊划价收费、住院结算、科室核算、信息查询、收费报表等，并及时将有关数据发往医疗保险机构集中处理。该系统可由门诊收费、住院收费、信息查询、收费报表、数据交换五个子系统构成，见图10-3。

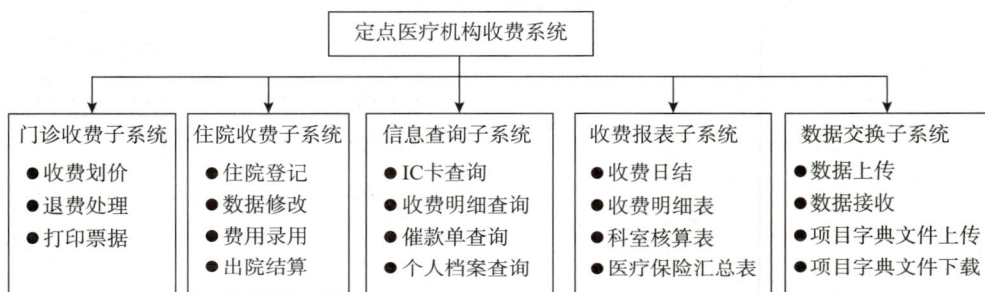

图 10-3　定点医疗机构收费系统构成

1. 门诊收费子系统　门诊收费子系统的主要功能是核对参保人的身份；选择诊疗科室、主治医生及病种；门诊诊疗服务的划价处理、退费处理及清单打印等。这些功能通常由收费划价模块、退费处理模块及打印票据模块来完成。

2. 住院收费子系统　住院收费子系统的主要功能是对住院参保人进行身份核实，并生成个人住院号码；录入住院预缴押金；对住院患者基本信息进行修改；对患者在住院期间所用的药品或进行的检查、治疗等各项费用的录入，以及对出院或转院患者的费用结算等。这些功能主要由住院登记模块、数据修改模块、费用录入模块和出院结算模块来实现。

3. 信息查询子系统　信息查询子系统的主要功能是查询 IC 卡中参保人的基本信息，以及在各定点医疗机构所发生的费用，查询参保人每次费用发生的明细情况及费用汇总金额等，这些功能主要由 IC 卡查询模块、收费明细查询模块，催款单查询模块和个人档案查询模块来完成。

4. 收费报表子系统　收费报表子系统的主要功能是对当日的门诊和住院收费等基本情况进行总结，并产生日报表；根据定点医疗机构的收费情况，生成收费明细表、科室核算表、收费汇总表及医疗保险收费汇总表等。这些功能主要由收费日结（门诊日结、住院日结）模块、收费明细表模块、科室核算表模块及医疗保险汇总表模块来实现。

5. 数据交换子系统　数据交换子系统的主要功能是将定点医疗机构收费系统所产生的与医疗保险业务有关的数据、报表和文件上传给医疗保险管理信息中心系统。另外，该子系统还可接收由医疗保险管理信息中心系统下载的文件和信息。这些功能主要由数据上传模块、数据接收模块、项目字典文件上传模块及项目字典文件下载模块来完成。

三、网络拓扑结构

该部分论述的网络拓扑结构指管理信息系统在构建网络时各种设备和通讯线路所采用的物理布局。基本形状有星形、环形、总线形等类型，见图 10-4。

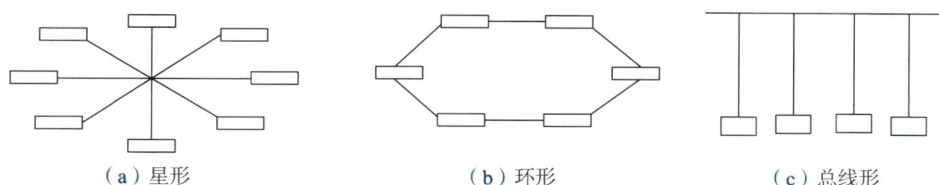

（a）星形　　　　　（b）环形　　　　　（c）总线形

图 10-4　网络拓扑结构

1. 星形　星形拓扑结构中有一个位于中心点的网络集线器或计算机系统，其他计算机或计算机设备通过通信介质连在其上。星形网络中心点的计算机控制和指示信息的传送方向。优点是易在网络中增加新站点，数据安全性和优先级容易控制。缺点是中心节点故障可能会引起整个网络的瘫痪。

2. 环形　环形拓扑结构中各站点通过通信介质连接成一个封闭的环形。环形网络中，不存在位于中心点起协调作用的计算机。优点是易安装、易对数据安全进行监控；缺点是容量有限，难在网络中增加新站点。

3. 总线形　总线形结构是在一根电缆总线或远程通信线上连接各种计算机或计算机设备。总线形网络是个人计算机网络中最流行的一种。优点是易安装、成本低；缺点是数据安全性差，监控难。

树形、层次形、网状形等其他类型的网络都是以上述三种类型为基础的，可由这种拓扑结构中的任意一种组合而成。实际的医疗保险管理信息系统网络结构，无论是局域网还是广域网结构都比较复杂。

第三节　医疗保险管理信息系统的建设

我国医疗保险信息化经过 20 多年的建设，各级医疗保险信息系统逐步建立，已经有了一定基础。随着卫生事业的不断完善，对医疗保险服务要求提高，同时对医疗保险管理信息系统的建设也提出更高的要求。自 2019 年起，国家医疗保障局先后印发了《关于医疗保障信息化工作的指导意见》《关于开展医疗保障信息化建设试点工作的通知》和《国家医疗保障局关于进一步深化推进医保信息化标准化工作的通知》等，指导和规范各地医疗保障信息化建设，以高标准建立全国统一、互联互通的医疗保障信息平台，进而建设公平医保、法治医保、安全医保、智慧医保、协同医保为目标，统筹医保信息化和标准化发展，全面深化医保信息平台应用，筑牢网络和数据安全防线，加快构建平台运维管理体系，不断提升医保服务支撑能力，推进医保改革和服务，提升医保治理体系和治理能力现代化水平，推动医保事业高质量发展。

一、医疗保险管理信息系统建设的目标和原则

（一）发展目标

按照标准全国统一、数据两级集中、平台分级部署，网络全面覆盖的医疗保障信息化建设要求，依托省级平台与国家平台之间的协作联通，初步实现便捷可及"大服务"、规范高效"大经办"、智能精准"大治理"、融合共享"大协作"、在线可用"大数据"、安全可靠"大支撑"的医疗保障信息化建设目标。

（二）总体原则

2019 年 6 月，国家医疗保障局发布《医疗保障信息平台建设指南》，国家建设计划要求 2020 年底完成项目验收工作，地方建设计划要求 2021 年底完成项目验收工作，过渡期要求加强与有关单位的沟通协调，做好现有信息系统运行维护工作，确保现有信息系统平稳运行，按照全国统一要求做好系统切换方案，保障历史数据完整、准确、安全地迁移至新平台中。总体原则如下。

1. 标准全国统一 采用统一设计原则，各地在建设过程中贯彻使用全国统一的标准规范体系和中台服务，依托全国统一的技术体系和架构建设本地全新的医疗保障信息平台。

2. 数据两级集中 各地医疗保障信息化建设根据国家数据标准要求，遵循全省数据集中原则，实现国家和省级数据两级集中。

3. 平台分级部署 采用分级部署，省级医疗保障部门根据实际情况自主选择省级集中部署模式或省市两级部署模式，并须按照国家要求部署中台服务。县级不再建设相关业务系统，各地医疗保障部门严格按照国家要求开展本地医疗保障信息平台的设计、建设、实施、验收等工作。

4. 网络全面覆盖 核心业务区网络统一规划、分级管理，纵向实现国家、省、市、县、乡互联互通，横向与人社、卫健、民政、财政、税务、公安等部门，以及医院、药店、商业银行、保险公司等单位互联互通，最终建成数据共享、交互协同的全国一体化医疗保障体系。

5. 项目建设规范 省级开展可行性研究、初步设计等工作应建立内部评审机制，可行性研究报告、初步设计方案在报至机关部门，评审之前须提交国家医疗保障局备案同意。

6. 安全保障有力 严格按照国家法律法规要求，落实网络安全保护等级制度要求，加强医疗保障信息化基础设施和安全保障体系建设，确保医疗保障信息平台安全稳定运行。

二、医疗保险管理信息系统的建设框架

（一）总体应用架构

采用统一规划原则，各地选择省级集中部署模式或省市两级部署模式，划分为公共服务区、核心业务区，其中核心业务区分为生产区、交换区、大数据区。具体做法如下。

第一，总体应用架构采用中台设计模式，在核心业务区构建核心业务区业务中台，在公共服务区构建公共服务区业务中台。业务中台统一支撑上层各应用子系统，提供共享的业务服

务。业务中台包括核心业务区业务中台和公共服务区业务中台，国家将下发业务中台基础版本，地方不作调整，确需调整时由国家统一发布版本，各地根据相关要求和规范使用。

第二，业务中台是业务中心的集合。业务中心具有高内聚、低耦合的特点，将信息平台各子系统间可共享的业务能力抽取出来，形成不同的"业务中心"。业务中心拥有独立的数据资源，对外提供业务服务，有独立运营能力，能独立部署，可通过沉淀支撑上层应用系统快速迭代，并形成创新能力，不断进行自我完善，实现业务的高效共享和复用，从而解决系统扩展能力差、业务功能重复建设、系统稳定性差、无法支撑高并发等问题。

第三，主要业务建设内容包含公共服务、经办管理、宏观决策3大类14个子系统。其中公共服务子系统、药品和医用耗材招采管理子系统部署在公共服务区；剩余核心经办、交易结算等12个核心业务子系统部署在核心业务区，见图10-5。

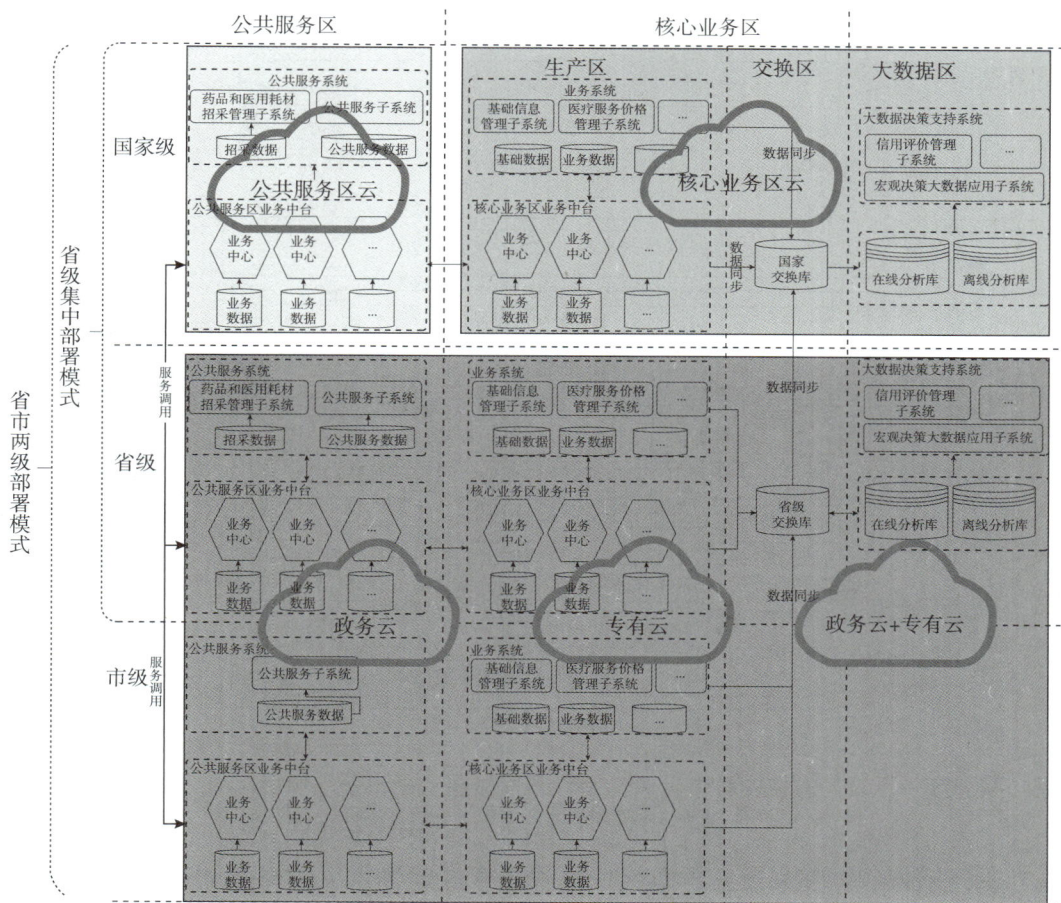

图10-5　总体应用框架

（二）总体技术架构

总体技术构架采用分布式云架构，在基础设施层上，提供分布式服务支撑。通过业务中台构建业务中心，开展交易型应用；通过数据中台实现数据汇聚、数据治理等，开展大数据应用。基于统一的技术框架建设经办管理类、公共服务类、智能监管类、宏观决策类应用，见图10-6。

（a）概念图

（b）总体技术架构

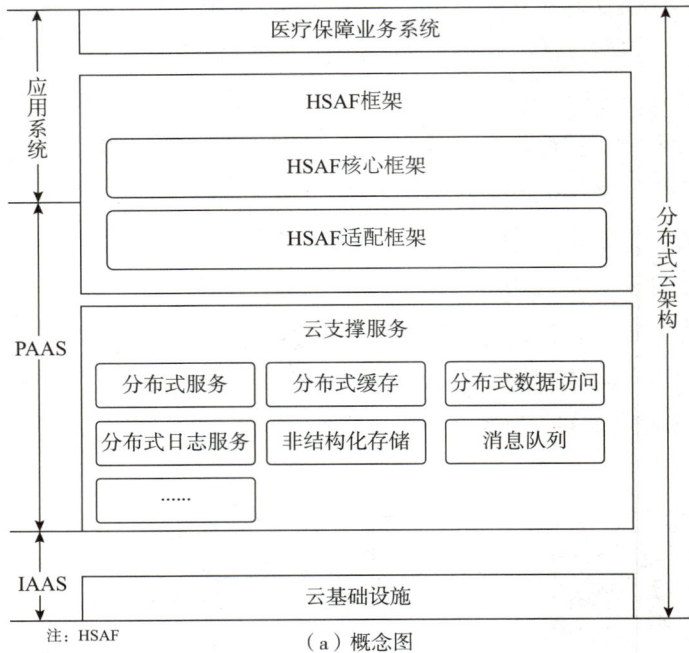

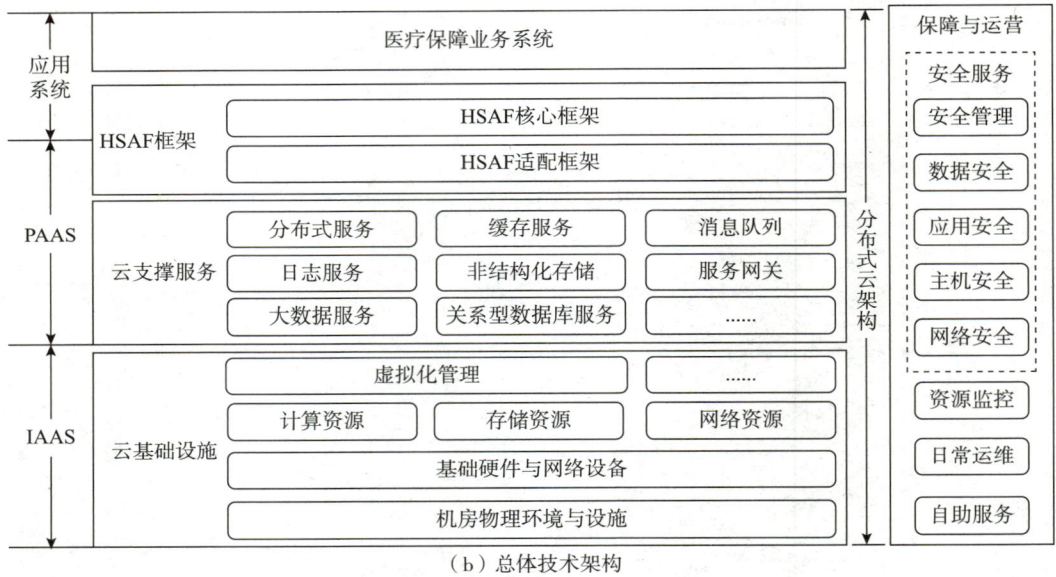

图 10-6 医疗保障业务信息系统技术架构图

1. 业务系统 所有业务应用系统都必须基于医疗保障应用框架（Healthcare Security Application Framework，HSAF）开发。

2. HSAF 框架 采用分布式云架构，封装核心云支撑服务适配接口，用于实现云产品解耦设计。

3. 适配层 基于 HSAF 的适配技术，将应用层依赖的分布式技术与具体厂商的分布式技术进行适配，实现应用层可适配多家厂商的分布式技术。

4. 云支撑服务层 基于云基础设施，为应用层提供通用的技术支撑服务，包括分布式服务、分布式缓存、分布式数据访问、分布式日志服务、非结构化存储和消息队列等。

5. 云基础设施层 采用云架构，在物理设备基础上，实现计算资源、存储资源、网络资源的动态管理和资源调配。

（三）总体数据架构

总体数据架构采用国家、省两级数据集中模式，总体数据架构，见图10-7。

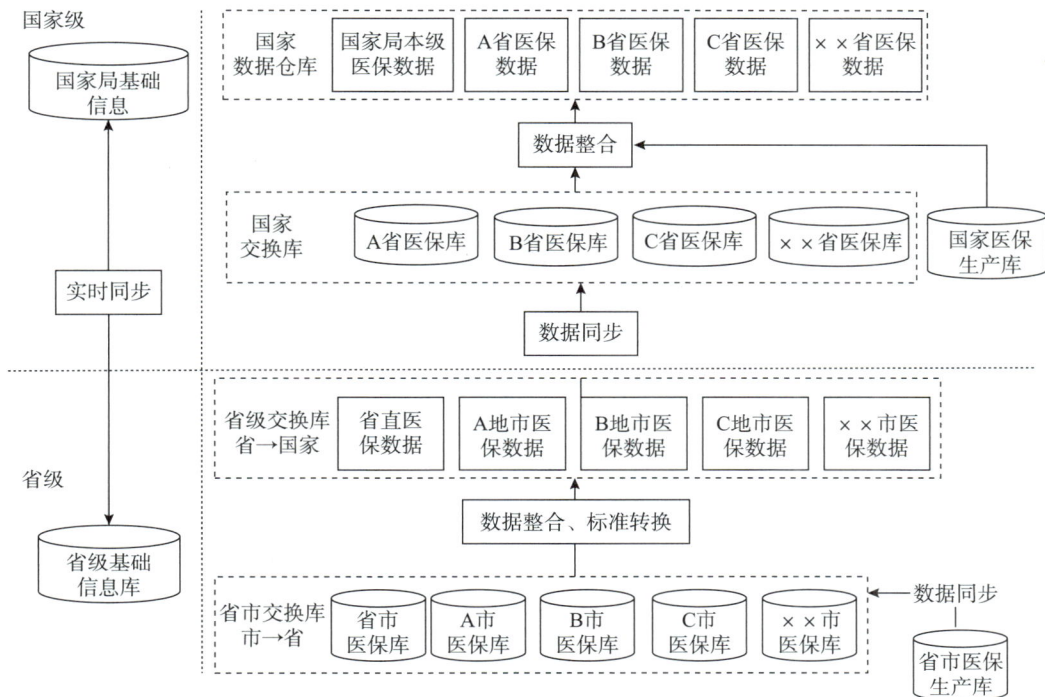

图 10-7　医疗保险管理信息系统总体数据框架

1. 基础信息数据　国家医疗保障局下发基础信息管理子系统（含基础信息库），各级业务生产系统与同级基础信息管理系统进行基础信息的实时交互，基础信息管理子系统完成国家级—省级—地市级间的基础信息数据的实时交互。

2. 医保业务数据　国家级业务数据由国家医保生产库、国家交换库、国家数据仓库的业务数据构成。国家医保生产库用于支撑国家局本级业务生产；国家交换库用于接收各省同步数据；国家数据仓库由国家交换库和国家医保生产库的数据整合汇集形成，为报表、统计、决策分析提供数据支撑。省级业务数据由省直医保生产库、省级交换库（省—国家）、省级交换库（市—省）的业务数据构成。省直医保生产库用于支撑省直本级业务生产，省级交换库（市—省）由省直和各地市子库构成，用于接收省直和本省各地市同步数据；省级交换库（省—国家）按照国家医疗保障局下发的标准结构建立，与国家交换库中的省子库结构相同，用于向国家数据库同步数据。省级交换库（省—国家）由省级交换库（市—省）的各子库数据进行转换、整合汇集形成全省数据的整体视图。

（四）标准规范体系

标准规范由国家医疗保障局统一发布，各地贯彻执行，主要包括总体标准、业务标准和运营标准三大类。

总体标准是医疗保障信息化建设所需的总体性、通用性的标准和规范，应满足医疗保障信息化建设的总体设计、总体规划的要求，包括标准规范体系和业务术语。技术规范包括系统建设标准、系统集成技术标准、网络安全开发标准、信息资源标准、外部系统交互规范、中台管理规范和数据归集标准等。业务标准包括业务流程规范、业务管理标准和业务编码标准。

三、医疗保险管理信息系统的地方建设

地方业务中台由公共服务区和核心业务区业务中台构成。地方建设应用在国家医疗保障局下发的基础版本上，进行使用或扩建。若与国家统一要求偏差较大时，要上报国家局审核，同意后方可实施。地方应用系统由经办管理类、公共服务类、智能监管类、宏观决策类四大类应用构成，见图10-8。

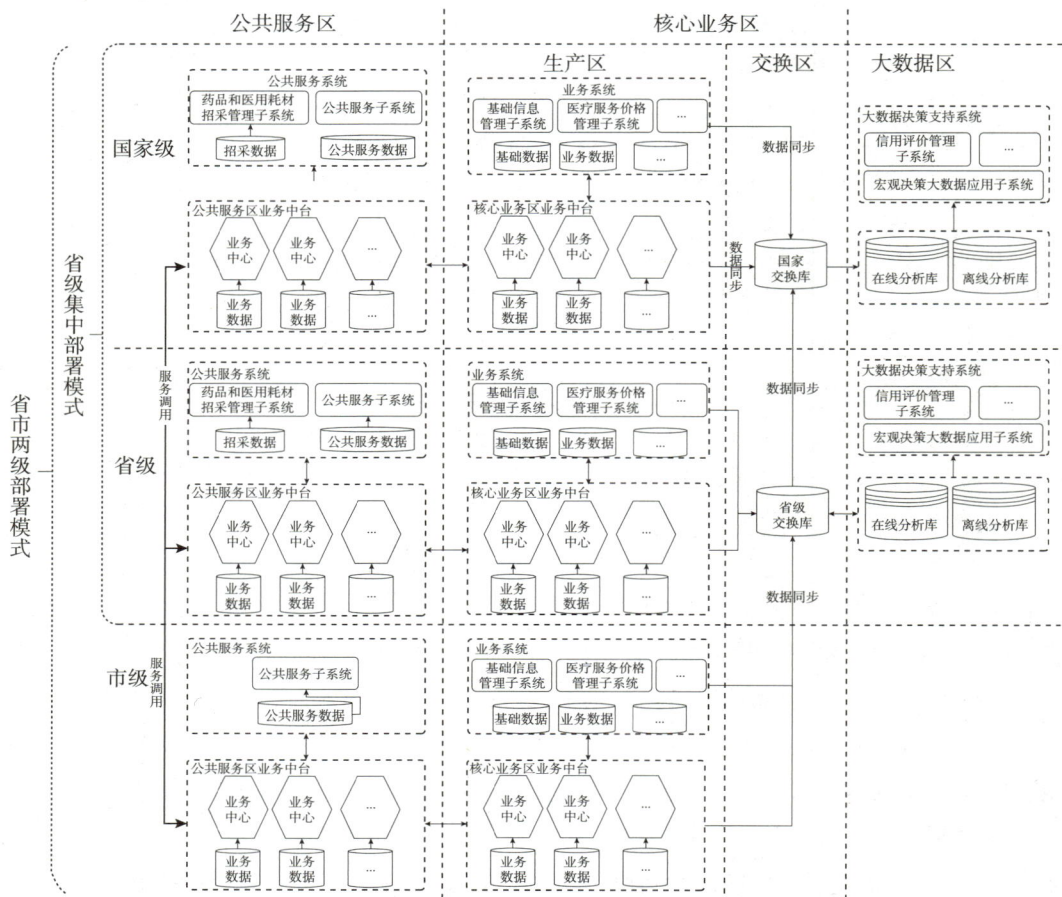

图 10-8　医疗保险管理信息系统地方应用系统及业务中台架构图

2020年10月，国家医疗保障局医保信息平台项目主体建设完成，为建成纵向贯通、横向联通、内外互通、生态融通的全国统一医保信息平台奠定了坚实基础。2020年11月，全国统一的医保信息平台在广东省率先落地使用，标志着全国平台建设工作进入落地实施阶段。此后，各地积极推进医保信息平台建设，2022年5月，全国统一医保信息平台全面建成并投入使用。

地方应用系统及中台建设模式有省级集中部署和省市两级部署两种模式。省市两级部署模式中，药品和医用耗材招采管理子系统、运行监测子系统、异地就医子系统只在省级建设，市级及以下不再建设。

各省须逐步建立省级双数据中心，并行运行，互为容灾，进行生产维护、日常操作等工作。两个数据中心网络系统的总体设计保持一致。根据国家网络安全等级保护三级要求，结合医保业务实际情况，对数据中心进行网络区域划分。总体安全域分为基于双链路的核心业务

区、基于互联网应用的公共服务区，以及核心业务区与公共服务区之间的安全隔离区。计算和存储资源由各省根据本地医疗保障信息平台设计规划和实际业务进行配置建设，可向各个云资源提供商（包括政务云、大数据平台、私有云等）租用或申请资源使用，也可自建数据中心。

四、医疗保险管理信息系统在我国的应用

我国医疗保险主要由城镇职工基本医疗保险、城镇居民基本医疗保险、新型农村合作医疗等组成，其中城镇居民基本医疗保险和新型农村合作医疗已逐步融合，称为城乡居民基本医疗保险。目前，我国不同的医疗保险类型分别建立相应的管理信息系统，极大地促进我国医疗保险业务科学化和信息化管理水平，提高了医疗保险管理效能，以城镇职工医疗保险管理信息系统为例进行介绍。

城镇职工基本医疗保险管理信息系统是用于城镇职工基本医疗保险业务管理和服务的计算机管理信息系统，包括宏观决策和业务管理两部分。系统功能模块包括系统管理子系统、政策及监控子系统；基金中心管理子系统、费用审核管理子系统、费用结算管理子系统、财务管理子系统、IC卡管理子系统；前台医院系统管理子系统、门诊子系统和住院子系统等。下面从信息结构、功能结构和网络结构三个方面对我国城镇职工医疗保险管理信息系统进行介绍。

（一）信息结构

1. 政策参数信息 政策管理子系统主要进行政策参数的管理与维护，是保证整个系统按照基本医疗保险政策运行的基础。主要有：①基本医疗保险政策参数的制定。包括参保政策参数、缴费政策参数、基金账户政策参数、定点医疗机构医疗费用标准和计算方式等。②基本医疗保险的药物目录、诊疗目录、服务设施目录的制定。③政策参数的审批。政策参数审批模块对制定的政策参数进行审批，软件将自动记录审批人和审批时间。

2. 基本信息 主要包括医疗保险经办机构、定点医疗机构、定点零售药店、参保单位和参保人员的基本情况。

3. 业务信息 主要包括参保单位登记和申报、缴费核定、费用征集、个人账户管理、费用审核、费用支付，以及与审核相关的必要医疗服务信息。

4. 基金管理信息 由基金征缴子系统完成，主要任务是对参保单位与个人的费用征缴进行管理，包括应缴纳费用的计算、单位缴费向个人账户的划拨、单位缴费记录的登记，及时更新核心数据库等。目标是保证基本医疗保险费按时、足额征缴，并提供多种缴费情况查询分析工具，对缴费情况进行统计分析。

（二）功能结构

根据医疗保险管理信息系统的业务内容和适用对象的不同，可划分为宏观决策系统和业务管理系统两个部分。

1. 宏观决策系统 包括对统计性数据进行采集、整理、分析和发布的统计信息管理系统；对基金管理状况进行监控的基金监测系统；利用已有的统计性数据、监测数据和政策参数，对政策进行敏感性分析、对基金支撑能力进行中长期预测的决策支持系统。

统计信息管理系统可完成分单位、医院、部门医疗费统计、单位信息统计、参保人员情况分析、医疗费用情况分析、参保人员医疗费月报、年报等。充分利用数据仓库技术，实现任意条件限制、任意组合的查询统计，满足医保工作各种复杂的统计分析工作。

基金监测系统是医疗保险管理工作的核心，该子系统根据国家有关社会保险基金会计核算与财务管理的有关规定，对医疗保险基金进行收支两条线的严格管理，保障基金安全、有效运行。该子系统的主要功能包括：系统维护（会计科目字典维护、定义业务处理过程中的会计科目、定义凭证类型、定义财务季度等）、基金收入管理、基金支出管理等。

医疗保险评价及决策子系统是保障医疗保险事业健康持续发展的重要工作环节，是一个相对独立的系统。它为社会保障部门和医疗保险经办机构提供了评价的手段和决策的信息依据。该子系统主要构成包括：数据整理模块、数据挖掘和分析模块、图形化分析结果显示模块。通过对大量数据的横向、纵向分析比对，以及对不同时期数据的走势分析，预测未来医疗保险工作的重点。

2. 业务管理系统　可分为征缴事务处理层、内部事务处理层和医疗费用处理层。征缴事务处理层以基金征缴为主线，包括社会保险业务的登记、申报、缴费核定、费用征集等基本环节；内部事务处理层主要包括医疗保险的个人账户管理、基金会计核算与财务管理等基本环节；医疗费用处理层以医疗保险费用支付为主要内容，包括与定点医疗机构、定点零售药店之间的信息交换、费用审核和费用结算等基本业务环节。

宏观决策系统与业务管理系统之间通过资源数据库进行信息交换。资源数据库同时还是提供社会化查询服务的基础。

（三）网络结构

城镇职工医疗保险管理信息系统是一个大型复杂的计算机网络信息系统，采用城市网、省网和国家网三级分布式体系结构。

1. 城市网　连接市与本市所辖范围内各结点的实时计算机网络系统。主要用于前台服务和职工医疗保险管理信息监测，采集、处理、存储、统计数据，对统筹基金和个人账户进行系统化管理。

2. 省网　连接省与省内城市网的计算机网络系统。主要用于对省内职工医疗保险信息进行监测，采集、处理、存储数据，建立用于宏观决策的综合数据库，发布全省综合数据和分析预测报告，并将综合数据和报告上报国家网。

3. 国家网　连接国家与省网、城市网的实时计算机网络系统。主要用于对全国职工医疗保险信息进行监测，采集、处理、存储数据，建立用于宏观决策的综合数据库，发布全国综合数据和分析预测报告，为省级统筹提供支持。

第四节　医疗保险大数据应用

随着移动互联网、物联网、云计算等信息技术的高速发展、广泛应用和深度融合，医疗保险大数据规模迎来爆炸式增长。作为医疗领域的新型生产要素和基础战略性资源，医疗保险大数据在医疗保险管理中发挥着重要的作用。在此背景下，国家建立了标准化的医疗保险信息业务编码，形成跨区域、跨层级、跨部门、跨业务的全国医疗保险"通用语言"，促进了精细化、科学化管理，数据质量、标准化水平不断提高。但是，数据挖掘技术在医疗保障领域的实践应用中仍面临一些挑战，如我国医疗保险管理存在基金运行压力增大、部分医疗服务违规开展、欺诈骗保行为频发等问题。目前，我国各地就医疗保险大数据挖掘展开了多种探索，医疗保险信息平台建设、数据挖掘技术快速发展，呈现多元平台、多源数据、交互操作的特点。充分利用医疗保险大数据进行深度挖掘分析，能为医疗保险政策制定和完善提供数据支撑，有助于优化医疗保险管理手段与路径。

一、医疗保险大数据挖掘技术的功能与方法

（一）医疗保险大数据挖掘技术的功能

医疗保险全过程管理的每个环节均可产生大量数据，为实现医疗保险领域的智能监管、科学决策、高效服务，需对医疗保险大数据进行全面收集、处理、分析、应用。数据挖掘技术能够从海量数据中提取关键信息并分析，按功能可将数据挖掘分为描述模式和预测性模式两大类，其中主要的分析方法有关联规则分析、聚类分析、大数据分类与偏差、大数据时序模型及预测四大类。

（二）医疗保险大数据挖掘技术的方法

1. 关联规则分析　关联规则分析是属于无监督学习的数据挖掘技术，目前已被应用于患者就诊规律归纳、中医用药配伍规律总结、疾病危险因素监测等方面，同时也能够发现医疗保险大数据之间的隐藏关联，并提取具有特定临床价值的信息群。衡量关联规则强度的指标为支持度、置信度和提升度。常用的基础关联算法主要有 Apriori 算法、FP-Tree 算法、Eclat 算法、灰色关联法等。

2. 聚类分析　聚类分析是属于无监督机器学习的探索性分析，其中近邻传播聚类分析是能够研究医疗保险大数据整体规律的有效算法。通过相似度最优原则将医疗保险大数据划分为多个类，并基于迭代搜寻将医疗保险对象间的相似性视作类代表点，针对医疗保险对象的本质属性进行数据挖掘和提取。使用聚类分析计算类代表点数量，能够实现医疗保险精细化管理，并基于此可实现对医疗保险监管范围和力度的动态调控。

3. 大数据分类与偏差分析　大数据分类是对有效信息进行采集、加工、解析的基础环节，主要包括两个步骤：一是基于数据训练集建立数学模型；二是使用该数学模型将尚未涵盖在数据训练集内的类标号对象进行分类操作。医疗保险大数据具有信息海量和情况复杂的双重特点，需根据不同应用场景选择合适的分类算法。分类算法主要有支持向量机算法、决策树算法、神经网络分类算法、朴素贝叶斯算法等。大数据偏差分析的主要目的在于比对观测结果与期望结果的偏差，将偏差分析引入医疗保险大数据领域，有利于发现监管中的异常行为。

4. 大数据时序模型及预测　大数据时序模型建立在对既往数据变化规律探寻的基础上，以便对未来发展情况进行可靠性预测。预测的对象包括医疗保险基金运行效率、卫生费用使用情况、医疗机构运营状况、卫生服务优化流程、患者病情变化阶段等，这些预测有利于提高资源的合理配置和使用。能够用于医疗保险大数据预测的时序模型主要有平稳时间序列模型、灰色预测模型、指数平滑模型、回归模型等。

二、大数据挖掘技术在医疗保险领域的应用

（一）国内外应用案例

1. 合理分配医疗保险资金　医疗保险大数据挖掘可用于决策部门优化资金分配机制，决策

者可在研究供需关系的基础上确定医疗保险总额预算和资金分配计划。例如，英国全民医疗服务体系（NHS）依据人口地区差异、年龄结构、经济状况、劳动力成本、患病率及死亡率等方面构建分配模型并通过既往数据实现校正预测，进而达到医疗保险资金按需分配的目的。从2012 年起，上海市利用医疗保险大数据模型对定点医院职工医疗保险进行预算分配。该模型纳入包括高质量发展、经济运行、资源布局、运行效率、综合绩效、医疗产出在内的 239 个指标，并通过神经网络模型对定点医院的年度考核数据进行模型训练。模型检验结果表明，所构建的模型准确度、合理性、拟合优度较高，对于判断区域内医疗保险资金使用情况和未来流向具有指导意义。

2. 指导医疗机构支付和管理　医疗保险大数据广泛应用于医疗机构的支付方式改革和管理服务创新。自 2020 年起，DRG/DIP 支付模式被探索运用于住院费用结算。该支付模式将疾病诊断类同、临床过程相似、资源消耗相近的病例归为一类，利用大数据聚类及决策树算法优势实现病种的可比性。浙江省宁波市运用数据挖掘工具探究患者医疗保险购药的药品之间的关联性及用药习惯。上海 DIP 病种分组方式是结合临床经验和统计方法对医疗保险数据进行降噪，探究病种与成本间的客观规律，得到疾病诊断 + 治疗方式的组合目录。除此之外，医疗机构还可结合就诊数据、财务数据、运营数据分析引起医疗服务质量下降、住院费用增加、运营状况亏损的内在原因，为医疗机构优化运营模式和服务流程提供策略和建议。

3. 监管供需行为　依托区块链技术可以实现对就诊全流程、全环节进行记录和监管，且监督数据无法被篡改。例如，上海市将 11 699 名医生分为 15 类，并使用无监督机器学习方法建立大数据预警模型：按照医生诊疗行为的不同特征，设计包括接诊数量、康复理疗治疗费用、专家观点等 10 个指标；根据指标异常值确定疑点医生范围（偏差分析），并利用层次分析法计算指标权重，对每位疑点医生进行打分；根据分数建立红、橙、黄三级预警机制，从而实现对服务提供方的及时有效监管。随着 DRG/DIP 支付方式改革的深入，金华、广州等地以 DRG/DIP 支付所产生的数据为数据源，针对不同临床现象，应用人工智能和大数据技术建立模型，从病案数据采集、病种分组、基金支付等方面建立大数据监管实践路径，加强对临床诊疗过程的监管。

（二）数据挖掘在医疗保险领域的应用价值

1. 支持战略决策　除规避医疗风险外，医疗保险大数据的核心作用在于确保医疗服务质量和效率，改善运行现状。决策者可以通过医疗保险大数据分析寻找事件的驱动因素和关键环节，以此作为制定战略决策的基础。成功的战略决策离不开大数据的分析运用，此类分析的要点在于通过由大到小、由粗到细、由点到面的层级挖掘和关键问题寻找，既需要专业分析技术的支持，又需要决策者的逻辑性、结构化思维，依据环境变化动态调整决策战略。

2. 管理医疗机构　目前，医疗保险大数据对于医疗机构的管理指导仍是粗放式的，亟须理顺医疗机构与医疗保险机构的行政关系，明确二者的责任、权利及义务，并从医疗保险支付方式中引入谈判机制。在中观层面，医疗保险管理部门可以通过大数据监测定期对医疗机构的政策执行情况进行监督检查，确保医疗服务的合规性。医疗保险管理部门可以通过大数据监测建立数据筛查、财务审核、病例审核等多元核查体系，积极引入第三方参与医疗保险监督，提升监管的专业能力和业务水平，抑制不合理医疗费用增长，以及规范不合理医疗行为。

3. 基金使用监管　在医疗保险基金使用监测方面，首要的是能够及时发现欺诈、浪费、滥用等现象。通过对医疗保险大数据的实时监测，医疗保险监管部门可以发现过度医疗或不合理医疗、药品的不合理使用、不合规就诊行为等。因此，开发并引入电子实时监控平台对医疗机构及患者的就诊行为进行追踪和监测，强化医疗保险部门和医疗机构的信息平台搭建工作，有利于提高对医疗保险资金使用情况的监测从而积极引导患者科学就医。此外，通过医疗保险大数据的挖掘和分析，归纳利益相关者的医疗保险资金使用规律，有利于进一步提高医疗保险资金的管理效率。

（三）数据挖掘在医疗保险领域的应用中存在的问题

1. 数据结构呈现链条化、混乱化和碎片化　医疗保险领域相关数据不仅包括医疗费用、财务数据和支出明细，还包括预防保健、临床治疗、康复随访等多个环节产生的数据，各种数据存储于管理系统中并形成累积数据。累积数据类型不同但存在各种交集、数量庞大但结构化缺失，因此在桥接方式与传递效率方面，目前仍受到信息标准和框架构成的限制。数据结构存在链条化、混乱化和碎片化问题，难以在医疗保险政策制定、精准医疗探索、产业风险预测等方面提供充分信息支撑和干预依据。

2. 医疗保险大数据的临床应用价值未充分发挥　医疗保险大数据已经成为医疗保险支付方式改革的重要参考依据，也对医院成本核算和管控能力提出更高要求。但在医院层面，目前医疗保险大数据模块和临床其他医疗模块基本是相互独立的，缺少医疗费用和医疗行为的联动监管和数据分析，导致无法对临床诊疗方案的卫生经济价值进行有效评估，医疗保险大数据对临床决策的辅助作用并不明显，说明医院内部管理系统与医疗保险大数据之间未能有效关联、融合。为更好发挥医疗保险大数据的价值，医院需要建立一套完整的管理体系，各管理部门可能需要进行相应的职能转换，包括改革原有按项目付费条件下的激励机制、质量考核指标等，推动医院运营管理更规范，进而促进医院医疗技术发展和诊疗能力进一步提升，进一步实现医疗保险大数据的全面展示及深层次含义的全面挖掘。这对于临床诊疗决策和医疗服务质量提升意义重大。

3. 大数据使用过程中的隐私性较难保障　医疗保险大数据包含姓名、年龄、性别、证件号码、手机号码、家庭住址、成员关系等用户信息，以及诊疗信息，这些信息涉及个人隐私，一旦未被妥善处理或遭遇泄露，可能会造成严重负面影响。此外，医疗保险大数据监测会诱导对医疗保险患者的状态及行为进行预测，进而产生倾向性监测数据，而倾向性监测数据的不合理使用会给医疗保险患者带来巨大安全风险。同时，在数据集成、数据分析、数据管理过程中缺乏相应的安全评估系统和监督使用机制，难以对医疗保险大数据的使用环节进行统一规范，也一定程度提高了隐私泄露的可能性。

【小结】

医疗保险信息是反映医疗保险活动过程的发生、发展、结果，以及影响因素的定性和定量化数据情报，具体包括医疗保险政策信息、医疗保险基本信息、医疗保险业务信息和医疗保险基金管理信息。医疗保险管理信息系统是以提高医疗保险信息管理效率及科学决策为目的，由人、计算机技术及数据信息等要素组成，以医疗保险信息的收集、传递贮存、加工维护为主体的有机整体，主要包括管理、信息、系统和人员等要素，功能是数据处理及支持管理与决策。医疗保险管理信息系统的结构指构成医疗保险管理信息系统的各要素所构成的框架。由于对各

NOTE

要素不同的理解构成了不同的结构方式，其中重要的是概念结构、功能结构和网络结构。作为医疗领域的新型生产要素和基础战略性资源，医疗保险大数据在医疗保险管理中发挥着重要的作用。利用医疗保险大数据进行深度挖掘分析，能为医疗保险政策制定和完善提供数据支撑，有助于优化医疗保险管理手段与路径。

【案例】

上海市医保大数据创新实验室（商业保险）启用，推进医保商保数据融通共享

近日，上海市大数据中心、上海市医保中心、中保科联三方共同启动上海市医保大数据创新实验室（商业保险）。同日，国家金融监督管理总局上海监管局与上海市医保局签署《关于加强基本医保和商业健康保险行业监管合作备忘录》，双方将在数据共享、项目合作、联合调研等6个方面强化交流合作。

据介绍，实验室的启用将进一步增加医保数据在商业健康保险产品理赔过程中的应用。在个人授权基础上，投保人通过在"随申办—保险码"一码通赔平台提交申请，可以实现免材料理赔，提升理赔效率。目前"沪惠保"项目已实现"快赔""主动赔"服务，快赔率达65%。作为数据融通的连接枢纽点，实验室也将助力生物医药产业创新发展，推动构建有序开放、高效互联的大健康生态圈，助力生物医药科研成果转化，让好药、新药加快从实验室走向诊疗室，惠及更多百姓。

此外，相关部门将支持行业研发提供特药保障的健康保险、药物临床试验责任保险等，优化保险产品覆盖的药械清单；支持实验室基于地区脱敏诊疗数据构建多维度分析图谱，开展产品研发、服务创新和前沿课题研究，进一步丰富有效供给、完善产品谱系，满足群众个性化、多样化的保障需求，实现"应保尽保"。

近年来，为协同深化医保大数据应用，推进商业健康保险与医药医疗服务供给侧改革、支持创新药械发展，市医保局、国家金融监督管理总局上海监管局、市大数据中心、上海保险交易所等部门通力配合，在多项领域开展了合作。如推动使用职工医保个人账户历年结余资金购买商业健康保险产品，调动商业保险在保民生、促消费和扩内需等方面的作用，促进上海保险业快速发展，助力上海多层次医疗保障体系建设。2023年，新增"保险码"作为销售平台，同时丰富项目产品供给，目前该平台已上线涵盖儿童医疗、老年医疗、癌症医疗和特药保障等责任在内的30款产品。截至2023年末，个人账户相关产品累计覆盖人群近90万人次，活化医保个人账户资金4.3亿元，提供风险保障超2 000亿元。上海城市定制型医疗保险"沪惠保"，覆盖人群近1 000万人，超50%的医保参保人购买，已赔付约15亿元。

资料来源：上海市医保大数据创新实验室（商业保险）启用，推进医保商保数据融通共享 https://www.shanghai.gov.cn/nw4411/20240118/3d5aec2918d040679ed20ca0aa025689.html.

【思考题】

1. 结合我国实际，请谈一下目前我国医疗保险信息系统的建设原则？
2. 建立医疗保险信息系统的意义是什么？其功能有哪些？
3. 如何理解医疗保险信息系统的结构？

第十一章　医疗保险评价

【学习目标】

国家通过建立医疗保险制度来保障人民群众对基本医疗卫生服务的需求，医疗保险涉及一个国家或地区的卫生发展目标，通过对医疗保险全面、综合的评价，反映医疗保险总体运行情况及实施效果，揭示医疗保险制度改革、发展的趋势，进一步完善医疗保险制度。通过本章的学习，学生需要掌握医疗保险评价的概念、原则；熟悉医疗保险评价的基本内容、评价方法及评价指标等。

第一节　医疗保险评价概述

医疗保险的运行是一个动态且连贯的过程，涵盖从政策的制定、执行、监督到终结等多个环节。在这个复杂的过程中，医疗保险评价是衡量和判断各环节成效的基准。为了确保医疗保险系统能够健康、稳定地运行，必须高度重视医疗保险评价工作。通过深入全面的评价，能够及时发现问题、总结经验，为进一步完善和优化医疗保险政策提供有力的支撑和科学的指导。

医疗保险评价是根据国家医疗保险发展的目标，利用科学的技术与方法对医疗保险运行的全过程进行综合的评价。

一、医疗保险评价的原则

（一）系统性

医疗保险是一个复杂的系统工程，在评价时要站在全局的角度运用综合评价的方法，找出有规律性和代表性的指标去评价其可行性、运行过程及效果，并进一步分析影响其有效运行的因素。

（二）公平性

医疗保险的基本原理是互助共济、风险共担。任何一个参保人在遭遇疾病风险时，都能获得同等的就医机会，得到医疗保险制度内规定的经济补偿。医疗保险的评价中，公平性体现在筹集、分配和使用三个方面。

（三）科学性

运用科学有效的方法对所获取的信息进行分析与评价，要以客观事实为依据，评价资料应完整可靠；评价时所使用的指标体系要尽可能全面地反映医疗保险运行的真实情况，且指标应具体明确。

（四）发展性

医疗保险的运行是一个动态发展的过程，医疗保险作为社会保障系统的组成部分，会随着国家政策的调整、社会经济的发展及科学技术水平的提升而发生变动。因此医疗保险的评价也要随着外界环境的变化及时做出调整。

（五）效率性

作为卫生资源之一的医疗保险资源相对于人们的健康需求总是有限的。医疗保险的重要任务之一就是如何合理、高效地利用有限的资源最大限度地提高利用效率，促进卫生资源的合理利用。效率和公平往往是一对矛盾，在提高效率的同时要注意降低公平的风险。

二、医疗保险评价的分类

随着国家卫生政策的日趋复杂和深化，医疗保险的评价也呈现出多样化的特点。依据医疗保险评价的阶段、范围、评价目的和要求等可以有不同的分类。

（一）按照实施阶段分类

按照评价活动发生在政策执行之前、正在执行还是执行之后，可将评价分为事前评价、中间评价、事后评价和跟踪评价。

1. 事前评价　事前评价指医疗保险制度和方案在实施运作前，对预计要实施的医疗保险制度和方案进行科学性、合理性和可行性的评价。借助医疗保险相关理论，根据以往的信息数据和经验采用模拟或其他预测方法预先评价医疗保险方案，并对方案进行适当的调整。预测评价过程中对某些不确定因素要进行敏感性分析，在整个社会、经济和人口环境中对医疗保险制度和实施方案进行考察，以确定对医疗保险制度和方案的取舍和调整；若为政府部门进行评价，还要考虑有关政策、法规的合理性与必要的调整。

2. 中间评价　中间评价指在医疗保险规划和方案运行过程中予以的评价。许多改革的问题会在规划和方案运行过程中显现出来，一方面是因为方案本身存在缺陷，另一方面是其执行力及外部环境变化的影响所致。通过中间评价，可以确定方案的实施与运行是否按计划进行，是否向着预定的目标发展，存在哪些问题，从中分析原因和寻找对策，进一步完善医疗保险制度和运行机制，以确保医疗保险目标的实现。

3. 事后评价　事后评价指医疗保险方案全面实施、按计划完成（或医疗保险制度基本建立）后，对其是否达到预期的目标，是否取得阶段性成果进行评价。主要利用医疗保险实施后所获取的相关信息衡量其对所确认问题的解决程度或影响程度、政策目标的实现程度，辨析医疗保险方案全面实施效果成因，通过优化方案运行机制的方式，强化和扩大其运行效果。事后评价可以总结实施过程的经验和教训，为不断完善医疗保险制度提供主要决策依据。

4. 跟踪评价　医疗保险制度或政策在实施后，其长期效果难以在短期显现出来。医疗保险制度是否能进一步适应社会经济发展和人们对医疗保险的需求，需要进行连续的、长期的跟踪评价才能得出正确的结果、作出科学的判断。

医疗保险制度运行的各个环节都可以进行事前评价、事中评价、事后评价及跟踪评价，四种评价方法结合起来运用，在起始阶段选择最优方案，在方案运行阶段及时修正存在的问题，方案运行后进行短期及中长期价值判断，使得医疗保险制度更加完善。

（二）按照范围分类

1. 宏观评价　宏观评价指从全局角度、整体利益出发，对医疗保险的社会、经济效益进行评价。医疗保险的宏观评价在强调全局观点、整体利益的基础上，评价医疗保险的作用及对本区域人群健康的影响、评价医疗保险的宏观运作及管理。宏观评价侧重整个区域内医疗保险制度的建设与运行效果，为宏观政策的制定提供依据。

2. 微观评价　微观评价指从医疗保险的三方（保险方、被保险方、医疗服务提供方）出发，评价三方的关系及各方内部的组织结构、运行机制等。例如，对医疗保险参保者满意度的评价；对单个医疗保险制度或医疗保险市场、对单个医疗保险机构和医疗服务机构的评价就属于微观评价。过程评价、结果评价都属于微观评价。微观评价侧重于单个市场的经济运行及效果的体现，主要是为了找出医疗保险方案在实施中存在的问题。

（三）按照评价目的和要求分类

1. 目标评价　目标评价是通过医疗保险实施的结果，根据目标实现的标准进行评估，判别医疗保险的实施是否达到了预期目标，这是对医疗保险的总体评价。

2. 过程评价　从管理的角度，过程评价可以在保险实施的不同阶段、环节或时期进行，是发现问题、总结经验、改进医疗保险工作的有效手段，有利于医疗保险主管部门及时调整政策，完善医疗保险制度，发展医疗保险事业。

3. 自我评价　自我评价是由医疗保险管理者自己对实施情况进行的评价。

4. 他人评价　他人评价是由医疗保险管理机构和运行机构之外的其他单位和个人对医疗保险制度进行的评价。医疗保险实施过程中涉及各方主体的利益，与很多社会组织及个人都发生复杂的联系，如有关政府部门、参保单位、参保个人或社会其他成员对医疗保险制度的看法、意见或态度等均属他人的评价。

由于不同评价者所处的环境不同、利益不一致、评价标准和价值观也不相同，因此，对同一件事物的评价可以得出不同的结论。通常进行评价时，将几种评价结合运用，以便做出全面和客观的评价。

（四）按照评价的主体分类

1. 内部评价　内部评价指医疗保险系统内部的评价者所进行的评价。系统内部的评价者由医疗保险政策的制定者、执行者，或是政策机构中专职评价的人员构成，如医疗保险管理部门、医疗保险经办机构、内部审计机构等。其优势在于评价者拥有医疗保险的大量信息，对整个运行过程有较全面了解，有利于开展评价活动，而且对于评价的结果也能及时转化并发挥作用。但内部的评价也存在一定局限，如易出现夸大成绩、回避失误的现象；作为政策的制定者或执行者评价时通常代表某一方的利益而导致评价出现片面性，影响到评价结论的公正性。

2. 外部评价　外部评价指与政策制定或执行方无隶属关系和利益关系的第三方实施的评价活动。外部评价有些是评价者委托相关单位进行，有些是评价者自己组织评价。评价主体可以是政府监管机构、第三方评估机构，以及高校、研究院等学术机构等。外部评价的最大优点是由于评价者置身于决策或执行机构之外，不受单位利益的限制，因而能够客观、公正地进行评价。但值得注意的是，接受委托的评价者受制于委托人而造成评价者只对委托人负责，而不对政策本身或社会效益负责的现象，所组成的评价结论存在偏颇。

内部评价和外部评价都各有其利弊，在实际操作过程中应综合运用，相互补充，以取得科学的评价结论。

（五）按照评价组织活动方式分类

1. 正式评价　正式评价指事先制定完整的医疗保险评价方案，由专门的机构与人员严格地按照程序和规范所进行的政策评价。正式评价机构与人员具有专业的知识与素养，评价的资料详尽真实，评价资金充足，评价的方法手段科学。因此，能比较客观全面地反映政策效果，成为政府部门考察社会医疗保险政策的可靠依据。

2. 非正式评价　非正式评价指对评价者、评价程序、评价方法、评价资料、评价内容、评价结论均没有严格的规定和要求，因此所做的评价也相对局限和分散。实际生活中，评价活动大多为非正式评价。非正式评价结论不一定非常可靠、完整，但形式灵活，实施简单易行，可以作为医疗保险正式评价实施前的预评价。通过非正式评价，不但可以全面了解社会医疗保险政策的实际效果，还能够吸引社会各阶层的人士参与评价活动、加强公民的参与意识。但由于非正式评价有很多局限性，它的结论通常带有随意性。

正式评价和非正式评价是政策评价活动的两种基本方式。正式评价占据主导地位，直接关系到评价活动的最终质量；非正式评价可作为正式评价的必要准备，也是正式评价的一种重要补充。

（六）按照医疗保险实施的程序分类

1. 结构评价　结构评价是对医疗保险制度相关结构进行的评价。包括评价医疗保险项目结构，医疗保险费用结构，被保险人群的年龄、性别、健康状况的结构，保险赔付费用结构，保险组织结构，管理运作结构，给付方式结构等。对医疗保险制度有关结构进行分析、评价，有利于医疗保险政策和方案的完善，有利于加强监督和管理、提高医疗机构的效率、合理配置医疗资源。

2. 过程评价　过程评价是对医疗保险实施过程中相关方面的评价。例如评价医疗保险的运行机制，医疗保险基金的筹集、管理、分配和使用的过程。医疗保险费用的给付程序是否简便，被保险人就医行为、对医疗卫生服务有无过度利用和医疗卫生服务的提供过程中有无诱导需求及严重程度，医疗保险的监督是否有效，被保险人患病住院时间、门诊就诊时候诊时间长短，医疗服务提供方的服务质量、数量等，还包括对医疗服务的可及性、适宜性评价。

3. 结果评价　结果评价是对医疗保险产生的社会、经济和健康影响做出的评价。其实施效果可分为短期影响效果和长期影响效果。如参保人因病就医得到的经济补偿、对医疗保险的满意度是一种短期影响，而医疗保险给人们健康带来的好处、对卫生资源的合理使用是长期影响。由于结果不都是可以立刻显现，所以结果评价相对困难，特别是对长期影响的评价。除此之外，对于社会影响的评价也较难，因为反映社会影响的指标和影响因素较多，难以确定和度量，所以评价难度较大。结果评价是确定医疗保险是否实现预期目标或取得成果必不可少的工作，只有通过结果评价，才可以确定医疗保险是否实现了预期目标。

医疗保险评价的分类不是绝对的，如对医疗保险所提供医疗服务可及性的评价，既可归入过程评价，又可归入结果评价或微观评价；对医疗保险组织的评价既可归入结构评价，又可归入宏观评价等。在实际评价中，各类评价交叉存在，交互运用，难以严格区别。

三、医疗保险评价的目的与作用

（一）评价的目的

医疗保险制度建立的主要目的在于保障国民的生命健康权、提高居民健康水平、促进卫生资源有效配置、提高疾病经济风险的可负担性、提升健康公平性、维护社会稳定。通过对被保险方医疗服务利用、就医行为、医疗费用、健康状况和对医疗保险满意度的分析，对医疗服务提供方服务的方便、快捷、耗费、效果和提供服务满意度的分析，对保险方医疗保险制度、运行机制、医疗保险目标实现程度的分析，综合评价医疗保险制度及实施的健康效果、社会效益和经济效益，进一步完善医疗保险和相应的配套政策和方案，发展和巩固医疗保险制度，保障人民健康。

（二）评价的作用

1. 发展作用　医疗保险评价包括对医疗保险的公平性、社会效益、经济效益方面做出的评价。通过医疗保险公平性的评价，可以了解医疗保险政策的制定是否合理，具体包括医疗保障覆盖及保障程度的公平性、医疗服务供给与利用公平、健康公平；通过医疗保险社会效益的评价可以了解医疗服务质量，参保人员的满意度和医疗服务的质量，是否促进了经济发展和社会稳定，是否促进了医院发展，是否保障了参保人员的基本医疗需求，达到病有所医的目的；通过医疗保险经济效益的评价，了解保险基金的收入、使用和分配情况，所收取的医疗保险费比例是否合适，是否控制了不合理医疗费用上涨的趋势，医院费用是否得到合理偿付，医疗保险基金是否用在关键的位置；通过评价准确掌握医疗保险改革进展、成效和困难，调整完善政策，促使医疗保险制度改革健康、顺利推进。

2. 控制和激励作用　医疗保险的运行是一个动态的过程，包括政策的制定、执行、监控和调整等环节。按照既定的目标、原则和方法对医疗保险实施过程中的情况进行科学的评价，及时发现医疗保险制度实施过程中的偏差，采取针对性的措施，降低负面影响，发挥控制作用。

通过对参保单位和定点医疗单位的评价，评出优劣，找出差距，明确整改方向。通过评价，对于医疗保险政策执行好的个人和单位给予表扬，对积极参加医疗保险和管理较好的单位进行奖励，形成一种积极参保的舆论氛围，促使大家共同关注和正确执行医疗保险政策；对于医疗保险政策执行较弱的个人和单位进行批评教育，形成一种"防御"机制，防患于未然，促使大家自觉抵制不正之风和纠正偏差。

3. 反馈作用　通过对医疗保险制度的全方位综合评价，反映医疗保险的总体运行情况、效果及问题。将这些信息直接或间接地反馈给社会医疗保险政策的制定者、执行者和监控者，以及相应部门，促进他们适时作出政策反应、选择好的政策方案、及时调整不当的政策项目、调整政策执行行为。

第二节　医疗保险评价的方法

医疗保险评价是一个复杂而又关键的过程，评价方法的选择和应用直接关系到评价的准确性和有效性。本节将介绍多种常用的医疗保险评价方法，包括定性评价方法、定量评价方法以

NOTE

及综合评价方法等。

一、定性评价方法

定性评价方法是一类基于经验和观察的评价方法，以主观判断为基础，主要用于对评价对象进行非量化、非数值化的评价。包括专家咨询法、头脑风暴法、德尔菲法、利益相关者分析法等。下面主要介绍德尔菲法和利益相关者分析两种方法。

（一）德尔菲法

基于专家的认识、经验、判断和偏好的德尔菲法是定性评价方法中常用的典型方法。1964 年，美国兰德公司首次用于技术预测，现已广泛应用于各种评价指标体系的建立和具体指标的确定过程。该方法依据系统的程序，采用匿名方式，通过咨询征求专家意见，然后将其意见综合、整理、归纳，再反馈给各个专家分析判断，提出新的论证。如此反复，专家意见逐渐趋于一致。

在医疗保险评价中，可以利用德尔菲法，依据专家知识、经验和判断，对医疗保险政策、医疗保险服务和医疗保险效果等方面进行科学评价，为医疗保险政策制定和完善提供参考。

1. 实施程序

（1）选择专家 根据评价主题，选择在年龄、专业知识、工作经验，以及学术观点上有代表性的专家参与评价工作。参加评价工作的专家数量可根据评价课题的大小和涉及面的宽窄而定，一般以 10～50 人为宜。人数太少，学科代表性有所限制，缺乏权威，影响预测精度；人数太多难以组织，结果处理比较复杂。然而对一些重大问题，专家人数也可扩大到 100 人以上，具体需根据评价内容的特点而定。

（2）提供资料 设计调查问卷，准备与评价问题相关的背景材料供专家参考，提出相关要求，同时请专家提出其他需要补充的材料。

（3）通讯调查 将调查问卷和背景资料寄给选定的专家，要求他们在规定时间填好并寄回给评价的组织者。第一轮的调查表全部收回后，进行汇总，列成图表，然后将初步结果再反馈给每位专家，让专家比较自己同他人的意见差异，修改自己的意见和判断，再次给出评价意见。收集意见和信息反馈这一过程重复进行，一般要经过三至四轮，逐步取得基本一致的意见。逐轮收集意见并向专家反馈信息是德尔菲法的主要环节。

（4）处理结果 在调查过程的每一阶段，对收集到的专家意见要利用科学方法进行整理、归纳和分类，以便对下一轮的预测提供有用的参考资料，获取准确的最终评价结果。

2. 德尔菲法的优缺点

（1）优点 德尔菲法可以充分发挥各位专家的作用，集思广益，能把各位专家意见的分歧点表达出来，取各家之长，避各家之短。

（2）缺点 德尔菲法过程比较复杂、花费时间较长。需要注意一点，德尔菲法是一种主观评价方法，结果会受到专家自身经验、判断和知识的影响。因此，在使用德尔菲法进行评价时，需要选择具有丰富经验和专业知识的专家。

（二）利益相关者分析法

20 世纪 80 年代，美国经济学家弗里曼提出利益相关者的定义，即利益或行为受所在组织影响且行为能够影响组织目标实现的个人和群体。利益相关者分析法是一种研究和分析各种利益相关者与政策之间关系的方法。

在医疗保险政策执行过程中，各利益相关方的行为受其角色定位、利益诉求和自身优势与劣势的影响，政策目标的推进与实现需保障各方的利益达到均衡状态。通过利益相关者分析，可以了解不同利益相关者对医疗保险制度的期望和诉求，分析其对医疗保险制度的影响和作用，为政策制定者提供决策依据。例如，政府通过制定相关政策和法规，促进医疗保险制度的发展和改革；医疗机构通过提高医疗服务质量和技术水平，满足参保人的需求；保险机构通过优化保险产品设计和服务流程，提高参保人的满意度；参保人可以通过积极参与医疗保险制度和监督保险机构的运行，促进医疗保险制度的发展。

医疗保险支付促进慢性病防控中的利益相关者指在慢性病防控工作中，受医疗保险支付政策直接或间接影响，或能够影响医疗保险支付政策制定、推行的个人和组织。具体包括医疗保险部门、卫生行政部门、慢性病防控服务提供者（基层医务人员、基层医疗卫生机构、医院、疾控中心）和参保人四个方面，见图 11-1。

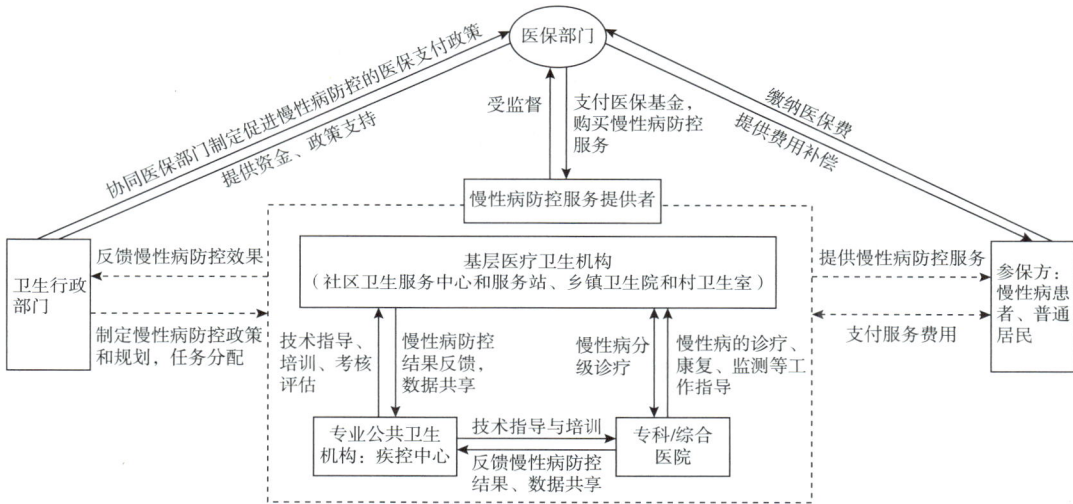

图 11-1　医疗保险支付促进慢性病防控的利益相关者及相互关系

二、定量评价方法

（一）比较分析法

比较分析法，也称为对比分析法，通过对医疗保险评价指标的对比，揭示一定时期的医疗保险状况，是医疗保险评价中最常用的评价方法。

1. 预期目标实现程度比较　通过将医疗保险实施后的实际指标与预期指标对比，分析医疗保险的完成情况，是否实现预期目标和结果。

2. 纵向比较　将医疗保险实施后的实际指标与实施前的实际指标进行对比，或将目前的实际指标与以往（如上年、上阶段等）的实际指标进行对比，以了解、分析医疗保险的变化情况。

3. 横向比较　将本地区医疗保险评价指标与其他地区、国外地区的同类指标进行对比，在更大范围内寻找差距，完善医疗保险制度。

这里，再介绍一种常用的计量经济学方法，倍差法（difference-in-differences，DID），又称双重差分法，是一种用于评估政策或干预效果的比较分析方法，通过比较干预组和对照组在政策实施前后的变化来评估政策或干预的影响。

倍差法的基本思路是非随机分配的两组样本，一组是政策干预组，另一组为对照组，计算干预组和对照组在政策实施前后某个指标的变化量，这两个变化量的差值反映了政策干预组的净影响，对比政策对干预组和对照组的作用效果随时间变化的结果。其优点在于可以控制其他潜在影响因素，从而获得更准确的效果估计。在卫生政策评估领域，倍差法已经被广泛应用于评价医疗保险、医疗改革等政策的效果。例如，一些研究表明，扩大医疗保险的覆盖范围可以显著提高人们的医疗服务利用率和健康状况，这些研究使用了倍差法来评估医疗保险对不同人群的影响，从而为政策制定提供依据。还有研究应用倍差法评价医疗保险总额预付试点的效果，通过比较试点医院和对照医院主要医疗保险指标随时间变化的情况，来分析总额预付制度的效果及存在的问题。

（二）多元统计分析方法

多元统计分析是经典统计学的一个分支，是一种多指标（也称多变量）综合分析方法，可以在多指标相互关联情况下分析其统计规律，在研究经济社会现象中具有广泛应用，是分析评价医疗保险运行影响因素和探索改进对策的重要工具。此种方法对数据信息的损失小，能最大限度地利用数据，不同的多元统计方法对数据的分布要求不同，且一般都要求数据多，因此在使用时的限制条件也较多。

多元统计分析方法按照分析特点大致可以分为两类：一是描述性方法，从原始数据中提取重要信息，对系统主要特征进行研究，包括主成分分析、因子分析、聚类分析等；二是解析性方法，主要是研究变量间相关关系、因果关系等，通过建立模型对变量间的关系定量化，包括多元回归分析、判别分析、典型相关分析、结构方程模型等。

1. 主成分分析　主成分分析可以将多个变量降维为少数几个综合变量，这些综合变量能够反映原始变量的主要特征。在医疗保险评价中，主成分分析可以用于提取医疗保险实施情况和运行效果的主要影响因素，为政策制定和调整提供参考。

2. 聚类分析　聚类分析可以将具有相似特征的数据对象分为同一类，将不同特征的数据对象分为不同类。在医疗保险评价中，聚类分析可以用于对参保人群进行分类，了解不同人群的医疗保险需求和效果。

3. 多元线性回归分析　多元线性回归分析可以用于分析多个自变量对因变量的影响，通过回归系数的大小和方向，可以了解各个自变量对因变量的贡献度。多元线性回归分析可以用于研究多个因素对医疗保险运行情况及效果的影响。

4. 结构方程模型　结构方程模型可以用于研究多个变量之间的因果关系，通过建立变量之间的路径模型，可以了解各个变量对因变量的影响路径和程度。在医疗保险评价中，结构方程模型可以用于研究医疗保险政策对参保人群的影响路径和效果。

三、综合评价方法

在医疗保险领域，需要进行综合评价，即综合考察多个有关因素，依据多个相关指标对各备选方案的价值或优劣进行系统评估。综合评价方法不只是一种方法，而是一个方法系统，常见的综合评价方法有下列六种。

（一）熵权法

熵权法是一种客观赋值方法，根据各指标的变异程度，利用信息熵计算出各指标的熵权，再通过熵权对各指标的权重进行修正，从而得到较为客观的指标权重。在医疗保险评价中，熵权法可以用于评估不同地区的医疗保障水平、不同医疗保险方案的优劣，以及医疗资源的配置效率等问题。通过收集相关数据，运用熵权法计算评价指标体系中各项指标的权重，可以综合考虑多个因素，对医疗保险方案或政策进行科学、客观的评价，有助于优化医疗保险制度设计，提高医疗保障水平和资源配置效率。

（二）层次分析法

层次分析法（analytic hierarchy process，AHP）是将与评价对象有关的元素分解成目标、准则、方案等层次，在此基础之上进行定性和定量分析的评价方法。其思想是把一个复杂决策问题表示为一个有序递阶层次结构，通过比较判断，计算各种决策行为、方案和决策对象在不同准则及总准则之下的相对重要性量度，从而对其进行优劣排序，为决策者提供决策依据。基本步骤包括建立决策问题的递阶层次结构模型、构造判断矩阵、层次排序及权重计算、一致性检验和综合评价五个部分。

这种方法的优点在于它将决策问题按总目标、各层子目标、评价准则直至具体的备选方案的顺序分解为不同的层次结构，通过定性指标模糊量化方法算出层次单排序（权数）和总排序，作为目标（多指标）、多方案优化决策的系统方法。虽然层次分析法有许多优点，但也有其局限性，如粗略、主观等。因此，在使用层次分析法时，需要结合其他方法进行综合分析和评估。

（三）综合指数法

综合指数法是一种常用的对多个指标进行综合评价的方法。在医疗保险领域，综合指数法可以用于评估医疗保险的整体绩效和效率。具体来说，综合指数法的步骤，见图 11-2。

1. 建立评价指标体系　根据医疗保险的特点和实际情况，选择合适的评价指标，如医疗保险覆盖率、医疗费用报销比例、医疗服务可及性、医疗服务质量、患病率等健康指标等。

2. 确定各指标的权重　根据各指标的重要性和对医疗保险的影响程度，确定各指标的权重。需要注意，在确定评价指标和权重时，需要综合考虑多个方面的因素，确保评价结果的客观性和准确性。

3. 确定评价标准　确定高优指标、低优指标（数值越低越好的指标），并对低优指标进行正向化处理。

4. 计算综合指数　根据选定的评价指标和权重，将收集到的数据按权重进行加权平均计算，得出综合指数。

5. 比较方案优劣　通过分析综合指数，了解不同医疗保险方案的效果，找出问题和不足，提出改进措施。

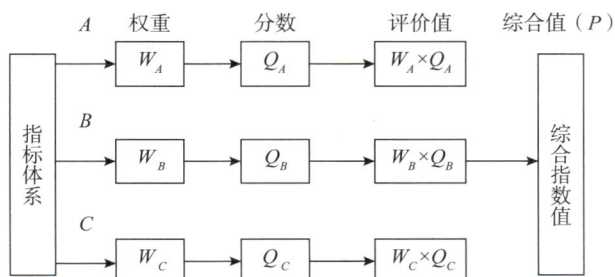

图 11-2　综合指数法评价步骤

（四）秩和比法

秩和比法（rank-sum ratio，RSR），是由我国学者、原中国预防医学科学院田凤调教授于1988 年提出的一种综合评价方法。它将多个指标综合成一个具有 0 ～ 1 连续变量特征的统计量 RSR，并根据 RSR 大小排序，计算综合得分评价对象的优劣等级。该方法对数据的分布无严格要求，计算简便，分析结果清楚，适用性强，被广泛应用于医疗卫生领域的多指标综合评价，是集参数统计与非参数统计优点于一体的评价方法。秩和比法不仅适用于四格表资料的综合评价，也适用于 n 行 m 列资料的综合评价，同时适用于计量资料和分类资料的综合评价。

（五）逼近理想解排序法

逼近理想解排序法（technique for order preference by similarity to an ideal solution，TOPSIS），又称优劣解距离法，是一种多属性决策分析方法，用于对多个方案进行排序和优选，被广泛应用于卫生决策、医院绩效评价等多个领域。

基本原理是从评价对象归一化的原始数据矩阵中，找出最优和最劣方案，然后通过评价二者之间的距离，求出评价对象与最优方案和最劣方案的相对接近程度，作为评价优劣的依据。在 TOPSIS 法中，首先需要构建一个加权规范决策矩阵，其中包含每个方案在各个评价指标上的值；然后，计算各方案的正负理想解距离，即将每个方案与正负理想解之间的距离进行比较。正理想解是所有评价指标的最优值，而负理想解是所有评价指标的最差值。最后，根据各方案与正负理想解的距离，对方案进行排序和优选。

在医疗保险领域，逼近理想解排序法可以用于评估不同医疗保险方案的优劣，包括医疗保障水平、医疗保险基金运行效率、医疗资源可及性，以及医疗服务质量等方面。通过比较不同方案在这些指标上的差异，可以找出最优的医疗保险方案，为政策制定者提供决策依据。

（六）模糊综合评价法

模糊综合评价法是一种基于模糊数学的综合评价方法，它通过模糊数学的理论和方法，将一些边界不清、不易定量的因素定量化，进行综合评价。在医疗保险领域，模糊综合评价法可以用于评估医疗保险的整体绩效和效率。模糊综合评价法可以通过以下步骤进行：①确定评价指标。②确定各指标的权重。③建立各指标与评价结果之间的模糊关系矩阵。④将各指标的权重与模糊关系矩阵进行运算，得出综合评价结果。此外，模糊综合评价法还可以与其他评价方法相结合，如层次分析法、灰色关联度分析法等，以更全面地评价医疗保险。

第三节　医疗保险评价指标体系

高质量的内容、丰富的数据信息是医疗保险评价的基本前提。医疗保险评价指标体系是由表征医疗保险各方面特征及其相互联系的多个指标所构成的具有内在结构的有机整体。可用于衡量医疗保险运行方案优劣，综合反映医疗保险各个方面的变化，是评价医疗保险工作的重要工具。通过对医疗保险评价指标的测量，能够客观评价医疗保险取得的成绩、存在的问题与不足，从而调整和完善医疗保险方案。例如，评价医疗保险实施后被保险人的健康状况变化，可采用期望寿命、死亡率、患病率等指标。

一、医疗保险评价指标体系建立的原则

医疗保险评价指标体系的建立，要根据具体的研究目的和研究问题来确定。只有建立科学合理的评价指标体系，才可能得出科学公正的综合评价结论。建立评价指标体系时，以下几条原则可供参考。

（一）全面性原则

医疗保险是一个复杂的社会系统工程，需要根据医疗保险的目标，对系统及各个子系统进行全面评价。全面性就是运用科学方法，选择能真实反映医疗保险及有关方面全貌的指标，建立完整的医疗保险评价指标体系。

（二）有效性原则

有效性指评价指标能够真实反映医疗保险的目标、内容、质量、效率、效果及其发展变化的程度。为确保指标的有效性，在建立指标体系时需要进行详细的调查，使指标符合医疗保险的实际工作。有效的指标体系应具有较强的灵敏性和特异性，指标的灵敏性是指评价指标能准确、及时地反映事物的变化。医疗保险方案易受社会政策、经济环境等的影响而变化，当外部环境发生变化时，指标也应随之变化。而特异性是指指标具有较强的专一性、针对性，对某一因素引起的变化能够做出真实、特有的反映，而不涉及其他因素。

（三）客观性原则

医疗保险评价指标体系应能客观反映医疗保险的真实情况，其测量结果应该避免主观影响。各地区所实施的医疗保险有所区别，其评价指标体系应反映不同地区的医疗保险特点。

（四）可行性原则

医疗保险评价指标体系既要全面又要精简，符合医疗保险评价的实际；定性指标与定量指标相结合，应充分利用现有的资料；指标应具有可测量性、可获得性，指标含义要明确，指标内容应具体，指标数据要规范，资料收集与分析要简便易行，具有良好的可操作性。

二、医疗保险评价指标体系的分类

按照医疗保险实施的程序，可将医疗保险评价指标分为结构评价指标、过程评价指标和结果评价指标。

（一）结构评价指标

结构评价是对医疗保险制度有关结构进行的评价，结构评价指标由政府支持、资源配置、规章制度和参保情况等指标组成，反映医疗保险的基础，即政府支持、资源分配、建章立制和群众信任。

1. 政府支持　政府支持的主要指标包括是否把医疗保险工作列入当地政府重点工作、其他部门与医疗保险部门之间的协调是否已经建立并能进行有效联系、医疗卫生部门改革是否适应医疗保险工作、组织体制的科学性与稳定性、政策对组织体制的支撑程度，以及是否建立组织体制的内外部监督体系等。

2. 资源配置　资源配置主要指标包括医疗保险经费占国内生产总值的比例，政府、社会、个人医疗保险费用支出占比，按人口计算平均医疗保险经费比例，每千人口拥有医疗保险专职经办人员数、医疗机构中医疗保险工作人员配备数，每千人口卫生资源拥有量（每千人口卫生

技术人员数、每千人口床位数等），每万人口拥有医疗机构中医疗保险工作人员配备数量，不同地区、不同职业人群资源分配的公平程度等。

3. 规章制度　规章制度主要指标包括是否拟定科学的医疗保险方案、是否建立医疗卫生服务质量保障措施、是否建立定点医药服务机构医疗保险管理制度及规范等。

4. 参保情况

（1）参保总人数　该指标是指全国或统筹地区参加各类医疗保险的总人数，职工基本医疗保险和城乡居民基本医疗保险的参加人数之和，即为我国基本医疗保险的参保总人数。

（2）参保率　该指标是实际参保人数占应参保人数的百分比。参保率指标包括总参保率、月或年参保率、各类保险的参保率（包括职工基本医疗保险、城乡居民基本医疗保险、补充医疗保险、商业医疗保险）等。其计算公式为：

$$参保率 = \frac{实际参保人数}{应参保人数} \times 100\%$$ （式 11-1）

（3）参保人群结构　该指标反映参保人群的年龄、职业、单位或不同收入水平的构成情况。

参保人群年龄构成指各年龄段参保人数占总参保人数的比例，包括未成年人、青壮年、老年人等参保情况。不同医疗保险，根据保险方案实施和评价的需要，对年龄段有不同的划分。

我国职工基本医疗保险参保人群的构成测算需要衡量参保人员中在职人员、退休人员和其他人员的比例，包括"在职人员占参保总人数的比例""退休人员占参保总人数的比例"和"其他人员占参保总人数的比例"三项指标。

参保人员单位构成指不同性质单位的职工参加基本医疗保险的人数占总参保人数的百分比，包括"行政单位职工占参保总人数的比例""事业单位职工占参保总人数的比例""企业单位职工占参保总人数的比例"等指标。

参保人群不同收入水平构成指根据各地区经济发展和居民收入水平，划分不同的收入组，测量不同收入组的参保人数占参保总人数的比例。

（4）参保单位数　该指标指参加基本医疗保险的用人单位的总数。根据我国医疗保险制度的有关规定，"用人单位"包括机关、事业单位、社会团体、企业、民办非企业单位和有雇工的个体经济组织。参保单位承担组织参保、缴纳医疗保险费等基本工作，参保单位的保险意识直接影响医疗保险的建立和发展，影响医疗保险的投保率、医疗保险费的征缴率和医疗费用的控制。

（二）过程评价指标

过程评价指标是由基金筹集和运行、管理监督和医疗服务评价指标组成，反映医疗保险的运行原则即规范操作、科学运行、强化管理。

1. 基金筹集　通过此类指标的测量可以评价医疗保险基金的征缴和筹集的情况，是考核医疗保险经办机构基金征集任务完成情况的依据。

（1）应筹医疗保险基金　该指标反映统筹地区当年参保人员按规定应筹集的医疗保险资金，反映统筹地区基金筹集的规模。由于城乡居民基本医疗保险采取自愿缴费的原则，应筹集金与该地区计划的覆盖率有关。该指标对城镇职工基本医疗保险基金的筹集程度评价实际意义更大，根据经核定的各参保单位、参保人员的年度工资总额和筹集比例计算得出。

（2）实筹医疗保险基金 该指标反映统筹地区当年实际筹集的医疗保险基金，包括"实筹当年医疗保险基金"和"清欠往年医疗保险基金"两部分。该指标一般由医疗保险经办机构的计划财务部门提供。

（3）欠缴医疗保险基金 反映参保单位欠缴医疗保险基金的情况，包括"欠缴当年医疗保险基金"和"欠缴往年医疗保险基金"两项内容。其计算公式为：

$$欠缴当年医疗保险基金 = 当年应筹医疗保险基金 - 当年实筹医疗保险基金 \quad （式11-2）$$

$$欠缴往年医疗保险基金 = 欠缴往年医疗保险基金累计数 - 当年实筹医疗保险基金 \quad （式11-3）$$

（4）筹集率 反映统筹地区医疗保险基金的筹集水平，计算的是当年实筹医疗保险基金占应筹医疗保险基金的比率，评价的是医疗保险基金筹集任务的完成情况，筹集率越高，表明筹集任务完成越好。目前，社会保障基金筹集的考核指标通常为95%，包括基本医疗保险筹集率、大病保险筹集率和其他补充医疗保险筹集率等。

2. 基金运行 基金运行反映医疗保险基金收支是否平衡，所筹医疗保险基金的收入、分配和支出结构，评价基金的运行状况。

（1）个人账户运行情况指标

1）个人账户收入及占医疗保险基金的比例 反映统筹地区医疗保险基金划入个人账户金额及其占当年实筹医疗保险基金的比例。

2）个人账户支出及占医疗保险基金支出的比例 反映医疗费用中由个人账户资金支出的金额及其占医疗保险基金支出的比例。由于个人账户支付的是起付线以下及起付线以上需要个人自付的费用，该指标还能评价医疗保险实施后的偿付程度。

3）个人账户结余及占个人账户收入的比例 反映个人账户的结余金额和个人账户结余率，评价统账结构的合理性和个人账户资金的管理情况。其计算公式为：

$$当年个人账户结余 = 当年个人账户收入 - 当年个人账户支出 \quad （式11-4）$$

$$累计个人账户结余 = 个人账户往年结余数 + 当年个人账户收入 - 当年个人账户支出 \quad （式11-5）$$

$$个人账户结余占个人账户收入的比例 = \frac{当年个人账户结余}{个人账户收入} \times 100\% \quad （式11-6）$$

（2）统筹基金运行情况指标

1）统筹基金收入及占医疗保险基金的比例 反映统筹地区实筹医疗保险基金划入统筹基金的金额及其占当年实筹医疗保险基金的比例。

2）统筹基金支出及占医疗保险基金支出的比例 反映医疗费用中由统筹基金资金支出的金额及其占医疗保险基金支出的比例。

3）统筹基金结余占统筹基金收入的比例 反映统筹基金的结余金额和统筹基金结余率，评价统筹结构的合理性和统筹基金资金的管理情况。其计算公式为：

$$统筹基金结余 = 统筹基金收入 - 统筹基金支出 \quad （式11-7）$$

$$统筹基金结余占统筹基金收入的比例 = \frac{统筹基金结余}{统筹基金收入} \times 100\% \quad （式11-8）$$

（3）风险调节基金运行情况指标

1）风险调节基金收入及占医疗保险基金的比例 反映统筹地区实筹医疗保险基金划入风险调节基金的金额及其占当年实筹医疗保险基金的比例。其计算公式为：

$$风险调节基金收入 = 实筹医疗保险基金 \times 提取比例 \quad （式11-9）$$

$$风险调节基金收入占医疗保险基金的比例 = \frac{风险调节基金收入}{实筹医疗保险基金} \times 100\% \qquad （式11-10）$$

2）风险调节基金支出及占医疗保险基金支出的比例 反映经有关部门批准，按规定使用风险调节基金的金额及其占医疗保险基金支出的比例。其计算公式为：

$$风险调节基金支出占医疗保险基金支出的比例 = \frac{风险调节基金支出}{医疗保险基金支出} \times 100\% \qquad （式11-11）$$

3）风险调节基金结余占风险调节基金收入的比例 反映风险调节基金的结余金额及其占风险调节基金收入的比例。其计算公式为：

$$风险调节基金结余占风险调节基金收入的比例 = \frac{风险调节基金结余}{风险调节基金收入} \times 100\% \qquad （式11-12）$$

（4）医疗保险基金总体运行情况指标

1）医疗保险基金当年结余额 是当年的个人账户结余、统筹基金结余和风险调节基金结余三项指标之和，可以综合反映统筹地区当年医疗保险基金运营情况。可按当年医疗保险的全部收入减去全部支出后的余额来计算。

$$医疗保险基金当年结余额 = 当年全部收入 - 当年全部支出 \qquad （式11-13）$$

2）医疗保险基金累计结余总额 指统筹地区自实施医疗保险以来的累计结余医疗保险基金总额，可以反映该统筹地区在一段时期内的运营情况。累计结余总额包括每年的结余额和该时期内医疗保险基金的利息收入及其他投资营运收益。

3. 管理监督

（1）服务管理情况 主要指标包括信息化管理实现程度、是否建立医疗保险运行信息披露制度、报销手续是否科学简便、报销时间是否适宜，以及报销费用是否及时兑现等。

（2）遵守合约情况 包括某一时期违反合同规定的定点医疗单位占总定点医疗单位的百分比、门诊超范围用药处方占总处方数的百分比、门诊超剂量用药处方占总处方数的百分比、门诊分解处方占总处方数的百分比、住院病历结账额与记账单相符与不相符之比、住院病历自费药记账与不记账之比、住院特殊检查记账与不记账之比、住院超标准收费与遵守标准收费之比、住院病历自费药经审批与不经审批之比等。

4. 医疗服务评价

（1）医疗服务收入及构成 门诊服务医疗保险收入及占比、住院服务医疗保险收入及占比、药品医疗保险收入及占比、制剂医疗保险收入及占比、不同病种的医疗保险收入及占比、不同类型医疗保险收入及占比等。

（2）参保与非参保人群对比 参保与非参保人群急性病患者每次患病平均就诊次数之比、参保与非参保人群两周就诊率之比、参保与非参保人群次均住院日之比、参保与非参保人群次均住院费用之比、参保与非参保人群同病种住院费用之比、参保与非参保人群次均门诊费用之比等。

（3）转诊情况 参保人转诊系统外（定点医疗单位以外）就诊率、转诊费用占总费用的百分比、参保者转诊省内的人数及占总转诊数的百分比、参保者转诊省内的费用及占总转诊费用的百分比、参保者转诊省外的人数及占总转诊数的百分比、参保者转诊省外的费用及占总转诊费用的百分比等。

（三）结果评价指标

结果评价指标由受益度、满意度、医疗服务利用、医疗费用负担和居民健康状况组成，反映医疗保险的目的。通过结果评价，为进一步改革和完善医疗保险制度提供依据。

1. 人群受益度　主要指标包括门诊费用补偿人数占参保人数的比例、住院费用补偿人数占参保人数的比例、总补偿人数占参保人数的比例、门诊费用人均实际补偿金额、住院费用人均实际补偿金额、门诊费用实际补偿比、住院费用实际补偿比、高额医疗费用（如器官移植、恶性肿瘤等）实际补偿比等。

2. 满意度　反映参保人群对医疗保险的效用和价值判断，对所提供医疗服务质量的认可，以及定点医疗机构对医疗保险方案的认可、理解和支持的程度。

（1）参保人群满意度　主要指标包括参保人群赞成（或不赞成）医疗保险服务的比例、参保人群中满意（或不满意）医疗保险服务的比例、参保人群退保率、参保人群对医疗保险综合评分、参保人群对医疗服务机构综合评分等。

（2）医疗机构满意度　包括定点医疗机构中赞成（或不赞成）医疗保险的比例、医疗机构中了解医疗保险基本内容的比例、医疗机构对医疗保险组织的综合评分等。

3. 医疗服务利用　实施社会医疗保险的目的之一就是提高人们对基本医疗卫生服务的利用水平，主要指标包括参保人两周就诊率、两周患病就诊率、两周患病未就诊率、人均门诊就诊次数；参保人年住院率、人均住院天数、参保人需住院而未住院率；不同职业/不同年龄/不同收入/不同疾病的参保人门诊、住院和检查分别利用情况等。

（1）参保人员两周就诊率　指调查前两周内参保人员因病或身体不适到医疗机构就诊的人次数与调查人口数之比。该指标反映参保人员门诊服务利用情况，其计算公式为：

$$两周就诊率 = \frac{调查样本中两周就诊人次数}{调查人口数} \qquad （式11-14）$$

（2）参保人员两周患病就诊率　反映参保人员患病的就诊状况，评价医疗保险制度的保障程度。其计算公式为：

$$两周患病就诊率 = \frac{调查样本中两周就诊人次数}{调查样本中两周患病人次数} \qquad （式11-15）$$

（3）参保人员两周患病未就诊率　指调查前两周内参保人员患病而未就诊的人次数与两周患者次数之比。其计算公式为：

$$两周患病未就诊率 = \frac{调查样本中两周患病而未就诊人次数}{调查样本中两周患病人次数} \qquad （式11-16）$$

（4）参保人员住院率　指一年内参保人员因病住院人次数与参保人口数之比，反映参保人员住院服务利用情况。其计算公式为：

$$住院率 = \frac{参保人员全年住院人次数}{参保人口数} \qquad （式11-17）$$

（5）参保人员未住院率　反映参保人员需住院而未住院的情况，反映医疗保险对参保人群住院服务利用可及性改善的情况。其计算公式为：

$$未住院率 = \frac{需住院而未住院人数}{需住院人数} \qquad （式11-18）$$

4. 医疗费用负担　此类指标可以反映统筹地区参保人员医疗总费用及其增长速度、医疗费用的支付结构、各类参保人员的医疗费用分布、人均医疗费用和人均医疗保险基金支出，以及自付费用、自付比例等。

（1）参保人员医疗总费用及增长幅度　反映参保人员医疗总费用及增长速度，评价医疗费用增长的合理性。

（2）门诊医疗费用及占总费用的比例　反映参保人员在门诊就诊发生的医疗费用和门诊医疗费用占医疗总费用的比例。

（3）住院医疗费用及占总费用的比例　反映参保人员住院所发生的住院医疗费用和住院医疗费用占医疗总费用的比例。

（4）参保人员人均医疗费用及增长幅度　反映参保人员每人每年平均发生的医疗费用和增长幅度，用以评价同一统筹地区不同年度人均医疗费用水平和不同统筹地区同一年度人均医疗费用水平，是反映医疗费用水平的一项重要指标。

（5）参保人员人均门诊医疗费用及增长幅度　反映参保人员每人每年平均在门诊发生的医疗费用和增长幅度。

（6）参保人员人均住院医疗费用及增长幅度　反映参保人员每人每年平均发生的住院医疗费用和增长幅度。

（7）人均医疗保险基金支出　反映参保人员每人每年平均支出的医疗保险基金数。

（8）人均个人账户支出　反映参保人员每人每年平均支出的个人账户资金数。

（9）人均统筹基金支出　反映参保人员平均每人每年支出的统筹基金。其计算公式为：

$$人均统筹基金支出 = \frac{统筹基金支出 + 风险调节基金支出}{参保总人数} \qquad （式11-19）$$

（10）人均个人支付医疗费用及占比　反映参保人员平均每人、每年由个人负担的医疗费用和个人支付医疗费用占人均医疗费用的百分比。用以评价同一统筹地区不同年度和不同统筹地区同一年度之间的个人费用负担水平。该指标可间接地反映出医疗保险方案对参保人员保障水平的高低。

5. 居民健康状况　医疗保险对人群健康状况的影响是长期性的，一般不能立刻显现，所以评价难度相对较大。主要涉及以下指标在医疗保险实施后的变化情况。

（1）生命指标　包括平均期望寿命、婴儿死亡率、孕产妇死亡率、粗死亡率、肿瘤死亡率等。

（2）患病指标　包括居民两周患病率、肿瘤发病率、心血管病发病率等。

第四节　医疗保险制度评价

医疗保险评价的内容范围较广，评价也呈现出多样化的特点。评价的内容一般围绕着医疗保险政策方案、医疗保险政策的执行过程和政策的实施效果及影响等方面展开。

一、医疗保险政策方案评价

医疗保险政策方案主导着医疗保险的实施，对医疗保险的运行和结果具有重要影响。

（一）合理性

医疗保险政策方案的评价首先要对其指导思想和目标价值的合理性进行评价。如《关于深化医疗保障制度改革的意见》是我国医疗保障进入高质量发展阶段的纲领性文件，对我国"十五五"社会经济发展规划时期医疗保障事业的发展产生重要影响。文件中指出我国全民医疗保险的发展已基本解决了绝大多数人"病有所医"的问题，这是我国改革开放事业取得的伟大成就。但"病有所医"目标下的中国医疗保险体系尚面临诸多深层次的问题，呈现出"不平衡不充分发展"的特征，无法满足人民群众日益增长的医疗和健康需求，无法满足"病有良医"的需求。这决定继续深化医疗保障体制改革是我国医疗保障事业发展的核心任务。

（二）可行性

医疗保险政策的制定要在特定的社会背景下进行，要和国家或地区的政治环境和经济发展水平相适应。因此，在对医疗保险的政策方案进行评价时要考虑人口发展、经济发展、医疗保险的范围和水平、现有的医疗服务效率、供给诱导需求、卫生资源配置等多方面的因素。

（三）科学性

医疗保险的体系结构建设与构架是其目标实现的首要任务。评价医疗保险的体系结构要从组织的结构体系、管理的运行机制等方面进行。如党的二十大报告要求，促进医疗、医保、医药协同发展和治理。国家医疗保障局自成立以来，注重发挥医疗保险在三医联动改革中的基础作用，促进医疗保障与医疗服务体系、药品供应保障体系的良性互动、协同改革。通过健全完善以基本医疗保险为主体，医疗救助为托底，补充医疗保险、商业健康保险、慈善捐赠等共同发展的医疗保障制度体系，着力减轻群众就医负担。

二、医疗保险政策执行过程评价

（一）医疗保险政策适合程度评价

适合程度评价主要评价以下问题。

1.医疗保险政策的提出和要达到的目标是否符合大众的客观需要？程度如何？

2.医疗保险政策要达到的目标和采取的策略是否与当前的社会、政治、经济、文化发展水平相适应？程度如何？

3.医疗保险政策是否与当前其他卫生政策相匹配？程度如何？

4.医疗保险政策在社会范围内是否可行？程度如何？

（二）医疗保险政策足够程度评价

在医疗保险政策执行的过程中遇到的重大问题和障碍是否给予足够重视；相应的解决方案在多大程度上能够解决或缓解这些障碍或问题；各项具体实施办法是否执行妥当，有无遗漏。

（三）医疗保险组织运行管理评价

医疗保险系统中组织管理机构拥有的人力、财力、物力、信息资源、管理技术，以及监督机制等各类资源都会直接影响医疗保险体系的运行及效果，对其进行评价有利于提高医疗保险体系的管理和政策的优化调整。

（四）医疗保险基金的运营状况评价

医疗保险基金的运营情况的评价需要从以下六个方面入手。

1.医疗保险费用厘定是否科学？

2.医疗保险基金监管是否完善？

3.医疗保险基金的抗风险能力如何？

4.医疗保险费用分担是否公平合理？

5.医疗保险基金是否及时到账？

6.个人账户和社会统筹基金划分是否明确等？

（五）医疗保险的服务质量评价

医疗保险的服务质量评价包含医疗保险服务系统的管理质量和医疗服务质量两个部分的内容。评价医疗保险的服务系统的管理质量可从参保情况、保险基金管理、对医疗服务提供方的监管和对卫生服务需求方的管理几个方面进行。评价医疗服务质量可从医疗服务的水平、费用的高低、服务的态度、技术服务的有效性、合理性及非技术性的服务质量等方面进行。非临床技术性服务的质量（又称"反应性"），如医疗机构服务环境、患者就医等候时间、接受服务的便利性、人际关系、对患者的尊重和隐私保护等。

《国家医疗保障局关于优化医保领域便民服务的意见》提出，坚持以人民健康为中心，深化医保领域"放管服"改革，增强服务意识，创新管理方式，强化能力建设，打造高效便民的医保服务体系，持续提升人民群众的获得感、幸福感、安全感。坚持需求导向，聚焦群众就医和医保需求，推进经办服务能力，推行医保服务事项"最多跑一次"改革，高频医保服务事项实现"跨省通办"，逐步建成以人性化为导向、法治化为保障、标准化为基础、信息化为支撑的医保经办管理服务体系，实现全国基本医疗保险、大病保险、医疗救助等医疗保险服务一体化。

（六）医疗保险制度的公平性评价

在医疗保险制度的运行效果评价中，公平性评价尤为重要。医疗保险制度的覆盖面越大，意味着制度的公平性越好，制度的运行越稳定，越能够保障参保者的权益。医疗保险制度的公平性主要涉及以下三个方面。

1.公众参加各类具有疾病经济风险分担能力的医疗保险项目的公平性。

2.获得医疗服务机会的公平性。

3.获得医疗保险基金支持的公平性。

三、医疗保险政策实施效果评价

医疗保险政策实施效果是政策执行后对公众及卫生系统所产生的影响及效果。效果评价可以从政策目标完成度、参保人受益度、满意度、医疗服务的利用、费用的分担和健康状况六个方面评价。

（一）政策目标完成度

评价指标如保障范围、保障水平、基金筹集和使用情况等。

（二）参保人受益度

评价指标如门诊费用补偿人数占参保人数的比例、住院费用占补偿人数占参保人数的比例、总补偿人数占参保人数的比例、人均月实际补偿门诊费用、人均月实际补偿住院费用、门诊费用实际补偿比、住院费用实际补偿比等。

（三）满意度

1.参保人满意度　参保人对医疗保险缴费层次、报销、定点医疗机构的满意度；参保人继续参保意愿；参保人和医疗机构对医疗改革的支持度；参保人、参保单位和定点医疗服务机构对医疗保险经办管理的满意度等。

2.医疗服务提供方满意度　评价指标如医疗服务提供者中了解医疗保险基本内容的百分比、医疗服务机构对医疗保险组织综合评分。

（四）医疗服务利用

评价指标如参保人月均门诊人次数、参保人年均住院次数、参保人次均住院日、参保人两周就诊率、参保人接受特殊检查的比例、不同职业/不同年龄/不同收入/不同疾病的参保人门诊、住院和检查分别利用情况等。

（五）费用的分担

评价指标如参保人年负担费用总额（自付费用）、参保人负担医疗费用占总医疗费用比例、参保人年负担费用总额占年工资的比例、参保人门诊费用负担比例、参保人住院费用负担比例、参保人年医疗费用不同水平的费用分担比例、各种急性和慢性疾病患者自付费用总额及分担比例等。

（六）健康状况

医疗保险长期影响居民的健康状况，其影响效果通常不会立刻显现，所以评价难度相对较大。主要评价指标要在保险实施后的变化情况中体现，如各种疾病的发病率、患病率和死亡率；自评健康状况、平均期望寿命、健康期望寿命等。

四、医疗保险效率评价

20世纪初，意大利经济学家维尔弗雷多·帕累托（Vilfredo Pareto）将效率定义为一种理想状态，他认为经济学上有效率（最优）的社会结果，指不可能在不损害他人利益的情况下提高任何人福利的情形。帕累托效率在某种程度上也意味着，不存在任何改变能够提高所有人的福利，有效率的经济必然已经穷尽所有能够增进共同利益的手段。

坚持效率与公平相协调一直是我国医疗卫生服务体系的五大原则之一，注重医疗保险资源使用的协调性与科学性，提高制度的运行效率对医疗保险管理体制改革是十分重要的。卫生服务领域中的效率指在有限的卫生服务资源下，以最小的成本生产出最符合人们需要的卫生服务产出，从而实现卫生服务的产出即健康的最大化。资源是稀缺的，因此需要在实际生产中以较少的成本实现最优的目标，或者以同样的成本取得更多的产出。

医疗保险制度的效率可以从筹集的角度、卫生服务提供的角度及二者结合的角度进行评价。筹集角度的效率指以一定的成本消耗筹集到的医疗保险资金总量。卫生服务提供的效率指医疗服务提供者在一定成本下所提供的服务量水平。从筹集和卫生服务提供的角度相结合评价医疗保险制度的效率，主要指在有限医疗保险资金下，所提供的能满足居民医疗服务需要的优质服务数量水平。

经济学家将效率分为两类，即技术效率和配置效率。技术效率指在给定的资源下，使产出达到最大化。即成本相同时产出最大，或者产出相同时成本最小。配置效率指在给定资源下，产出最优、最大的产出组合，将有限的资源分配在收益最佳的项目上，最终结果可以用健康水平来体现，也可以反映医疗保险制度的宏观效率，即一个国家医疗保险的投入与国民健康水平改善的关系。

五、医疗保险效益评价

医疗保险效益指衡量医疗保险政策投入后所取得的成果，比较政策执行的实际效益与原来期望的理想水平，分析政策目标达到的程度。医疗保险在发挥作用、分担风险的同时，必然会带来经济效益和社会效益。医疗保险制度的建立和实施需要投入各种资源，包括管理资源及保险基金。以经济效益、社会效益作为评价依据，是医疗保险制度评价的重要组成部分。

（一）经济效益评价

医疗保险的经济效益评价主要是评价其资金的使用情况，尤其是对医疗费用的控制能力进行评价。比较医疗保险费用的支付与实际发生的医疗费用的差距，进而评价医疗保险制度对医疗费用的节约效具。

1. 保费收入   包括：①保费总收入，指参加医疗保险缴纳的保费总额；包括月或年应收保险费、月或年实收保险费、月或年拖欠保险费、基本医疗保险基金筹集到位率、大病统筹基金筹集到位率、其他补充医疗保险基金筹集到位率、医疗救助基金筹集到位率等。②人均保险费收入，指参加医疗保险人均缴纳参保费总额。③保险深度，指保费收入与国内生产总值之比，它反映国民经济发展水平和医疗保险的发展速度。④保险密度，指按一定地域范围计算的人均参保费。

2. 基金运作管理与偿付情况   主要指标包括一定时期个人账户资金人均额或沉淀率、基本医疗保险个人账户支付总额、个人账户"超支"者人均超支额、统筹账户支付门诊个人账户超支比例，基本医疗保险住院费用支付总额、基本医疗保险门诊费用支付总额、不同级别医疗机构费用支付比例、人均支付门诊费用、人均支付住院费用、医疗救助与医疗优抚支付总额等。

3. 医疗保险基金结余情况   包括：①医疗保险基金的当年结余额。②医疗保险基金累计结余总额。

4. 卫生总费用及变化情况   该指标反映统筹地区卫生总费用的大小和年增长速度的状况，通过对统筹地区医疗保险方案实施前后的卫生总费用总额及增长幅度的对比，进而评价医疗费用增长的合理性，以及医疗保险方案的实施对卫生总费用的积极影响作用。此指标也可间接反映医疗保险的经济效益。

（二）社会效益评价

社会效益评价主要分析医疗保险制度实施后参保人群的健康改善情况。主要可以从以下两个方面进行评价：第一，医疗保险制度实施后参保人的健康意识、健康行为和健康知识的改变效果；第二，医疗保险制度对参保人医疗服务利用的改变效果。

1. 参保人员两周患病率   该指标用来反映参保人员的健康状况，评价医疗保险制度的社会效益。参保人员两周患病率指标可以通过抽样调查取得。两周患病率越高，说明该地区参保人员身体状况差，医疗保险社会效益差；相反，则说明该地区参保人员身体状况好，医疗保险制度实施的社会效益好。但是，在抽样调查时，要注意样本在年龄、性别、单位等口径上的同比性。

2. 参保人员两周患病就诊率   反映参保人患病的就诊状况，用以评价医疗保险制度的保障程度。

3. 参保人员人均门诊就诊次数 反映参保人平均每人每年门诊就诊次数。

4. 参保人员人均住院次数 反映参保人平均每人每年住院次数。

5. 参保人员满意率 可综合判断参保人对医疗保险制度的满意程度，是反映医疗保险所取得社会效益的重要指标。

【小结】

医疗保险制度是社会保障制度的重要组成部分，医疗保险评价也是医疗保险管理的重要内容，直接影响卫生服务的供给、需求和利用，以及卫生资源配置的合理性。对医疗保险的总体运行情况进行全面、系统、综合的评价，发现医疗保险存在的问题，揭示医疗保险的发展趋势，为国家和地区的医疗保险制度的改革提供参考依据。

【案例】

平凉市医疗保障制度成效展示——蒙某某主动脉夹层治疗费用报销案例

一、案例背景

本案例选自平凉市医疗保障局发布的 2024 年第一季度城乡居民医疗保险报销十大亮点案例，展现了医疗保险制度在缓解民众经济压力、提升医疗保障质量方面的显著成效。

二、案例概述

1. 患者信息

蒙某某，男性，77 岁，享受低保待遇，平凉市静宁县居民。不幸罹患主动脉夹层疾病，随即前往兰州大学第一医院接受专业治疗。

2. 治疗费用与报销详情

（1）住院总费用：高达 18.88 万元人民币，凸显了治疗此类复杂疾病的昂贵成本。

（2）政策范围内可报销费用：经审核，确定为 15.8 万元，体现了医疗报销制度的精准性与合理性。

（3）报销构成：①基本医疗保险报销：迅速拨付 5.92 万元，作为第一重保障基础。②大病保险报销：针对高额医疗费用，额外报销 7.17 万元，有效缓解了患者家庭的经济压力。③医疗救助报销：鉴于患者低保身份，进一步获得 2.44 万元的医疗救助金，体现了制度的关怀与温度。

综合减负成效：三重保障合力下，共为患者减轻医药费用负担 15.53 万元，个人实际承担大幅减少。

（4）报销比例：患者政策范围内费用报销比例高达 98.29%，彰显了医疗保险制度的高效与全面。

三、制度评价

1. 保障力度显著 面对巨额医疗费用，医疗保险制度展现出强大的经济支持能力，确保患者能够及时获得必要治疗。

2. 覆盖广泛且公平 制度不仅覆盖普通城乡居民，还特别关照低收入群体，体现了社会保障的公平性与普惠性。

3. 报销比例高　高比例的费用报销，有效降低了患者自付比例，切实保障了患者的经济利益。

4. 制度衔接顺畅　基本医疗保险、大病保险与医疗救助的无缝衔接，形成了多层次的医疗保障网，为患者提供了全方位的保护。

四、存在问题与改进方向

尽管制度成效显著，但仍需关注并解决以下问题：

1. 扩大保障范围　持续评估并调整保障范围，确保更多特殊疾病和高额医疗费用纳入保障，减少保障盲区。

2. 优化报销流程　简化报销程序，利用现代信息技术手段提升服务效率，如推广电子病历、在线报销等，减轻患者负担。

3. 加强监管力度　加大对医疗保险基金使用的监督，建立健全风险防控机制，确保基金安全高效运行，防止欺诈行为。

4. 提升保障水平　根据社会经济发展情况，适时提高报销比例、降低起付线等，进一步增强医疗保险制度的保障能力，更好地满足人民群众的健康需求。

资料来源：2024 年第一季度平凉市城乡居民医保报销十大典型案例—医保动态 http://ylbz.pingliang.gov.cn/ybdt/art/2024/art_94011069b7a843cd8f99a04522b398c8.html.

【思考题】

1. 如何理解医疗保险评价的目的和原则？

2. 医疗保险评价的内容有哪些？

3. 医疗保险评价的方法有哪些？各有什么优缺点？

4. 简述医疗保险评价指标体系建立的原则。

5. 医疗保险评价的指标有哪几类？

6. 尝试利用本章的内容，采用医疗保险评价的方法，选取合适的指标，对中国的医疗保险制度进行评价。

第十二章　国外医疗保险模式

【学习目标】

通过本章学习，要求熟悉国际主流医疗保险模式的分类、内涵、优缺点及代表性国家，了解各模式典型代表国家的医疗保险管理体制及支付方式改革内容，理解国际医疗保险模式存在问题、改革举措及发展趋势。

第一节　国外医疗保险模式分类和特点

在探讨一个国家的医疗卫生体系时，我们通常从两个方面入手：医疗服务提供者和医疗经费承担者。这两者是构成国家医疗卫生体系的基石，它们决定了一个国家公民的健康和福祉水平。在大多数国家，医疗服务由公共部门和私人部门共同提供。公共部门通常指的是政府运营的医疗机构，而私人部分则包括非营利性和营利性的私人医疗机构。这些机构各司其职，为民众提供全方位的医疗服务。另外，我们必须关注医疗经费的承担问题。医疗经费的筹集和支付方式在很大程度上影响着一个国家的医疗服务质量和可及性。世界各国在这方面的做法多种多样，有的国家选择国家出资，有的实行强制保险，有的采用强制储蓄，还有的依赖自愿保险及患者自付等方式。每种方式都各有优劣，关键在于如何平衡效率和公平。基于上述两个方面，我们可以将各国的医疗保险模式分为四种基本类型：国家医疗保险模式、社会医疗保险模式、商业医疗保险模式、储蓄型医疗保险模式，实际上还有上述四种的混合，即混合型医疗服务模式，注意混合型没有典型代表国家，只是一种发展趋势。

一、国家医疗保险模式

国家医疗保险，亦称国家卫生服务制度（National Health Service，NHS），是一种由政府主导的医疗保险与医疗事业模式。在这种模式下，政府通过税收形式筹集医疗保险基金，以预算拨款的方式支持公立医疗机构的运作；医护人员按照国家统一规定的工资待遇工作，为国民提供低成本的基本医疗服务，确保所有公民都能享受到规定范围内的基础医疗保健。这种国家层面的健康保障体系，在西方国家特别是福利国家中非常流行，尤其是英国和瑞典，其国家卫生服务体系最为人们熟知，成为该模式的典型代表。在这些福利国家，政府承担了医疗服务的主要责任，减轻个人因病所承受的经济压力，并通过公平分配医疗资源的方式来提高国民的整体健康水平。加拿大及北欧各国也广泛采用了类似的医疗保障机制。这些国家的公共医疗保险体系通常以普遍性、可及性和免费性为核心特点，强调医疗服务对所有人平等开放，无论其经济地位如何。在这些体系中，患者就医时只需支付极小的费用，或在某些情况下完全免费。现代医疗体系的改革与发展表明，单纯依靠政府提供医疗服务的模式面临着诸多挑战。诸如财政负担重、效率低下、难以满足多元化需求等问题，这些问题促使各国寻求更加灵活多样的医疗保险解决方案。因此，很多国家开始向私有化、社会化方向迈进，引入竞争机制，增加市场在医疗资源配置中的作用，同时保持政府对基本医疗保障的责任。国家医疗保险作为一种特殊的社会福利制度，曾在许多国家发挥过重要作用。它不仅体现了一个国家对公民健康的关怀，更是社会文明进步的标志。尽管面临改革的压力和挑战，但国家医疗保险的核心理念——确保每个公民都能获得基本的医疗保健服务——依然是现代福利国家的目标之一。未来，各国的医疗体系可能会呈现更为多元和复合的态势，但国家医疗保险将继续在为公民提供医疗保障方面起重要作用。

国家医疗保险模式特点

国家医疗保险模式以税收筹集模式、公益性为核心特征，医疗服务的福利性特征明显。

第一，医疗保险基金的筹集主体是政府，主要来源是税收，筹集依赖财政预算拨款，医疗保险基金筹集与支付纳入公共财政管理，发挥国民收入再分配作用。

第二，医疗服务具有国家垄断性。医疗保险基金通过财政预算形式划拨给政府举办的医疗机构，或政府通过合同购买民办医疗机构或私人医生的医疗服务。

第三，医疗保险覆盖本国全体公民，公民享有保险范围内的免费或低收费的基本医疗卫生服务。

第四，医疗卫生资源配置与医疗保险基金管理的计划色彩浓厚。政府卫生部门直接参与医疗服务机构和医疗保险机构的投资、建设与管理。

该模式的优点在于：①国家税收为医疗保险制度提供物质基础，保障了医疗保险基金的稳定。②政府通过计划手段集中调配医疗资源与医疗保险基金，根据其投入量来控制医疗费用总量，从而有效地控制医疗费用的过快增长。③医疗保险实现广覆盖，国民享有较高的医疗福利水平，较好地体现社会公平性原则。

该模式的缺点在于：①由于看病就医的费用是免费或低付费，因此供需双方都缺乏成本意识，医疗消费水平过高，医疗保险筹集渠道单一，财政负担较重。②由于医疗资源配置具有计划色彩，政府干预的力度较强，政府定价为主，市场机制调节作用弱。③计划管理体制下，医疗机构服务运行效率较低，就诊排队现象较为突出，难以满足居民不断增长的医疗需求。

因此，实行国家医疗保险模式，必须有雄厚的财力，同时还应适当引进市场机制，以便在保证公平性的前提下，既能提高服务供给的效率及质量，又能遏制医疗费用的不断增长。

二、社会医疗保险模式

社会医疗保险（social medical insurance，SMI）作为一种普及性的社会保障制度，在很多国家都发挥着至关重要的作用。其核心在于通过国家层面的强制性规定，由雇主和雇员共同分担医疗风险，确保在罹患疾病时，每个人都能得到必要的医疗服务而不会因费用问题陷入困境。在德国，这种保险体系几乎覆盖所有居民，无论是本土公民还是外籍人士，它基于"团结互助"的原则，由健康人群与患者群之间相互支持，体现了社会的共济精神。法国、韩国及荷兰等国的社会医疗保险体系同样值得一提。在法国，这一体系以全民覆盖的特点备受推崇。无论职业高低、收入多少，每个法国人都纳入了保障范围。而韩国的国民健康保险则以全面性和普遍性为特色，让每个人都能在需要时接受医疗援助。荷兰则采用了独特的混合型保险体系，既强调个人责任，又注重集体互助。哥斯达黎加作为一个发展中国家，其社会医疗保险制度却走在了世界的前列。该国的医疗保险系统不仅涵盖基础医疗服务，还包括预防医学和健康促进，体现了对民众健康的高度重视。这些不同地区所实行的社会医疗保险虽然在具体的操作和管理上有所差异，但都秉承着相同的宗旨：通过集体的力量，分散个体的风险，确保每个人都能在生病时获得必要的治疗。这种保险模式不仅减轻了个人负担，还增强了社会稳定，促进了社会公正。

社会医疗保险是一种体现社会连带责任和公共关怀的制度，它通过国家立法来确立，并通过多方的共同参与来实现。这种制度对提高公众的健康水平，维护社会和谐稳定，具有不可替代的作用。随着各国社会医疗保险制度的不断完善和发展，我们相信，未来的社会医疗保险将更加公平、高效，更好地服务于每一个人的健康需求。

社会医疗保险模式的特点有以下五个方面。

相对于国家医疗保险模式，更多的国家采取社会医疗保险模式，核心差异在于医疗保险筹集模式和医疗服务供给体系。

第一，通过国家立法强制公民参保和筹集医疗保险基金，医疗保险基金筹集实行三方负担，主要由雇主、雇员和政府按照不同分担比例筹集基金。

第二，基金由社会医疗保险管理机构统一筹集、管理、核算、给付，不以营利为目的。基金筹集一般是按单位工资总额与个人收入的一定比例，由雇员和雇主定期缴纳法定医疗保险费；基金分配是依据与医疗卫生机构的服务协议拨付；协议医疗机构按照合同为公民提供合规、合理的医疗服务。

第三，社会医疗保险基金管理的基本原则是"以支定收，以收定付"，执行现收现付，力求当年或短期收支平衡，与完全积累不同，一般没有积累。

第四，医疗卫生机构提供服务受服务协议影响。医疗保障覆盖范围主要取决于各国的经济发展水平及医疗服务提供水平。服务项目一般包括全科医生的基本医疗服务，某些病种的住院诊疗和必要的药品；多数国家还包括专科医疗服务、外科手术、孕产保健、某些牙科保健服务，以及医院某些设施。

第五，医疗保险机构根据支付方式与协议医疗卫生机构结算费用。社会医疗保险机构对参保者的医疗保障一般分两种方式：一是根据协议向医疗卫生机构购买服务，这也是第三方付费的由来；二是患者先垫付就医的费用，随后再由医疗保险机构予以补偿（报销）。为提高患者就医可及性和便捷性，多数国家采用第一种方式。

社会医疗保险模式的优点在于：①医疗保险基金筹集法治化，不仅使基金有稳定的来源，而且使基金筹集渠道多元化，由雇主和雇员，按单位工资总额和个人收入的一定比例进行筹措，政府酌情给予补贴，体现了政府、社会、个人对健康的经济责任。②医疗保险基金的使用实行社会统筹，现收现付，风险共担，互助共济。实质是个人收入的再分配，投保资金通过医疗费用补偿在投保人之间转移，实现个人所得的横向转移。健康者的一部分收入向患病者转移，高收入者的一部分收入向低收入者转移，体现社会公平与福利照顾。③医疗保险机构与医疗卫生机构建立合同契约关系，促使医疗机构提供优质服务，规范服务行为，提高服务效率。④医疗保险管理体系，体现了以分权思想为主要特征的分散职责的管理办法。建立不同地区、

NOTE

不同行业、不同企业的疾病基金会，独立管理医疗保险业务。

社会医疗保险模式的不足在于：①由于合同医院提供约定范围的免费医疗或低收费服务，或者对供方的医疗用药行为监管不力出现疏漏，将出现供需双方的道德风险。参保者可能过度利用医疗服务，协议医疗机构可能诱导服务。这将增大医疗保险基金的风险，使医疗费用难以有效控制。②社会医疗保险基金实行现收现付，当年收支平衡，虽能实现横向共济，但无法实现纵向积累。年轻人与老年人之间医疗保险费用负担的代际转移问题突出。随着人口老龄化速度的加快和人口增长放缓，这个代际矛盾将日趋尖锐。

三、商业健康保险模式

商业医疗保险（Commercial Health Insurance，CHI）是伴随着市场经济的成熟而发展起来的一种保险形式，它的核心在于为投保人提供医疗风险的经济保障，同时通过合理的风险管理实现保险公司的经济效益。在当今社会，随着人们对健康问题日益关注，以及医疗费用不断攀升，商业医疗保险成为不可或缺的部分。与政府运营的社会医疗保险不同，商业医疗保险由私人保险公司或民间团体经营，其运作完全遵循市场规则，旨在实现盈利。这种保险模式提供多元化的产品选择，以满足不同人群的需求。企业、组织甚至个人都可以作为买方，根据自身情况选择适合的保险产品。而卖方，即保险公司，既有非营利性的也有营利性的机构，它们通过出售保险产品获取收益。商业医疗保险的特点在于它的灵活性和多样性。保险公司根据市场需求设计不同的保险产品，覆盖各种医疗服务和治疗方式。此外，为了控制风险并保证盈利，保险公司在选择承保对象时会进行严格的风险评估，包括对投保人的健康状况、年龄、职业等因素的考察，以决定保费的高低及保险条款。虽然商业医疗保险具有明显的营利性质，但它与社会医疗保险之间并非竞争关系，而是互补关系。社会医疗保险提供基本的医疗保障，商业医疗保险则可以提供更加个性化和全面的服务。两者共同构成多层次医疗保障体系，使得人们能够根据自身条件和需求，获得更为周全的医疗保障。商业医疗保险在减轻个人和家庭因病致贫的风险、提高医疗服务可负担性方面发挥着重要作用，它不仅有助于提升公民的健康水平，还推动了整个保险行业乃至医疗行业的发展。需要注意的是，由于追求利润的本质，商业医疗保险可能会排除某些高风险群体，这就需要政策制定者在监管和引导上发挥作用，确保医疗资源的公平分配。它与社会保障性质的社会医疗保险互相补充，共同构建一个多层次、全面覆盖的医疗保障体系，有效满足了现代社会人们对健康保障的复杂需求。

与社会医疗保险相比，商业医疗保险由于具有商业属性，遵循市场规则，营利导向，自由交易，也因为信息不对称而带来道德风险和逆向选择。

商业医疗保险模式优点在于自由、灵活、多样化。具体表现在：①保险企业为适应社会多层次的需要，采用不同种类的筹集方式与保险提供方式，以满足消费者的多种需要，满意度较高。②商业医疗保险机构为在激烈竞争中占有更多的市场份额，会更积极地与医疗机构配合，协同推进医疗技术水平，驱动医学科技发展。③促使保险组织在价格上开展竞争。不同的保险组织之间为了改进保险的服务并力求降低服务成本，保险公司有动力推动医疗服务提供者降低成本，提供价廉质优的医疗服务。

商业医疗保险的不足在于：①人群在选购医疗保险产品时，很大程度上受自身支付能力的制约，导致不同收入水平的人群享有医疗保障的差别性很大，因而在医疗保障方面存在的不公平现象很突出。②存在道德风险和挑选行为。以营利为导向的保险企业，会根据风险特征筛选投保人，造成不公平，行为主体的自利动机会导致较严重的道德风险，资源利用效率不高。③医疗服务供求关系主要由市场调节，"市场失灵"导致医疗消费的膨胀。所以，医疗总费用难以控制是商业医疗保险模式的突出弊端。

四、储蓄型医疗保险模式

储蓄医疗保险制度（Savings Medical Insurance，SMI），是一种独特的医疗保障方式。它以法律规定为基础，强调以个人或家庭为单位进行医疗基金的储蓄，通过时间的积累，为未来的医疗需求储备资金。这种制度最初在新加坡诞生，并逐渐在世界范围内引起关注，但成功实施此模式的国家并不多。与传统的医疗保险筹集方式不同，储蓄医疗保险制度并未采用纳税或强制缴纳保费的方式。相反，它依靠法律的力量，要求公民进行强制性的"储蓄"。这种方式既保证资金来源的稳定性，又避免税收或保险费可能带来的经济负担。这一制度强调个人责任，政府会分担部分费用，但这并不意味着医疗费用全部由政府承担。患者需要自付一部分费用，这也意味着，他们所支付的费用越多，能够享受到的医疗服务水平也相应提高。这一点增强了患者对自身健康的关注，同时也提升了医疗服务的质量。

储蓄医疗保险制度的筹集方式强调纵向积累，即"自保为主"。这种方式鼓励每个家庭为未来医疗需求储备资金，而不是依赖外部的资金援助。这不仅能够确保资金的充足性，还能减少社会的负担。除了强制性的储蓄外，社会成员还可以自愿参与"横向"共济性的补充医疗保险。这种补充保险为那些希望获得更全面保障的人提供了额外的选择。储蓄医疗保险制度是一种结合了个人责任、政府支持和社会互助的综合医疗保障方式。它不仅确保医疗资金的稳定性和充足性，还鼓励社会成员对自己的健康负责，为未来的医疗需求做好充分的准备。

储蓄型医疗保险模式更多地强调个人的筹集责任，缺少互助共济特征，实质为一种纵向储蓄，在学术界就其是否属于社会保险范畴仍然存在争议。

这一模式的优点在于：①以国家法律为依据，强制性地规定每个有收入的公民都必须为其终生医疗需求而储蓄。②医疗保险基金来源以家庭储蓄为基础，要求患者用自己的储蓄支付医疗费用，有利于增强个人的费用意识。激励人们审慎地利用医疗服务，尽可能地减少过度利用医疗服务行为，避免陷入"免费医疗"的泥潭，能有效控制需方的道德风险而造成的需求膨胀和医药资源的浪费。③筹集机制以个人责任为基础，是医疗费用个人、雇主、政府共同分担模式的一种创新。④能有效地解决医疗费用的代际矛盾，能较好地解决人口老龄化带来的医疗需求增长，这一模式要求每一代人解决自身的医疗保健需要，避免医疗保健费用的代际转移。

这一模式的不足在于：①以个人责任为基础，个人应自付相当部分医疗费。付费越多，享有医疗服务的水平越高，使低收入人群难以得到更好的医疗保障，公平程度较低。②它强调"自保为主"的纵向积累，社会互助共济、共同分担疾病风险的实现程度较社会医疗保险模式低。

NOTE

第二节　国外典型医疗保险模式

根据本章第一节的分类归属，本节着重介绍国外典型医疗保险模式的代表性国家，主要内容包括各典型国家的卫生支出结构、卫生管理体制、医疗保险制度及支付方式等。

一、英国国家医疗保险模式

英国是国家医疗保险模式的代表性国家。国家卫生服务体系是英国医疗卫生体系的基石，主要由三级医疗服务机构组成，即初级保健机构、地区医院和中央医疗服务机构。初级保健机构以社区医院为主，包括全科医生、牙医和药房等，主要负责提供初次诊断、小病治疗和预防性保健等医疗服务。地区医院是地区性的医疗服务中心，主要提供综合医疗服务和专科医疗服务。中央医疗服务机构主要负责疑难病症诊治和紧急救助。在英国的三级医疗服务体系中，二级、三级医疗服务的供给者是公立医疗机构，由国家财政提供经费。国民可享受公立医院低收费的医疗服务。

英国医疗保险体系的筹集来源：一是公共资金筹集，主要包括政府税收、社会保险缴费及全民医疗服务信托基金等；二是商业保险性质的医疗保险资金，即政府通过税收优惠等政策措施，鼓励有需求的个人购买商业保险，由商业保险公司直接向投保人就诊的医疗服务机构付费；三是个人自费支付渠道，主要指医疗费中需要个人承担的自费部分，以及超出医疗保险服务范围的特殊医疗服务，由个人直接向医疗机构支付。需要强调的是，英国国家卫生医疗服务体系主要通过全科医生和公立医院提供医疗服务。全科医生开业诊所是私人医疗机构，政府通过合同的方式采购其所提供的医疗服务，并根据其就诊人数和工作量发放经费。

（一）英国卫生支出结构

世界卫生组织（World Health Organization，WHO）官方统计数据显示，2009～2022年英国卫生总支出占GDP的比重在9.83%～11.33%。2018年卫生总支出达到285 999亿美元。政府卫生支出占卫生总支出的比重从82.85%降至78.60%，政府卫生支出占政府总支出的比重为17.35%～19.20%，呈现缓慢增加的趋势。个人卫生支出占卫生总支出的比重为17.14%～21.38%，呈现较快增长趋势。个人现金卫生支出占卫生总支出比重为12.38%～16.71%。其中，个人现金支付占比为71.65%～78.14%，呈现较快增长趋势。商业健康保险占比为13.73%～21.15%，呈现较快下降趋势，约占总卫生支出的3.5%。

（二）管理体制

1919年，英国成立卫生部，主要负责整合医疗保险计划、公共卫生资源，以及监管各地方医疗机构所提供的医疗服务。1946年英国议会通过《国民医疗服务法案》，政府在医疗领域扮演两种角色：①筹集者与购买者，即政府直接从税收中为医疗筹集并负责购买医疗服务，国民在纳税后可以享受免费住院服务和家庭医生服务，个人仅支付看诊费和部分药费。②提供者，即政府直接举办和运营政府医院，为国民提供医疗服务。

卫生资源配置的高度计划性导致整个医护体系欠缺活力，服务供给效率较低，无法满足人们的基本保健需求。患者通过全科医师转诊后，通常要等待很长的时间才能得到专科医师的治疗，英国政府甚至为此专门制定了候诊时间不超过 18 周的最低要求。20 世纪 80 年代中后期，英国建立医疗信托基金，如全科医师基金持有者和后来更名的初级卫生保健信托，代表民众向医护人员和医疗机构购买服务，扮演付费者的角色。1990 年，撒切尔政府颁发《NHS 与社区医疗法案》实行支付方与服务提供方分离，推行基本保健服务内部市场化竞争，卫生部及所属机构成为医疗服务的购买方。1991 年，英国构建了 NHS 公益性基本保健信托机构（Primary Care Trust，PCT），与医疗卫生机构签约、执行绩效考评和支付费用。政府医疗机构法人化、实体化（信托医院），通过 NHS 系统内部竞争获得服务付费。

2009 年，英国成立医疗质量保障委员会（Care Quality Commission，CQC）。主要职责如下：①管理 NHS、地方管理局、私人公司或志愿者组织提供的健康和成人社会保障服务，制定医疗保健服务的质量和安全标准，并对提供者进行监督和检查，确保标准得到遵守。②根据《精神健康法案》保护患者的权利，确保卫生和社会护理服务为人们提供安全、有效、富有同情心和高质量的护理，鼓励改善护理服务。所有 NHS 服务提供者必须向 CQC 注册，并满足医疗保健服务的质量和安全基本标准。CQC 依法对服务供方的服务安全性、意见响应度、关心消费者、工作有效、良好的领导力进行评估。每项评级为优秀、良好、需要改进、不足。供应方被要求在他们提供服务的所有网站上显示总体评级。CQC 提供特定行业的供应商手册，概述其如何监管和检查其监管的每个行业的服务，主要包括如下服务类型：救护车、护理中心、儿童服务、诊所、社区、牙医、全科医生和医生、医院心理健康、安全设置、居家服务等。

2013 年，英国实施了《健康与社会保障法》。英国卫生费用预算中 10% 支付疾控体系；30% 支付家庭医生、军人、服刑人员、戒毒人员、残疾人的服务项目；60% 用于支持地区临床诊断服务，包括内设全科的社区医院、专科医院、精神医院、医疗康复等。同年，英国批准 212 家临床委托服务组织（Clinical Commissioning Groups，CCGs），取代了基本保健信托机构，掌握 60% ～ 80% 的卫生预算，根据国家优化医疗服务的标准执行购买服务，包括急诊、诊疗、康复、社区服务、精神健康等。2013 年后，卫生医护管理部门及其职责，如表 12-1 所示。

表 12-1　英国 NHS 系统主管部门及其职责

部门	职责	预算份额
卫生大臣	全面对卫生部的工作负责，领导全国公共健康、NHS 和社会性护理事务	
卫生部	指导并组织开展全国基本保健和医疗及社会性护理事务，对财政专项预算负全责	
临床委托服务组织	独立的社会组织，实现社区医护和部分二级医护信托管理	60%
公共健康署	负责公共健康事业，会同地方政府和 NHS 处理突发事件	10%
国民基本保健服务体系	初级保健：全科医生负责所在社区居民的健康 二级保健：急诊、转诊服务 三级、四级保健：专科服务 特殊群体：军人、缉毒所戒毒人员等 社区康复护理：患者出院后康复护理，精神健康	30%

英国卫生部下设国家卫生与临床优化研究院（National Institute for Health and Care Excellence，NICE），主要负责评估和发布 NHS 标准，提供诊疗、药物临床，以及全国公共卫生指导等。NICE 主要通过三个渠道实现上述功能：①对广泛、复杂证据进行独立评估，以帮助行业专员、一线从业人员、患者、护理人员和公民做出更明智的决定，可能涉及医护方案的安全性、资源

NOTE

使用。②与科技创新专家和团队合作，基于 NICE 的分析技能、知识和专长来识别、评估和制定及时的、有创新性的建议。③与卫生和基本保健系统进行合作，推动采用有效且低成本高效益的新疗法和干预措施确保所有社会成员获得基本保健机会的公平性。

（三）支付方式改革

NHS 控制预算的 20% 左右用于建设疾控体系、支付军人医疗费用、缉毒所戒毒人员和购买家庭医生公共卫生服务费用。公共健康署控制预算的 10%。各地 CCGs 卫生费用占总预算的 60%。卫生部门根据地方的财政水平、人口结构、整体健康水平等指标通过总额预付方式拨付给 CCGs。CCGs 对基本保健主要按人头预算和总额付费，辅以服务质量和健康结果评估奖励。评估指标为地方的疾病谱、患病率、签约人数、年龄结构、性别比例等。

二级以上医护机构主要采取按结果定额付费（payment by Result，PbR），也称英国式 DRG。2003 年，依据 ICD-10 和外科手术操作分类对患者形成疾病临床服务编码，根据相关资源消耗相近原则，将数量庞大的疾病临床服务编码整合成医护资源服务组（Healthcare Resource Groups,HRGs）。卫生行政部门基于 HRGs 形成专科服务单元，基于既往数据确定全国统一的服务单元标准价格。2016/17 版英国 NHS 国家价格和收费手册中，共 1 366 种 HRGs 和 56 种专科服务单元，涵盖 60% 以上的医院服务。

二、德国社会医疗保险模式

1883 年，德国颁布《雇员医疗保险法》，次年开始实施。目前基本医疗保险费率是工资总额的 14.6%，雇主和雇员各自承担 50%。德国医疗保险覆盖率为总人口的 92%，以家庭为单位参保，即一个雇员参保后全家受益。2020 年，国民平均预期寿命超过 81 岁。基本医疗保险的国民满意度很高。

（一）卫生支出结构

WHO 官方统计数据显示 2009 ～ 2018 年：①德国卫生总支出占 GDP 比重在 10.78% ～ 11.34%，缓慢增长、略高于经济合作与发展组织国家的平均水平。2018 年卫生总支出达到 4531 亿美元。②政府卫生支出占卫生总支出的比重为 75.41% ～ 77.71%，政府卫生支出占政府总支出的比重为 17.45% ～ 19.99%，呈现缓慢增加的趋势。③个人卫生支出占卫生总支出的比重由 24.34% 降至 23.32%。④个人现金卫生支出占卫生总支出比重为 12.65% ～ 14.18%。其中，2018 年个人现金支付占个人卫生支出的 56.68%，商业健康保险占个人卫生支出的 38.82%，约占总卫生支出的 5%。

（二）卫生管理体制

联邦卫生部的职责主要包括维护和发展法定医疗保险、长期护理保险的绩效，提高卫生系统的质量，维护患者的利益，开展健康保护、疾病管理和生物医学，并依法进行监督管理。联邦卫生部在医疗保险方面的职责主要有：①向联邦议会和参议院提出立法建议，拟订法律草案。②制定和完善相关政策。③实施行业监管。联邦卫生部"掌舵而不划桨"，具体的专业性、审批性及经办性工作由相应机构承担。

联邦社会保障局的职责：对医疗保险、养老金、意外伤害保险及长期护理保险进行法律监管。联邦社会保障局对医疗保险的主要职责：①医疗保险基金的归集与再分配。②负责医疗保险基金的风险调节和运行监管。

联邦联合委员会的核心职能：负责制定指导原则和行动指南，保障参保者获得有效、适宜和成本效益高的服务。职责范畴从制定医疗保险报销目录，确定医疗服务、药品报销范围，慢病管理，医疗服务质量保障措施，确定非专利药的固定报销价格，逐步拓展到批准检验和治疗新方式的准入、评价专利药的附加药效等。联邦联合委员会由4个大型自治组织组成，即德国法定医疗保险基金协会、德国医院协会、德国联邦医疗保险医师协会、联邦牙医协会。四大协会属于私立非营利性组织，不具有法人地位。

德国法定医疗保险基金协会的主要职责：①代表医疗保险经办机构参与联合委员会的政策制定，并在联邦法律层面争取最大利益。②代表医疗保险经办机构与医院协会、医师协会、牙医协会等进行谈判，明确医疗保险支付方式。③负责跨国、跨州人员流动时的医疗保险结算和协调工作。覆盖130多家法定医疗保险经办机构。医疗保险基金支付在医疗卫生体制中处于枢纽地位，带动了医院、医生、医药等各方面的改革与完善。

德国医院协会代表28家成员协会：16家州医院协会和12家类别医院协会。医院协会与其他合作伙伴共同决定所有与医院相关的重要问题。医院协会与德国法定医疗保险基金协会共同负责研究制定住院的疾病诊断相关分组（DRG）支付标准，为会员单位提供性价比高的医疗服务。在欧洲和国际层面，医院协会在国际医院联合会（International Hospital Federation，IHF）和欧洲医院协会（Hospitals for Europe，HOPE）中代表德国医院。德国医院协会经费由各医院协会分摊。德国实现住院和门诊分开，除急诊外，医院原则上不提供门诊服务。德国医院主要分为：一是公立医院，由政府、社会团体提供资金开办500张床位以上的大型综合性医院；二是私立非营利性医院，由教会、慈善团体或各种基金会捐助建立200～500张床位的医院；三是私立营利性医院，床位规模一般不超过100张。

德国联邦医疗保险医师协会由17家州医师协会组成。主要职责：①在联邦层面代表医疗保险签约医生利益，参与立法过程及联邦联合委员会的政策制定。②与全国法定医疗保险基金协会等谈判，确定医生总体收入水平，以及门诊的医疗保险支付方式。③负责管理医师的注册登记，规划区域卫生人力资源。④负责制定处方药的说明书和限制措施。德国联邦医疗保险医师协会决策机构是医师代表大会，由60人组成，包括24名专家、24名全科医生、6名心理治疗师、6名其他成员（既不是医生也不是心理治疗师）。德国联邦医疗保险医师协会经费由各医师协会分摊。州医师协会还负责医生与各医疗保险经办机构之间的资金支付结算工作。德国联邦医疗保险医师协会不仅是医生的代言人、医疗行为的规范者，还是医疗保险费用支出的控制者。

医院支付系统研究所由德国医院协会和德国法定医疗保险基金协会共同出资成立，核心职能主要包括DRG定义、分组器认证、数据采集与分析、分组与编码规则的制定与更新、权重测算等。门诊支付系统由联邦医疗保险医师协会和德国法定医疗保险基金协会共同出资成立，研究内容主要包括两个方面：①制定门诊医师结算项目与评估标准、计算联邦层面向医疗保险医师协会划拨的费用、确定医师总体收入等，提供技术支持；②对医师数量、收入等数据进行分析，编制年度报告，提供给联邦卫生部和议会。

德国法定医疗保险基金协会设立专门的医疗保险医学服务机构，德国共有15家，提供专业化的监管服务。主要职责如下：①医学专业鉴定。②技术性服务咨询。③医院医疗保险费用结算服务，医疗保险医学服务机构为医院DRG服务的收费结算提供技术服务，进行专业审核。④消费者保护。通过医疗保险医学服务机构的专业审核，避免医疗提供方出现不足服务、错误服务和过度服务，以提高医疗质量。

（三）支付方式改革

德国医疗保险资金支付方式：一将保费归集到全国健康基金，在各地区的"疾病基金协会"之间进行再分配；二收到全国健康基金拨款后，地区"疾病基金协会"将与当地医生协会进行谈判，按照医疗总费用和参保人数确定支付总额预付；三地区"疾病基金协会"将资金分配给医院和医生。

1. 总额预算管理　1993 年，德国开始强制推行总额预付制度，通过预先设定基于医疗费用合理增长的支出上限和增长率上限，强力控制医疗费用增长。1996 年，德国引入自由选择疾病基金的激励机制和基于年龄和性别平均支出的风险结构补偿机制（risk structure compensation，RSC）。德国为提升慢性病患者获得医疗服务的连续性，采取了两项措施：① 2002 年引入疾病管理计划，将被保险人视为一个单独的 RSC 类别，促进疾病基金为其提供更全面的服务。②颁布《改革风险调整计划法》，确保疾病基金不会因将资源用于照顾慢性病患者而受到财政上的惩罚。该法旨在改善对疾病结构差异的补偿，并鼓励疾病基金照顾长期病患。

2. 急诊住院支付改革　1996 年，德国再次针对住院患者推进支付制度改革，实行按床日付费和按病种付费相结合的支付制度。1998 年，德国开始探索按 DRG 付费。2000 年正式建立德国 DRG 制度（German diagnosis related group，G-DRG）。由按项目付费过渡到总额预付费制度，再到 DRG 付费制度的转变，使得医疗保险基金掌握了更大话语权，医疗总花费得到控制。德国推行 DRG 付费制度改革分为 3 个阶段：2000 ～ 2002 年为准备阶段，构建了患者分类系统，对澳大利亚版本的诊断、程序编码进行德国化改造，然后进行数据搜集和费用标准制定。2005 ～ 2009 年 16 个州实现同疾病基准费率统一。2010 年在全国医院的住院服务中实际运行 DRG。

3. 门诊总额预付和点数支付　在德国，住院和门诊分设，门诊服务主要由自由开业的医生（包括全科医师和专科医师）提供，参保人可以自由选择医生。医院不接受一般门诊，由开业医生负责向医院进行转诊，个人可以自行选择医院。门诊实行按人头付费，在结算时折算成"点数"。门诊补偿分两个环节：①医疗保险经办协会与各州医师协会之间，按参保人数加权计算，根据地域人口结构、疾病谱特点等设定医疗保险支付总额。以上一年的人头费为基数，考虑常见病、多发病的人群分布和变化情况，参考消费价格指数、工资收入变化等因素，由医疗保险经办机构与各州医师协会谈判确定当年的人头费支付标准，再乘以实际参保人数，即按人头制定总额预付。另外增加心理咨询费用及不可预见费用。②各州医疗保险医师协会按全科医师或专科医师提供的 RLV，联邦统一制定的门诊服务项目和相对成本权重标准，计算每一个门诊服务项目的相对成本权重（点数）。各州医师协会与医疗保险经办机构谈判确定当地基准点数价格。各州医师协会根据上一季度的服务情况确定每个门诊项目的常规预付。如果医师提供的服务数量超过常规服务量，每点数的单价就会降低，反之则增加，但是医生总体收入不变。

2002 年，德国实施了疾病管理计划（disease management project，DMP），目的是通过综合的医疗服务和第三方的健康指导，提高慢性病患者的健康管理水平，从长期水平上降低医疗成本。德国联邦联合委员会负责确定疾病管理计划的慢性病种类。制定各病种的临床循证指南。在医疗保险支付方面，主要通过风险结构补偿计划对参与疾病管理计划的机构和医生进行补偿。风险结构补偿计划以按人头付费的方式向地方医师协会进行支付，地方医师协会则根据区域内的注册患者数向医生进行支付。疾病管理计划为患者与医生的参与提供了激励：对医生来说，每增加一名参与疾病管理计划的患者，医生会得到额外的经济收益。此外，为吸引更多慢性病患者加入，参与疾病管理计划的患者会比未参与的患者获得更高的医疗保险补偿比例，部分地区的社会医疗保险机构会对参与疾病管理计划的患者给予一定优惠。

三、美国商业医疗保险模式

美国医疗保障模式既包括商业医疗保险，也包括社会医疗保险，从覆盖率方面考察，其商业医疗保险覆盖更多人口。另外，美国商业保险公司深度参与社会医疗保险经办与管理，因此理论上，一般将美国作为商业医疗保险模式的典型代表。1964 年，美国建立联邦老遗残医疗保险计划（Medicare）和州政府医疗救助计划（Medicaid），与 1935 年建立的老遗残收入保障计划共同构成美国联邦社会保障制度。美国的社会医疗保险分为四个部分：一是老人健康保险，即政府为 65 岁以上的老人提供的医疗费减免制度；二是贫困者医疗援助，即政府为穷人或残疾人等无力支付医疗费用的人提供的免费医疗服务；三是儿童健康保险；四是军人与少数民族医疗保险，即政府向现役军人、退伍军人及其家属提供的特别医疗保障。

商业健康保险是美国医疗保险体系的主体，大约有 1 000 多家商业医疗保险公司，商业健康保险公司分为两类：一是享受税收优惠待遇的非营利性公司，主要由医生和医院联合会发起成立，向投保者提供门诊和住院服务；二是营利性公司，向个人或团体提供住院医疗保险，承担费用较高的医疗项目。2010 年，美国出台《患者保护与平价医疗法案》，激励和强制家庭购买商业医疗保险。2019 年底，美国雇主商业健康保险覆盖人数为 1.58 亿人，占美国总人口的49.6%，个人或家庭商业健康保险覆盖人数为 1 873 万人，占美国总人口的 5.9%。

（一）卫生支出结构

WHO 统计数据显示 2009 ～ 2018 年：①美国卫生总支出占 GDP 的比重在 16.21% ～ 17.00%，呈现缓慢增长趋势，远高于 OECD 成员国家的平均水平。2018 年卫生总支出达到 3 475 021亿美元。②卫生总支出结构：一是政府卫生支出占卫生总支出的比例为 48.31% ～ 50.41%，政府卫生支出占政府总支出的比重为 18.21% ～ 22.50%，呈现缓慢增加的趋势；二是雇主雇员商业健康保险支出占比由 39.11% 降至 38.78%。③个人卫生支出占卫生总支出的比重为49.30% ～ 51.61%，略有增长。④个人现金卫生支出占卫生总支出比重为 10.81% ～ 12.50%。其中，个人现金支付占比由 24.22% 降至 21.80%，老遗残社会医疗保险支出占比为22.74% ～ 22.96%，十分稳定。商业健康保险占比为 67.90% ～ 72.14%，呈现增长趋势。综上所述，以 2018 年为例，雇主雇员商业健康保险约占总卫生支出的 39%，个人商业健康保险约占卫生总支出的 8%，合计约为 47%。

（二）管理体制

美国医疗机构主要由各州、县、市具体进行管理，州具备医疗卫生立法权、政策制定权、机构审批权等。全美医疗服务行业组织是美国医疗机构评审联合委员会（Joint Commission Accreditation of Healthcare Organizations，JCAHO），由各医疗机构选举产生，属于非官方组

NOTE

织。聘请各方面专家对各类医疗机构的标准进行规范和认证。全美各级医疗卫生机构需要得到 JCAHO 认证和州卫生行政部门认可，才能取得联邦政府和州政府的财政拨款和加入联邦政府老遗残医疗保险计划和各州、县市政府医疗救助计划，取得商业健康保险公司费用支付的资质。

美国医师协会（American College of Physicians，ACP）及各州医师协会，均属于非官方组织。美国医学专业学生在取得医学相关学位后不能直接在医疗机构行医，而是需要参加医师协会考试，在通过考试并申请取得医师协会颁发的执业资格证后方可正式上岗行医。美国执业医师的执业信息还需要在协会登记且有效期为两年，在注册登记期间，医师本人是否接受教育，是否发生重大医疗事故，是否违背执业道德等都会成为其日后能否继续执业的前提条件。美国执业医师在各州获得的执业资质会限制其在本州内的医疗卫生机构行医：其中有 5 个州规定必须要在本州获得执业资质，在其他 45 个州行医则要向该州医师协会申请。

美国联邦老遗残社会医疗保险和州医疗救助服务中心（Centers for Medicare & Medicaid Services，CMS），采取问责制、信息披露、质量评价工具等确保参保患者获得有效、安全和公平、及时的基本保健服务。

人类与发展部设立医疗保健研究和质量监督局（Agency for Healthcare Research and Quality，AHRQ），主要负责开发有利于提升美国医疗服务质量所需的知识、工具和数据，帮助美国居民、医疗行业专家、政策制定者做出明智的医疗服务决策，改善医疗服务质量和提高资源利用效率，提高居民健康水平。

（三）支付方式改革

1. 联邦社会医疗保险支付 1983 年，美国当时颁布了联邦老遗残收入保险和州政府医疗救助两个计划，并引入 DRG 付费制度，以老年患者为主。此后 65 岁以上老年人的住院率每年下降 2.5%，平均住院天数从 1982 年的 10.2 天缩短为 1987 年的 8.9 天，在各种控制价格政策的联合作用下，1995 年平均住院天数已缩短至 6.7 天。目前美国已经使用第六代 DRG。世界卫生组织的国际疾病分类系统（WHO ICD–101）建立在第三代 DRG 和第五代 DRG 的基础上，包括 330 个基础分组，每个基础 DRG 分组包括三个严重性程度次级分组，附加两个误差型国际单病种分组共计 992 个 DRG 分组。

2013 年，美国启动基于价值付费改革（Hospital Value–Based Purchasing Program，HVBP）。以 Medicare 急性住院为例，HVBP 项目有一套医疗质量评价体系，用于衡量医院绩效和奖金额度，该价值付费绩效评估指标包括临床医疗服务过程、临床医疗结果、医疗安全、患者体验、费用控制等五个一级指标。

2. 商业健康保险支付

（1）健康维护组织（HMO） 主要采用按人头付费的方式。被保险人需要选择与 HMO 签约的医师和医院，且必须选择一名基础保健医师，被保险人在日常就医时，必须首先选择基础保健医师就诊，如果病情相对严重需要转诊至专科医生，则必须有基础保健医师的转诊证明，并在 HMO 组织内签约的医疗机构向上转诊，病情好转后则可转回社会医疗机构康复。被保险人在组织外部就医的费用保险机构不予支付，除重特大治疗和特殊服务项目之外，保险机构无须额外付费。

（2）特约医疗组织（Preferred Provider Organization，PPO） 在该种模式下，被保险人可

以在网络内部自选医疗机构及医师，也可以自选基础保健医师，被保险人向上级医疗机构转诊时，无须基础保健医师的转诊说明，商保付费采取按照服务内容和服务时间长短的方式，与PPO 签约的医疗机构和医生的收费都会有一定优惠折扣，被保险人也可以选择网络外的医疗服务机构，但个人自费的比例会更高，且不能享受优惠折扣价格。

（3）点名服务（Point of Service，POS） 该种模式融合了 HMO 和 PPO 的优势，允许签约被保险人自由选择网络内外的医生就医。选择网络内医生需要基础保健医师的转诊说明。选择网络外的医生无须经过转诊。从被保险人付费的角度来看，PPO 的费用最高、POS 的费用次之、HMO 的费用最低。

美国商业健康保险融合管理式医疗服务模式，将商业健康保险与医疗服务机构连接成利益共同体，有效实现了提高医疗服务质量和控制医疗服务费用的双重目标，成为世界医疗保险行业的典型代表。

四、新加坡储蓄医疗保险模式

新加坡是储蓄型医疗保险模式的典型代表，采取此模式的国家相对较少。新加坡的储蓄型医疗保险制度主要包括三大计划，即"全民保健储蓄计划""健保双全计划"和"保健基金计划"，以"全民保健储蓄计划"为主体，以"健保双全计划"和"保健基金计划"为补充。新加坡中央公积金制度起源于 1953 年的《中央公积金法令》。1984 年，中央公积金强制约束雇主和雇员将工资总额的 40% 存入保健储蓄账户（Medisave），用于支付雇员个人及其直系亲属的门诊、住院等医疗服务花费。由雇主和雇员共同承担，以雇员工资总额为基数，并按照雇员年龄和月收入进行细分的缴费比例，分别向中央公积金账户缴费，再按照一定比例依次计入保健储蓄账户、特殊账户和普通账户三种不同类型的中央公积金账户。1990 年推出了终身健保计划（健保双全计划，Medishield），国民自动加入，除非要求退出，主要用于弥补"全民保健储蓄计划"在保障重病或慢性病方面的不足，主要通过财政补贴的方式向无力支付医疗费用的重病患者群和贫困人口提供医疗保障。1990 年成立了保健基金委员会，设立新加坡医疗救助基金（Medifund）。2002 年，推出乐龄健保计划（Elder Shield），参加新加坡中央公积金制度的居民或永久居民年满 40 周岁后可以选择加入该计划。2021 年，推出终身健保计划（Medishield Life），上调幅度为 11%～35%，增加金额为每年 15～525 新元，为所有新加坡公民和永久居民提供终身保障，该计划无须自己申请，替代了原有的健保双全计划，帮助国民支付高值医疗费用和门诊治疗费用，帮助居民支付 B2 级、C 级病房费用及公共医院享受津贴的治疗费用。2021 年 4 月，政府为公积金会员投保小额人寿保险（此前仅为 21～60 岁人提供），死亡和终身残疾可以从商业保险公司获得 46 000 新元理赔额。

（一）卫生支出结构

WHO 最新统计数据显示 2009～2018 年的卫生总支出结构：①新加坡卫生总支出占 GDP 的比重为 3.4%～4.46%，呈现缓慢增长的趋势，远低于 OECD 成员国家的平均水平。②政府卫生支出占卫生总支出的比重为 34.88%～50.35%，政府卫生支出占政府总支出的比重为 7.15%～15.28%，2018 年达到 16 257 亿美元，呈现较快增长趋势。③个人卫生支出占卫生总支出的比重由 65.12% 降至 49.65%，呈现较快下降趋势。④个人现金卫生支出占卫生总支出的比重由 43.29% 降至 31.04%，占家庭月支出的均值为 5.5%。其中，个人现金支付占比由

66.47% 降至 60.25%，呈现下降趋势。商业健康保险占比为 3.72% ～ 3.59%，约占总卫生支出的 10%。

（二）管理体制

1955 年，新加坡中央公积金局正式成立。中央公积金要求雇主、雇员缴费，建立养老金储蓄账户。1965 年，新加坡卫生部及其法定机构开始对公立和私立部门进行监管。卫生科学管理局（Health Sciences Authority）的责任是监督并确保与健康相关产品的安全性，健康促进委员会（Health Promotion Board）承担国家健康推广疾病预防工作的责任。所有在新加坡的医院、诊所、临床实验室、疗养院和其他医疗机构都必须得到卫生部的许可执照。所有医务人员都在卫生部下属的法定委员会——新加坡医药理事会（Singapore Medical Council）登记记录。该理事会职权范围还包括对注册医师职业行为、职业道德的管理和规范。此外，还有新加坡牙科协会（Singapore Dental Council）、新加坡护理委员会（Singapore Nursing Board）和新加坡药学委员会（Singapore Pharmacy Council）等，分别实施专业监管。新加坡接受国际公认的 JCI 认证。

新加坡公立医院实行 PPP 模式（Public–Private Partnership，PPP）运营，即政府和社会资本合作，该模式是公共基础设施中的一种项目运作模式。医院重资产属于政府产权，政府支付年度维修维护费用。轻资产运营委托医院管理专业机构，实行商业会计制度，自主决定医生薪酬。政府介入医疗服务价格的确定。

（三）支付方式改革

1. 家庭储蓄账户支付 该账户支付门诊费用、日间治疗费用、住院费用。政府通过补贴降低医疗卫生机构运营成本，同时规定住院费用每日最高限额，由家庭储蓄账户和个人现金支付分担，防止过早用尽家庭储蓄账户资金。

2. 私人综合健保计划 该计划属于商业保险，用于补充家庭储蓄账户支付不足的部分。该计划中终身健保部分可以使用 Medisave 进行全额支付。但是私人保险部分规定其使用 Medisave 支付的限额。私人综合健保计划保障内容是住院或者手术期间的费用。

新加坡实行公立与私人相结合的医疗服务体系。公立医疗机构包括联合诊所和公立医院，私立机构主要包括私人诊所和私人医院。初级卫生保健主要由私人诊所（全科医生）和联合诊所提供；住院服务主要由公立医院和私人医院提供。私人诊所承担了 80% 的初级保健服务，联合诊所承担 20%；住院服务中的 80% 由公立医院提供，20% 由私立医院提供。

第三节　国外医疗保险制度的改革与发展

一、国外医疗保险制度面临的问题

（一）医疗费用支出快速上涨

国外医疗保险制度正面临一项重大挑战：医疗费用的迅速增长。这种增长势头对整个医疗保障体系的稳定性构成了威胁。在全球范围内，伴随着各国医疗保障体系的发展，医疗费用不断上升。这一趋势普遍存在于不同经济发展水平的国家中，具体而言，公共卫生领域的财政压力显著加剧，其中医疗费用的上涨成为全球医疗保险制度面对的核心挑战之一。据 OCED2019 年发布的报告显示，2016 年全球卫生支出达到 7.5 万亿美元，占据当年全球 GDP 的 10%。报告还指出，高收入国家的卫生支出占其 GDP 的比重最高，平均为 8.2%，而中低收入国家则相对较低，占比为 6.3%。更进一步地，OECD 与欧盟 2022 年的报告指出，2020 年，OECD 成员国的总卫生支出占 GDP 比例达到了前所未有的水平，即 10.9%，其中德国和法国均超过 12% 的高位，而土耳其则为最低，仅有 4.6%。同时，OECD 预测 2030 年各成员国家的医疗开销将占国内生产总值的 10.2%，较 2018 年的 8.8% 有显著上升。这一增长趋势激发了成员国对于医疗支出的深度关注，尤其是政府医疗支出在其总卫生支出中占据主导部分的国家。以上数据揭示了一个不容忽视的事实：医疗保健成本的增速持续超越经济增长速度，这对公共财政管理构成了严峻挑战，并可能影响到各国医疗系统的可持续发展。因此，政策制定者和卫生经济学家正面临着寻求效率提升、成本控制，以及资源合理分配的重大课题。

（二）卫生资源分布不均衡

通过分析公共卫生经费的功能性支出分布，可发现卫生资源的分配呈现出显著的不均衡性。具体而言，该资源分配明显偏向于医疗保健服务。细分到卫生经费的三个主要功能性支出项目——住院治疗、门诊治疗（包括日间和家庭治疗）、药品与医疗用品。2016 年，这三项支出合计占据了卫生总经费的 72%，住院和门诊治疗单独占比 53%，而药品与医疗用品占 19%。这三大功能性支出在公共医疗卫生总支出中所占的比例也高达 65%，其中住院和日间治疗占了 35%，门诊和家庭治疗占 26%，而药品和医疗用品的支出则占 4%。这样的高比例支出集中在这几个项目上，导致其他类型的医疗服务，例如长期护理、康复治疗、预防性服务、非医疗服务提供者的诊断服务，以及医疗系统的管理成本所能分配到的资源非常有限。在全球范围内，不同国家之间在这些功能性项目的支出份额上存在较大差异，例如用于门诊治疗的经费占总卫生经费比重的 12%～50%，这一现象进一步凸显不同国家之间在卫生资源分配上的不平衡状态。

（三）卫生资源利用效率不高

在近数十年间，随着老龄化趋势逐渐加剧及人均寿命延长，全球医疗卫生服务需求不断增长。与此同时，慢性疾病的发病率与死亡率呈稳步上升趋势。这些变化给医疗机构带来了前所未有的压力，其中包括医疗技术快速革新导致的运营成本不断攀升，以及医疗机构的数量和规模迅速扩张等多重挑战。公立医疗机构普遍面临着一系列系统性问题，如资源的低效使用、对患者的医疗需求响应不足，以及对医疗费用的控制不力。举例来说，相关调研数据显示，在德国约有 17% 的住院患者实际上无须接受住院治疗，这表明德国存在超过十万张的过剩病床，占全国总数的 15%。美国的情况亦然，兰德公司的调查指出，大约 23% 的患者无须住院治疗，另有 17% 的住院患者可以接受门诊治疗。近年来美国的医院床位利用率一直维持在 63% 至 65%，若优化支付机制，该利用率有潜力提高 20% 以上。在全球范围内，20%～40% 的卫生经费被浪费。鉴于上述情况，自 20 世纪 70 年代末至 80 年代初开始，提升医疗卫生资源使用效率成为世界各国医疗服务体系改革过程中必须优先解决的问题之一。这一举措旨在确保医疗资源配置得当，以满足日益增加的医疗需求，同时降低不必要的经济负担。

（四）医疗服务覆盖不足

在全球范围内，各国的医疗保险制度普遍面临一个关键问题：医疗服务的覆盖范围不足。

NOTE

这一挑战的核心在于确保公民不仅能够公平地获得必要的医疗服务，而且所接受的服务必须具备一定的质量并保证可持续提供。依据世界卫生组织的指导原则，医疗服务的全覆盖包括三个基本维度：机会公平、服务质量和可持续性。尽管不同国家和地区的医疗体系具有自身的特点，在诸如卫生保健投资、人均医疗费用、医生对人口比例、预期寿命、医院利用程度、药品支出占医疗总支出的比重，以及保险覆盖范围等方面差异显著，但均存在服务覆盖不足的问题。这表现为某些群体无法获得必要的医疗保障，或者即便获得，也因服务质量不达标而无法得到有效治疗。此外，不可持续的财政支持和资源分配也导致医疗体系的稳固性面临威胁。面对这些问题，国际社会必须致力于提高医疗卫生服务的普及性和质量，确保所有个体都能享受到符合标准的医疗保健，从而推动全球健康水平的提升。

（五）医疗保险领域的相关问题

一般而言，医疗保险制度关注覆盖率、筹集能力及保障水平等。覆盖率是保障公平性的要求，以全民覆盖为目标，提高基本卫生保健服务的可及性。2014～2017年部分国家推进覆盖范围，例如，柬埔寨在2014年将全民医疗保险制度纳入2015～2025年国家社会保障战略；我国在2015年扩大大病保险范围。当然也存在收缩的国家，比如，美国在2017年废除奥巴马医改，覆盖面有所收缩。筹集是医疗保险制度的基础，与财政整固及一般的紧缩政策紧密相关，紧缩政策会给人们带来严重的负面影响，可能导致过高的自付费用、疾病期间缺乏收入，以及因不断恶化的健康状况而陷入贫困。保障水平包括服务覆盖范围和个人自付水平，主要指纳入保障的产品及服务范围宽窄，比如我国的医疗保险药品目录，近年来持续动态调整扩容，保障水平得以提高。也有缩小服务范围的情况发生，比如2016年澳大利亚降低牙科保障津贴水平，2014年希腊将健康体检不再纳入医疗保障范围。

二、医疗保险制度的改革措施

（一）控制医疗费用攀升

1. 加强对医疗服务的管理和监督　在控制不断上升的医疗费用方面，核心策略包括加强医疗服务的管理与监督。在众多国家，传统由服务提供方定价的做法，即供应者主导且价格可自由调整的方式，被认为主要推动了医疗成本的增加。为应对此问题，各国已经采取相应措施，强化对医疗服务过程的管理与监管力度。

（1）政府统一规定或限制药品使用范围和医疗价格　在医药管理和经济控制的框架下，政府机构已采取关键措施来规定药品使用的范围及医疗成本。以德国为例，自2000年起，该国在法定医疗保险体系内成立专门的药物处方管理机构，并划定可报销药物的清单，未包括在该清单上的药品需由病患独立负担。新西兰自1993年启动对社区用药的药物目录管理，通过供应侧管理策略，药品管理局有效地控制了社区药品费用的增长。根据中国医疗保险研究会在2017年发布的数据，新西兰在1998～2002年的社区药品开支年均增长率明显低于其他发达国家，仅为1.46%，相比之下，美国、英国和澳大利亚相应的增长率分别为14.54%，9.7%和12.1%。这一数据强调有效医药管理在控制公共医疗支出中的重要性。

（2）总额控制与预付制将医疗机构纳入风险共担体系　在医疗领域，经济风险的合理分配与控制一直是核心议题。为遏制不断攀升的医疗成本，美国在1983年采取了一项重要措施：将原本按服务项目付费的方式改为按人头的预付制。这一改革的核心在于通过设定医院年度总支出的最高限额，即实行总量控制，从而促使医疗服务提供方共同承担经济风险，自觉规范其医疗行为。预付制的实施带来了一系列积极的变化，它迫使医院转变思路，主动寻求降低成本的途径，而这种内在的经济压力直接推动了医院服务效率的显著提升。美国的管理型医疗保健组织便是这一变革的典型代表。它将传统的按项目计费模式，转变为包干给医疗服务提供方的定额付费方式。此举不仅简化了医疗保险的管理流程，还使医务人员成为保险管理的参与者。在这种模式下，医生和其他医疗服务提供者受到经济激励，他们消除那些不必要的医疗服务的同时尽量提供既经济又有效的服务。管理型医疗保健组织还推广各种预防保健服务。通过制定预付标准和总量控制机制，可以有效地约束医疗服务提供方的经济行为。这种方法不仅有助于降低医疗成本，还能激发服务提供者提高服务效率，并最终实现医疗服务的质量与经济双重优化。

（3）开展专业的医疗审查制度　在现代医疗体系中，为了确保患者得到公正、合理的医疗服务，同时避免不必要的资源浪费，一些国家和地区引入医疗监督审查机制。其中，日本的"第三方审查制度"便是典型的代表。具体来说，医疗机构需要定期将医疗结算单递交给医疗保险部门，由其委托的专门机构，即医疗费用支付基金会和国民健康保险团体联合会进行细致的审查。这些第三方机构，不仅拥有专业的知识和经验，还独立于提供医疗服务的医院，从而保证审查的客观性和公正性。审查过程中，一旦发现医院存在开大处方或其他违规行为，例如无故提高费用、开具不必要的检查或治疗等，便会立即取消该医院为被保险人提供医疗服务的资格。这样的处罚措施对医院形成强烈的震慑作用，促使其在提供医疗服务时更为谨慎，确保每项服务都是必要且合理的。通过这种制度，可以更好地平衡医疗服务提供者与接受者之间的关系，推动医疗行业向更高标准、更高质量迈进。

（4）在医疗系统内构建有管理的竞争　在全球范围内，许多国家都在探索如何通过改革医疗服务系统来提升服务质量和效率。其中，引入或强化市场机制以促进医疗服务提供者之间的竞争是一个重要的策略。例如，英国国家医疗服务体系通过改革引入了"内部市场"机制，将服务的筹集者、购买者和提供者分开，从而在医院与其他服务提供者之间形成竞争关系。在这个模式下，医疗保险机构不再与医院长期挂钩，而是签订一般为一年期的合同。这种短期合同模式使得医院必须通过提供优质的医疗服务来争取保险机构的合同，从而形成一种市场竞争机制。同时，全科医生作为"守门人"，管理着许多公共卫生范畴的事务，他们按照人头收费的方式获得报酬，如果服务不佳导致注册民众流失，其获得的人头付费也会相应地减少。在美国，1992年克林顿总统提出的全民健康保险计划也倡导在医疗服务的筹集和提供两个方面都实行政府干预和市场调节相结合。这个计划推动了HMO、PPO这类金融保险和服务提供为一体的新型组织的发展，这些新型组织与传统医院和保险组织进行竞争，从而推动整个医疗服务市场的发展和创新。通过引入市场机制，可以有效地激发医疗服务提供者的竞争活力，推动他们提高服务质量和效率，最终实现医疗服务的优化配置。然而，这也需要政府进行适当的监管，防止市场失灵和不公平现象的出现。

2. 改革和完善医疗保险付费制度　各国政府面对日益攀升的医疗费用，纷纷启动医疗保险支付制度的改革。这些改革旨在调整医疗支付结构，实现费用控制。不同国家根据本国实际情况，制定多样化的改革措施。通过这些改革，期望能够更有效地管理医疗开支，同时保证患者获得必要的医疗服务。

NOTE

（1）医疗保险的支付主体改革　在当今社会，医疗保险的支付主体改革成为全球关注的焦点。支付主体的选择不仅关系到医疗保险资源的配置方式，更直接影响到每个公民的健康权益。近年来各国对医疗保险制度的调整，无不反映了这一改革的重要性和紧迫性。以英国为例，该国曾实行政府全额承担的全民医疗保险制度。然而，20世纪70年代石油危机导致经济衰退，使得原本稳固的筹集基础出现了动摇。为了确保制度的可持续性，英国的医疗保险制度逐步引入患者个人自付部分，要求民众承担药品处方手续费、部分牙科及眼科的费用等。这种改革增加了个人在医疗支出上的份额，但也体现了健康责任共享的理念。日本的情况也类似，从1999年起，被保险者自己负担的医疗费用比例已有所提高，由原来的10%增至20%。这一变化意味着日本国民在享受医疗服务时需要更多地依靠自己的经济能力。这项改革虽然减轻了政府的财政压力，但同时也可能加重低收入家庭的经济负担。德国则采取了另一种策略。自2004年开始，该国规定患者每个季度首次门诊需缴纳10欧元，住院患者每天需支付6～18欧元的费用，且每年最多支付28天的费用。这种方式旨在通过小额的自付费用，引导公众合理使用医疗资源，避免不必要的医疗消费。这些国家的经验表明，医疗保险支付主体改革是一个综合权衡的过程。改革需要考虑国家的经济条件、民众的接受度，以及保险制度本身的可持续性。一方面，适度的个人自付费用能够减轻政府的财政负担，促使民众更加理性地利用医疗资源；另一方面，过高的自付费用可能导致部分群体因为经济原因而放弃必要的医疗服务，影响公共健康水平。

总体而言，医疗保险的支付主体改革是一个复杂而微妙的主题。它既关乎经济发展，又涉及社会伦理。各国在探索适合自己的医疗保险支付模式时，应充分考虑国情、民意和经济承受能力，力求找到最合适的平衡点，让医疗保险真正成为国民健康和社会稳定的守护伞。

（2）医疗保险支付的内容和范围改革　在社会、经济发展和健康观念不断普及的背景下，人群对医疗保险支付内容的要求越来越高。这使医疗保险支付的内容和范围面临着利益选择：是继续将焦点放在治疗上，还是转向预防保健？答案显然是后者。20世纪90年代，英国的梅杰政府调整全民健康的保障方向，将大众健康置于医疗之上，1992年，制定了包含心血管疾病、癌症、精神疾病、艾滋病等疾病的预防和控制的内容，并把一些预防保健项目纳入支付范围。这一政策被认为是英国公共卫生史上的重大转折点。英国国家卫生服务体系（NHS）2019年的年度报告显示，其卫生医疗支出中，治疗和康复性医疗服务占64.1%，与医疗相关的长期护理服务占15.1%，医疗产品占9.4%，预防性保健包括避免疾病和危险因素（一级预防）和早期发现疾病（二级预防）的活动，占政府医疗卫生支出的4.8%。世界卫生组织提出"健康是人的基本权利"，要求各国重视维护公民的健康权，将健康权纳入政治决策的议程。我国《"健康中国2030"规划纲要》中，也明确提出"倡导文明健康生活方式"。在这样的语境下，如何让群众既能得到更好的医疗服务，又能在身体未病时通过健康的生活方式进行自我保护，成为亟待解决的问题。此时，将目光从"治病"转移到"防病"上来，正是题中应有之义。

（3）医疗保险支付方式改革　在医疗保障体系中，医疗保险支付方式作为衔接保险制度与医疗服务的桥梁，不仅直接关系到保险基金的收支平衡，也深刻影响着医疗机构和患者的行为模式。近年来，随着医疗费用的不断攀升，各国对现行医疗保险支付机制进行了一系列的改革探索，以期实现更为合理的资源分配和成本控制。其中，总额预算控制是一种较为常见的支付改革措施。该方法通过对医疗服务提供者设定一个预算上限，鼓励其在有限的资金范围内提供高质量的服务，从而有效抑制了过度诊疗和不必要的医疗开支。这种量入为出的管理方式，不仅有利于保险基金的健康运行，也为医疗服务的质量与效率提升提供动力。按疾病诊断相关分组（DRGs）支付系统也在全球范围内得到广泛的应用。以德国为例，21世纪初该国引入了这一系统，其核心在于根据疾病的严重程度、治疗难度等因素，将病患分类并预设相应的支付标准。如此，医院能够提前知晓每项服务的收益，促使其在保证治疗效果的同时，注重成本的有效管理，这对于控制整体医疗费用具有积极意义。与此同时，以资源为基础的相对价值比率（RBRVS）支付方式也在一些国家和地区得到采纳。该方式主要依据医生提供的服务所需的时间、技术难度，以及所承担的风险来计算报酬，更加公正地反映医疗服务的实际价值。这不但激励医生提高工作效率，还促进了医疗质量的提升。

综合上述不同的支付方式改革都试图在保障患者利益、维护医疗服务质量和控制医疗费用之间找到一个平衡点。通过这些创新的支付机制，医疗服务提供方被引导以更高效、合理的方式进行服务提供，而保险基金则得以在压力之下寻求持续发展的路径。当然，任何一项改革都不可能一蹴而就，医疗保险支付方式的改革亦是如此。在实施过程中，需要不断地评估和调整，同时结合本国的实际情况进行本土化改进。

（4）医疗保险支付水平改革 在探讨医疗保障的诸多话题中，关于支付方式的改革无疑是一个重要且复杂的议题。换个角度，这也可以理解为是医疗保险支付水平的改革。一直以来，加拿大医疗保障的支付制度以按服务项目支付和总额预算制为主，但近年来，部分省份开始寻求改革的突破口。2012年，安大略省实施了"为所有人提供卓越保健"的计划，这标志着卫生系统融资改革的开始，其中包括基于健康的资金分配模式和基于质量的诊疗流程支付模式。这样的改革，旨在提高医疗服务的质量，同时确保资金的合理使用。以色列的综合医院，其收入中80%来自向医疗计划提供医疗服务。自1995年国家医疗保险法实施以来，公立医院的住院费用报销主要通过按日收费与按病例收费、按流程付费的结合方式进行。2010年，政府进一步加大改革的力度，2015年，已经建立了280多个标准付费流程。这样的改革，使医疗服务的支付更加精细化，更有利于资源的合理配置。从上述两个例子中，我们可以看到，无论是基于健康的资金分配模式，还是基于质量的诊疗流程支付模式，都是为了实现医疗服务的高效和公平。这也是医疗保障支付方式改革的核心目标。

（二）整合医疗卫生服务体系

各个国家和地区都希望建立一个优质、持续、有效的医疗卫生服务体系。很多国家都在通过整合医疗卫生服务体系，来加强医疗保险制度改革的引领作用，发挥医疗保险的基础性作用。

1. 整合医疗管理机构资源 世界经合组织中有83.3%的成员国，以及七国集团全部成员国都实行医疗保障与医疗服务统筹管理体制。20世纪90年代以来，美国开始用整合服务提供系统的概念应对变化的医疗服务环境。例如，美国出现了"管理服务组织"，即为医生群体提供行政服务和职业辅助服务的机构。近年来，美国的医疗服务系统展现出不同程度、不同维度的整合，既包括地区层面医院系统的水平整合，也包括不同功能医疗机构的垂直整合（如医院收购诊所）。日本于2001年将厚生省和劳动省合并成立厚生劳动省，承担国民健康、医疗保障等责任。德国于2002年，将劳动和社会政策部的社会保障职能与卫生部合并，组建了新的卫生和社会保障部。

2. 建立医疗保健整合网络 英国建立了医疗保健整合网络。2010 年卡梅伦政府对 NHS 系统进行最大规模的改革，绝大多数 NHS 服务由全科医生联盟购买，全科医生联盟能够使 NHS 专业人士为了患者和社区的利益改善卫生服务。服务体系没有变化，全科医生接诊患者后，可以决定将患者转至更多医疗机构，如 NHS 医院、私立医院或第三方机构。英国整合 NHS 的管理机构，将社区服务与初级保健结合成立了社区卫生中心。

3. 整合医疗服务提供体系 德国通过整合卫生保健机构、医院和医疗保险公司，对糖尿病、乳腺癌和冠心病患者实施疾病管理计划。为促进公立医疗效率提升和公立医院改革，德国政府给予公立医院和私立医院同等地位和待遇，并用医疗保险的签约、支付方式的变革等促进医疗服务提供体系的私有化进程。

（三）提高医疗卫生资源利用效率

1. 改革医院管理模式 2010 年，法国出台了"大科室"的医院管理模式。根据疾病的相关性，将一系列相互联系的科室进行整合，形成一个综合治疗区。实施"医疗网计划"，合理配置医疗服务资源。法国的现代卫生体系与其医疗保障制度密不可分，这两者之间的强大协同作用几乎可以让全体法国人享受高质量的就近医疗服务。

美国的医疗服务及医疗保障体系是世界上最为昂贵的，2011 年医疗卫生支出约占 GDP 的 18%，为了改善这一局面，美国开始推动集团化医院数量的增加，主要采取连锁化模式、一体化模式两种，通过整合医院资源，降低成本、提高效率，也提高医疗保险机构的谈判筹码。

2. 改革医疗管理模式 1984 年以前，新加坡依然效仿英国的国家医疗保障模式，由政府直接管理，然而随着社会的发展，这种管理模式弊端渐显，公民对医疗服务供给的意见日益增多。因此，政府对医疗管理模式进行改革，分别对医院、医生、病床等进行精细化管理，引入市场竞争机制，通过实行"双层双向转诊"制度，医疗资源的配置将得到全面整合和优化，从而提高医疗卫生资源的整体效益。

3. 转变医疗机构的经营模式 20 世纪 90 年代，日本医疗机构的经营模式也发生转变，由单一的基础医疗服务向提供保健医疗、福祉一体化的综合服务模式转变。为保证农村偏远地区的医疗服务，并抑制医疗资源的过度需求，日本各级卫生管理部门制订医疗计划。将医疗圈划分为三级，规定各医疗圈内医疗床位的总量，形成区域医疗支援医院制度，从而提高整体医疗资源的利用效率。

（四）完善医疗服务模式

1. 社会保险机构自己办医院 由于历史和社会等方面的原因，在实行市场经济的国家，私人医院、私人诊所、私人开业医生、私人药商数量众多，医疗保险机构对其不能弃之不用，但是其高昂的收费又使医疗保险机构难以承受。据阿根廷的一位经济学家的调查，全国某年医疗费用支出 55 亿美元，其中 15 亿落入私人医生之手，12 亿落入医院之手，16 亿落入私人药商之手。全部支出的 8% 没有发挥应有的效益，医疗服务提供者实际承担的医疗服务量只相当于全国医疗服务量的 30%。1992 年美国 1 320 亿医疗费用中有 30.3% 付给了医生。为此，南美一些国家的社会保险机构自己设立医疗单位，为被保险人服务。这种保险机构与医疗服务提供者合二为一的方式，强化了医疗服务提供方的自我控制机制，能够有效控制医疗费用的快速上涨。

2. 实现服务种类多样化 随着疾病谱逐渐发生变化和人口老龄化加剧，人们的健康意识不断提高，居民对卫生服务的需求增加，并呈现多样化。在世界范围内，医疗服务模式逐步发生转变，由过去单一的生物医学模式转变为生物—心理—社会新型医学模式。医生在诊疗过程中由以疾病为中心转变为以健康为中心，由此应运而生的是全科医学理念和运用全科医学理念的全科医生。在此模式下，也规范了一些制度，如重视建立社区首诊制、实行严格转诊制度和基本药物制度。英国、澳大利亚、瑞典、挪威等国家已经全面普及全科医生制度。全科医生通过综合运用生物医学、行为科学和社会科学等专业知识和技能，为居民个人和家庭提供健康教育、健康咨询、疾病预防及一般疾病初级诊疗等服务。

3. 加强预防和健康促进　主要采取以下措施：①改革偿付形式。为促进预防工作，1990年英国把原来按服务种类对全科医生免疫接种服务的偿付办法，改为按工作业绩发红包的形式。②加强健康促进。各国普遍制定了国家级的健康促进法。1989年，德国根据《医疗改革法》规定，要求所有的疾病基金会对一年内没有就医的参保人返还相当于一个月保险费的"健康奖励"。同年德国法律对疾病基金必须承担健康促进的责任作出规定：所有疾病基金会必须向国民（特别针对低收入者）进行健康知识教育。联邦卫生部要求所有基金会用于健康教育宣传的经费，每人每年不少于5马克。

三、医疗保险制度的发展趋势

（一）医疗费用控制机制的发展趋势

1. 从侧重需方控制向侧重供方控制发展　医药高新技术的发展，促进了医学进步，有利于提高健康水平，创造更大社会价值，但同时引发了医疗费用高速上涨，加重了社会负担。因此从侧重需方控制向侧重供方控制成了医疗费用控制机制的发展趋势之一。各国普遍对大型、昂贵的医疗设备等资源的配置实施区域卫生规划，加强管理和控制。例如，美国在1976年就通过食品、药品、化妆品修正案，赋予药品管理局对进入市场的设备进行审查和批准的权利。核磁共振是第一个通过认证批准后进入美国市场的影像学产品。日本以前没有对医院设备加以限制的政策，结果人均接受CT检查次数最多，后来日本也开始规划各区医院病床位的最高限额，并提出昂贵设备共同利用和开放国立医院等办法，减少了昂贵设备的检查次数。

2. 从数量性控制向结构性控制发展　一是从卫生资源结构上加强对人力资源投入的控制。二是从医生专业结构上调整全科医生与专科医生人数的比例。例如，各国将4∶6的比例调整为6∶4，同时适当提高全科医生的收入。三是从医疗服务结构上逐步增加初级保健、预防和非住院治疗服务的投入比重。四是从价格结构上逐步调整不同服务项目的相对价格。

3. 从限制性控制向诱导性控制发展　1986年，德国实行"弹性预算"，使超预算的医院受到经济惩罚，结余的医院得到经济实惠。1989年，德国根据卫生改革法，对没有就诊的参保人返还相当于一个月保险费的"红利"，把奖励机制引进了费用控制系统。

4. 从可控与被控的关系向共同控制的协同关系发展　通过改革，各国普遍采用费用分担制、总额预算制等一系列措施。例如，1984年英国引进总经理制，1984年新加坡实行保健储蓄制，1991年美国实行按病种定额标准预付制。这些措施把费用控制机制与各相关方面的经济利益成功地结合起来，使被控客体变成自我控制的可控主体。

5. 从三角关系向双边关系发展　20世纪七八十年代以来，在美国迅速发展的健康维护组织（HMO），打破了传统的三角关系。该组织有自己的医院、诊所和医生，可直接向参保人提供医疗服务。保险机构与医疗服务提供者合二为一，与参保人构成新的双边利益关系。

6. 控制药品经费　近年来，世界经济的发展、人口总量的增长和社会老龄化程度的加剧都促使药品需求持续上涨，医疗费用中的药品费用急剧上涨。发达国家药品费用占卫生费用的比重在 10% ～ 20%。例如，2014 年，加拿大人均药品支出占人均卫生支出的比重为 16%，为人均 972 加元。一些国家已逐步修订各自的药品管理政策与措施，特别是药品经济政策。例如，限制适用药品的种类、由政府直接控制药品价格、采取药品总额预算控制、鼓励仿制药发展等。

（二）医疗保险模式的发展趋势

1. 社会医疗保险体制中引入市场机制　商业医疗保险以市场导向为主，而社会医疗保险和国家卫生服务则通常被归纳为规划导向型。规划导向型医疗保险的核心优势在于公平性，尤其是对于低收入群体来说具有显著的社会意义。然而，这种模式往往也存在着效率不足的问题，即投入产出比相对较低，医疗服务利用效益不高，这在一定程度上影响了整个医疗系统的运行效率。为了改善这一状况，一些国家开始尝试在规划导向型的保险系统中引入竞争机制。虽然规划导向型医疗保险在保证医疗服务公平性方面具有不可替代的作用，但是适当引入市场竞争机制可以有效地弥补其效率方面的不足。

2. 提高医疗保险内部的管理式竞争成分　1992 年，克林顿提出的全民健康保险计划，倡导在医疗服务的筹集和提供两方面都实行政府干预和市场调节相结合，大力发展 HMO、PPO 这类金融保险和服务提供为一体的新型组织，同传统的医院和保险组织进行有管理的竞争，最终为每个美国人提供医疗保险，这既提高公平性，又保证质量和控制费用。

3. 重视初级医疗服务　初级医疗服务更侧重于预防、慢病管理和小病及时治疗，成本效益非常明显。医疗保险资源更多地支持或购买初级医疗服务，可能降低疾病发展导致的更多资源的消耗。例如，瑞典还通过相关改革促进初级保健服务。2010 年，20 万人签名支持将"发挥家庭医疗卫生的作用"作为新的条款写入联邦宪法。

4. 将老年护理、预防保健等内容纳入医疗保障范围　整个医疗健康体系的成本，随着老龄化加剧，可能向护理和康复阶段转移，控制医疗环节并不能降低整体卫生负担，落实卫生健康全链条纳入医疗保险体系，对于控制整个社会的健康成本可能更有效。美国在其制定的《2000 年人群健康》规划中，把临床预防作为其三项总目标之一。以色列自 2010 年在国家医疗保险领域进行重大改革后，2015 年将精神疾病纳入国家医疗保险待遇。

5. 各国医疗保险改革彼此借鉴　医疗保险制度不是孤立存在的，它与一个国家的经济水平、文化背景、政治体制等因素密切相关。一个理想的医疗保险系统应该是既高效又公平，能够平衡好政府与市场的关系，确保每个公民都能获得适宜的医疗照护：一是政府与市场相结合，走向多元化的医疗服务体系；二是强制保险与自愿保险相结合，建立更加灵活有效的医疗筹集机制；三是基本医疗服务与非基本医疗服务相结合，坚持政府为主导的基本医疗服务制度。

（三）偿付机制的发展趋势

1. 支付方式从后付制向预付制发展　后付制引发的过度诊疗和资源浪费已经得到证实，后付制向预付制是全球的普遍改革选择。预付制有各种形式，如 DRGs 付费、按日费用定额支付、按人头定额支付、总预算制等。预付制的实行对各国控制医疗费用起了重要作用。

2. 支付标准从自由定价向政府控制价格或统一价格发展　由于卫生经济领域市场失灵比较严重，纯粹的市场定价可能导致螺旋式上升，导致医疗费用增长和医疗保险费用上升，造成较大的财政和个人负担，因此政府定价或政府指导价成为医疗服务市场的重要定价模式，在合理负担情况下，不降低、保持必要的积极性和创新研发投入。

3. 支付模式从全部支付向部分自付制发展　免费或较低收费的医疗服务体系，虽然可以保障较高水平的公平性，但如果缺乏有效的规制，可能导致资源浪费和效率降低，因此患者适当的自付可以提高患者的费用意识，从患者负担角度反向监督医疗服务行为。例如，法国、德国增加药费中的自付定额，美国、澳大利亚和英国逐步实行自付 10% 的费用，对控制急剧增长的卫生费用起到了重要作用。

4. 支付体制由分散独立向集中统一发展　支付系统与服务系统的良性互动是医疗保障高效发展的重要基础，支付体系过于分散，可能存在付费方议价能力降低或分散付费方制约力量，因此，多付费系统有缩减趋势。医疗保险支付体制主要分为以下 3 种模式：①集中的单一支付人模式。②比较集中的准单一支付人模式。③分散独立的支付人模式。

【小结】

国际医疗保险模式主要分为 4 种，即国家医疗服务模式、社会医疗保险模式、商业医疗保险模式、强制储蓄型模式，分别以英国、德国、美国、新加坡为典型代表国家。各国形成不同的医疗保险模式与其政治、经济、文化及社会传统相关。改革中彼此借鉴，比如重视市场竞争、关注初级保健、强调个人责任等。

【案例】

泰式医保："30 铢计划"

泰国人口超过 6 000 万，农业人口约占全国人口的 70%，在这样一个中等收入国家，居然实现了医疗保障覆盖人口达 95% 以上的目标。"这的确是一个了不起的成就"，评论人士指出，"这样成绩的取得，主要得益于其有效而公平的健康保障制度"。

2001 年，泰国政府提出"30 铢治百病"口号，向全体国民承诺推行"30 铢计划"，建立覆盖全民的医疗保险制度。所谓"30 铢计划"，是指参与该计划的国民到定点医疗机构就诊，无论是门诊还是住院，每诊次只需支付 30 铢挂号费（约合 6 元人民币），即可得到免费的基本卫生医疗服务、两次以下的分娩服务、门诊和住院服务，以及正常住院食宿等服务。

由政府来承担。2002 年泰国政府颁发《全民健康保险法》，开始将"30 铢计划"在全国推行。该计划的实施办法为，泰国公民凭借居民身份证办理一张"30 铢就医计划卡"。就医时，凭该卡到所属医院看病，不论是什么病，一切费用都包括在这 30 铢内。唯一条件是，必须到所持卡上指定的医院看病。当然，30 铢远不够给患者治病，超出的部分由国家负担。

"30 铢计划"资金主要来自税收。国家将过去用于卫生的财政拨款，扣除基础设施建设、大型医疗设备购置、教学科研，以及艾滋病等疾病防治的专项经费后，全部用于"30 铢计划"。为保证该计划的落实，泰国成立以卫生部部长为首的国家卫生委员会，负责相关政策的制定。同时，建立国家健康保障办公室分配预算并负责监督，在省一级成立地方"卫生委员会"，作为购买者与公立和私立卫生服务提供者签订合同。

体现"公平"和"可及"精神。参加"30铢计划"者，首先要登记注册。公民在当地卫生服务中心填写申请表后，报县级政府或卫生行政部门，由省级卫生行政部门汇总，报国家健康保障办公室统一登记制卡。参保者就医首诊必须在自己事先选定的社区卫生服务中心。如果需要转诊，社区卫生服务中心就将患者转到对应的二级医疗单位。无论私立还是公立医院，只要得到政府有关部门认证，就可以成为"30铢计划"的定点医疗服务机构，从而得到政府的财政补助。目前，泰国全国约有980家定点医院，其中包括63家私立医院，基本覆盖了全国98%的地区。

尽管"30铢计划"取得较大的社会成就，覆盖泰国绝大多数国民，不过，泰国政府推行"30铢计划"的过程并非一帆风顺。其间存在的主要问题是："30铢计划"的实施，降低了医院的利润，减少了医生的收入；公立医院医生工作负担加重，医疗服务量增加，部分高水平医生流失；卫生费用快速上升，管理费用过大；患者就诊等待时间长，部分手术要排队数月等。据悉，一些名气较高的医院就不愿意参加这项计划。另外，当时与实施该计划相配套的法规也并不健全。由于政府拨款到位不及时，再加上医院缺乏控制预算的经验和方法，一些医院面临财务危机，甚至破产的危险。

资料来源：高荣伟.泰式医保："30铢计划"［J］.检察风云，2018-11-15.

【思考题】

1. 国外医疗保险模式分类及特征有哪些？

2. 为什么各国医疗保险向混合型模式发展？

3. 国外医疗保险制度改革对我国医改的启示是什么？

第十三章　中国多层次医疗保障制度建设

【学习目标】

通过本章学习，要求掌握医疗保障的定义、特征和原则，熟悉构成我国多层次医疗保障制度中基本医疗保险、医疗救助、补充医疗保险、商业健康保险等保险的概念、类型与特点，了解各类保险建立和发展的过程。

随着人民群众对医疗服务及卫生健康服务需求的日益增长，为了提供更公平、更高质量的医疗卫生服务保障，我国不断加强全民医疗保障制度顶层设计，不断健全医疗保障制度，已逐渐形成了以基本医疗保险为主体、医疗救助为托底，补充医疗保险、商业健康保险、慈善捐赠、医疗互助等为补充的多层次医疗保障制度。

第一节　医疗保障

一、医疗保障的概念

医疗保障是指公民在患病、伤残时，依法获得物质帮助或补贴的权利和保障。只要参加医疗保障，即可在患病或残疾的情况下享受医疗费用的补偿和保障。医疗保障包括社会医疗保障与商业医疗保障。

社会医疗保障是由国家立法强制实施、由全部或部分居民参与，国家、单位、个人共同筹集费用并建立医疗保险基金，由国家或社会专门机构在人们在患病、受伤等情况下向其提供医疗服务及费用补偿的保障制度。社会医疗保障的对象是绝大多数社会成员。一般来说，资金来源主要采用三方负担的原则，包括国家或政府财政、用人单位、个人缴费三个方面。一般由国家财政支付，或单位和个人按照一定比例共同缴纳，国家予以一定支持。不同国家的医疗保障所具体采用的资金分担比例也不同。

商业医疗保障的提供主体主要是由商业保险机构或组织举办、单位或个人自愿参加，当被保险人患病、伤残导致医疗费用损失时，保险人对被保险人提供补偿的保障。商业医疗保障的对象是购买或参加了商业医疗保险的成员。商业医疗保障的资金来自单位或个人的缴费。

二、医疗保障的特征

（一）福利性

医疗保障制度是为了满足公民的医疗需求、保障人人皆可获得相对公平和可及的医疗卫生产品与服务而设立的一项制度，具有福利性的特征。

（二）互助共济性

医疗保障是将人们缴纳的医疗保险费用筹集起来建立的医疗保险基金，并在被保险人因患病、残疾等产生医疗费用支出时予以补偿和保障的一种保险制度。与个体单独应对风险相比，医疗保障能够形成社会互助共济的方式，从而帮助个体在更大程度上分散和转移风险。

（三）多样性

医疗保障具有多样性的特点。社会医疗保障的组织承办主体一般是国家或政府，在管理方面具有计划性和垄断性，医疗保障通常借助法律政策来保障实施。商业医疗保障的组织主体为商业保险公司，其开办的商业医疗保险在类型和模式上也与政府不同。

（四）广泛性

医疗保障的参与具有广泛性的特点。个人参加社会医疗保障是强制性的，国家或政府通过法律规定，使参加医疗保障成为一项个人的权利和义务。个人参加商业保险则具有自愿性和选择性。但就整体而言，社会医疗保险和商业医疗保险能够为公众提供广泛的、可选择的多种保险类型。

三、医疗保障的原则

（一）国家主导原则

社会医疗保障和商业医疗保障都是在国家主导下开展的制度安排。医疗保障以公益性、福利性的方式来偿付个体的医疗服务费用支出，能够为社会成员提供可靠的医疗保障，有助于消除社会成员的后顾之忧、调节社会成员之间的收入差别，进而维护社会的稳定发展，体现了国家对社会成员个体和经济社会发展的重视和保障。

（二）权益保障原则

医疗保障能够有效保障社会成员，特别是劳动者的权利。在人们部分或完全丧失生活与劳动能力的情况下，通过医疗费用的补偿与帮助，使人们能够维持必要和基本的生活水平，也有助于促进生产力发展和经济增长。

（三）公平与效率相结合的原则

医疗保障具有调节收入和实现再分配的功能，有助于维护社会公平。社会医疗保障覆盖的人群范围广，且保障的是人们基本的医疗需求，能够将政府、企业、个体的资金筹集到一起进行管理运营，为社会成员分担风险和医疗费用。同时，医疗保障通过筹集社会成员缴纳的费用建立医疗保险基金，并进行基金管理和运营，特别是商业医疗保障能够实现资金的有效筹集与使用，体现了公平与效率相结合的原则。

（四）多层次性原则

医疗保障是由社会医疗保障和商业医疗保障共同组成的，具体来看，我国已逐渐形成了以基本医疗保险为主体、医疗救助为托底，补充医疗保险、商业健康保险、慈善捐赠、医疗互助等为补充的医疗保障制度，具有相互补充、共同为社会成员提供医疗保障的多层次特点。

第二节　城乡居民基本医疗保险

中国的基本医疗保险制度主要由城乡居民基本医疗保险制度和城镇职工基本医疗保险制度共同构成。其中城乡居民基本医疗保险制度是在城镇居民基本医疗保险制度与新型农村合作医疗制度这两大制度的基础上整合和发展而来的。城乡居民基本医疗保险是国家社会保障体系的重要组成部分，具有广泛性、互助共济性等特点，能够帮助解决广大人民群众的医疗保障问题，并不断完善国家的医疗保障体系，推动医疗保障制度平稳运行。

一、城镇居民基本医疗保险

城镇居民基本医疗保险制度是一项由政府组织、覆盖全体城镇非从业居民、以大病统筹为主的社会保障制度。

（一）城镇居民基本医疗保险概述

1. 筹集方式　城镇居民基本医疗保险制度采取以家庭缴费为主的方式进行筹集，此外国家还会为医疗保险提供一定的资金保障。医疗保险费用主要用于保障个人的住院，以及门诊大病费用等。城镇居民基本医疗保险基金由财政补助和个人缴费共同构成。2024 年，根据国家医疗保障局等部门公布的《关于做好 2024 年城乡居民基本医疗保障有关工作的通知》，我国城乡居民基本医疗保险的财政补助和个人缴费标准较上年分别增加 30 元和 20 元，达到每人每年不低于 670 元和 400 元的标准。

2. 覆盖范围　城镇居民基本医疗保险制度覆盖的对象是未参加工作、不享受城镇职工医疗保险的人群，包括未成年人、老年人、丧失劳动能力或无劳动能力的弱势群体、灵活就业人员等。城乡居民基本医疗保险的保障待遇涵盖普通门诊医疗待遇、门诊慢性病医疗待遇、重特大疾病医疗待遇、住院医疗待遇等。具体报销比例和限额根据不同地区和政策有所不同。

3. 管理方式　为了应对和解决个人（家庭）医疗保险账户存在的资金闲置、难以调剂、慢性病患者门诊资金不足等问题，国家医疗保障局和财政部联合发布《关于做好 2019 年城乡居民基本医疗保障工作的通知》，要求于 2020 年底前取消个人（家庭）账户，并向门诊统筹平稳过渡。目前我国城镇居民基本医疗保险制度的医疗保险资金运营管理实行社会统筹，不设个人账户。

（二）城镇居民基本医疗保险的发展历程

新中国成立之初，为保障职工的身体健康，我国对国有企业、事业单位职工、国家工作人员实行劳保医疗和公费医疗制度。这一时期，国家的医疗保险制度主要覆盖有固定工作的职工及其家属，但并未将此类职工以外的城乡居民涵盖在保障范围内。1993 年，党的十四届三中全会确定了在我国实行社会统筹和个人账户相结合的医疗保障制度。2007 年，为扩大基本医疗保险的覆盖面，提升居民的健康水平，国家发布了《关于开展城镇居民基本医疗保险试点的指导意见》，开展城镇居民基本医疗保险的试点，并逐渐扩大试点范围。2010 年，城镇居民基本医疗保险制度开始在全国范围内推行。

随着试点的成功推进，城镇居民基本医疗保险制度在全国范围内逐步建立并不断完善。覆盖范围方面，逐步扩大到老年人、儿童、学生等群体，实现对城镇非从业居民的全覆盖。资金筹集方面，通过政府补助与个人缴费相结合的方式筹集资金，确保医疗保险基金的可持续运行与保障的稳定性。待遇保障方面，不断优化相关政策，减轻参保人员的医疗费用负担，提升医疗保障水平。

（三）城镇居民基本医疗保险的特点

1. 广泛性　城镇居民基本医疗保险制度的覆盖范围广泛，涵盖各类城镇居民，包括没有参加城镇职工医疗保险的城镇未成年人和没有工作的老年人、儿童、学生等居民群体，体现了医疗保险的全民参与原则，为更多人提供了医疗保障。

2. 社会性　城镇居民基本医疗保险制度关注社会整体医疗保障水平，具有强烈的社会属性，不仅能够为个人健康提供保障，还体现了社会保险的互助精神，能够有效减少因疾病导致的社会不平等现象，促进社会和谐与稳定。

3. 共济性　城镇居民基本医疗保险制度采用集体互助的方式，通过共同缴费建立医疗保险基金，当个体遭遇疾病等风险和损失时，能够从医疗保险基金中获得补偿，减轻了个人和家庭的经济负担，实现医疗费用的共同分摊和风险的共同承担，增强了社会的风险抵御能力。

4. 强制性　城镇居民基本医疗保险制度由政府主导并强制实施，符合条件的居民必须参加医疗保险、按规定缴纳保费，才能获得相应的补偿和保障。这种强制性不仅能够为社会提供有效的医疗服务与保障，同时也能避免一定的逆向选择和道德风险现象的发生，有助于医疗保障制度的平稳运行。

（四）城镇居民基本医疗保险的功能

1. 保障医疗服务，促进居民健康　城镇居民基本医疗保险能够通过医疗基金的补贴，使参保人员有效获得医疗服务，保障人群健康，同时还有助于提高居民的健康意识，促进健康管理和疾病预防。

2. 维护社会稳定，促进社会公平　城镇居民基本医疗保险制度为不同经济条件的参保人员提供相对公平的医疗保障，减少个体或家庭因疾病和无力负担而导致的社会矛盾与冲突，实现了社会共济与风险共担，有助于维护社会公平、稳定与团结，增强社会的凝聚力和向心力。

3. 减轻人员负担，提供经济补偿　城镇居民基本医疗保险通过政府主导和集体互助的方式，保证参保人员患病时获得医疗服务和经济补偿的可及性，减轻个人和家庭的经济负担。

4. 合理利用资源，优化医疗制度　城镇居民基本医疗保险通过设定不同的支付比例和起付标准，能够鼓励更多参保人员选择基层医疗机构就医，减轻大医院的就医压力，促进医疗资源的有效分配和合理利用。

二、新型农村合作医疗保险

新型农村合作医疗制度简称"新农合"，主要是在政府的组织引导下开展的、农民自愿参加的、以大病统筹为主的医疗互助共济制度。

（一）新型农村合作医疗概述

1. 筹集方式　新型农村合作医疗制度主要由个人、集体和政府共同进行筹集。以政府财政补贴为主，集体和个人缴费为辅。基金运行实行以统筹账户为主的基金运行管理模式。

2. 覆盖范围　新型农村合作医疗制度的覆盖范围为所有农村居民，参保不具有强制性，而是由农民以家庭为单位自愿参加。新农合制度保障的主要是农民的住院医疗费用，着眼于解决农民因病致贫、因病返贫的问题。

3. 管理方式　新型农村合作医疗制度以县（市）为单位进行筹集与管理，医疗基金主要由农村合作医疗管理委员会及其办事机构负责运营和监管。

（二）新型农村合作医疗的发展历程

1. 农村合作医疗制度的萌芽与发展　20 世纪 40 年代，为保障农民对于医疗保障的需求，我国开始探索农村合作医疗制度。1955 年，一些地方开始尝试建立合作医疗制度，这一时期仍处于探索阶段。20 世纪 60 年代，随着人民公社制度的建立，农村合作医疗制度得到快速发展。20 世纪 80 年代，随着人民公社体制的解体与农村家庭联产承包责任制开始实施，农村合作医疗制度逐渐解体，政府开始探索更加有效的农村合作医疗制度。

2. 新型农村合作医疗制度的建立与发展　2002 年，国务院在《关于进一步加强农村卫生工作的决定》中明确提出各级政府要积极引导农民建立以大病统筹为主的新型农村合作医疗制度，相关政策推动了新型农村合作医疗制度的建立。2003 年，国家开始在部分县（市）开展新型农村合作医疗制度试点，通过多方筹集、农民自愿参加的原则，为农民提供医疗保障。2007 年，《关于完善新型农村合作医疗统筹补偿方案的指导意见》对新农合的补偿方案进行完善。2009 年，国务院开启新一轮医改，新农合制度逐步确立了农村基本医疗保障制度的地位，新型农村合作医疗制度逐渐覆盖到全国农村居民。此后，国家继续完善新农合医疗制度的基金管理、费用核查等相关制度，同时提高财政补助标准和住院费用支付比例，为农民群体提供更有效的健康保障。

（三）新型农村合作医疗的特点

1. 参与自愿性　政府通过宣传和组织新农合制度，引导农民提高对新型合作医疗的了解和认识，从而自主决定是否参保。通过政府引导、农民自愿参加的模式，尊重农民的知情权和选择权，有效保障这项制度的民主性和公平性。

2. 筹集多元化　新农合医疗由政府组织、引导，并提供必要支持。同时，这项制度也鼓励社会各界参与合作医疗的建设和管理，实行个人缴费、集体扶持和政府资助相结合的筹集方式，为农民提供基本医疗服务与补偿的同时，还能够促进资金的可持续性，使合作医疗资金能够得到合理有效的使用，从而使这项制度能够平稳运行。

3. 大病统筹为主　新农合制度以大病统筹为主，以县（市）为单位进行统筹和管理，突出对大病风险的防范应对，以及相关监管，不仅能够有效降低农民因病致贫、因病返贫的风险，同时也为农民提供便捷的报销方式和流程，提升服务效率。

4. 互助共济性　新农合制度通过个人缴费、集体扶持和政府资助的方式筹集资金，构建了覆盖广泛的医疗保障网络，有助于促进医疗资源的公平分配，提升医疗服务的均等化和可及性，体现了筹集多元、互助共济的特点。

（四）新型农村合作医疗的功能

1. 提供有效保障　新农合建立大病统筹机制，统筹层次更高，提高了医疗保障水平，增强了医疗服务的可及性和可负担性，使农民在患病时能够获得更充分和更有效的医疗保障。

2. 减轻医疗负担　新农合通过多元筹集、社会共济的方式，减轻了农民个体及其家庭因疾病而面临的经济负担，使农民在面临医疗费用时能够获得经济补偿，避免因病致贫或因病返贫。

3. 促进服务均等化　新农合制度通过政府的组织引导和农民的自愿参加，保障农民享受基本的医疗卫生服务，有助于缩小城乡医疗卫生服务水平差距，促进医疗服务与卫生资源的合理配置。

4. 增强健康意识　新农合制度通过政府的引导和政策宣传，能够使农民更重视健康问题，同时更了解医疗保障政策，从而主动参与医疗保障体系，有助于提高农民健康水平、增强农民健康意识。

三、城乡居民基本医疗保险

城乡居民基本医疗保险是在整合城镇居民基本医疗保险和新型农村合作医疗保险两项制度基础上建立的一项覆盖全体城乡居民的基本医疗保障制度，是国家社会保障体系的重要组成部分。

（一）城乡居民基本医疗保险概述

1. 筹集方式　城乡居民基本医疗保险制度继续采用个人、集体和政府共同筹集的方式，通过政府提供财政补贴、个人缴费，以及单位或其他组织予以资助来筹集资金。

2. 覆盖范围　城乡居民基本医疗保险制度覆盖除城镇职工基本医疗保险应参保人员之外的全部城乡居民，具有覆盖广泛性的特点。

3. 管理方式　城乡居民基本医疗保险制度实行市级统筹，通过全市统一覆盖范围、统一筹集政策、统一保障待遇、统一基金管理、统一经办服务流程等方式进行管理。

（二）城乡居民基本医疗保险的发展历程

2016 年，国务院印发《关于整合城乡居民基本医疗保险制度的意见》，提出将城镇居民基本医疗保险制度和新型农村合作医疗制度进行整合，在全国范围内逐步建立起统一的城乡居民基本医疗保险制度。2018 年，国家医疗保障局正式成立。国家医疗保障局整合人力资源和社会保障部的城镇职工和城镇居民基本医疗保险、生育保险职责，原国家卫生和计划生育委员会的新型农村合作医疗职责，国家发展和改革委员会的药品和医疗服务价格管理职责，民政部的医疗救助职责，从而在真正意义上实现了城镇居民基本医疗保险制度与新型农村合作医疗制度在管理机构和职能上的整合，实现了基本医疗保险制度从"三元制"到"二元制"的发展。

（三）城乡居民基本医疗保险的特点

1. 广泛覆盖性　城乡居民基本医疗保险的覆盖范围不仅包括城市居民，也包括农村地区的居民，从而有利于缩小城乡差距，促进医疗保障的普及性和公平性。同时，城乡居民基本医疗保险保障了城乡居民的常见病、多发病等基本医疗需求，满足了城乡居民基本的生活和健康需求。

2. 互助共济性　城乡居民基本医疗保险通过共同缴纳保费和建立医疗保险基金，实现共同分摊医疗费用，体现互助共济性，有助于增强社会的风险防范能力，促进社会公平与稳定。

3. 政府主导性　城乡居民基本医疗保险由政府主导实施，政府通过财政支持为个人提供一定的补偿和保障，增强医疗保险资金的可持续性，同时政府通过监管也有效提高了资金的使用效率。

4. 参保灵活性　城乡居民基本医疗保险采用自愿参保的原则，居民可根据自身需求和经济状况选择是否参保，具有参保形式上的灵活性。

（四）城乡居民基本医疗保险的功能

1. 提供基本医疗保障 城乡居民基本医疗保险能够为参保的城乡居民提供基本的医疗保障。当参保人因疾病或意外伤害需要就医时，可以享受到医疗保险基金支付的医疗费用补偿，有助于缓解因疾病带来的经济压力，确保城乡居民能够获得必要的医疗服务。

2. 促进医疗资源的公平分配 城乡居民基本医疗保险制度有助于促进医疗资源的公平分配，缩小城乡之间、人群之间的医疗保障差距，为参保居民提供统一公平的医疗保障待遇，提高社会的医疗公平性。

3. 控制医疗费用的不合理增长 城乡居民基本医疗保险有助于加强医疗监管、优化资源配置，减少不必要的医疗支出，控制医疗费用不合理增长。

4. 推动医疗卫生服务体系改革 城乡居民基本医疗保险的实施能够有效引导医疗资源向基层、农村等地区倾斜，保障人民的基本生活需求，促进健康管理和疾病预防，是推动医疗卫生服务体系改革的重要举措。

第三节　城镇职工基本医疗保险

一、城镇职工基本医疗保险概述

城镇职工基本医疗保险制度的前身是公费医疗和劳保医疗制度。1998年，国务院发布《关于建立城镇职工基本医疗保险制度的决定》，该政策文件标志着我国新的城镇职工基本医疗保险制度的确立。

（一）筹集方式

城镇职工基本医疗保险制度采取单位和个人共同缴费的方式。医疗保险基金由用人单位缴纳6%左右的费用，用于建立统筹基金，支付住院费用，以及门诊大病费用中个人账户支付不足的部分；个人缴纳2%左右的费用，并全部纳入个人账户，支付个人门诊和药品相关费用。

（二）覆盖范围

城镇职工基本医疗保险制度覆盖全体用人单位的职工，包括政府机关、企事业单位、社会团体、民办非企业单位等的职工。只要满足参保缴费条件的城镇职工，均可享受相关医疗费用的补助和保障。

（三）管理方式

城镇职工基本医疗保险制度的资金通过建立医疗保险基金形式进行管理，分别设立统筹账户与个人账户，专款专用，并由政府相关部门开展监督。

二、城镇职工基本医疗保险的发展历程

（一）探索阶段

1992年起，我国开始在部分地区进行城镇职工医疗保险制度的改革试点。1994年，国家开始在江苏省镇江市和江西省九江市率先启动职工医疗制度改革试点，相关改革奠定了我国城

镇居民基本医疗保险制度的基础，推动医药卫生体制改革的进程。1996 年《关于职工医疗保障制度改革扩大试点的意见》将这一制度在更大范围内推广。

（二）确立阶段

1998 年全国医疗保险制度改革会议颁发《关于建立城镇职工基本医疗保险制度的决定》，标志着我国城镇职工基本医疗保险制度的正式建立。2001 年召开的全国城镇职工基本医疗保险制度和医药卫生体制改革工作会议进一步强调了全国城镇职工基本医疗保险制度的重要性。

（三）发展阶段

2003 年，劳动和社会保障部办公厅发布了《关于城镇灵活就业人员参加基本医疗保险的指导意见》，进一步将灵活就业人员纳入城镇职工基本医疗保险制度的覆盖范围。

（四）改革阶段

当前在新就业形态下，对于快递员、网约配送员、网约车驾驶员等新就业形态劳动者的医疗保障也逐渐受到社会的广泛关注，城镇职工基本医疗保险制度也在逐步完善以适应更新的形势、更好满足人民群众的健康保障需求。

三、城镇职工基本医疗保险的特点

（一）覆盖广泛性

城镇职工基本医疗保险基本涵盖所有城镇职工，使大部分城镇职工都能享受到基本的医疗保障，体现了社会保险的普遍性原则。

（二）互助共济性

城镇职工基本医疗保险通过集中参保群体的资金，为需要帮助的参保人提供医疗费用补偿，有助于减轻个人和家庭因疾病带来的经济负担，促进风险共担和互助共济。

（三）国家强制性

城镇职工基本医疗保险制度由国家通过立法形式强制实施，用人单位和职工按照国家规定参保和缴费，确保医疗保险制度的广泛覆盖和稳定运行。

（四）补偿灵活性

医疗保险的补偿方式是非定额补偿，根据患者的不同病情和享受的医疗服务来确定补偿金额，满足患者的实际需求，体现补偿方式的灵活性。

四、城镇职工基本医疗保险的功能

（一）保障职工健康权益

城镇职工基本医疗保险为职工提供享受基本医疗保险的权益，能够分散个人因疾病带来的经济风险，实现风险共担和互助共济，为职工提供更好的医疗服务和长期、稳定的健康保障。

（二）提升医疗服务质量

城镇职工基本医疗保险制度通过加强管理监督和绩效考核，有助于提升医疗机构的服务质量，激励医疗机构改善服务质量和提高效率。

（三）合理配置医疗资源

城镇职工基本医疗保险制度能够对医疗费用进行合理控制，防止医疗资源过度使用，促进医疗保险基金的收支平衡。

（四）保障劳动生产和经济发展

城镇职工基本医疗保险制度的建立和完善，能够为职工提供有效的健康保障和医疗费用补偿，有助于提高劳动生产率，保障经济稳定发展。

第四节　其他医疗保险

一、补充医疗保险

补充医疗保险是在基本医疗保险的基础上，为参保对象提供的多种形式的医疗保险类型，是基本医疗保险的有力补充。补充医疗保险是在政府引导支持下，由有条件的企业、事业单位在城镇职工基本医疗保险的基础上建立和举办的。企事业单位职工补充医疗保险可以委托商业保险公司开发、承办或管理，也可采取购买符合条件的商业健康保险产品的形式建立。补充医疗保险是多层次医疗保障体系的重要组成部分。促进补充医疗保险发展，丰富保险产品类型和供给，有助于丰富保障层次，满足各类人群对多样化健康保障的需求。

（一）补充医疗保险概述

补充医疗保险在资金筹集上主要采用多方主体筹集的方式，由用人单位和参保人共同缴纳。补充医疗保险的参保费用主要由政府根据总体经济社会发展水平、基本医疗保障待遇水平、参保人员保障需求和保障范围等因素进行全面科学地确定。在待遇水平上主要根据当地的总体医疗保险待遇情况与参保群体需求来合理确定，优先对大病、重病进行保障。

补充医疗保险的保障对象是所有参加基本医疗保险的参保人，通过自愿方式参保。在保障范围上，主要是对基本医疗保险"起付线"以下部分、基本医疗保险"封顶线"以上部分、个人账户不足支付的部分、基本医疗保险个人自付部分、大额医疗费用互助资金支付之余应由个人支付部分等进行保障。

补充医疗保险相对于基本医疗保险而言，是在基本医疗保险制度之外，对基本医疗保险起到补充和支持作用的各种医疗措施的综合保险类型，主要包括企业补充医疗保险、社会互助、社区医疗保险等。不同类型的补充医疗保险的管理方式也有所不同。企业补充医疗保险主要通过商业医疗保险机构举办，也有部分通过大企业自办。社会互助主要在政府的支持下，通过社会团体和社会成员开展和参与。社区医疗保险属于城镇居民医疗保险，对于参保居民在定点医疗机构住院产生的相关医疗费用，在起付线以上部分按比例进行支付。

（二）补充医疗保险的特点

1. 性质的补充性　补充医疗保险对基本医疗保险形成互补作用，提升重特大疾病的保障能力和医疗保险的覆盖面，切实减轻参保对象个人和家庭的医疗费用负担，提升参保人群的综合医疗保障水平。

2. 制度的衔接性　补充医疗保险作为多层次医疗保障体系的重要组成部分，能有力发挥与社会医疗保险和其他类型保险的衔接作用，为参保对象提供多元化的选择和服务。

3. 主体的多元性　补充医疗保险涉及政府、企事业单位、社会组织、个人等多元主体的管理和参与。补充医疗保险由政府主导设立，具体由用人单位进行管理，政府还支持用人单位购买与基本医疗保险紧密衔接的普惠性商业补充医疗保险。

4. 目标的公益性   针对经济条件困难的家庭和群众，补充医疗保险通常还会提供一定的优惠政策。个人按照自愿原则仅需出很少的一部分费用即可参保，具有门槛低、公益性的特点。

（三）补充医疗保险的功能

1. 满足就医与健康服务需求   补充医疗保险在政府、企业、事业单位、社会组织等多元主体参与的情况下，能够在基本医疗保险之外为参保对象因疾病、意外等导致的医疗费用进行补充，能够为参保对象提供更多种类的选择，满足更广泛人群的就医与健康服务需求。

2. 补偿参保人群的经济损失   补充医疗保险主要是对基本医疗保险"起付线"以下部分、基本医疗保险"封顶线"以上部分、个人账户不足支付的部分、基本医疗保险个人自付部分、大额医疗费用互助资金支付之余应由个人支付部分等进行保障。与此同时，补充医疗保险还能够在基本医疗保障的基础上，对于因伤病而引起暂时或永久的功能障碍、无法正常工作而收入减少的人群进行补偿。

3. 风险共担与意外保障   补充医疗保险能够通过互助共济的方式，在社会范围内形成更牢固和更广泛的风险防范网络，更好地保障和维护社会稳定。

4. 促进资金的更有效利用   补充医疗保险不仅可以为参保的职工提供保障，参保职工还能够通过个人医疗保险账户为父母、配偶、子女等自己的直系亲属等进行投保。职工社会医疗保险参保人员及其直系亲属因疾病等产生的保费可从职工个人账户中缴纳，有助于促进资金的更有效利用。

二、医疗救助

（一）医疗救助概述

医疗救助是由国家和社会针对没有经济能力负担医疗费用、丧失劳动能力和缺乏基本医疗保障等群体提供专门的支持和保障。医疗救助制度主要是国家通过财务政策和技术支持，对生活贫困、丧失劳动能力和缺乏基本医疗保障的贫困、弱势等群体进行专项救助与经济支持的一项制度。医疗救助的产生来源于现实的需求。随着国家医疗制度改革的推进，在过去的合作医疗制度逐步瓦解、公费医疗向医疗保险转型的过程中，一些特别贫困和重点优抚对象对医疗保障产生更多的需求，由此促进医疗救助的产生和发展。2003 年和 2005 年，国家分别在农村和城市进行医疗救助制度的试点工作。2008 年，中国城乡医疗救助制度正式建立和全面实施。

医疗救助制度的资金主要来源于国家和地方财政、公益基金和社会捐助。医疗救助制度主要通过医疗救助金的形式对保障对象予以补偿和帮助。

医疗救助制度主要覆盖生活贫困、患有伤病且无能力支付医疗费用的人群。保障对象包括生活贫困、患有伤病且无能力支付医疗费用的人群，例如，无劳动能力且既无法定扶养人又无生活来源的人（"三无"人员）、因自然灾害导致伤病的农村灾民、参加基本医保但个人负担医疗费用有困难的城市贫民、享受城市低保家庭中丧失劳动能力的伤病无业人员、60 岁以上伤病无业老人和 16 岁以下伤病未成年人、伤残军人与孤老复员军人及孤老烈属等重点优抚对象等。

医疗救助通常是在政府有关部门的主导下，社会广泛参与，通过医疗机构针对贫困人口的患病者实施的恢复其健康、维持其基本生存能力的救治行为。医疗救助制度在实施过程中主要采取个人申请、村委会或居委会评议、民政部门审核批准的管理方式，并由医疗机构提供相关的医疗救助服务。

（二）医疗救助的特点

1. 公益性　医疗救助是保障困难群众基本医疗权益的一项制度安排，是政府提供的一项具有福利性质、保障公共利益的服务。

2. 互补性　医疗救助相对于基本医疗保险制度而言，也具有补充性的作用，能够在基本医疗保险、补充医疗保险等之外，为社会公众提供更全面的保障。

3. 动态性　医疗救助的水平是依据社会经济水平的总体发展情况、居民的经济收入情况、贫困和弱势群体的生活状况等综合因素来进行判断和确定的，需要在一段时间内进行动态调整。

4. 多样性　医疗救助的服务对象和需求都具有多元性。医疗救助既保障"三无"人员、"五保"对象等群体，又能够对特殊的伤病群体和弱势群体提供救助和帮扶，同时对于不同人群的不同医疗保障和服务需求能够提供不同程度的支持和满足，具有多样性的特点。

（三）医疗救助的功能

1. 保障群众的生命健康权益　医疗救助能够通过提供资金或服务的形式，在基本医疗保险之外为患病者提供救助和支持，能够更好地保障其生命健康的相关权益，提升贫困人群的生活质量和保障水平。

2. 减轻经济负担和预防贫困　医疗救助对最低生活保障人员、特困人员、重点优抚对象等人群能够发挥重要的保障托底功能，减少其因病等产生的医疗费用，最大限度地减轻个人和家庭的经济负担，同时能够有效帮助预防因病致贫、因病返贫的现象，形成更可靠的社会保障网络，减少社会贫困现象的发生。

3. 促进社会公平和维护社会稳定　医疗救助作为一项民生工程，其相关政策为群众就医提供了更多的便利和优待，特别是为具有特殊情况的伤病人群和特殊群体提供更有效的帮助，有助于进一步实现社会公平、促进社会稳定。

三、商业健康保险

（一）商业健康保险概述

健康保险是指当被保险人遭遇健康方面的疾病或意外，保险人依据保险合同，为被保险人提供资金补偿，用于保障被保险人能够支付医疗、康复、护理等方面的费用，以及补偿被保险人因无法正常生活与工作所产生的收入损失和费用支出的一种保险类型。

商业健康保险是由商业保险组织根据医疗保险合同，以人的身体为保障对象，向投保人收取保险费，建立保险基金，对于合同约定的疾病或意外事故所造成的医药费损失承担给付保险金责任的一种合同行为。商业健康保险属于人身保险的一种，以人的健康作为保障对象，保险金额给付的前提即被保险人因疾病、意外等导致的医疗费用支出、收入减少、生活工作等方面的损失和费用支出。

1. 筹集方式　商业健康保险主要通过个人缴费、自愿选择参加。在保险范围上主要分为住院津贴型和费用报销型。住院津贴型主要按照住院期间的损失、每天以固定金额进行补偿；费用报销型主要按照实际产生的费用进行赔付。

2. 覆盖范围　国家鼓励用人单位和个人参加商业健康保险。商业医疗保险的购买和享受主体往往是在参与基本医疗保险之外，希望获得更全面和更多元选择的医疗保障的主体。

3. 管理方式　商业健康保险主要由商业医疗保险公司组织举办，提供普通商业健康保险、意外伤害医疗保险、住院医疗保险、手术医疗保险、特种疾病保险等多险种和保障方式。

（二）商业健康保险的性质

1. 自愿性　与政府强制推行的社会医疗保险不同，商业健康保险是一种自愿选择的产品。消费者有权自愿选择是否购买商业健康保险，也可以决定购买哪一种商业健康保险。

2. 营利性　与社会保险所具有的公益性和福利性不同，商业健康保险是一种营利性的产品，商业健康保险公司追求的主要目标是经济利益的最大化，商业健康保险公司必须通过严格的审查、严密的精算等来保证公司运营能够获利。

3. 互助共济性　商业健康保险具有风险分散与互助共济的特征。商业健康保险是通过保险公司或机构进行组织安排，通过将投保人缴纳的保费集中起来建立保险基金进行运营管理，当被保险人的健康遭遇损失或危害时，商业保险公司或机构予以金额补偿，体现在风险发生前将可能面临健康风险的人的健康风险分散，以及在风险发生后对遭遇损失的部分人进行互助和保障的特点。

4. 承保条件严格　商业健康保险要求对被保险人的年龄、健康状况、现有疾病、既往病史、家族病史等情况进行全面了解和审核，要求在投保时被保险人健康状况良好、未患有相关疾病。保险公司还会通过要求被保险人进行体检、规定观察期或等待期、免赔额、比例共付、被保险人自付等方式，以规避不必要的风险。此外，健康保险的保险期限较短。一般来说，大部分类型的健康保险的保险期限为一年。

（三）商业健康保险与社会医疗保险比较

商业健康保险是由保险公司或机构进行组织安排，按照合同约定，在被保险人出现疾病、意外等情况下进行保险金补偿的一种健康保险。社会医疗保险是国家为了保障公民在年老、患病、失业、工伤、生育等情况下能够获得补偿和帮助的一种医疗保险。从广义的健康保险定义来看，社会医疗保险是由国家举办的一种健康保险形式。商业健康保险与社会医疗保险主要存在以下六个方面的区别与联系。

1. 保障对象　商业健康保险与社会医疗保险保障的对象都是公民的健康生命安全。商业健康保险主要是对被保险人因疾病、意外等所产生的损失进行补偿。社会医疗保险主要是对被保险人因疾病、伤残等产生的医疗费用进行补贴。两种保险都是对被保险人与健康相关的费用提供补偿和保障。

2. 覆盖范围　社会医疗保险能够为所有参保对象提供基本的保障，其覆盖的范围更广。商业健康保险的覆盖范围主要是本人购买了商业健康保险或因他人购买商业健康保险而成为被保险人的主体，并且商业健康保险的核保、承保、理赔等条件较为严格。

3. 举办主体　社会医疗保险作为医疗保险的一种，主要是由国家或政府为实现医疗服务的可及性和公平性而举办的，具有计划性的特征。商业健康保险则主要通过保险公司或机构进行组织和管理，这些保险公司或机构在提供多样化保险产品的过程中也要注重自身的运营和发展，体现了市场化、竞争性的特点。

4. 资金来源　社会医疗保险的资金主要采用三方负担的原则，即保险基金主要来源于单位和个人一定比例的缴纳，以及政府的补助。商业健康保险的资金来源主要是个人缴纳的保费，以及单位、团体缴纳的一定费用。

5. 服务供给　商业健康保险能够通过市场化的运作和竞争机制，为公民提供更加多元化的保险方案与更多样化的保障，社会医疗保险主要保障的是公民的基本医疗需求，能够为大部分人的基本医疗费用支出提供补偿和帮助。

6. 保险性质　商业健康保险具有自愿性和选择性。商业健康保险合同的订立基础是保险人和投保人、被保险人自愿达成的合意。是否参保和参加何种保险方案由投保人、被保险人进行自愿选择。社会医疗保险则具有一定的强制性和法制性。社会医疗保险的指导依据是国家制定的相关法律和政策文件。

综上所述，从二者的保障对象、覆盖范围、举办主体、资金来源、服务供给、保险性质等方面来看，商业健康保险与社会医疗保险既存在区别，又互为补充，共同构成了一个国家医疗保障体系的重要内容。

【小结】

医疗保障是指公民在患病、伤残时，依法获得物质帮助或补贴的权利和保障，呈现出福利性、互助共济性、多样性、广泛性的特点，具有国家主导、权益保障、公平与效率相结合、多层次性的原则。目前我国已逐渐形成了以基本医疗保险为主体、医疗救助为托底，补充医疗保险、商业健康保险、慈善捐赠、医疗互助等为补充的医疗保障制度，能够从多种角度、多种渠道为社会公众提供全方位的服务与保障。

【案例】

普惠全民，提升医疗保障新高度

珠海市"大爱无疆"项目是在珠海市医疗保障局与珠海市社会保险基金管理中心两大机构的引领与支持下，自 2019 年起启动的一项重要民生举措。该项目作为珠海市构建的多层次医疗保障体系中的关键一环，即"基本医保＋大病保险＋附加补充医疗保险＋医疗救助＋慈善捐助"模式的有机组成部分，有效缓解了市民因病陷入经济困境的难题。

2023 年，"大爱无疆"项目再度升级，通过调低起付门槛、细化保障措施等举措，尤其加大对罕见病患者、创新型人才及弱势群体的关爱力度，体现了项目的人文关怀与社会责任感。此项目面向珠海市全体基本医保参保者及部分特定未参保人员开放，坚持"三不拒之门外"原则——不排斥老年人、已病患者及已享受重大疾病保障者，确保保障的广泛性与公平性。

2024 年，"大爱无疆"项目的保费标准为每人每年 190 元，支持通过医保个人账户余额或个人现金方式为符合条件的本人及直系亲属缴纳。其覆盖范围广泛，不仅囊括珠海市全体基本医保参保人，还特别关照珠海市认定的产业创新人才及其家庭成员、低保户、残疾人、60 岁以上失独老人，以及符合条件的市外单位在职职工等特定群体。各企事业单位、学校、社会团体等亦可为符合条件的员工或特定人群集体办理并出资投保，增强了社会互助力量。

至 2023 年 6 月底，"大爱无疆"项目累计赔付金额高达 4.8 亿元，惠及超过 7.1 万人次，显著提高了重特大疾病患者的报销比例。该项目以人民福祉为核心，与珠海市现有医保政策形成互补，共同减轻参保人的医疗费用压力，有效防范"因病致贫、因病返贫"现象，让市民感受到更多的获得感、幸福感和安全感。

资料来源：

1. 珠海"大爱无疆"全面升级 https://baijiahao.baidu.com/s?id=1774583328338609264& wfr=spider&for=pc.

2. 2024 珠海大爱无疆预投保指南 http://zh.bendibao.com/live/20231219/89283.shtm.

3. 2025 珠海"大爱无疆"再升级：连续投保降低起付线、拓宽投保条件 https://www.zhuhai.gov.cn/ylbzj/gkmlpt/content/3/3750/mpost_3750831.html#1664.

【思考题】

1. 什么是医疗保障？医疗保障具有哪些特征？

2. 中国的多层次医疗保障制度主要包括哪些内容？

3. 简述我国的补充医疗保险制度。

4. 简述我国的医疗救助制度。

5. 简述我国的商业健康保险制度。

第十四章　医疗保险的改革与发展

【学习目标】

通过本章学习，要求掌握医疗保险支付方式改革的必要性和趋势，以及医保、医疗与医药协调发展与治理，熟悉其他改革的必要性和趋势，了解各项改革与发展方向的实践、挑战与发展路径。

第一节　医疗保险支付方式改革与发展

一、医疗保险支付方式的定位

传统意义上的医疗保险是集合参保人的参保资金，在发生医疗行为之后支付参保人医疗费用的一种制度安排。医疗保险支付是基本医疗保险管理的重要环节，是调节医疗服务行为、引导医疗资源配置的重要杠杆。支付方式改革的推进，既提高了医疗保险基金的使用效率、控制医疗费用的不合理上涨、增强医疗机构成本意识，也在一定程度上发挥了对医疗服务市场的调控作用，有力促进和支持医药卫生事业的健康发展。随着医疗保险全民覆盖和健康中国战略的实施，医疗保险将扮演更新、更重要的角色，医疗保险支付方式改革也面临新的挑战。

二、医疗保险支付方式改革的实践探索

（一）发展历程

2009 年，中共中央、国务院发布《关于深化医药卫生体制改革的意见》，首次提出医疗保险支付方式改革，强化医疗保障对医疗服务的监督作用，完善支付制度，积极探索实行按人头付费、按病种付费、总额预付等方式，建立激励与惩戒并重的有效约束机制。2012 年，国务院印发《"十二五"期间深化医药卫生体制改革规划暨实施方案》，提出要加大医疗保险支付方式改革力度，结合疾病临床路径实施，在全国范围内积极推行按病种付费、按人头付费、总额预付等，增强医疗保险对医疗行为的激励约束作用。同年，国家卫生部联合国家发展改革委、财政部发布《关于推进新型农村合作医疗支付方式改革工作的指导意见》，提出新农合支付方式改革是通过推行按病种付费、按床日付费、按人头付费、总额预付等支付方式，将新农合的支付方式由单纯的按项目付费向混合支付方式转变，其核心是由后付制转向预付制，充分发挥基本医疗保险的基础性作用，实现医疗机构补偿机制和激励机制的转换。

2016 年，中共中央、国务院印发了《"健康中国 2030"规划纲要》，提出要健全医疗保障体系，全面推进医疗保险支付方式改革，积极推进按病种付费、按人头付费，积极探索按疾病

诊断相关分组付费（DRGs）、按服务绩效付费，形成总额预算管理下的复合式付费方式，健全医疗保险经办机构与医疗机构的谈判协商与风险分担机制。2017年6月，国务院办公厅印发《关于进一步深化基本医疗保险支付方式改革的指导意见》，提出要进一步加强医疗保险基金预算管理，全面推行以按病种付费为主的多元复合式医疗保险支付方式；各地要选择一定数量的病种实施按病种付费，国家选择部分地区开展按疾病诊断相关分组付费试点。2020年2月，中共中央、国务院出台《关于深化医疗保障制度改革的意见》，要求"持续推进医保支付方式改革。完善医保基金总额预算办法，健全医疗保障经办机构与医疗机构之间协商谈判机制，促进医疗机构集体协商，科学制定总额预算，与医疗质量、协议履行绩效考核结果相挂钩。大力推进大数据应用，推行以按病种付费为主的多元复合式医保支付方式，推广按疾病诊断相关分组付费。"2020年10月，国家医疗保障局印发《区域点数法总额预算和按病种分值付费试点工作方案的通知》，要求"用1～2年的时间，将统筹地区医疗保险总额预算与点数法相结合，实现住院以按病种分值付费为主的多元复合支付方式"。2024年6月，国务院办公厅关于印发《深化医药卫生体制改革2024年重点工作任务》提出：2024年，所有统筹地区开展按疾病诊断相关分组（DRG）付费或按病种分值（DIP）付费改革，合理确定支付标准并建立动态调整机制；对紧密型医疗联合体实行医疗保险总额付费，完善总额测算、结余留用和合理超支分担机制；开展中医优势病种付费试点；研究对创新药和先进医疗技术应用给予在DRG/DIP付费中除外支付等政策倾斜。

（二）典型代表

1. 浙江省　浙江省已形成"一个全面实施、两个省级试点、多个试点并行"的改革格局。"一个全面实施"是指2020年在全省范围内全面实施住院医疗费用按DRG点数支付改革。"两个省级试点"是指台州市开展门诊医疗服务结合家庭医生签约按人头支付改革省级试点，金华市开展门诊病组点数法（Ambulatory Patient Groups，APG）支付改革省级试点。"多个试点并行"包括：温州市率先开展促进分级诊疗实行基础病组"同病同价"试点，杭州市、湖州市开展中医病组点数激励试点，兰溪市开展中医优势病种按疗效价值付费试点，杭州市等地开展医疗新技术激励试点，金华市开展患者导向模型（Patient Driven Payment Model，PDPM）为基础的急性后期康复护理按床日付费改革试点。其中，全省域推行按DRG点数支付是本轮支付改革的重点，极具浙江标识度。

2. 福建省　福建医疗保险支付制度改革围绕"管用高效"的目标，以基金总额预算"管理"为龙头，按以病种收付费一体化改革为切入点，注重发挥医疗保险战略性购买作用，逐步形成与基本医疗保险相适应、与不同医疗服务特点相匹配的支付体系。

首先，坚持以基金总额预算为基础，建立"结余留用，合理超支分担"的激励约束机制。其次，探索县域紧密型医共体医疗保险打包支付机制。将公共卫生经费一并打包给医共体，推动公共卫生服务和医疗服务有效衔接，促进基层医疗机构服务模式由以疾病为中心向以健康为中心转变。再次，建立收付费一体化的多元复合式支付体系。最后，加快推进DRG收付费改革。福建三明市于2017年率先试点DRG收费与付费一体化，后全省推广，已积累较多经验：一是坚持标准"四统一"。即统一价格项目规范全面清理违规收费规定，统一医疗保险结算清单，统一使用医疗保险疾病诊断、手术操作分类与代码，统一使用国家医疗保险药品、医用耗材国家编码。二是科学测算赋值。主要采取4个步骤进行测算赋值：以同类医疗机构数据作为测算样本，形成本地化分组方案，缩小组内费用差异，建立动态调整机制。三是完善配套政策。包括医疗保险协议管理、医疗保险支付政策、DRGs 稽查指南、激励约束机制等相关配套政策，和医疗机构绩效考核制度、薪酬奖励制度等配套政策。

3. 中医优势病种支付方式代表地区

（1）山东威海：中医单病种管理　2014 年，山东威海公布第一批 7 个中医骨科病种开展临床路径指导下的定额包干收费，2016 年新增 29 个中医优势病种。威海的中医单病种收费标准包括患者入院诊断治疗期间至出院整个过程发生的检验、检查、诊疗、手术、床位、护理、注射、药品及医用耗材等各项费用，中医骨科病种还包括患者首次入院诊断治疗及第二次入院复查治疗发生的费用。患者在治疗过程中出现并发症时，医疗机构应立即组织按病种收费专家进行分析评价，按程序经批准后退出单病种收费管理，实行按项目收费，并书面告知患者及其亲属退出的理由。中医单病种定额结算不设起付线，参保职工定额内予以全额报销，参保居民报销标准较普通病种最高可提高 20%，超过定额结算标准的部分，个人无须负担。

（2）江苏南京：中医按病种付费　2022 年 1 月，江苏南京在构建西医付费体系的基础上，创新构建中医分组逻辑，新增 51 个特色 DRG 中医病组，形成融合中西医特色的南京版 DRGNJ-DRG 967 分组器。按照中医优势明显、病种费用稳定、病例集中度和社会认可度较高的原则，首批遴选了肛裂、肛瘘、痔病和瘰疬 4 个南京特色中医优势病种，作为中医分组试行病种。在遵循临床诊疗分类和操作技术等基础上，中医 DRG 分组同样遵循"临床特征相似，资源消耗相近"的原则，通过统计学分析进行验算，实现从主要疾病分类（MDC）到核心疾病诊断相关组（ADRG），直至 DRG 病组的逐类细化。即以临床经验确定分组，以统计校验确定额度标准，包括范围和除外规则。在中医病组的付费政策方面，明确三个原则：一是就高确定每个中医 DRG 病组的额度标准，保证不低于西医同病种的额度标准；二是合理设置结算调整系数，在付费政策中设置级别系数、专科系数、学术系数、高新技术运用系数，以及价值医疗系数等调整系数，其中对国医大师所在科室，在计算其重点病组结算点数时赋予最高 1.05 的学术系数；三是中医病组与西医病组一致，实施点数法分配基金。

（3）广西柳州：中医按疗效价值和优势病种付费　2018 年 5 月，柳州市确定 10 个病种试行按疗效价值付费。2019 年 8 月，新增 7 个病种试行按疗效价值付费。在柳州的改革中，临床实践发现，按疗效价值存在诸多不利因素，如入院标准较高、中医内治疗效要求较高、病种范围有限等，于是调整部分按疗效价值付费病种的入院标准、定额标准、疗效要求等。2022 年 4 月，柳州发布《关于实施中医（民族医）优势病种按病种点数法付费管理的通知》，进一步扩大病种范围至内科、妇产科、儿科、皮肤科等，探索一条可行的中医按病种付费的工作道路：一是由医疗机构、第三方服务公司、企业等自行申报适宜按病种付费的中医病种；二是明确各申报病种的出入院标准、辨证论治、临床路径、疗效标准和定额标准；三是医疗保险部门组织专家广泛讨论该病种是否可以纳入中医按病种付费，出入院标准和疗效标准是否可以为全市医疗机构代表所接受，最后通过多方谈判确定定额标准；四是建立独立的中医按病种点数法支付体系，通过单独测算病种定额标准、设定中医费用占比不低于 30% 等规则，与西医 DRG 分组体系分离运行，实现中医治疗的单独支付与激励。

三、医疗保险支付方式改革的发展趋势

（一）从事后费用补偿向事前行为引导

医疗保险作为需方（患者）的代理人为患者消耗的医疗费用买单，即补偿医院的支出和为患者报销费用。虽然从付费的角度，医疗保险的功能发挥是在产生医疗费用之后，但同时医疗保险也可以通过价格信号引导调节患者的就医选择，以及医院提供医疗服务的选择。首先，医疗保险的定点和目录管理划定了医疗保险的支付范围；其次，医疗保险的多元化支付方式表明医疗资源的配置方向和结构；再次，医疗保险通过对部分医疗服务内容和机构设置差别性报销比例，使其具有相对价格优势，进而引导就医选择；最后，医疗保险承载大量的参保人、医疗机构和医疗行为信息，智能监控已经成为医疗保险监督的重要手段，能够起到控制不合理医疗费用的作用。总之，医疗保险一方面对医疗行为产生的费用进行事后的付费，同时更通过事前的制度设计，引导医疗行为，实现医疗费用的管理和控制。

（二）从被动支付到主动谈判

如果说事后付费是一种被动的支付，事前的调节则表明医疗保险的角色可以从被动转化为主动，即主动参与医疗、医药的购买和价格谈判。医疗保险的本位，就是通过统一筹集基金的方式，代表广大参保者购买医疗服务的一种制度安排。我国医改之所以一以贯之地强调深化医疗保险支付方式改革，本质上就是要不断进行医疗保险购买机制的创新。即医疗保险主动参与医药卫生领域的价格形成机制，在"三医"中扮演着战略购买的角色。目前，我国已经实现全民医疗保险，医疗保险经办机构已经成为医疗服务和产品（药品、器械、耗材等）的最大购买者，在医疗服务市场具有强大的谈判能力，有责任和义务，也有能力代表参保人利益参与价格谈判，以便购买到性价比最高的医疗服务和产品。

（三）从单一付费制到多元复合式

2012 年以来，我国开始重视医疗保险支付制度的改革，出台了一系列文件，用以 DRGs 为代表的"打包式付费"来代替传统的"按项目付费"办法，旨在通过将一部分财务风险分摊给医疗服务的提供方，促使其有动力和压力自觉地控制医疗成本。同时，按照《国务院办公厅关于进一步深化基本医疗保险支付方式改革的指导意见》的要求及各地实践，当前整体形成了以按病种付费为主的多元复合式医疗保险支付方式的改革思路。因此，需要根据现有支付方式改革的实际实践，将支付方式改革的成功经验推广到全国，创新改革动态多样化的医疗保险支付方式，通过支付方式的改革优化医疗保险的精细化管理手段，实现医疗卫生资源的有效利用，提高公众对基本医疗卫生服务的受益度。总之，应从单一制向复合多元制转变，依照医疗机构类别实施差异化的支付方式，持续推进医疗保险支付方式的精细化改革。

（四）从医疗费用补偿到健康管理与促进

医疗保险、健康保险的最终目的是维护和促进人群的最大健康效益，而不是单纯的医疗费用的补偿。保险基金的管理者将理念从一个医疗费用的被动赔付者转变为人群健康的主动投资者，则医疗保险基金就变成"健康投资基金"。很多学者提出的"战略性购买"和"价值医疗"都是在这个理念下的实践性探索。"战略性购买"是医疗服务的购买者（医疗保险）为实现价值医疗的极大化这一目标，在整个采购环节所采取的一系列制度性安排。"价值医疗"是近些年在国际上在综合评价医疗保健绩效时所广泛使用的一个理论框架（Value-based Medicine），

它提倡以患者为中心，以病症为核心，强调高性价比的医疗服务，并且在结局测量中关注患者的临床指标、功能状态和康复情况。概况而言，就是以实现医疗服务的优质高效为目标导向，有针对性地设计具体的医疗保险政策，从而为医疗服务提供方的相应行为提供激励和约束。

（五）针对中医药服务特点，研发和实施适宜的支付方式

与目前基本医疗保险支付方式多为量身定制的西医相比，中医药具有许多特点和优势，而正是中医药的特殊性要求实施与之相适应的医疗保险支付方式。医疗机构的医疗保险支付方式如按项目付费、总额预付和按床日付费等不太适用于中医药服务的特点，但其中按病种付费的方式应用于中医医疗服务是合理可行的。另外，从中医按病种付费政策实践来看，基于"价值"观点的医疗保险付费对于中医药医疗保险支付改革具有重要意义和可探讨性，"价值医疗"理论的中医按病种付费不仅能提高医疗保险费用的使用效率，节约医疗保险资金，更能达到最优效益的医疗卫生服务，同时也体现出中医医务工作者的劳动价值，提高其工作热情和积极性，从而促进了中医药事业的传承和发展。中医适宜技术和中医优势特色病种支付方式也是我国医疗保险支付方式中的特色和亮点。

第二节　智慧医保的发展

一、智慧医保的概念及背景

智慧医保是医疗保障信息化建设的发展方向，是推动医疗保障高质量发展的要求，是以人民健康为中心的重要体现。

（一）概念

目前关于智慧医保尚无统一规范的概念，可以理解为是以医疗保险信息化、标准化为基础，将大数据、云计算、物联网等新一代信息技术融入医疗保险基金监管、医疗保险经办服务、医疗保险基金结算、药品耗材招采等全流程中，实现医疗、医保、医药全方位联动，使医疗保险管理、决策更加科学，为群众提供更加高效便捷的服务。

（二）发展背景

从2020年开始，民众对互联网诊疗的需求快速增长。国家卫生健康委员会2020年3月份数据显示，委属管医院互联网诊疗比去年同期增加17倍。截至2023年，我国已经有3 000多家互联网医院，远程医疗协作网覆盖所有的地级市2.4万余家医疗机构，7 700多家二级以上医院可以提供线上服务。当越来越多的医疗机构加入互联网，"互联网＋"医疗的配套措施也在加紧跟上。医疗保险作为"三医联动"的重要组成部分更不能例外。由于医疗保险发展需要动员多方力量、利益关系错综复杂，监管难度较大。大数据开放、共享的现代化理念和技术手段，能以技术促公平、提高医疗保险管理效率、优化医疗保险服务质量，促进医疗保险制度更加高效、公平和可持续。建设智慧医疗保险是时代之需，也是医疗保险制度高质量发展的必然要求。

二、智慧医保的发展目标

《"十四五"全民医疗保障规划》提出"建设智慧医保"的目标：医疗保障信息化水平显著提升，全国统一的医疗保障信息平台全面建成；"互联网＋医疗健康"医疗保险服务不断完善，医疗保险大数据和智能监控全面应用；医疗保险电子凭证普遍推广，就医结算更加便捷。

（一）医疗保险信息化水平显著提升，全国统一的医疗保险信息平台全面建成

以上线、使用和不断优化全国统一的医疗保险信息平台为手段，不断提升信息化水平。其重点工作包括：持续优化运行维护体系和安全管理体系，完善平台功能；动态维护医疗保险药品、医疗服务项目分类与代码等 15 项医疗保险信息业务编码标准，全面推进其应用；通过全国一体化政务服务平台，实现跨地区、跨部门、跨层次数据共享，做好医疗保险数据分级分类管理，支持和保障省市医疗保险部门对医疗保险和相关医疗健康数据的使用、管理、研究和应用；支持电子处方流转。

（二）大力发展"互联网 ＋ 医疗健康"医疗保险服务

不断完善"互联网＋医疗健康"医疗保险服务定点协议管理，健全"互联网＋"医疗服务价格和医疗保险支付政策，将医疗保险管理服务延伸到"互联网＋医疗健康"医疗行为，形成比较完善的"互联网＋医疗健康"医疗保险政策体系、服务体系和评价体系。支持远程医疗服务、互联网诊疗服务、互联网药品配送等医疗服务新模式有序发展，促进人工智能等新技术合理运用。

（三）医疗保险大数据和智能监控全面应用

提升医疗保险大数据的综合治理能力，加强对医疗保险基础信息数据、结算数据、定点医药机构管理数据的采集、存储、清洗和挖掘，完善数据协同共享机制，探索多维度数据校验。提升医疗保险智能监控能力，不断完善基础信息标准库和临床指南等医学知识库，推进智能监控规则库建设，积极探索将 DRG/DIP 新型支付方式、"互联网＋医疗健康"等新模式纳入智能监控范围，实现智能审核全覆盖，实现基金监管从人工抽单审核向大数据全方位、全流程、全环节智能监控转变。

（四）医疗保险电子凭证普遍推广，就医结算更加便捷

协同医疗保险、卫生健康委员会、人力资源和社会保障部等部门，在增强医疗保险电子凭证实际功能的基础上，扩大使用范围；实施"国家异地就医结算能力建设工程"，加强国家、省级异地就医中心建设，扩大异地就医直接结算范围，提高直接结算率。

三、智慧医保的实践探索

（一）应用领域

1. 医疗保险智慧管理　医疗保险的智慧管理既体现在借助新兴技术提升监管效能的监管端，也体现在依托国家医疗保险信息平台实现改造创新的经办端。监管端注重基于新兴数字技术，通过诊前－诊中－诊后的全流程监管，进一步扩大监控范围，遏制医疗保险基金违规支出，提高监控效率。经办端一方面体现在对医疗保险结算支付、待遇清单管理、参保关系管理和异地就医审核等传统医疗保险业务的支持和优化；另一方面体现在对 DRG/DIP 支付方式、互联网医疗保险结算、处方流转等新兴医疗保险业务的赋能和创新。

2. 医疗保险智慧化服务　面向参保人的医疗保险智慧化服务，涉及医疗保险政策查询、参保业务办理、问诊就医记录查询等各个环节。其中，医疗保险电子凭证的应用和智慧公共服务平台推广成为现阶段推进的重点工作。探索医疗保险电子凭证在广泛业务场景的深度应用，从基础的身份识别和结算工具到医疗保险咨询专属问答，从对重点人群识别追踪到疾病管理的"千人千面"等诸多方面。智慧公共服务结合"互联网＋"思路，通过移动端打造医疗保险一体化服务新业态，以医疗保险办理、信息查询、身份认证、医疗保险移动支付、就医购药等功能为切入点，建设医疗保险服务与支付的整合型平台。通过医疗保险电子凭证和智慧公共服务平台与其他"三医"平台的衔接配合，实现医疗、医保、医药等领域的业务创新，更好地适配群众多样性的服务和保障需求。

2016年开始，医疗保险部门按照"先住院、再门诊，先省内异地、再跨省异地"的思路，分步推进异地就医实时结算，持续扩大医疗保险受惠面。当前，我国跨省异地就医备案服务简单便捷，住院和普通门诊费用跨省直接结算全面推开，门诊慢特病相关治疗费用跨省直接结算稳步试点。截至2022年11月底，全国有住院、门诊费用跨省联网定点医疗机构6.39万家、8.59万家，定点零售药店22.34万家，5种门诊慢特病相关治疗费用跨省直接结算工作也实现了统筹地区全覆盖。大数据的发展和应用，推进了各地医疗保险数据库和管理系统的统一规范，对完善医疗保险档案信息化建设、规范医疗保险关系转移接续、保障流动人口权益、提升医疗保险服务水平意义重大。

3. 医疗保险智慧决策　在医疗保险基金总体规模逐渐平稳，人口老龄化、医疗费用持续增长，医疗保险精细化管理水平提升的背景下，医疗保险制度还需在技术和制度创新上进行挖潜。从微观"监管者"变为中观"决策者"，进而转变为宏观"治理者"。全国统一的医疗保险信息平台，打破数据信息孤岛，汇聚医疗保险业务数据，构建标准指标体系，帮助各级医疗保险部门动态化掌握业务运行情况，再利用AI、大数据分析等前沿技术，对海量数据进行挖掘，进而支撑决策、提升治理能力。如以医疗保险数据库和患者就医取药平台建设为支撑，充分挖掘流行病学、疾病诊疗成本、药品临床疗效，以及患者的药品使用、诊疗费用和报销等数据，运用大数据分析药品安全性、有效性和经济性，合理测算价格与用药需求，为医疗保险谈判提供科学的决策辅助依据。

医疗保险决策中另一个关键问题在于建立科学的风险调整机制，即借助信息系统和数据库科学测算和评估参保人的健康风险，对部分或全部保费收入实行再分配，从而更好地均衡基金风险。当前，我国四个直辖市和西藏自治区（城镇职工基本医疗保险）、青海省（城乡居民基本医疗保险）、宁夏回族自治区、福建省（城镇职工基本医疗保险）、海南省率先开展了医疗保险省级统筹改革实践，但这些地区基本采取较为简单的事后基金缺口分担机制，只有福建引入了抚养比、在职和退休人员人均医疗费用比率，以及基金征收率的事前风险调整机制。将来医疗保险系统在大数据等技术的支撑下，还可引入参保人年龄、性别、发病率、用药费用等指标的精细化计算方式，从而优化医疗保险省级统筹风险调整机制。

（二）实践代表

1. 基于医疗保险大数据的精准基金监管方案　DRG支付方式改革中面临着几个关键问题。一是分组关键信息的真实性无法保证。二是编码的准确性、合理性无法保证。因此，DRG支付需要充分打通全病历临床数据，进行深度监管，确保DRG支付改革的有效推行，实现医疗保险基金高质量发展的目标。因此，某机构设计出基于全病历的 DRG 分组关键信息监管流程，见图 14-1。

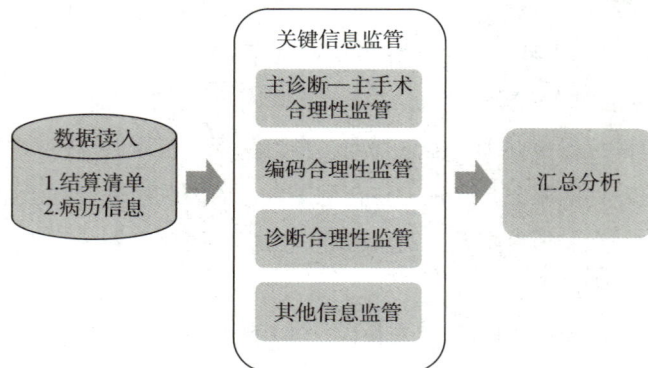

图 14-1　基于全病历的 DRG 分组关键信息监管流程

在实际使用中，监管人员不仅能在系统上定制各种稽核任务，还能在线查看违规证据，审核违规条目完成申诉交互，并通过各类统计分析，帮助医疗保险部门掌握各地区、各医院 DRG 分组异常情况，保障 DRG 政策实施的可靠性与可信度。

2. 互联网＋医疗保险支付功能　2023 年 4 月，青岛市医疗保障局探索在实体医院互联网医院进行医疗保险支付的创新服务。复诊患者可通过微信公众号"青岛医保"，选择市立医院互联网医院，通过视频或图文的方式与医生进行在线咨询。线上医生在核验患者复诊身份后，开出复诊处方，经第三方处方流转服务平台将处方送给患者，患者收到短信后即可选择医疗保险定点药房，药房收到订单后，将药品连同统筹报销结算单、药事服务单送上门，患者收到药品后，可选择医疗保险支付，真正实现患者足不出户即可问诊、续方、购药、医疗保险支付报销的一站式诊疗服务闭环，破除"因药就医"难题。

在北京，一些医院的"云诊室"挂号也可医疗保险实时结算。首都儿科研究所通过"互联网＋"医疗保险资质审核，成为北京市第一家互联网医事服务费实时结算，药品、检查、检验线下医疗保险结算的儿科医院。这次互联网诊疗系统升级，还开通了检验检查申请单、住院证开具和线上预约号源等功能。

四、智慧医保的发展路径

（一）构建共建共治共享的现代化医疗保险治理新模式

医疗保险数据的碎片化、孤岛化阻碍大数据在医疗保险治理中的全方位应用。破除这一阻碍，需要树立共建、共治、共享的现代化医疗保险治理理念。具体来说，政府要加强顶层设计，全面、系统地考虑大数据应用于医疗保险治理的制度条件，建立标准化信息共享平台和多元协同机制，为医疗保险数据库的形成、融合和共享提供组织基础和制度保障；各部门需以大数据观为引领，主动消除数据壁垒，建立起纵向连接中央、省、市、县四级政府及相关部门，横向连接医疗保险、人社、民政、卫健、财政、税务、银行等机构的信息共享机制，助力医疗保险便民服务、医疗保险智能监控、医药价格谈判和异地就医结算的深入推进。例如，医疗保险与财政、税务、人社等部门数据共享，实现群众参保登记缴费"一站式"联办、精准化推进扩面征缴，构建"决策规划 – 政策执行 – 运行监测 – 分析反馈"的决策路径，助力政府科学决策。

（二）统一标准，加快大数据平台建设

加快建设安全可靠的医疗保险大数据管理平台，实现数据标准统一、流程统一、管控统一是目前医疗保险治理现代化的重点任务。国家医疗保障平台新系统上线后，网络运行总体不够稳定，平台功能不够完善，各级接口衔接兼容性较差。未来需加快推进全国统一的医疗保障信息平台建设，使医疗保险系统扎根末端，不断优化系统整体构架、功能模块和业务流程。各统筹区要因地制宜研究制定具体方案，依据全国统一的技术标准、业务标准、业务规划和建设要求，建设"统一、高效、兼容、便捷、安全"的医疗保障信息平台。此外，加强系统平台的运行维护，以及相关人员的业务培训，及时总结经验，不断优化运行。

（三）加强数据管理，保障数据安全

医疗和医疗保险数据属于敏感数据，需要加强医疗保障信息平台的运营维护，防范医疗保险系统数据安全风险，对数据进行全生命周期管理：一是建立包括信息资源和信息保护目录、数据分级分类管理、数据安全审批和权限管理、数据审批流程和交付流程、数据安全风险评估等数据管理机制；二是通过数据动态更新与交叉核验，核准数据资源，排除异常数据，全面提升数据质量；三是启用电子印章、数据加密、生物特征识别与加密等安全技术手段，建立敏感字段数据库，加强数据安全基础设施建设。

第三节　医保与医疗、医药协同发展和治理

世界卫生组织认为卫生系统可以划分为六大模块，即卫生服务、卫生人力、卫生信息系统、医药产品（含疫苗和技术）、卫生筹集、领导与治理。按这一划分方式，"三医"中的医疗对应卫生服务的组织与提供模块，医疗保险对应卫生筹集模块（广义筹集，包括资金筹集、分配与支付），医药则对应医药产品、疫苗和技术模块。可见，医保、医疗和医药组成的"三医"涵盖卫生系统的主体部分，代表医药卫生事业的主要方面。

"三医"的"医疗"不是狭义的医疗服务，而是围绕修复、维护和增进人民健康而组织起来的各级各类医疗卫生机构、人员、床位、设备等的总和，以及以上述资源为基础提供的公共卫生服务和医疗服务；"医保"主要指医疗保障制度体系，是包括基本医疗保险、医疗救助和各种形式的补充保险在内的综合保障体系；"医药"则是药品、耗材、器械等用于医疗卫生目的的有形产品的研发、生产、流通、配送和保障全链条。"三医"联动则是通过统筹推进医疗、医保、医药领域的改革，使"三医"领域的运行机制和参与主体的行动策略协调统一、相互支持，从而共同促进改革目标达成的过程。简而言之，医疗保险解决患者的医疗费用问题，医疗提供有效的诊断和治疗服务，而医药提供治疗和预防疾病的药物。只有三者密切合作、协同发展，才能使医药卫生服务体系有效运行，共同推动医疗保健事业的发展，实现人民的健康和幸福。

一、医保、医疗与医药协同发展和治理的必要性

《中共中央关于进一步全面深化改革、推进中国式现代化的决定》指出："促进医疗、医保、医药协同发展和治理。"这一举措是由诸多因素综合作用和影响的结果。

（一）医药卫生体制特殊性、复杂性的内在要求

作为相对独立的专业领域，医疗、医保和医药各有其运行规则，不同领域存在较大差异。但与此同时，"三医"又紧密联系、相互依存，具有明显的互嵌性。具体表现为：医保是主导，是医疗和医药的重要筹集来源和补偿渠道，能够通过支付方式改革和采购政策等对二者的运行规则和行为模式产生重要影响，同时也需要从医疗和医药领域购买具体的服务和要素以满足参保人的需求；医疗是基础，直接面向公众尤其是医保制度的参保者，提供各类医疗卫生服务、影响其健康状况的主体，同时也是医药等要素产品销售和使用的平台；医药是保障，是医疗领域提供医疗卫生服务所需的各项物质要素或技术支持的来源，同时也需要从医保和个人使用者那里获得资金补偿，完成产品要素的再生产和利润的实现。这种相对独立又相互依存的特性是"三医"能够联动改革的基础，也是"三医"必须联动改革的原因。

（二）深化医改的必然要求和有效路径

基于"三医"的依存性，"三医"联动所强调的联动不是简单的时间上同步，而是要围绕总体改革目标，通过顶层设计和总体规划，统筹推进相关领域的改革措施，实现不同改革的互相促进和互相支持。作为一种改革方法论，"三医"联动在深化医改的实践中经历了从自发到自觉的过程，最终被确立为医改的总体原则。2016 年国务院印发的《"十三五"深化医药卫生体制改革规划》将"坚持医疗、医保、医药联动改革"列为医药卫生体制改革的基本原则之一，此后历年印发的深化医改年度重点工作任务文件也都强调推动、坚持和深化医疗、医保、医药联动改革，从而为推动"三医"联动改革提供有力的政治保障。多年的医改实践证明，"动而不联"的"三医"改革无法实现综合性的医改目标，当"三医"某一领域的运行规则与其他领域存在冲突，或者改革措施缺乏其他领域改革措施的支持、配合时，必然导致规则的扭曲或改革的失败。"三医"联动，重点在"联"。只有统筹规划和推进相关改革，真正实现"三医"内部不同主体的协同治理，深化医改才能取得实质进展。

二、医保、医疗与医药协同发展和治理的实践探索

（一）政策概述

2000 年 2 月 21 日，《关于城镇医药卫生体制改革的指导意见》提出从药品生产流通改革、医疗保险制度改革和医疗机构改革三个方面推动医药卫生体制改革，提出"三医改革"的概念和思路。2015 年 10 月，党的十八届五中全会提出"推进健康中国建设，深化医药卫生体制改革，理顺药品价格，实行医疗、医保、医药联动，建立覆盖城乡的基本医疗卫生制度和现代医院管理制度，实施食品安全战略"。自此，"三医"联动改革上升为国家层面。2016 年 3 月，第十二届全国人民代表大会第四次会议上的《政府工作报告》要求"协调推进医疗、医保、医药联动改革"。2016 年 6 月，人力资源和社会保障部出台《关于积极推动医疗、医保、医药联动改革的指导意见》，这是第一次由部门出台的三医联动改革政策。2016 年 10 月，中共中央、国务院印发《"健康中国 2030"规划纲要》，对三医联动改革的目标提出要求，即从"病有所医"升级为"全民健康"。2024 年 6 月，国务院办公厅印发《深化医药卫生体制改革 2024 年重点工作任务》的通知，提出要探索建立医保、医疗、医药统一高效的政策协同、信息联通、监管联动机制。2024 年 7 月，《中共中央关于进一步全面深化改革、推进中国式现代化的决定》指出："促进医疗、医保、医药协同发展和治理。"将"三医"协同纳入全面深化改革总体框架。

（二）实践代表

1. 福建三明医改　在三明市的主要医改经验中，有与医保相关的亮点内容。首先，相继成立了医疗保障管理委员会及办公室，其核心是功能和职责的整合，一是保证基本医疗保险的相关政策能够更好地服务和服从于深化医改；二是有利于精简机构、提高行政效能。福建省将基金筹集和管理、医疗保险目录调整、医疗保险支付、医疗服务价格、药品耗材采购配送与结算管理等方面的职能统一交由省医疗保险办承担，同时也使其承担控制医药费用不合理增长的主体责任。其次，完善补偿机制。医联体牵头单位统筹医疗保险基金和公共卫生资金使用，坚持"四个明确"（明确家庭医生签约服务主体、对象、责任和经济利益）基本原则，实行医疗保险基金"总额付费、超支不补、结余留用"制度，采取"一组团、一预算、两确定"机制（组建紧密型医联体；确定医联体医疗保险基金总额预算，不再细化各医疗机构总额控制指标；确定将医疗保险基金结余部分纳入医联体的医疗服务收入，确定健康促进经费从医疗机构的成本中列支），推动建立以健康为中心的服务理念。

2. 深圳罗湖医疗集团　这是国内最早的紧密型综合性医联体，该医联体的核心是以大健康为理念的居民健康管理，初步形成"小病进社区，大病进医院"的就医秩序。该模式在医疗保险控费方面紧跟国家政策方向，探索以健康为导向的医疗保险支付方式改革，率先试点"总额包干、结余奖励"的医疗保险改革制度，既控制了医疗费用上涨，又提高了医生的收入和工作积极性。

三、医保、医疗与医药协同发展和治理的目标与路径

（一）发展目标

《"健康中国2030"规划纲要》明确提出，要将以治病为中心转变为以人民健康为中心，以全民健康为建设健康中国的根本目的。这是新时期我国医疗卫生事业发展目标与发展模式的根本转变，也为"三医"联动改革提出了方向指引。在以健康为中心的改革理念下，作为健康治理的重要实践，"三医"联动改革的根本目标应确立为维护和增进人民健康，即"三医"联动改革的根本出发点是促进健康，最终效果的评价也要归于健康的促进。

具体来说，医疗领域的改革目标如下：一建立优质高效的整合型医疗卫生服务体系，提供整合、协调、连续、有序的一体化服务，更好地维护和促进健康；二构建覆盖全民、保障适度的多层次医疗保障体系，建立以健康结果为导向的高效的医疗保险购买和支付机制，发挥战略购买者作用，对医疗和医药领域进行引导和调节；三规范药品等要素的生产流通秩序，促进技术进步和创新研发，确保药品、器械、耗材等各项医疗卫生服务要素安全、有效和经济可及，为改善医疗卫生服务的健康效果提供物质支持。"三医"领域改革措施的协调联动则最终指向全民健康水平的提升，并以此为方向梳理现状、完善政策、推动改革。

（二）发展路径

以医保为杠杆协同推进"三医"联动，除优化调整医保及其作用机制外，还需要各个方面的保障条件，具体包括以医药卫生领域部门间的合作沟通为"三医"联动提供组织保障，以医疗保险基金的可持续性为"三医"联动提供经济基础，以信息技术的完善更新为"三医"联动的服务提升提供技术支撑，以卫生技术评估结果作为"三医"联动改革的科学证据支持。

1. 组织保障　三明医改的经验说明，"三医"联动协调机制有助于实现医保、医疗和医药

NOTE

改革的目标，由此，"三医"联动的具体实践也需要"三医"领域不同部门之间的协同合作，而这种合作不仅是部门间合作，更是以患者、医疗保险为代表的需求方和以医院为代表的供给方之间的合作。国家医疗保障局的组建将"药、价、保"职能整合进同一个部门，迈出破除"三医联动"体制障碍的关键一步，形成对"三医"联动的强劲推动力。而国家医疗保障局作为医疗保险部门的代表，也需要同国家卫生健康委员会、国家市场监督管理总局等部门加强合作，建立业务管理之间的沟通、协调、衔接机制，共同为"三医"联动提供组织基础。

2. 经济基础　医疗保险由于其覆盖范围广、日益扩大的基金池等特征，成为医疗、医药市场中的最大买方，连接需方和供方扮演着杠杆调节作用。因此，为进一步发挥医疗保险在"三医"联动中的杠杆调节作用，需要提高医疗保险的可持续性发展能力，即医疗保险自身的能力建设是"三医"联动的经济保障。具体来说，需要建立科学合理的医疗保险筹集与待遇调整机制，进一步厘清政府、企业（单位）和个人在医疗保险筹集中的责任，明确政府补贴与个人筹集的比例关系，政府补贴在财政支出中的比重，以及政府补贴的预算管理机制等，使支付与筹集二者之间达成动态平衡，保障医疗保险基金的长期可持续性。

3. 技术支撑　信息化建设是统筹整合医疗、医保、医药领域信息的有效手段和可行途径，可为政府公共决策和"三医"联动改革提供精准、科学的信息支撑。应高起点推动信息化建设，以国家标准为基础，结合决策、监测、评估等需求对数据内容、采集方式和管理办法等进行统一设计和规划，尽早建成"三医"联动信息平台，为"三医"联动改革的决策、执行和评估等提供数据支撑。

4. 证据支持　进一步提高卫生技术评估能力。卫生技术评估是医保制度与医疗、医药各方开展价格谈判、调整药品目录和保障待遇范围等的重要依据，能够帮助确定决策优先领域，为相关领域的决策提供证据支持，提高决策的科学水平。要培育发展能够承担卫生技术评估工作的第三方机构，完善卫生技术评估的工作流程、技术标准和法律保障，不断提高卫生技术评估能力，为"三医"联动改革决策提供更有力的证据支持。

第四节　从医疗保险走向健康保障

一、医疗保险与医疗保障、健康保障

健康保障有狭义和广义之分。狭义的健康保障主要是指医疗保险，即为医疗服务筹措和分配资金，为广大患者因疾病就医而提供的补偿。广义的健康保障是为了维护和提高健康水平，对社会成员预防保健、疾病治疗、康复护理、健康促进、健康教育等健康服务内容进行综合保障，而不仅是疾病治疗。由于医疗保险是通过参保人缴纳一定的保险费用建立而成的，而医疗保障不仅包括医疗保险，还包括医疗救助等。从参保对象来看，健康保障不仅针对普通参保人，还针对特殊人群的医疗救助计划。因此，健康保障不应局限在疾病的范畴，而应该是针对全体人群的所有健康问题，包括生理、心理和社会等多个方面的集预防、治疗、康复等一系列过程的公共卫生服务行动。

医疗保障与健康保障是两个不同的概念，医疗保障是健康保障的主要内容之一，健康保障是医疗保障的进一步深化和延伸。从保障目的来看，医疗保障是保障居民医疗服务的可及性；从关注点来看，医疗保障从医疗费用切入，关注治疗过程与费用，落脚于服务的内容与形式；从保障内容来看，医疗保障以医疗服务内容为主；从补偿机制来看，医疗保障基于确定的医疗服务进行预付或后付补偿，见表 14-1。

表 14-1　医疗保险、医疗保障与健康保障的区别

指标	医疗保险	医疗保障	健康保障
目的	医疗费用减免	可及性	人群健康
关注点	医疗服务	医疗服务、疾病治疗	疾病控制与健康改善
补偿机制	按不同级别不同比例	医药费用报销（预付或后付）	全程参与疾病的预防、治疗与康复过程
补偿政策	所有参保人按照同一政策报销医疗费用，没有医疗救助	参保人按照医保政策实施，贫困人口由政府救助	参保人按照医保政策实施，贫困人口由政府救助

二、从医疗保险走向健康保障的必要性

（一）健康需求的不断变化要求从医疗保险走向健康保障

随着经济和社会发展，人们关注的不再只是"病有所医"，"生存质量"成为衡量国民幸福感新的重要指标，对生命健康状态的维护成为保障国民健康的重点工作。与此同时，我国人口老龄化程度不断加剧，全面二孩政策实施以来效果不明显。一方面，传统的代际支持下的家庭健康保障模式进一步被冲击，医疗保障逐渐承担起在全生命阶段保障国民健康的责任；另一方面，人口红利消失，国民经济增速放缓，包括医疗保障在内，社会各行各业均需探索提升资源利用效率的新的发展方式。在这一背景下，以"疾病治疗"为导向的医疗保障模式已逐渐不能满足国民健康需求，建立一种全人群、全生命周期覆盖的，具有更高效率和保障水平的综合型健康保障制度迫在眉睫。

（二）健康供给的发展要求从医疗保险走向健康保障

WHO 研究发现，在影响健康的因素中，遗传占 15%，自然和社会环境占 17%，医疗只占 8%，良好的卫生习惯和防病意识占 60%。健康问题的解决不能仅依靠医疗卫生体系，只有以大健康理念为指导，以全民健康为目标，强调以预防为主，立足全人群和全生命周期两个着力点，在完善基本公共卫生服务基础上，通过健康促进、健康管理、环境健康管理三大支柱，将健康模式从透支健康、对抗疾病转向呵护健康、预防疾病，从医疗保险转为健康保障才能更好地实现健康服务的供给，实现健康中国。

三、从医疗保险走向健康保障的实践

（一）形成普及"大健康"理念

"共建共享、全民健康"是建设健康中国的战略主题。全民健康是建设健康中国的根本目的。立足全人群和全生命周期两个着力点，提供公平可及、系统连续的健康服务，实现更高水平的全民健康。要惠及全人群，不断完善制度、扩展服务、提高质量，使全体人民享有所需要的、有质量的，以及可负担的预防、治疗、康复、健康促进等健康服务，突出解决好妇女、儿

童、老年人、残疾人、低收入人群等重点人群的健康问题。要覆盖全生命周期，针对生命不同阶段的主要健康问题及主要影响因素，确定若干优先领域，强化干预，实现从胎儿到生命终点的全程健康服务和健康保障，全面维护人民健康。

（二）完善预防保障体系建设

目前我国预防保障体系的主体服务即国家基本公共卫生服务，是我国政府针对当前城乡居民存在的主要健康问题，以儿童、孕产妇、老年人、慢性疾病患者为重点人群，面向全体居民免费提供的最基本的公共卫生服务。开展服务项目所需资金主要由政府承担，城乡居民可直接受益。主要包括 12 项内容，即城乡居民健康档案管理、健康教育、预防接种、0 ～ 6 岁儿童健康管理、孕产妇健康管理、老年人健康管理、慢性病患者健康管理、严重精神障碍患者健康管理、肺结核患者健康管理、中医药健康管理、传染病及突发公共卫生事件报告和处理，以及卫生监督协管服务规范。

（三）建立长期照护服务保障体系

长期护理保险主要是为被保险人在丧失日常生活能力、年老患病或身故时，侧重于提供护理保障和经济补偿的制度安排。2016 年 6 月，人力资源和社会保障部印发《关于开展长期护理保险制度试点的指导意见》，提出开展长期护理保险制度试点工作的原则性要求，明确河北省承德市、吉林省长春市、黑龙江省齐齐哈尔市等 15 个城市作为试点城市，标志着国家层面推进全民护理保险制度建设与发展的启动。2019 年 6 月底，青岛等 15 个首批试点城市和吉林、山东两个重点联系省的参保人数达 8 854 万人，42.6 万人享受相关待遇。2020 年 9 月，国家医疗保障局、财政部发布《关于扩大长期护理保险制度试点的指导意见》提出扩大试点范围，人力资源和社会保障部原明确的试点城市和吉林、山东 2 个重点联系省份按本意见要求继续开展试点，其他未开展试点的省份可新增 1 个城市开展试点，于 2020 年内启动实施，试点期限 2 年。该文件将长期护理保险试点城市增至 49 个。

（四）推进康复保障体系建设

康复是一门以消除和减轻人的功能障碍，弥补和重建人的功能缺失，设法改善和提高人的各方面功能的医学学科。目前我国康复体系建设重点是临床康复，未来康复医疗服务体系发展趋势是社会大康复体系。通过研究和分析国内外康复医疗服务体系建设背景和相关经验，可以看到目前在 WHO 的倡导下，国际趋势是将康复医疗服务体系作为社会大康复体系的一个组成部分。在起步晚和资源有限的情况下，我国目前建设重点是临床康复，即关注急性病和外伤患者在医院环境中所需要的急性期和稳定期康复服务。急性期康复医疗主要在三级综合医院开展，稳定期康复医疗主要在三级综合医院和二级综合医院开展，恢复期康复医疗主要在社区卫生机构开展。科学合理地处理医疗康复、职业康复、社会康复和教育康复四大康复系统的关系，出台相关配套措施，促进康复服务体系及双向转诊工作的有效开展，为未来建设社会康复体系奠定良好的体制机制基础。

（五）完善药品保障体系建设

2016 年，《"健康中国 2030"规划纲要》将完善药品供应保障体系上升到了国家战略的高度。目前，我国在新药研发过程中，投入远低于发达国家。新药的研发能力是保障药品供应系统的决定性因素；药品采购和配送方面，经过多年探索，目前的"带量采购"等政策在降低药价方面起到一定作用；基本药物制度方面，药品遴选标准粗放，国家基本药物制度是药品供应安全体系的核心。通过《国家基本药物目录》和《国家基本医疗保险药品目录》，药品使用成本的快速增长受到合理抑制，确保公众的用药公平性，保护药品合理安全使用。但两种目录药物选择标准过宽，缺乏详细、统一的操作程序。

（六）发展商业补充保障

商业健康保障是对医疗保险和家庭保障的重要补充。我国已有健康保险公司提供区别于人寿保险的疾病保险、医疗保险、失能收入保险等保险项目，满足投保人的个性化需求，为国民健康提供保障。此外，在"互联网+"的背景下，多样化的健康保障平台得到发展。从大病风险预防到疾病救助，商业健康保障提供了一系列解决和救治方案。作为一种商业健康保障模式，能否探索出合适的盈利模式，是决定健康保障平台能否长期存在的因素。此外，对健康保障平台的监管，是目前行业发展的重大短板，这些都需要进一步的探索和完善。

（七）加强心理健康服务体系建设

心理健康是全民健康的重要组成部分。《"健康中国2030"规划纲要》中明确提出加强心理健康服务体系建设和规范化管理。加大全民心理健康科普宣传力度，提升心理健康素养，计划到2030年，常见精神障碍防治和心理行为问题识别干预水平显著提高。2016年后，北京、广东、江苏、云南等地将心理治疗和心理咨询等心理健康服务纳入医疗保险支付。

（八）完善健康保障立法内容与体系

由于医疗保险制度保障公民健康的核心作用，同时在健康观念中预防等工作的重要性未能被充分重视，使特定历史时期内健康保障领域内的立法主要表现为健康保险立法。《"健康中国2030"规划纲要》不仅纳入医疗保险、医药卫生等内容，更是将基本公共卫生、健康生活方式、健康制度体系等内容列为战略目标。这一举措极大地扩展了健康的内涵，促进健康保险向健康保障立法理念的转变。

2017年12月22日，《基本医疗卫生与健康促进法（草案）》（以下简称《草案》）在第十二届全国人大常委会第三十一次会议上首次"亮相"，经过第十三届全国人大常委会第六次、第十二次、第十五次会议审议后最终通过。该法是卫生与健康领域第一部基础性、综合性的法律。该法律融合《"健康中国2030"规划纲要》中健康的内涵及相关理念，结合我国医疗体制改革实践的重点任务与发展方向，凸显了保基本、强基层、大健康三大理念。2021年，《医疗保障法》列入全国人大常委会立法工作计划；同年6月，国家医疗保障局发布《医疗保障法（征求意见稿）》；2022年被全国人大列入预备审议项目；2023年被纳入《十四届全国人大常委会立法规划》第二类项目，即"需要抓紧工作、条件成熟时提请审议的法律草案"。医疗保障法立法是新时期"法治医保"的重点、难点任务，涉及多层次医疗保障的规范化运行。

1.预防、治疗、康复、管理综合立法　以往的健康保障立法是对疾病治疗过程的覆盖，而忽视疾病的预防和健康管理。《草案》内容涉及公共卫生、医疗服务、健康促进与健康管理多个方面。包括实行有计划的预防接种制度；将公民主要健康指标的改善情况纳入政府目标责任考核；加强影响健康的环境问题预防和治理，组织开展环境质量对健康影响的研究，采取措施预防和控制与环境问题有关的疾病；建立科学、严格的食品与饮用水安全监督管理制度；加强全民健身指导服务，普及科学健身知识和方法等内容。

2.长期照护保险立法筹备　2019年3月5日，第十三届全国人民代表大会第二次会议上的政府工作报告提到，未来要扩大长期护理保险制度试点，并形成具有中国特色的法律制度让老年人拥有幸福的晚年。

除此之外，中医药健康发展立法和健康信息保护立法也都在发展和探索中。例如，2016年12月25日，第十二届全国人大常委会第二十五次会议审议通过的《中华人民共和国中医药法》，在中医药发展史上具有里程碑意义。

四、从医疗保险走向健康保障的挑战和发展路径

（一）面临的挑战

1. 缺乏顶层设计 健康保障是医疗保险到医疗保障，再到健康保障的进一步深化和延伸。目的是着眼于居民的健康，更关注服务质量，落脚于疾病控制与健康改善，如疾病预防、健康教育、健康促进、健康维持等，甚至延伸到心理健康与社会功能健康等内容，这不仅是当前医药卫生体制改革的主要内容，也是健康保障的重要内容。健康保障制度建设涉及卫生健康、医疗保险、民政、环境、教育等多方面多部门，需要各部门相互配合，转变观念，从顶层明确医疗保险向健康保障转变的重要意义。

2. 医改纵深发展 从我国医药卫生体制改革进展来看，服务供给体系以医疗服务供给为主，难以在短期内实现供给体系功能的转变。现代医院管理制度下的公立医院改革、以医联体为依托的分级诊疗制度建设、预防为主的公共卫生服务体系、仍在试点的长期照护制度等实践表明，在医改的纵深发展背景下，医疗保障仍处于不断发展的阶段，主动将改革内容从医疗保障向健康保障进一步延伸将面临重大挑战。

3. 政策制定衔接困难 在医疗保险向健康保障转变的过程中，涉及的领域不断扩大。针对全人群全生命周期的不同阶段，保障的筹集标准、支付范围、支付标准不尽相同，同时预防保障体系、医疗保障体系、康复保障体系等制度衔接困难。而健康保障的主体——医疗保险也存在专款专用、服务体系与医疗保险体系割裂等问题，这些对未来政策制定与衔接都带来一定挑战。

（二）发展路径

健康保障制度设计需要把握国家大政方针，统筹规划保障体系的制度建设、体制机制，以及社会资源有效配置。制度建设过程中，需要把握发展方向，不同医疗保障制度建设，应该从制度顶层设计出发，厘清政府的责任，充分发挥市场机制作用，积极引入商业补充保险，最终形成不同保障制度共同支撑参保人的模式。不同保障制度之间需要进一步明确保障范围，界定权利与义务，做到保障范围的不重不漏，交接有序。需要从参保范围、服务需求、服务方式、筹集方式、制度衔接、服务衔接等方面分析界定不同保障制度之间的界限，最终建立完善的预防保障、医疗保障、康复保障、医疗救助、长期照护相结合的健康保障制度体系。

【小结】

随着疾病谱的变化和社会经济发展，作为医疗卫生服务体系的重要筹集方，医疗保险需要适应和匹配医疗卫生体系改革、从资金筹集到支付不断进行改革和发展，这包括医疗保险覆盖范围、统筹层次、筹集和支付方式、基金保值增值等各个层面。其中有几项改革趋势尤其值得关注。首先，作为医疗保险职能实现的重要途径、医疗卫生体制改革的敏感环节，医疗保险支付方式改革成为实现医疗费用和医疗服务质量均衡的重要手段，医疗保险需要转变角色；其

次，数智化时代的到来使智慧医疗保险成为重要的发展趋势；深化医药卫生体制改革，实现健康中国战略，医疗保险、医疗和医药必须进行协同发展与治理；最后，健康供需均衡下的医疗模式从以疾病为中心发展为以健康为中心，要求从医疗保险走向健康保障。

【案例】

立体服务让"医保小智"成杭州医保亮丽的名片

杭州市医疗保障局针对群众关心的"急难愁盼"问题，采用医保智慧服务解决方案，通过AI智能综合服务平台——医保小智，实现用户医保服务全流程"远程在线窗口"办理，让参保人员足不出户就能"面对面"办理业务。

对参保人员业务办理咨询渠道单一、受限人工服务时间、群众费时费力多次跑等痛点问题，智能综合服务平台以群众需求为导向，推出多种智能化咨询服务手段，满足老百姓多元化的服务需求。一是语音客服"智能会话"，实现全时段智能应答。平台依托AI语音机器人，实现全天候高效智能语音接待，轻松将批量通知、提醒等服务主动递送至目标群众。若AI在通话过程中遇到任何疑难问题，支持无缝转接人工跟进，智能精准锁定服务对象。二是文字客服"即时应答"，实现高效率智能回复。参保人员可通过"浙里办""杭州医保"等微信公众号多渠道接入小智平台，平台智能客服将以文本应答的方式快速将需要的资料或答案提供给参保人员，做到有问必答，及时响应。三是视频客服"远程办理"，实现远程可视化交流办事。通过运用人机交互协助、远程智能控制、电子化信息采集、图像识别等新技术手段，实现填表、签字、盖章确认等在线业务办理，提供更加安全高效、便捷灵活的远程服务，经办人员可通过视频连线与办事群众面对面交流，实现可视化远程办理、在线帮办导办，真正让老百姓从"最多跑一次"到"一次也不跑"。

由此，医保小智平台通过大模型智能知识库搭建"语音＋文字＋视频"立体化服务场景，实现了经办服务流程优化、经办服务时限大幅缩短的目标。

自医保小智上线以来，杭州医保局的AI语音客服共接待市民56.1万次通话咨询，人工接待回复约为35.9万通；AI文字客服接待总会话量为30万次，有效会话量26.3万次，有效会话率达到90.69%；通过接入12393医保服务热线，助力浙江省医保咨询"一号受理"，打造省市县高度配合的一体化服务体系，成为浙江医保体系一张亮丽的名片。

资料来源：中关村科金大模型＋医保小智案例：让杭州医保服务有"获得感"https://www.cet.com.cn/wzsy/cyzx/10089763.shtml.

【思考题】

1. 目前我国医疗保险支付方式改革的发展趋势是什么？

2. 智慧医疗保险目前的应用领域有哪些？

3. 举例说明医保、医疗与医药协同发展与治理的实践。

4. 医疗保险走向健康保险的必要性有哪些？面临哪些挑战？

NOTE

主要参考书目

1. 白丽萍 . 医疗保险学［M］. 广州：暨南大学出版社，2020.

2. 陈启军 . 医疗保险制度比较研究［M］. 北京：中国财政经济出版社，2018.

3. 仇雨临 . 医疗保障［M］. 北京：中国劳动社会保障出版社，2022.

4. 方鹏骞 . 中国全民医疗保险体系构建和制度安排研究［M］. 北京：人民出版社，2019.

5. 国家卫生健康委员会 .2020 中国卫生健康统计年鉴［M］. 北京：中国协和医科大学出版社，2021.

6. 李超民编著 . 美国社会保障制度［M］. 上海：上海人民出版社，2009.12.

7. 李绍华，高广颖 . 医疗保险支付方式［M］.2 版 . 北京：科学出版社，2024.

8. 廉昇，由宝剑 .DRGs 时代：医院前瞻性绩效［M］. 北京：新华出版社，2020.

9. 张录法，李力 . 长三角跨省异地就医门诊费用直接结算：经验、挑战与治理路径［M］. 上海：上海交通大学出版社，2023.

10. 卢祖洵 . 医疗保险学［M］.4 版 . 北京：人民卫生出版社，2017.07.

11. 毛瑛，吴涛 . 医疗保险基金管理［M］.2 版 . 北京：科学出版社，2023.

12. 毛瑛 . 健康保障［M］. 北京：人民卫生出版社，2020.

13. 孙长学，张璐琴 . 我国全民医保制度整合与优化设计研究［M］. 北京：中国计划出版社，2016.

14. 王保真 . 医疗保障［M］. 北京：人民卫生出版社，2005.

15. 温兴生 . 中国医疗保险学［M］. 北京：经济科学出版社，2019.

16. 许正中 . 社会医疗保险：制度选择与管理模式［M］. 北京：社会科学文献出版社，2002.

17. 杨燕绥 . 医疗保险［M］. 北京：人民卫生出版社，2023.

18. 姚岚，熊先军 . 医疗保障学［M］.2 版 . 北京：人民卫生出版社，2013.

19. 姚岚，毛瑛 . 医疗保障学［M］. 北京：人民卫生出版社，2023.

20. 张朝阳 . 医保支付方式改革案例集［M］. 北京：中国协和医科大学出版社，2016.

21. 赵斌 . 中国原生的 DRGs 系统：病种（组）分值结算［M］. 北京：社会科学文献出版社，2019.

22.《中国医疗保险》杂志社 . 中国医保改革与发展［M］. 北京：化学工业出版社，2019.

23. 劳动和社会保障部医疗保险司 . 中国医疗保险制度改革政策与管理［M］. 北京：中国劳动社会保障出版社，1999.

24. 刘国祥，吴群红，张歆 . 全民健康覆盖下的医疗保险筹资与支付［M］. 北京：人民卫生出版社，2023.

25. 周绿林，李绍华 . 医疗保险学［M］.4 版 . 北京：科学出版社，2023.